# 블록데이터 혁명

BLOCK DATA 2.0

빅데이터 · AI · 블록체인,
제4차 산업혁명시대의 본질을 관통하는
전략과 솔루션

# 블록 BLOCK DATA 2.0
# 데이터
# 혁명

**빅데이터 전략 연구소** 지음
**이지은** 옮김 | **이영환** 감수

Angle Books

블록데이터는 우리에게 새로운 지식과
새로운 기술, 새로운 안목을 가져다줄 뿐 아니라
함께 나눌 수 있는 생각과 양질의 데이터,
미래에 대한 꿈을 보여줄 것이다.
우리의 세계관과 가치관, 방법론을 바꿔놓을 블록데이터는
새로운 시대와 새로운 삶, 새로운 미래를 선물할 것이다.

**-빅데이터 전략 연구소**

# 미래를 좇는 자가 블록데이터 시대의 주인공

주변을 둘러보면 새로운 과학기술혁명의 물결이 거세게 일어 인류는 지금까지 한 번도 경험해 보지 못한 혁신적인 세상과 마주하고 있다. 시대의 흐름에 과감하게 뛰어든다면 새로운 시대를 선도할 수 있지만, 이를 외면한다면 시대라는 물결에 휩쓸려 흔적도 없이 사라질 수 있다. 그런 까닭에 시대 흐름을 주도하기 위해선 스스로 끊임없이 변화할 줄 알아야 한다.

오늘날 빅데이터는 새로운 혁신을 이끄는 중요한 동력으로 작용하고 있다. 빅데이터는 당초 산업 부문에서만 사용되었지만 사람의 예상을 뛰어넘어 이제는 일상적인 생활과 업무, 심지어 삶의 방식에도 파고들었다. 소수만 주목하고 연구해 왔던 빅데이터가 신드롬을 일으켰던 것이다. 여기서 한 단계 나아간 것이 바로 블록데이터다. 블록데이터는 여러 개의 스트립 데이터Strip data를 블록에 담아 다양한 종류와 분야별 데이터 간의 자유로운 이동과 개방형 공유 플랫폼 및 '사회학' 이론을 토대로 방대한 기존의 데이터 융합, 활성화와 비즈니스, 민간, 공공 분야에서의 활용을 통해 기존 경제·사회 구조의 재구성 측면에서 꾸준히 성과를 내고 있다. 요컨대 혁신이라는 거대한 물결을 이끌어 나갈 가장 활기 넘치는 흐름인 블록데이터 시대는 누구도 거스를 수 없는 '대세'로 자리 잡았다.

블록데이터는 향후 풀어 가야 할 중요한 과제다. 비록 블록데이터에 대한 우리의 인지 수준은 턱없이 부족하지만, 그 사실을 깨닫는 것만으로도 많은 가능성을 기대해 볼 수 있다. 빅데이터가 그러했듯 블록데이터도 단순한 개념을 넘어 세상을 바라보는 우리의 시각을 바꾼다는 점에서 더 큰 의미를 지닌다. 그러므로 오직 개념이나 기술, 산업혁명 또는 공공경영을 뒷받침하는 새로운 성장 동력 차원에서 접근한다면 그 무한한 가능성을 과소평가한 것이다. 블록데이터는 인간이 중심이 되는 데이터 사회학 패러다임 혁명을 일으켰다. 데이터 기술을 통해 인간의 행위를 분석하고 사회의 규칙을 파악하며 인류의 미래를 예측한다. 이런 혁명은 인간의 사유방식과 생활방식을 바꾼다는 점에서 단순한 과학혁명에 그치지 않는다. 세상에 존재하는 물질과 의식 구조를 변화시키는 것은 물론 우리의 세계관과 가치관, 방법론까지 바꾸기 때문이다. 혁명의 거센 물살에 맥없이 휩쓸리지 않으려면 그 어느 때보다 진지한 자세로 빅데이터의 진화를 지켜봐야 할 것이다.

블록데이터라는 혁신적인 주제를 다루기 위해 이 책에서는 총 10개의 챕터에 걸쳐 구체적인 내용을 실었다. 먼저 챕터 1~3은 블록데이터의 개념과 정의를 설명하고 기본적인 속성과 본질을 풀이했는데, 블록 데이터가 빅데이터의 솔루션이라는 점을 주의 깊게 살펴볼 필요가 있다. 챕터 4~5에 걸쳐서는 블록데이터의 개념 모델, 활성 데이터 '학學'을 중심으로 블록데이터의 형성 메커니즘과 운영 규칙을 집중적으로 다루고 있다. 그리고 챕터 6~9에서는 블록데이터의 산업 체인과 서비스 체인, 공공경영 체인에 대해 소개한다. 블록데이터 시스템과 블록데이터 경제, 블록데이터 공공경영이라는 3가지 관점에서 블록데이터가 민간, 산업, 정부에 활용되었을 때의 가치를 깊이 있게 설명했다. 마지막으로 챕터 10에서는 블록데이터의 보안 문제를 집중적으로 기술하고 있다. 시간과 장소의 제약 없이 데이터를 사용할 수 있어 리스크를 피할 수 없다는 점을 설명하는 동시에 블록데이터의 보안성 확보를 위한 10가지 솔루션을 제시하고 있다. 블록데이터의 본질과 규칙, 응용 가치를 보다 깊이 있게 다루기 위해 이 책에서는 블록데이터 이론 로직을 '탐색'하고 구축하고자 한다.

빅데이터가 인류사회를 예측할 수 있다면 블록데이터는 이런 예측을 토대로 인류사회의 구조와 경제 기능, 조직 형태, 생활방식, 가치 체계를 '재구성'할 수 있을 것이다. 이런 변화는 단순히 기술적 차원에 그치지 않고 데이터를 기반으로 인간과 기계 사이의 상호작용과 상호협력을 탄생시키고, 한 걸음 더 나아가 인류사회를 한 단계 끌어올리는 선순환형 발전을 뒷받침할 것이다.

그렇다고 해서 블록데이터가 빅데이터의 하위 개념이나 빅데이터의 복사판이라는 뜻은 더더욱 아니다. 모든 영역에 걸쳐 인류에게 영향을 주는 블록데이터는 빅데이터가 한 단계 진화한 형태라고 말할 수 있다.

수많은 스트립 데이터가 모여 끊임없이 융합과 분열을 반복하면서 블록데이터를 생성하고, 이 과정은 새로운 사회문명으로의 진화로 이어진다. 데이터가 보유한 역량과 관계의 변화는 생산력과 생산관계의 변화에 커다란 영향을 줄 뿐 아니라 곳곳에서 보다 활발한 사회경제 활동을 이끌어내고 있다. 이처럼 블록데이터는 공유사회를 향한 인류의 새로운 여정을 알리는 서막이지만 한편으로는 프라이버시 유출과 리스크 가중 등 적지 않은 문제도 안고 있다. 데이터의 보안성 문제, 데이터의 권리를 가릴 수 있는 법률적 기준, 데이터 윤리 기준 등 산적한 문제 역시 한두 가지가 아니다.

그 밖에도 블록데이터는 DNA 웨어러블wearable 시티, 클라우드 운송 Cloud Transportation, 장수 도시Longevity Cities, 깜짝 여행Amazing Travel, 유비쿼터스 러닝, 360° 홀로그래픽 미디어, 커머스Commerce 4.0, 초연결 조직Hyperlink Organization 등 그동안 영화 속에서 봤던 장면을 현실로 만들어낼 것이다. 머지않은 미래에 우리는 블록데이터가 가져다주는 혜택을 지극히 일상적으로 받아들이게 될 것이다.

데이터로 이루어진 세상을 열심히 돌아다니다 보면 우리는 그 속에서 새로운 세상과 자아를 만나게 될지도 모른다. 만약 누군가가 나에게 블록데이터처럼 어려운 '학문'을 이해할 수 있겠느냐고 묻는다면 이렇게 대답하고 싶다. "이 부분에 대해서는 두 가지 경우로 나눠 설명할 수 있는데, 하나는 태어날 때부터 클라우드 브레인Cloud Brain을 가진 덕분에 본능적으로 이해하는 사람이고, 두 번째는 꾸준한 관심과 탐구를 통해 이해하는 사람이다. 여기서 '이해하다懂'는 한자의 구조에 주목할 필요가 있다. '중요한重 것은 풀艹 속 깊숙이 숨어 있으니 유심히心 들여다

봐야 찾아낼 수 있다.' 블록데이터를 어떻게 바라볼 것인가 하는 것이 더 중요하다고 생각한다."

만약 자신이 다음과 같은 상황에 해당된다면 이 책을 읽기를 권한다. 반드시 도움이 될 것이다.

- 1990년대 이후 출생한 신세대와 이들에게 도전하려는 클라우드 브레인을 가진 새로운 인류
- 현실을 뛰어넘으려는 마법 그리고 현실을 지키려는 기술을 지닌 첨단기술 전문가
- 계량화, 데이터화되는 인간과 사회를 연구하는 사회과학 연구가
- 브레인스토밍이 필요할 뿐 아니라 지능 충돌Smart Collision, 인간- 기계 상호작용Human Computer Interaction(HCI)에 대한 기대치가 높은 정부 관료
- 가장 똑똑한 사람이 아니라 가장 적합한 사람을 고용하려는 신세대 사업가
- 데이터의 의미뿐 아니라 재미도 강조하는 데이터관을 지닌 화이트 컬러, 특히 여성 화이트컬러
- 데이터 공간에 익숙한 마이크로인플루언서
- 소비자 고민 해결을 위한 혁신 창업 아이템으로 급부상한 촹커創客 (중국에서 정보 기술을 이용하여 혁신적인 아이템을 운영하는 창업자)

이 책을 엮은 빅데이터 전략 연구소는 블록데이터 연구기관이며, 전문가 팀이자 플랫폼이라고 할 수 있다. 외부 지혜와 내부 혁신이 한데

뒤엉키고 흔들리고 발전하는 과정을 통해 모든 사람이 그 속에 숨겨진 뜨거운 열정을 느끼고 성공을 공유하기 바란다.

빅데이터 시대에 누가 성공을 견인할 것인가? 미래를 좇는 자, 바로 그가 주인공이다.

롄위밍連玉明

빅데이터 전략 연구소 주임

2016년 베이징에서

# 차례

## CHAPTER 1
## 클라우드 브레인 시대의 서막

## CHAPTER 2
## 빅데이터의 범위와 처리 기술의 한계

## CHAPTER 3
## 블록데이터가 만드는 새로운 미래

# 제4차 산업혁명시대의 패러다임 혁명

블록데이터는 빅데이터 시대의 본격적 등장을 알리는 상징이다. 앞서 출간한《블록데이터: 빅데이터 시대의 진정한 탄생의 상징块数据: 大数据时代真正到来的标志》이 블록데이터의 '정체what'에 대한 궁금증을 해소해 주었다면《블록데이터 혁명》은 여기서 한 발 더 나아가 블록데이터가 '왜why' 그런지에 대한 대답을 들려주고 있다. 블록데이터는 빅데이터 시대의 패러다임 전환Paradigm Shift을 가져올 뿐 아니라 새로운 지식 체계와 가치 체계, 생활방식에 대한 인식의 변화와 탄생을 주도하며 인류의 정치와 경제, 문화, 사회 전반에 걸쳐 큰 영향을 미칠 것이다. 우리는 이런 변화와 영향을 빅데이터 시대의 패러다임 혁명이라고 부른다.

이를 토대로 이 책에서는 다음의 관점을 제시하는 동시에 '패러다임 혁명'이라는 주제를 중심으로 블록데이터의 본질과 규칙에 대한 깊이 있는 논의를 펼치고자 한다.

첫째, 인간 중심의 데이터 사회학 분석 방법은 데이터 기술을 활용한 인간 행위의 분석, 사회 발전의 법칙 파악과 미래 전망을 적극 강조한다.

둘째, 새로운 데이터 관점과 새로운 방법론인 활성 데이터학Activation Dataology은 불확실성과 불가측성Unpredictability을 보다 정확하게 예측할 수 있다.

셋째, 활성 데이터학의 이론과 응용은 블록데이터 조직의 탄생을 촉진시킬 수 있다. 또한 데이터의 역량과 관계 사이의 변화를 유도하고 블록데이터 경제와 블록데이터 공공경영에 큰 영향을 끼쳐 새로운 사회 문명의 탄생을 이끈다.

이런 점에서《블록데이터 혁명》에서 소개된 연구 과정은 블록데이터 이론과 방법을 탐색하는 과정이라고 정의할 수 있다. 이 책에 등장하는 새로운 개념과 새로운 이론, 새로운 모델, 새로운 방법은 미래 사회에 대한 우리의 예측과 연구의 증거로 활용될 수 있다.

(1) 데이터 중력파Data gravity wave(데이터가 관련 서비스와 애플리케이션을 끌어당기는 힘-옮긴이)는 분산된 스트립 데이터가 블록데이터에 이르는 내재적 법칙이자 인과성에서 연관성으로 발전하는 패러다임의 전환을 상징한다. 또한 스트립 데이터 시대Age of Strip Data에서 블록데이터 시대로 나아가는 인류사회의 필연적 추세를 반영한다. 우주의 신비를 파헤치는 여정에서 중력파의 발견은 인류가 거둔 또 하나의 '쾌거'로, 다차원 세계로 통하는 문을 활짝 열었다는 점에서 높은 평가를 받는다. 이와 마찬가지로 인류는 데

이터 중력파를 통해 빅데이터 시대의 발전 법칙과 변화 추이는 물론이고 미래 사회의 발전이 가져다줄 변화도 한층 분명하게 파악할 수 있을 것이다. 빅데이터 시대의 패러다임 전환은 전통적인 사고방식과 자원 배분 및 사회 발전 모델을 완전히 무시하고 다양한 업계를 무한대로 다차원적으로 아우르며 사물과 사물, 인간과 인간, 업계와 업계를 한데 이어주는 '대통합'을 이끌어낼 것이다. 또한 '스트립'의 고립 효과Islanding Effect에서 자유로울 수 있으며 인간과 사물, 데이터를 한데 연결함으로써 분산된 정보를 모두에게 개방하고 공유할 수 있는 블록으로 조직할 것이다.

(2) 개방적이고 복잡한 거대 시스템을 갖춘 빅데이터 시대에는 불확실성과 불가측성으로 말미암아 '견고한' 모든 존재가 흔적도 없이 사라질 수 있다. 그러나 활성 데이터학이 미래를 예측할 수 있는 새로운 이론으로 자리 잡고, 자율 프로세스Self Process가 불확실성에 대처하는 새로운 대안으로 떠오를 것이다. 빅데이터 시대에 인류의 데이터 축적 능력이 데이터 처리 능력을 크게 앞지르면서 정크 데이터가 범람하고 데이터의 '옥석'을 가리는 일이 더 어려워질 전망이다. 설상가상으로 데이터 수집, 저장, 사용 방식의 변화는 사회의 불확실성과 불가측성 확대를 지속적으로 일으킬 것이다. 이런 상황에서 인류는 컴퓨터, 클라우드 컴퓨팅 또는 인공지능AI을 통해 문제를 해결하려고 하겠지만 이상적인 답변을 얻기는커녕 오히려 문제 해결의 방향성을 잃을 수 있다. 방대한 양의 데이터를 처리하는 데 따르는 어려움을 해결하려면 결국 사람이 중심이 되는 데이터 사회학 모델로 회귀해야 한다. 인

간과 기계가 서로 소통하는 방식을 토대로 활성 데이터학의 이론과 방법을 활용해 인간 행위를 분석하고 사회 발전의 법칙을 파악하고, 여기서 한 발 더 나아가 인간의 미래를 예측해야 한다. 이것이야말로 불확실성에 대처할 수 있는 가장 정확하고 효과적인 해결책이라고 하겠다.

(3) 국가의 기본적 전략 자원으로써 데이터는 블록데이터 가치사슬을 중심으로 보다 포괄적이고 통합적인 범산업 체인, 서비스 체인 및 국가 경영 체인을 형성했다. 또한 데이터 스트림Data Stream을 중심으로 기술, 제품, 자금, 인재, 서비스 스트림을 이끌면서 글로벌 경제 작동 메커니즘과 사회생활 방식, 정부 공공경영 능력에 큰 영향을 미침으로써 미래의 모습을 좌우할 결정적 요소로 자리 잡았다. 특히 데이터는 혁신을 이끄는 원동력으로 1~N에 이르는 상황을 0~1로 구체화시켰다. 산업 전반을 아우르는 산업 체인이 경제 구조의 전환과 발전을 추진하는 새로운 동력이라면 전체 서비스를 아우르는 체인은 공공서비스 혁신을 위한 새로운 모델이고, 전반적인 국가 경영을 포함하는 체인은 정부의 공공경영 능력을 한 단계 끌어올리는 도약대라고 할 수 있다. 요컨대 블록데이터 가치사슬은 산업, 사회, 정부의 공공경영 측면에서 기존보다 더욱 강한 '존재감'을 드러내고 있다.

(4) 블록데이터 조직은 망 형태의 상위 버전으로 업그레이드되고 있다. 데이터 인간Homo Digitalian 가설, 데이터 힘과 관계의 변화, 플랫폼 재구성 모두 공유형 조직으로의 성장을 꿈꾸는 패러다임 전환을 시도하고 있다. 블록데이터 조직은 외부 자원을 통해 전

략적 지위를 더 강하고 튼튼히 한 뒤 리밸런싱을 통해 전략적 우위를 선점한다. 블록데이터 조직 내부에서는 가장 똑똑한 사람이 아니라 가장 적합한 인재의 선택을 더욱 강조한다. 플랫폼화와 외부성을 특히 강조하는 블록데이터 조직은 외부 역량을 통해 조직의 한계를 극복하고, 아웃소싱을 통해 자원의 최적화를 촉진한다. 데이터 힘과 관계의 변화는 새로운 생산력과 생산관계로 전환되어 조직의 경쟁우위를 재구성한다. 또한 조직 구조를 통해 블록데이터 조직은 구성원의 동반 생존, 동반 혁신, 동반 운영, 동반 부담과 공유를 구현해 궁극적으로 공유형 조직이라는 새로운 패러다임 모델을 탄생시킨다.

(5) 자원의 데이터화는 소유권과 사용권의 분리를 통한 효율성과 공정성의 고차원적 통합을 가속화했다. 블록데이터 경제가 폭넓은 사회 경제 활동을 이끌면서 인류는 공유경제에서 공유사회로 발걸음을 옮기고 있다. 일단 자원이 데이터로 전환되면 결국 자원의 재설정과 재배분 현상이 일어날 수밖에 없다. 데이터화된 자원의 설정 방식은 향후 소유권과 사용권을 분리시키고, 배분 방식은 효율성과 공정성의 고차원적 통합을 빠르게 추진할 것이다. 이런 재설정과 재배분은 혁신 중인 사회 시스템의 특징으로, 새로운 사회경제 모델을 탄생시켜 신경제의 발전을 이끌 것이다.

(6) 권력의 데이터화와 투명화는 전통적 권력관의 해체와 재구성을 촉진시키고, 데이터화된 공공경영은 정부 운영과 국가 공공경영의 새로운 흐름으로 자리 잡았다. 중국 구이양貴陽에서 추진한 '데이터 케이지Data Cage' 건설 프로젝트는 데이터 경영을 설명하

는 가장 좋은 사례라고 하겠다. 데이터 케이지는 권력 운용과 통제의 정보화, 데이터화, 자율 프로세스와 통합화를 핵심으로 하는 조직 시스템 프로세스를 가리킨다. 개방과 공유를 특징으로 하는 경영 시스템의 구축, 투명한 권력 시스템의 규범화, 여러 분야를 아우르는 통합형 플랫폼 지원, 지속적인 프로세스 개선과 재구성, 정확하고 효과적인 리스크 통제, 다원화된 경영제도 확보를 주요 의제로 다루고 있다. 리스크 인지, 평가와 사전 경고 가능, 용이한 처리, 대비 가능 여부가 프로세스의 성공을 결정하는 요소로 간주된다. 데이터 케이지는 권력의 발전 과정에서 데이터 수집과 발굴, 관련 분석을 한층 강조하고 권력과 관련된 리스크의 알림과 처리 지원에 크게 치중되어 있다. 그 밖에도 기존보다 리스크에 대한 사전 예측과 판단, 스마트한 예방 조치를 한층 중요하게 취급한다. 요컨대 데이터 케이지가 가두고자 하는 것은 권력이 아니라 권력의 과학적 확립, 법에 기원을 둔 권력의 위임, 권력의 청렴한 행사, 권력의 정확한 관리, 권력의 다원화된 감독이라는 전 과정을 포함하는 권력 시스템이다. 권력의 올바른 사용, 권력의 효율적 관리를 통해 권력을 데이터라는 케이지 안에 가둠으로써 권력을 햇빛 아래로 끌어내어 '사람이 하는 일을 구름(클라우드)이 계산하고 하늘이 지켜보게 한다人在幹, 雲在算, 天在看'는 이상을 달성하고자 한다.

(7) 데이터 자원의 개방성과 공유성은 블록데이터 가치사슬을 구현하는 데 있어 필수조건으로, 여기서는 정부의 데이터 개방성이 가장 중요한 핵심 요소가 된다. 정부는 데이터 개방에 있어 공유

의 어려움, 높은 독점률, 낮은 통합능력, 비효율적 가치 활용, 커다란 보안 리스크 등 문제에 직면해 있다. 이런 문제를 일으키는 심층적 원인은 데이터의 분산, 고립된 영역, 기술적 진입 장벽, 아이디어와 응용력 부족, 뒤떨어진 보안의식과 인프라, 낙후된 표준과 입법화에서 비롯된다. 정부의 데이터 개방은 오픈 데이터를 구현하기 위한 가장 시급한 과제다. 이를 위해 정부의 정보를 데이터 자원으로 구현해 사회에 개방하고, 공공데이터 소스 교환을 통해 사회 각 부문이 최신 정보를 공유해야 한다. 또한 정부 데이터의 계약식 개방(본문 뒷장에서 구체적으로 설명하고 있어 자세한 설명은 생략함-옮긴이)을 통해 정부 부처, 기업 부서와 사회 조직 간의 데이터 장벽을 허물고 데이터 자원에 대한 정부와 시장, 사회의 협력 및 개발, 통합적 이용을 점진적으로 추진해야 한다.

(8) 데이터 남용Data rudeness은 더 이상 거스를 수 없는 사회적 양상으로 인류는 이제 사생활 없는 고도의 위험 사회에 진입해 데이터 보안이라는 새로운 도전에 직면해 있다. 데이터 수집 기술과 데이터 저장 기술, 데이터 분석 기술, 데이터 활성화 기술, 데이터 예측 기술이 광범위하게 응용되면서 모든 구성원 또는 조직은 데이터 생산자인 동시에 데이터 소비자가 되었다. 이로 말미암아 데이터의 가치가 끊임없이 발굴되거나 사용, 심지어 판매 가능한 상품이나 이미 판매된 상품으로 간주되면서 데이터 남용 문제를 불러왔다. 요컨대 수백 수천만 건에 달하는 데이터 보안 사고에 따른 위협, 권리의 침해와 영향은 개인이나 특정 조직의 문제가 아니라 전 세계가 함께 해결해야 하는 리스크로 확대되었다. 빅

데이터가 불러온 데이터 보안 문제의 본질은 기술이 아니다. 디지털 데이터가 개방과 유통, 응용되는 과정에서 발생하는 각종 리스크로 말미암아 데이터 보안은 위협받고 있다.

⑼ 데이터 주권은 국가 주권의 새로운 요소로 데이터 자원의 권익 보호, 데이터 입법화 촉진을 하루 빨리 의사 일정에 포함시켜야 한다. 데이터가 국가의 중요한 기본 전략 자원이라면 네트워크 공간상의 데이터 주권은 국제경쟁력에 대한 새로운 핫이슈라고 하겠다. 데이터가 상업용, 민간용, 정부용 시스템을 구성하는 핵심 요소라면 데이터 지적재산권은 경쟁우위를 재구성하는 데 필요한 새로운 자원이라고 할 수 있다. 이런 점에서 국제적인 협력 시스템의 구축, 네트워크 공간에서의 데이터 주권 보호능력 강화, 데이터 자원의 잠재적 가치 발굴과 구현은 데이터 자원의 전략적 역할을 보다 적극적으로 이끌어낼 수 있다. 그 밖에도 데이터 자원의 권익 보장을 비롯해 입법화 연구와 추진, 데이터 시장 거래 표준화 시스템의 빠른 구축, 건전한 데이터 자원 거래 시스템과 정가 시스템 구축, 시장 중심의 데이터 교환과 거래 독려, 거래 행위의 규범화, 데이터 자원의 개방, 유통과 응용 촉진 등을 위한 노력이 수반되어야 한다.

⑽ '공유'를 강조하는 이타주의적인 데이터 문화는 새로운 사회문명의 탄생을 촉진시켜 새로운 윤리혁명의 싹을 틔울 것이다. 빅데이터는 새로운 과학기술혁명, 산업혁명을 유도하는 기폭제 역할을 할 뿐 아니라 새로운 세계관과 가치관, 방법론을 제시해준다. 스트립 데이터에서 블록데이터로의 통합, 스트립 데이터 시

대에서 블록데이터 시대로의 발전을 통해 전 인류사회의 사고 모델과 행위 규범에 본질적이면서도 전위적인 변혁을 위한 동력을 제공할 것이다. 블록데이터는 개방과 통합, 공유를 주창하는 가치 이념으로, 특유의 이타주의는 데이터 시대의 새로운 주류 문화로 자리 잡으면서 새로운 사회문명을 잉태할 것이다. 사회 문명의 발전은 하루아침에 이루어지지 않는다. 새로운 사회문명의 등장은 문명 충돌과 윤리의 재구성에 따라 가상과 현실, 이기주의와 이타주의, 규범과 자유, 폐쇄와 개방, 권위와 민주 사이의 충돌과 타협을 수반한다. 이 과정에서 필연적으로 새로운 윤리적 혁명이 폭발할 것이다.

CHAPTER

1

# 클라우드
# 브레인 시대의 서막

인류의 사고 패러다임 변천이라는 관점에서 볼 때 단계별 인지 시스템과 여기서 생겨난 사상의 도구는 서로 일치하지 않는다는 특징이 있다. 1단계에서는 인간 두뇌의 사고를 통해 생겨난 산물, 지식이 곧 힘이었다. 2단계에 이르러서 컴퓨터 기술이 만들어낸 정보는 발전 동력으로 작용했다. 그리고 3단계에 이르러 데이터는 끊임없이 변화해 예측 불가능한 변수의 모습으로 등장한다. 무한대로 뻗어 나가는 데이터의 효과적인 통합은 인간의 두뇌와 컴퓨터를 활용한 사고 패러다임만으로 이루어질 수 없으며 반드시 인간과 스마트 기기, 클라우드 컴퓨팅 기술을 융합한 클라우드 브레인(클라우드 컴퓨팅 처리 시스템을 특징으로 하는 IT 네트워크 설비에서 다수의 사용자가 특정 규칙에 따라 데이터 교류, 분석 통계된 정보의 교류 및 의사결정에 참여할 수 있는 시스템-옮긴이) 시스템을 구축해야 한다. 다시 말해 인류의 사고 패러다임은 두뇌 시대에서 컴퓨터 시대, 클라우드 브레인 시대에 이르기까지 3단계를 지나왔다.

오늘날 인류사회의 변혁을 선도하는 빅데이터는 전혀 새로운 개념이 아니라 우리를 향해 무서운 속도로 밀려오는 새로운 시대의 대표적 특징으로 새로운 정보 기술과 새로운 서비스 형태, 새로운 연구 범위, 새로운 사고 모델을 의미한다. 이런 점에서 데이터는 다양한 차원을 아우르는 무

한대의 변수라고 할 수 있다. 가치관의 연관성으로 말미암아 데이터 질점
Material Point, 質點(물체의 질량이 총집결한 것으로 간주되는 이상적인 점 – 옮긴이)
에 작용하는 데이터 중력은 데이터 중력파의 형태로 퍼져 나가며 빅데이
터의 발전에 거대한 에너지를 제공한다. 아인슈타인의 중력파 예언이 인
류 과학의 발전을 이끌었듯이 데이터 중력파는 다차원 세계의 가치 변혁
은 물론이고 인과성에서 연관성으로의 패러다임 전환을 일으키고 있다.
이런 점에서 데이터 중력파는 인류가 스트립 시대에서 블록 시대로 진입
하고 있음을 보여주는 상징이라고 하겠다.

# 인류의 발전을 이끄는
# 지식과 정보, 데이터

## 지식과 정보, 데이터의 양방향 발전

인류의 사고 논리가 진화하는 과정에서 데이터와 정보, 지식은 나선형 상승 구조를 지닌 순환주기로 구체화된다. '데이터-정보-지식'은 동일 평면에 있는 삼원 구조로 어법과 어의, 효용이라는 3가지 측면에서 인간 두뇌의 사고 과정을 반영한다. 먼저 1단계는 데이터 수집 단계다. 이 단계에서는 측정 기기를 이용한 실시간 기록이나 인간의 인지를 통해 주로 원시 데이터(미처리 숫자, 단어, 음성, 이미지 등)가 기록된다. 그다음 단계는 데이터 처리, 즉 정보의 생성 단계다. 다시 말해 원시 데이터 선별, 처리, 창조 등 과정을 통해 유효 데이터, 즉 정보를 탄생시키는 과정이다. 마지막 단계는 인간 두뇌의 고급 과정인 사유 단계다. 이 단계에서 정보 시스템을 활용해 정보 그리고 이와 관련된 지식에 대한 인간 두뇌의 규범적·본질적·체계적 사고를 하고, 기존 정보에 대한 체계적인 선별, 연구와 분석을 통해 지식을 만드는 작업을 수행한다. 인간 두뇌의 사고 과정을 구성하는 3대 요소인 데이터와 정보, 지식은 나선형 구조로 상승하는 순환주기를 지닌다. 사람은 정보 시스템을 활용해 정보 그리고 이와 관련된 지식에 규범적이고 본질적이고 체계적인 사고 활동을 곁들여 새로운 지식을 창조한다. 이런 지식은 한층 깊이 있는 인지를 필요로 하는 또 다른 영역을 개척해 새로운 데이터와 정보를 보완하도록 유도하며 따라서 새로운 상승형 순환주기를 이끌어낸다.

인류의 사고 패러다임 발전 과정에서 지식과 정보, 데이터는 나선형 상승 구조를 지닌 순환주기를 보여준다. 사고 패러다임은 세계관과 인지 체계, 신념 등을 바탕으로 고유성·안정성·반복성을 특징으로 하는 사고의 규범, 모형 또는 방식을 가리킨다. 인류사회가 발전하는 과정에서 형성되는 사고 패러다임은 단계별 역사적 발전 과정과 밀접한 관계

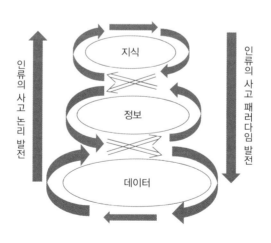

**그림 1-1 | 지식과 정보, 데이터의 양방향 발전**

를 맺고 있다. 사고 패러다임과 시대의 발전은 상호변증법적 관계로, 인류의 사고 패러다임이 발전할 때마다 시대에 큰 영향을 준다는 점에서 사고 패러다임의 혁신은 인류사회가 발전하는 데 필요한 밑거름이 된다. 인류의 사고 패러다임 발전 과정을 살펴보면 지식과 정보, 데이터 역시 항상 흐름에 맞춰 꾸준히 성장한다는 것을 발견할 수 있다. 뇌 단계에서 이뤄지는 사고는 뇌의 인지적 한계 내에서 이뤄진다. 다시 말해 지식은 사회 발전을 이끄는 동시에 인류 활동의 범위를 지속적으로 확대시키며 지식의 외연을 확장한다. 정보기술혁명을 기치로 내건 컴퓨터 시대, 특히 인터넷의 등장으로 인류가 알지 못했던 정보가 대량으로 생산되면서 사고의 패러다임은 뇌에 머물러 있지 않고 컴퓨터로 확대되었다. 세 번째 단계인 클라우드 브레인 시대에 데이터는 뇌와 컴퓨터가 수용할 수 있는 범위를 크게 뛰어넘었다. 그로 말미암아 인간과 스마트 기기, 클라우드 컴퓨팅이 클라우드 브레인 패러다임으로 한데 뭉쳐지면서 인류를 클라우드 브레인 시대로 이끌고 있다. 사고 패러다임 발전 과정은 인간의 사유가 복잡한 수준에서 간단하게 변하는 역행적 사고 과정으로, 사회의 지속적 발전을 이끄는 동력이자 꾸준히 발전하고 있음을 보여주는 결과라고 하겠다.

인간 두뇌, 컴퓨터 시대, 클라우드 브레인 시대를 막론하고 사고 논리와 패러다임은 동시에 존재한다. 데이터와 정보, 지식은 그중 가장 기본적인 자원으로 상호교차, 상호촉진을 통해 인류의 발전을 함께 이끌어 나간다.

## 지식은 힘이다

지식은 인류가 객관적 세계에서 실천 또는 경험을 인식하고 고쳐 바꾼 기록이자 정리된 결과물이다. 사고 활동이 탄생시킨 산물로써 지식은 인류 지혜의 가장 기본적 요소에 속하며 주로 숫자와 부호, 문자 등으로 구체화된다. 원시사회에서 탄생한 숫자가 가장 먼저 획득한 지식이라면, 부호는 인류의 원시적인 표현의 수단이었다. 의사意思를 드러낼 수 있는 기능을 갖춘 덕분에 인류의 인식 수준은 표상적 단계에서 형식과 의미를 두루 파악할 수 있는 실재적 인식으로 업그레이드되었다. 문자는 현 단계의 인류문명에서 가장 안정적이고 선진적이고 복잡한 지식의 구현 형태로 인류사회가 문명사회에 진입했다는 것을 보여주는 중요한 상징이라고 하겠다. 문자의 등장으로 인류의 지식은 시간과 공간이라는 두 가지 차원에서 비약적으로 발전할 수 있었다.

영국의 유명한 과학자이자 철학자인 프랜시스 베이컨은 "지식은 곧 힘이다"라고 논하면서 인류는 지식을 중요한 자원으로 활용해야 한다고 했다.

지식은 인간이 사고하고 꾸준히 성장하는 데 필요한 내부적 동력을 제공한다. 사고가 고차원적 인지 활동이라면 지식은 사고 활동의 기본 요소로 소재를 제공하고, 영향을 주는 방식과 방법을 규정한다.[1] 사고는 스스로 '업그레이드'할 수 있는 능력을 지니고 있다. 두뇌에서 이미 파악하고 있는 지식과 생성된 경험을 이용해서 연상이나 상상, 직감, 영감, 발산 등을 통해 아직 알지 못하거나 아직 등장하지 않은 사물을 발견해낸다. 요컨대 사고는 새로운 지식의 탄생을 이끌고, 더 나아가서 기존의 사고를 새롭게 업그레이드한다. 지식은 사고능력을 활성화시키고, 지혜를 가장 집약한 형태로 구현시켜 인류가 자연적 조건을 극복하고 모든 영역에서 온전한 가능성을 이끌어낼 수 있는 새로운 상황을 창조한다.

지식은 인류사회의 발전을 이끄는 원동력으로, 사회문명의 발전과 진화는 모두 지식에서 비롯된다. 요컨대 지식 없이는 사회도 발전할 수 없다. "지식을 생산력으로 전환할 수 있는가?" 이 질문은 무작위의 지식을 단순히 결합하는 것이 아니라 체계적·논리적으로 운용할 수 있는 능력에 대한 것이다. 아울러 끊임없이 업그레이드되면서 인류가 자연을 정복하거나 고쳐 바꾸는 데 필요한 새로운 방법과 도구, 경로를 제공한다. 쉽게 말해 지식의 개입으로 과학 기술이 생산력으로 전환되는 과정이 한층 빠르게 진행될 수 있다. 시대가 교체되는 과정에서 지식은 인류사회의 비약적 발전을 추진하는 중요한 역량으로 활약하고 있다.

독일의 철학자 임마누엘 칸트는 '물자체Das Ding an sich'와 현상(즉 현세와 이상 세계) 사이에 원칙적 경계가 존재한다고 주장하면서 그 격차가 인류의 인지로 뛰어넘을 수 없을 만큼 거대하다고 설명했다. 사람들은 종종 '물자체'의 표상만 인식할 뿐 현상을 통해 그 본질을 인식하지 못한다. 다시 말해 지식은 그 자체만으로 아무런 한계도 존재하지 않지만 지식에 대한 인류의 인지에는 한계가 있다.

두뇌 인지와 지식을 수용할 수 있는 능력은 제한적이다. 뇌는 유기체의 일부로 유기체가 사망하면 그곳에 저장된 지식도 함께 소멸된다는 점에서 생명주기를 지닌다.《장자》의 〈양생주養生主〉에서는 "내가 살아갈 날은 끝이 있지만 내가 알아야 할 것은 끝이 없다. 끝이 있는 것으로 끝이 없는 것을 따르자니 위태로울 뿐이다吾生也有涯, 而知也無涯, 以有涯隨

無涯, 殆矣"라고 했다. 생명의 찰나성은 지식에 대한 인간의 인지가 제한 적이라는 사실을 결정한다. 게다가 지식에 대한 인류의 수용과 처리 능력도 제한적이다. 인지부하 이론Cognitive Load Theory에 따르면 인류의 작동 기억 시스템에서 새로운 정보를 동시에 가공할 수 있는 용량은 제한적이라고 한다. 가공 작업이 순조롭게 이뤄지도록 현재 작동 기억으로 주입되는 정보량이 작동 기억의 용량을 초과해서는 안 되며,[2] 대뇌 역시 모든 지식을 담을 수 있을 만큼 공간이 충분하지 않다. 즉 지식이 대뇌의 수용 한도를 초과하면 효과적으로 지식을 받아들이고 이성적 판단을 내리기가 어려워진다.

또 한편으로 인류의 인지적 능력은 제한적이다. 인류가 획득한 지식은 감지되고, 눈으로 확인할 수 있는 지식에 국한된다. 우리 눈으로 직접 확인할 수 없는 수많은 지식은 인류의 인지적 한계를 뛰어넘는다. 특히 공간적으로 멀리 떨어진 장소나 지금으로부터 가늠하기도 어려울 정도로 먼 과거에 대해 인간이 알고 있는 것은 극히 일부분에 불과하다. 즉 인류의 인지적 경계는 명시성과 암시성 사이에 존재하면서 시공간적 한계에 얽매이지 않고 지속적으로 성장하고 발전한다.

그러나 정보화는 지식의 한계를 뛰어넘는다. 정보화시대에 이르러 컴퓨팅 기술을 앞세운 컴퓨터가 인간의 뇌를 대체하면서 정보를 기록하고 선별하며 전파하고 있다. 이는 지식을 수용하는 뇌의 기억, 저장, 처리 용량의 한계를 뛰어넘는다. 이와 함께 정보의 축적과 교환, 분석, 운용은 인류가 지식을 획득하는 방식을 바꿔놓았을 뿐 아니라 지식 획득을 위한 시공간적 한계를 뛰어넘어 정보를 수집하고 지식을 획득할 수 있는 능력을 대폭 끌어올렸다. 그 덕분에 인류는 전례 없이 방대한 지식을 확보한 동시에 생산력으로 전환하는 속도를 한 단계 끌어올리는 데 성공했다.

## 정보는 에너지다

정보 이론의 창시자 클로드 섀넌은 사물의 불확실성을 제거하는 데 정보를 사용할 수 있다고 주장하며 불확실성의 감소량, 두 부정성否定性의 차이가 곧 정보라고 설명했다.[3] 인류사회가 발전함에 따라 지식의 양이 지속적으로 증가하고 전파 속도가 꾸준히 향상되면서 공유의 범위 역시 끊임없이 확대되었다. 한 마디로 말해 지식의 전파와 교류, 통합 없이 어떤 발명과 창작도 현실로 구체화될 수 없으며 지식의 확장, 축적, 재구성은 필연적으로 정보라는 매개물의 발전과 혁명을 필요로 한다.

　20세기 중엽 컴퓨터와 인터넷으로 대변되는 정보화혁명은 컴퓨터 기술과 통신 기술의 통합을 이끌어내면서 시공간적 제약을 모두 극복했다. 그 결과 정보의 수집, 전파 속도, 규모가 전례 없던 수준까지 성장하면서 정보량의 증가 속도가 인류의 인지 속도를 추월하는, 이른바 정보의 홍수라고 불리는 시대가 도래했다. 인류의 지식 습득에 소요되는 시간을 계산한 영국의 제임스 마틴James Martin은 19세기에 지식을 습득하는 데 50년 걸렸다면 20세기 전반은 10년, 1970년에 이르러서는 5년으로 단축되었다는 결과를 도출했다. 1980년대 말에는 지식을 얻는 데 걸리는 시간이 기존보다 2배가량 짧아져 3년으로 크게 줄어들었다. 전 세계에서 유통되는 정보의 양을 보여주는 수치가 기하급수적으로 증가했다는 사실에서 지식의 증가 속도 역시 꾸준히 빨라지고 있다는 것을 알 수 있다.

매개체로써 정보가 지속적으로 업그레이드됨에 따라 전파 효율 역시 꾸준히 향상되었다. 서신에서 전화로 발전하는 과정에서 정보가 1대 1 형태로 전파되었을 때의 전파 효율값은 1이었다. 그러다가 TV의 발명을 통해 동일한 정보가 N명의 개인에게 수신되면서 전파 효율값은 1에서 N으로 향상되었다. 그 후 인터넷의 등장으로 개인은 정보의 수용자이자 정보의 전파자가 되었다. 다시 말해 정보가 전파되는 노드node, 節點(데이터망 속 데이터 전송로에 접속되는 하나 이상의 기능 단위로 네트워크의 분기점이나 단말 장치의 접속점 - 옮긴이)가 무한대로 증가할 수 있기 때문에 그 경로 역시 무한대로 증가할 수 있다. 밥 메트칼프Bob Metcalfe가 제시한 메트칼프의 법칙Law of Metcalfe에 따르면 네트워크의 가치는 참여자 수의 제곱에 비례한다. 즉 N번의 연결이 $N^2$의 효율을 만들어낸다. N명의 개인이 N명의 정보를 볼 수 있으므로 정보의 전파 효율은 $N \times N = N^2$이 된다.

과거와 달리 인터넷 시대에는 정보의 전파, 저장, 처리 작업이 주로 컴퓨터를 통해 완성된다. 정보의 양이 두뇌가 인지할 수 있는 범위를 초과함에 따라 어떤 의미에서 인류의 인지적 경계의 안쪽을 지식, 바깥쪽을 정보라고 부를 수 있다. 이때의 경계는 뇌와 컴퓨터를 구분하는 기준이 된다. 정보는 인류가 아직까지 온전하게 인지하지 못한 객관적 실체로, 사고를 거쳐 정제되고 가공된다. 서로 다른 정보 시스템은 교환, 변화, 통합, 전환을 통해 에너지를 한데 모으는 동시에 일정한 조건 아래서 방출하며 인류사회에 중대한 영향을 끼친다. 마크 버긴은《정보 이론Information Theory》에서 정보가 사회를 지배하면서 모든 생활 영역에 침투할 것이라고 주장했다.[4] 즉 정보 에너지가 방출되면서 '축적'된 새로운 에너지가 한데 취합되고 변환되면서 더 큰 에너지를 방출한다는 것이다.

정보의 데이터화는 정보가 에너지를 방출하는 수단이다. '데이터화'는 '디지털화'와는 다른 개념이다. 디지털화는 단순히 가상의 데이터를 0과 1로 전환해 표시하는 이진법 코드로 컴퓨터가 식별, 로딩, 처리 작업을 담당한다. 이에 반해 데이터화는 현상을 데이터로 분석할 수 있는 형태로 전환하는 것이 가능하며, 데이터의 수집과 처리를 포함하는 새로운 계량화 과정을 가리킨다. 다시 말해 특정 사물을 묘사할 때 데이터는 해당 내용을 기록하고 분석, 재구성할 수 있다. 컴퓨터 기술과 통신 기술, 고밀도 저장 기술을 통해 정보는 보다 빠르고, 보다 정확하게 정보 자원으로 전환될 수 있다. 이때 데이터로 처리된 정보는 보편성, 개방성, 표준화, 통합성이라는 특징을 띠게 된다. 여기에 정보의 무한 축적, 시공간적 한계, 업계 간의 격차 극복을 발판으로 삼아 그 잠재적 가치와 에너지를 적극적으로 끌어낸다.

정보의 데이터화는 인류의 인지가 본질적으로 전환되었다는 것을 상징한다. 즉 정보의 데이터화를 통해 객관적으로 존재하는 정보를 수집하고 계산하는 것뿐 아니라 이를 가공하고 처리할 수도 있다. 데이터화 시대에 이르러 우리는 세상을 자연사회와 인류사회로 구분하고, 데이터의 내적 측면에서 세상을 다양한 정보의 집합으로 간주하고 인지할 수 있다. 이는 인류가 세상을 인지하고 세상을 바꾸는 데 전혀 다른 시각을 제공할 것이다. 한 마디로 말해 정보의 데이터화는 모든 삶의 영역에 파고들 수 있는 세계관이라고 하겠다.

## 데이터는 변수다

지식에서 정보, 다시 데이터에 이르는 과정을 통해 우리는 인류문명의 발전을 한눈에 볼 수 있다. 데이터는 독립 변수이자 종속 변수로써 자체적으로 변할 뿐 아니라 외부 세계의 변화를 빠르게 이끌어내고 데이터의 독립과 종속 과정에서 동시에 작용한다. 빅데이터 시대에 데이터는 중요한 기본적 전략 자원으로 세계적 변혁을 이끄는 중요한 요소로 자리 잡았다.

객관적 존재인 데이터는 현실 세계를 고스란히 반영한다. 데이터가 자체적으로 운동하고 변화하는 동안 정보통신 기술은 자체적 발전 논리에 따라 생산 효율을 높이는 단계에서 한 차원 높은 스마트형 단계로 발전한다. 양적 측면에서 봤을 때 빅데이터는 방대하고 끊임없이 변화한다. 국제데이터주식회사가 발표한 '디지털 유니버스 보고서Digital Universe Study'에서는 전 세계 데이터 저장량과 증가 추이에 대한 정량 평가를 실시했다. 보고서에 따르면 전 세계 IP(인터넷상의 한 컴퓨터에서 다른 컴퓨터로 데이터를 보내는 데 사용되는 프로토콜)의 데이터량이 1엑사바이트exabyte를 달성하는 데 2001년 당시에는 1년이 걸렸지만 2013년에는 1일, 2016년에는 반나절이 걸릴 것으로 예상했다. 그리고 2020년에는 디지털 유니버스의 규모가 10배 성장하고 연간 생산되는 데이터 용량도 현재의 4조 4,000억 기가바이트gigabyte에서 44조 기가바이트로 확대될 전망이다. 경계의 구분을 초월하는 데이터의 연관성과 재구성성은 데이터의 자생적 발전 과정에서 나타나는 자연스러운 특징으로, 시공간적 한계를 허물고 정보를 빠르게 이동시키고 변환, 통합한다. 또한 동일한 유형의 데이터를 하나의 카테고리로 묶은 뒤 상호작용을 통해 다양한 차원과 영역에서 꾸준히 가치를 축적하는 것은 물론 새로운 조건 아래서 새로운 가치를 탄생시킨다. 데이터의 다양한 형태와 다양한 출처, 데이터 사이에 존재하는 복잡한 관계 모두 데이터 세계에 대한 우리의 기대감을 한껏 올려준다.

세상을 바꾸는 전략 자원으로 맥킨지앤드컴퍼니의 보고서는 데이터에 대해 이렇게 설명했다. "데이터는 이미 모든 업계와 업무의 직능 영역 깊숙이 침투해 중요한 생산 요소가 되었다. 방대한 규모의 데이터를 발굴하고 운용하는 방법을 통해 새로운 생산성 향상과 소비자 잉여 Consumer Surplus(소비자가 지불할 용의가 있는 최대 가격과 실제 지불한 가격 간 차이-옮긴이) 증가 현상을 이끌어낼 수 있다." 기술의 혁신과 발전, 전반적인 인식·수집·분석·공유를 통해 데이터는 사람에게 세상을 바라보는 완전히 새로운 시각을 제시할 것이다. 데이터를 통한 의사결정이나 사물의 발전 추이를 감안할 때 세상이 미리 생각한 모습으로 변한다면 데이터는 불확실성으로 확실성에 대항하는 변수가 될 수 있다. 현재 국가 간의 경쟁은 자본, 토지, 인구, 자원 또는 에너지 쟁탈전에서 누가 더 많은 양질의 데이터를 확보하느냐로 전환되었다. 빅데이터 시대에 새로운 전략적 자원으로서 데이터는 경제 발전에서 자본과 토지 등 전통적인 생산 요소가 차지하는 비중을 바꿔놓았을 뿐 아니라 고급 인재, 희소자원처럼 국가경쟁력을 높여줄 수 있는 전략 리스트에 자신의 이름을 올려놓았다. 빅데이터는 경제 메커니즘, 국제 안보, 국가 경영과 자원 모델을 완전히 뒤집어엎으며 경제와 사회에 거대한 변혁을 가져왔다.[5] 데이터는 기술, 제품, 자금, 인재 스트림을 이끌며 지속적으로 새로운 모델의 탄생을 유도한다. 이를 통해 신기술의 발명, 신경제로의 발전을 빠르게 이끄는 동시에 인류사회의 생산과 생활방식에 근본적 혁신의 역량을 제공한다.

## 데이터 중력파, 클라우드 브레인 시대를 이끌다

중력은 인류가 가장 먼저 정량적으로 인지한 상호작용으로 어디서나 존재하고 우주와 항성계를 이끈다. 고전물리학에서 강력Strong Force, 전자기력Electromagnetic Force, 약력Weak Force과 함께 우주에 존재하는 자연계의 4가지 힘을 이루는 중력은 가장 약하지만 결정적 역할을 담당한다. 중력의 크기는 질량과 정비례하지만 거리의 제곱에 반비례한다. 양자물리학에서는 두 개 입자가 중력자를 교환하는 과정에서 중력이 발생한다고 설명하지만, 아인슈타인의 일반상대성 이론에서는 중력은 공간에 대한 질량의 왜곡에서 비롯된다고 주장한다. 공간-시간 사이의 왜곡으로 발생하는 기하학적 영향이 질량을 가진 무작위의 물체에 접근했을 때 공간의 구조가 왜곡된다는 것이다. 그러나 이런 왜곡이 항상 물체 주변에서만 발생하는 것은 아니다. 일반상대성 이론이 정의한 바에 따르면 질량은 시공간 구조의 왜곡을 일으킬 뿐 아니라 중력을 발생시킨다고 한다. 중력을 발생시킨 공간은 평평하지 않으며 운동하고 다차원적이며 복합적이다. 그러나 길이, 시간, 밀도 등 유형 물질의 속성은 지니고 있지 않다.

전혀 새로운 관점에서 중력을 정의한 아인슈타인은 지진파가 지각에 퍼져 나가는 것처럼 공간의 왜곡과 변형이 중력파를 통해 우주에 전파될 수 있다는 사실을 깨달았다. 이를 근거로 중력파가 진행파Traveling Wave의 형식으로 외부에 전파되기 위해 시공간 곡률Curvature(곡선 또는 곡면의 휨 정도를 나타내는 변화율 - 옮긴이)을 교란시키고, 중력 복사輻射의 형태를 통해 에너지를 전송한다고 주장했다. 예를 들어 중력파는 항성의 폭발, 블랙홀 충돌처럼 물질이 가속 운동하는 과정, 즉 물질의 분포가 변했을 때 발생하며 시공을 확대 또는 축소하거나 시공의 구조에 영향을 준다. 중력파 형식은 유체역학의 중력파와 유사하게 작동한다.

유체역학 이론에서 말하는 중력파는 액체 매질 내부 또는 두 종류 매질 사이에 존재하며, 액체 표면 또는 내부 액체 덩어리의 밀도 차이로 말미암아 원래 위치에서 벗어난 액체 덩어리가 중력과 부력의 영향으로 균형을 유지하기 위해 상하로 움직이면서 파동을 일으킨다. 중력파의 본질은 시공의 '물결'이라고도 불리는 시공간 곡률의 파동으로, 쉽게 말하면 조약돌을 잔잔한 호수에 던졌을 때 수면 위에 생겨나는 파문과 같다. 이런 파문은 겹겹이 확산될 뿐 아니라 서로 영향을 주고 되풀이된다. 중력파를 통해 방출된 에너지가 우주 전체의 모든 별빛이 지닌 에너지를 뛰어넘었을 때 중력파는 에너지 외에도 에너지가 탄생하는 과정에 대한 정보를 갖게 된다.

빅데이터 시대에 데이터는 방대한 양과 특유의 운동 모델로 말미암아 전통적 사회와는 전혀 다른 새로운 시공 '데이터 유니버스'를 탄생시켰다. 데이터의 질점은 데이터 유니버스 내에서 '데이터 질량'을 보유하고 있는 단위單位(셀)로,[6] 데이터 공간 속에서 특정 관계가 있는 한 조의 원소로 이루어진다. 여기서 말하는 특정 관계는 일반적으로 데이터 공간에서 데이터 원소가 맺고 있는 기하학적 인접관계를 가리킨다. 데이터 질점의 작용으로 데이터 공간에 불규칙적이고 무한대이며 다차원적이고 복합적인 운동이 일어나면서 데이터 중력이 발생한다. 이는 일반상대성 이론에서 중력이 탄생시킨 시공간의 왜곡과 유사하다. 물리 세계의 중력과 달리 데이터 중력은 일종의 스칼라Scalar로, 방향성 없이 데이터 사이의 가치연관성Value-relevance만 보여준다.

가속운동의 질량이 중력파를 일으킨다는 일반상대성 이론과 마찬가지로 데이터 질점의 빠른 유동 역시 데이터 중력파를 만들어낼 수 있다. 모든 데이터 사이에는 데이터 중력파가 존재하며, 중력파의 크기는 가치연관성 측면에서 데이터 질점의 강약 여부에 따라 결정된다. 쉽게 말해 데이터 질점 사이의 가치연관성이 강할수록 데이터의 중력파는 증가하고, 가치연관성이 약할수록 데이터 중력파는 감소한다. 활성화, 침투성, 불가측성 등의 특징을 지닌 데이터 중력파는 눈에 보이지 않으며 활성화된 상태에서만 데이터의 가치를 드러낸다. 데이터의 활성화는 자율활성화와 타율활성화로 구분되며, 데이터 중력장에서 완성된다.

데이터는 자체적으로 다양한 유형과 성질, 차원을 지니고 있다. 동일한 유형과 성질, 차원을 지닌 데이터 질점은 데이터 중력의 상호작용 아래서 데이터로 가득 찬 영역을 형성하게 되는데, 이를 데이터 중력장이라고 부른다. 한 마디로 말해 데이터 중력장이 형성되는 과정은 데이터가 축적되는 과정이라고 하겠다. 데이터의 다차원성 덕분에 데이터는 여러 개의 중력장에 동시에 존재할 수 있으며 다양한 데이터 중력파를 만들어낼 수 있다. 이와 함께 데이터와 데이터 중력장, 중력장과 중력장 사이에 데이터 중력파가 존재한다. 따라서 데이터 중력파를 통해 대량의 데이터 또는 데이터 중력장이 빠르게 충돌하고 뒤섞이면서 새로운 가치관계를 만들고 데이터가 지닌 전체 가치의 크기는 물론 인류가 상상하는 범위를 훌쩍 뛰어넘을 만큼 놀라운 수준의 거대한 에너지를 방출해 어디든 무한대로 전송할 수 있다. 이런 과정에서 기존의 데이터 중력장이 지닌 균형이 깨지고, 데이터 중력을 통해 대량의 데이터를 재수집한다. 새로운 데이터 중력장을 재편성 또는 재구성함으로써 새로운 데이터를 한데 모으고 쪼개는 것이다. 이는 구조 해체에서 재구성에 이르는 과정으로, 양적 변화에서 질적 변화로 발전하는 과정에 해당한다. 데이터의 구조 해체와 재구성을 통해 데이터 유니버스는 팽창되고 압축된다. 예를 들어 해커 데이터가 특정한 데이터 공간에 몰래 숨어들어가 기존 데이터의 중력장에 들어 있는 데이터와 데이터 또는 데이터 중력장 사이의 일관된 규칙과 질서를 교란시키면 데이터와 데이터 중력장이 서로 충돌하면서 효과를 일으킨다. 요컨대 중력장에 숨어든 해커 데이터는 기존 데이터 공간의 균형을 파괴하는 '불청객' 역할을 한다.

중력파의 실체를 증명하는 작업은 오늘날의 과학사상에서 가장 중요한 순간으로 기록되고 있다. 데이터 중력파는 인류가 데이터 유니버스

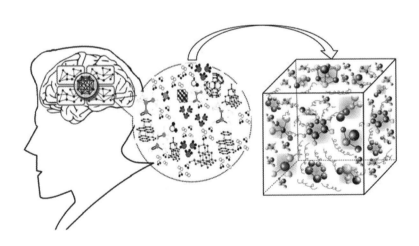

그림 1-2 | 데이터 중력장 단면도

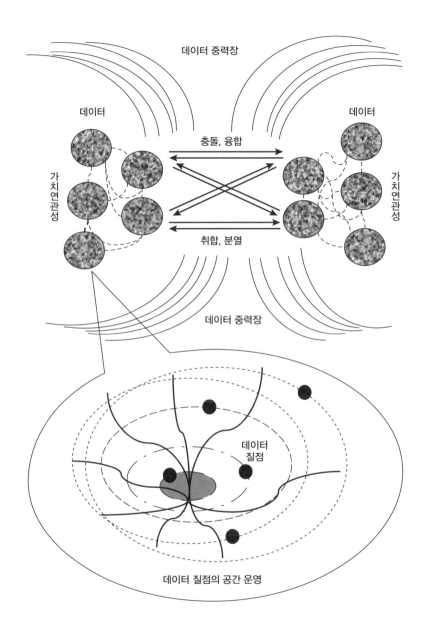

데이터 중력장

데이터

가치연관성

충돌, 융합

취합, 분열

데이터

가치연관성

데이터 중력장

데이터
질점

데이터 질점의 공간 운영

그림 1-3 | 데이터 중력파의 형성 과정

를 인지하는 도약대가 되어 기존에 축적한 경험을 뛰어넘는 힘을 실어 줄 것이다. 또한 인류의 기존 사고 패러다임을 바꾸고 획기적인 데이터 세계관의 탄생을 유도해 인류사회가 진정한 의미의 클라우드 브레인 시대로 도약하도록 이끌 것이다. 데이터 중력파를 통해 생성된 데이터는 다차원 공간에서 취합되고 분열되면서 빅데이터의 '스트립strip'이라는 한계를 극복하고 '블록'으로 통합되도록 가능성을 제공한다. 또한 데이터가 다차원 공간에서 자율활성화, 자율 프로세스, 자율 적용, 자기조직화되도록 원초적 힘을 만들어낸다.

# 빅데이터의
# 본질에 집중하다

## 빅데이터의 이력

1960년대 데이터베이스의 등장으로 인류가 데이터를 수집하고 저장할
수 있는 능력이 빠르게 발전했고, 데이터의 총량과 증가 속도가 꾸준히
향상되면서 거대한 규모의 데이터가 형성되었다. 데이터의 양이 빠르
게 축적되는 동시에 연관성 역시 끊임없이 확장되었다. 쉽게 말해 측량
과 계산 외에 기록이라는 기능이 추가됐다는 뜻으로, 데이터의 기록 기
능은 정보와 유사하지만 이와 관련된 범위는 정보보다 훨씬 넓다. 이를
테면 이메일 한 통에는 여러 가지 정보가 포함되지만 기술적 관점에서
봤을 때 여전히 데이터 한 개에 불과하다. 방대한 규모의 데이터가 등장
함에 따라 전통적인 컴퓨팅 과학이라는 패러다임은 데이터 처리를 위
한 주요 기술이라는 타이틀을 무어의 법칙Moore's Law(마이크로칩 기술의

발전 속도에 대한 것으로, 마이크로칩에 저장할 수 있는 데이터의 양이 18개월마다 두 배씩 증가한다는 법칙-옮긴이)에 점차 내주고 있다. 데이터 유형에서 봤을 때 해당 단계의 데이터는 여전히 정형 데이터Structured Data로 구성되어 있지만 미디어와 모바일 기기, 센서 설비 등 새로운 경로와 신기술의 등장, 애플리케이션, 파일, 사진, XML(확장성 마크업 언어), HTML(하이퍼텍스트 마크업 언어), 이미지와 오디오/동영상 정보 등을 포함한 비정형 데이터와 복잡 데이터가 탄생하면서 인류는 빅데이터 시대에 접어들게 되었다.

1990년대부터 본격적으로 새롭게 등장한 복잡성 과학Complexity Science[7]은 유기적 자연관, 유기적 전체·연계·진화라는 복잡한 사고방식과 새로운 과학이론 방법을 인류에게 제공했을 뿐 아니라 빅데이터에 이론적 기반을 제공하기도 했다. 인터넷과 클라우드 컴퓨팅, 인공지능으로 대표되는 신기술은 빅데이터의 등장에 기술적 여건을 마련해주었다. 이와 함께 구글, 페이스북, 아마존, 바이두, 알리바바, 텐센트 등 빅데이터 관련 업체의 부상은 데이터 산업의 빠른 발전에 힘을 보태며 빅데이터 발전을 위한 사회적 인프라를 제공했다. 이를 토대로 유명한 미래학자 앨빈 토플러는 《제3의 물결The Third Wave》에서 빅데이터의 개념을 정식으로 제시하면서 "제3의 물결을 이끌 화려한 악장樂章이다"라고 칭송했다. 2008년에 《네이처》 역시 '빅데이터'를 커버스토리로 다루며 수학, 물리, 생물, 산업 및 사회, 경제 등 다양한 과학 영역에서 수행하게 될 역할을 설명했다.

| | |
|---|---|
| 1890년 | 허만 홀러리스Herman Hollerith는 기계 가독형으로 처리가 가능한 펀치카드식 자동 집계기를 발명해 전통적인 인구조사 작업에서 발생하는 문제점을 획기적으로 해결했다. 해당 설비는 8년이나 걸렸던 미국의 기존 인구조사 작업을 1년으로 단축시켜 데이터 처리의 신기원을 열었다. |
| 1943년 | 영국은 2차 세계대전 기간 독일군의 암호를 해독하기 위해 대규모 데이터를 처리할 수 있는 획기적인 기계를 발명했다. 이와 함께 프로그래밍이 가능한 최초의 전자계산기를 사용해 1초당 5,000개의 캐릭터를 처리하며 유타, 오마하, 골드, 주노, 소드 해안가에 주둔한 독일 전방 진지의 정보를 분석했다. 여기서 얻은 정보를 이용해 연합군은 노르망디 해안에 상륙하는 데 성공했다. |
| 1989년 | 영국의 컴퓨터 과학자 팀 버너스 리Tim Berners-Lee는 '월드와이드웹www'이라고 불리는 하이퍼텍스트 시스템을 개발해 전 세계적으로 인터넷을 통한 정보 공유를 구현했다. |
| 1997년 | 미국 항공우주국NASA 연구원 마이클 콕스Michael Cox와 데이비드 엘스워스David Ellsworth는 1990년대에 다가올 데이터 시대의 도전을 설명하며 '빅데이터'라는 용어를 최초로 사용했다. 주기억 장치, 로컬디스크의 저장능력을 뛰어넘는 것은 물론이고 이동디스크의 수용 능력을 초과할 만큼 데이터의 양이 늘어났다고 해서 '빅데이터 이슈'라고 부르기도 했다. |
| 2007년 | '빅데이터' 용어가 기술 영역에 등장했다. 《와이어드WIRED》에는 데이터빅뱅에 따른 위험과 도전을 설명하는 글을 발표하며, 빅데이터가 '페타바이트Petabyte(세계적인 과학저널《네이처》가 데이터가 급증하는 시대를 가리켜 지칭한 용어로, 디지털 신호의 처리 속도 또는 용량을 표시하는 단위이기도 함—옮긴이)' 시대의 서막을 알린다고 설명했다. |
| 2008년 | 빅데이터 개념을 최초로 제시한 기구인 컴퓨팅 커뮤니티 콘소시엄Computing Community Consortium은 〈빅데이터 컴퓨팅: 비즈니스와 과학, 사회 영역의 혁신적 돌파〉 백서를 발표하며 "빅데이터에서 정말 중요한 것은 데이터 그 자체가 아니라 새로운 경로와 새로운 아이디어다"라는 주장을 펼쳤다. |
| 2010년 | 케네스 쿠키어Kenneth Cukier는 《이코노미스트》에서 빅데이터에 대한 전문 보고서 〈어디에나 존재하는 데이터〉를 발표했다. 그는 보고서에서 세상에는 상상할 수 없을 만큼 거대한 데이터 정보가 존재하며, 이는 엄청난 속도로 증가하고 있다고 주장했다. 사람들은 쿠키어를 빅데이터 시대의 흐름을 가장 빨리 꿰뚫어본 데이터 과학자들 가운데 한 명이라고 평가한다. |
| 2011년 | IBM의 슈퍼컴퓨터인 '왓슨Watson'은 1초당 4테라바이트(약 2억 페이지의 문자량)의 데이터를 스캔하고 분석할 수 있으며, 미국의 유명한 TV 퀴즈쇼 〈제퍼디Jeopardy〉에 출연해 2명의 인간 후보를 물리치고 우승을 차지했다. 《뉴욕타임스》는 이 순간을 두고 '빅데이터의 승리'라고 불렀다. |
| 2012년 | 다보스 포럼이라고도 불리는 세계경제포럼의 주제 가운데 하나로 빅데이터가 선정됐다. 포럼에서는 〈빅데이터, 거대한 영향〉이라는 보고서를 발표하며 데이터가 화폐 또는 황금처럼 새로운 경제 자산의 형태로 자리 잡았다고 선포했다. |
| 2014년 | 세계경제포럼은 '빅데이터의 수혜와 위험'이라는 주제로 《세계 정보 기술 보고서》(제13판)를 발표했다. 미국 백악관에서는 2014년 전 세계 '빅데이터'를 연구한 〈빅데이터: 기회를 잡고 가치를 지켜라〉라는 백서를 발표했다. |

그림 1-4 | 빅데이터의 개념 형성 초기에 일어난 주요 사건

## 빅데이터를 정의하기 위한 다양한 분석

빅데이터의 정의가 학술기관이 아니라 기업을 통해 제시된 데는 빅데이터가 기업에서 최초로 '발원'된 것과 관련이 있다. 현재까지 빅데이터의 개념에 대한 논의는 꾸준히 이루어지고 있는데 학술계, 산업계, 정부기관 모두 저마다의 분야와 입장에서 빅데이터의 성질과 특징, 요소의 구성, 기술 시스템, 활용 범위, 가치 등 내연과 외연을 다양하게 규정하고 있다.

**기술 분석**  방대하면서도 복잡한 데이터에 대한 분석, 처리를 통해 정보와 지식을 획득할 수 있는 기술적 수단으로 빅데이터를 이해한다. 예를 들어 맥킨지앤드컴퍼니는 빅데이터를 데이터 규모의 측면에서 파악해 "일반적인 데이터베이스 관리 도구가 저장하고 관리하고 분석할 수 있는 범위를 초과하는 규모의 데이터다"라고 정의한다.[8] 다시 말해 전통적 프로세스인 툴을 통한 처리 또는 정보 분석이 불가능하기 때문에 사용자는 어쩔 수 없이 비전통적 처리 방법을 지닌 데이터 집합을 사용해야 한다. 위키피디아는 합리적인 시간 안에서 일반적인 소프트웨어 툴을 통해 획득, 관리, 처리가 불가능한 데이터의 집합을 빅데이터로 이해한다.[9] 데이터 통합 소프트웨어Integrated Software 전문업체 인포매티카는 방대하면서도 복잡한 빅데이터의 규모가 전통적 데이터베이스 시스템의 관리와 처리능력을 뛰어넘었다고 설명한다.[10]

**응용 가치**  빅데이터의 응용, 빅데이터가 지닌 가치 있는 정보와 지식을 강조하며 궁극적으로는 상업적인 경쟁우위, 심지어 새로운 상업 시스템의 구축을 추구한다. 이를테면 미국 코네티컷주에 본사를 둔 IT 분야의 리서치 기업 가트너Gartner는 정보 자산의 측면에서 빅데이터를 향상된 통찰과 더 나은 의사결정을 위해 사용되며 높은 비용과 효율, 혁신, 대용량, 고속 처리, 다양성 등의 특성을 가진 정보 자산이라고 설명한다. 빅토어 마이어 쇤베르거는 빅데이터 시대의 등장으로 인류는 다양한 영역과 결함 없는 체계적 데이터를 획득하고 사용할 수 있는 최초 기회와 조건을 손에 쥐게 되었다고 주장했다. 또한 현실 세계의 규칙에 대한 깊이 있는 탐색을 통해 과거에 얻을 수 없던 지식을 확보해 이전에는 꿈도 꿀 수 없던 기회를 얻게 됐다고 설명한다.[11] 하버드대학교 방문연구원 쉬진은《빅데이터 경제학BIGDATA ECONOMICS》에서 빅데이터를 가치연관성이 존재하는 방대한 데이터라고 설명하며 사회·경제 구조의 분산과 해체, 정보화 구조조정에서 빅데이터의 본질을 찾을 수 있다고 했다. 그의 주장에 따르면 다양한 영역에 존재하는 거대 데이터 간의 관계가 양적 변화에서 질적 변화로 전환되는 과정을 거치면서 빅데이터가 탄생했다고 한다. 자오궈둥趙國棟과 이환환易歡歡 등은《빅데이터 시대의 역사적 기회Big Data Revolution》에서 빅데이터를 다양하거나 대량의 데이터에서 빠르게 정보를 얻을 수 있는 능력이라고 설명했다.

**자체적 특징** 빅데이터의 자체적 성질과 특성을 기준으로 빅데이터를 크게 양과 질이라는 2가지 관점으로 구분한다. 먼저 양적 특징을 살펴보면 바이두백과사전에서는 빅데이터 또는 대량 데이터를 현재의 소프트웨어 도구로 처리할 수 없을 정도로 거대한 규모의 자료량을 지녔으며 합리적인 시간 안에 기업의 경영과 의사결정에 도움이 될 수 있는 정보로 추출, 관리, 처리, 정리된 것이라고 풀이한다. 빅데이터 전문가 존 클로저John Clauser는 빅데이터를 컴퓨터 한 대의 처리능력을 초과하는 방대한 데이터의 양이라고 설명했다. 이번에는 질적 특징을 살펴보자. 가트너의 애널리스트 더글라스 레이니Douglas Laney는 최초로 빅데이터의 '3V' 특징을 발견했다. 여기서 말하는 3V는 빠르게 증가하는 데이터의 양Volume, 빠르게 생성되는 속도Velocity, 대단히 이질적인 다양성Variety을 가리킨다. 이를 토대로 맥킨지는 〈빅데이터: 혁신과 경쟁, 생산력의 다음 목적지〉에서 빅데이터의 이른바 4V 특징으로 초대용량Volume, 다양한 형태Variety, 높은 상업 가치Value, 빠른 생성 속도Velocity를 제시하기도 했다.

**빅데이터가 사회 발전에 미치는 영향** 인류의 사회, 생산, 생활방식, 사고 패러다임 등에 미치는 빅데이터의 중요한 영향력을 강조한다. 또한 해당 패러다임의 영향이 지속적이고 심오하다고 지적하면서 빅데이터가 인류 발전을 위한 신기원을 열었다고 주장한다. 이를테면 빅토어 마이어 쇤베르거 교수는 빅데이터를 현재 사회가 지닌 독창적 능력이라고 규정하며 전례 없는 새로운 방식으로 거대한 데이터를 분석함으로써 그 속에서 거대한 가치를 지닌 상품이나 서비스, 깊이 있는 통찰력을 얻을 수 있다고 지적한다. 그는 《빅데이터가 만드는 세상》에서 빅데이터가 가져다주는 정보 스토밍Information Storming이 우리 삶과 일, 생각을 바꾸고 있으며, 빅데이터는 중대한 변화의 기로에 서 있다고 예측했다. 중국 공정원工程院의 리궈지에는 빅데이터를 이해하려면 문화와 인식의 수준이 향상되어야 한다고 주장했다. 데이터 문화의 본질은 객관적 세계에서 실사구시, 즉 사실에 입각하여 진리를 탐구하려는 정신을 강조하는 데 있다. 데이터는 사실로 설명되어야 하고, 이성적 사고에 근거한 과학적 정신이라는 점을 강조하고 있다.[12]

## 빅데이터가 가져다주는 변화로 빅데이터 정의하기

빅데이터 시대의 등장으로 데이터가 주도하는 시스템은 세계적 흐름으로 자리 잡았다. 빅데이터의 발전은 경제·사회 발전과 인류의 사유 관념에 혁명적 영향을 미쳤을 뿐 아니라 미국과 영국, EU 등 많은 선진국의 중요한 발전 전략으로 자리 잡았다.

방대한 데이터 자원을 지닌 중국은 무서운 잠재력을 지닌 애플리케이션 시장을 비롯해 세계 최고를 자랑하는 인터넷과 모바일 인터넷 사용자 수, 바이두와 알리바바, 텐센트 등 혁신적인 첨단 인터넷 벤처기업을 앞다투어 선보였다. 현재 빅데이터는 중국의 생산·유통·배분·소비 활동과 경제 운용 메커니즘, 사회·생활방식과 국가 경영에 지대한 영향을 미치고 있다. 2015년 8월에 발표된 '빅데이터 발전 촉진을 위한 행동 요강'은 중국의 빅데이터 발전을 주도하는 중요한 전략 계획으로 평가받는다. 중국 공산당 제18기 5차 중앙위원회 전체회의에서 주창한 '국가 빅데이터 전략'의 실천은 빅데이터 전략이 중국의 국가 전략으로 발돋움했다는 것을 보여주는 상징적 조치라고 하겠다. 그 밖에도 2016년 3월 '중화인민공화국 국민경제와 사회 발전을 위한 13차 5개년 계획'에서는 빅데이터를 국가의 기본적 전략 자원으로 삼는다는 사실을 명확히 밝히고 있다. 또한 '빅데이터 발전 촉진을 위한 행동 요강'은 빅데이터를 초대용량, 다양성, 빠른 입/출력 속도, 높은 응용 가치를 주요 특징으로 하는 데이터의 집합으로 방대한 양, 분산된 자원, 다양한 포맷을 지닌 데이터를 수집·저장·연계·분석함으로써 새로운 지식의 발견, 새로운 가치 창출, 새로운 능력 향상이 가능한 차세대 정보 기술과 서비스 경영 방식으로 설명했다. 이는 국가적 차원에서 빅데이터를 분석한 가장 권위적인 해석이라고 하겠다. 새로운 정의는 빅데이터 시대의 3가지 기본적 특징, 즉 새로운 시스템과 새로운 기술, 새로운 경영 방식을 아우르고 있다. 이런 특징을 과학적으로 인지하는 작업을 통해 우리는 빅데이터가 가져다주는 변화와 변화의 원인을 탐색하는 데 도움을 받을 수 있다. 이는 빅데이터의 본질을 발견하는 과정이라고 하겠다.

**새로운 시스템의 핵심: 새로운 사고 패러다임**  빅데이터는 기술뿐 아니라 새로운 사고방식의 혁명이다. 빅데이터식 사고 패러다임 전환의 핵심은 인간의 뇌를 통한 사고에서 클라우드 브레인 사고로 전환되는 과정인데, 주로 다음과 같은 특징을 보여준다. 첫째는 전체성Totality으로, 데이터의 수집, 저장, 분석 등과 관련된 기술이 발전됨에 따라 데이터를 확보하는 대상이 샘플에서 온전한 데이터로 전환됐다. 둘째는 내결함성Fault Tolerance이다. 정확성은 스몰데이터Small Data의 산물로 데이터가 무한대일 때는 더 이상 데이터가 지향하는 주요 목표가 될 수 없다. 셋째는 연관성Correlation으로, '무엇'인지만 알면 '왜' 그런지는 더 이상 중요하지 않다. 넷째는 지능화Intelligence다. 지능화는 빅데이터 시대의 대표적 특징으로, 인간의 사고방식이 본능적 사고에서 지능적 사고로 전환되면서 기계 설비나 시스템 설정에 대한 사회 계산능력과 지능화의 수준을 끊임없이 진화시킨다. 이를 통해서 통찰력과 새로운 가치를 지닌 데이터, 심지어 인류의 지능과 유사한 데이터를 확보할 수 있다.

**새로운 기술의 핵심: 새로운 정보 기술** 빅데이터는 그 자체만으로는 큰 의미를 지니지 못하지만, 배후에 담겨 있는 가치는 중요하게 작용한다. '초대용량, 다양성, 빠른 입/출력 속도, 높은 응용 가치'와 '방대한 양, 분산된 자원, 다양한 포맷'이라는 특징을 지닌 빅데이터는 데이터의 응용에 가치를 두는데 새로운 데이터 수집 기술과 저장 기술, 데이터 연관 분석 기술 등 전혀 새로운 처리 방식에 의존하게 된다. 이를 통해 데이터의 수집, 저장, 사용이라는 3대 문제를 근본적으로 해결해야만 데이터를 통한 새로운 지식의 발견, 가치 창출, 능력 향상이라는 목표를 달성할 수 있다.

**새로운 경영 방식의 핵심: 새로운 서비스 방식** 빅데이터는 사회생산 요소의 개방과 공유, 응집과 통합, 협력 개발과 효율적 사용을 구현하며 전통적 생산 방식과 경제 운용 메커니즘을 변화시킨다. 또한 혁신적 상업 시스템으로의 전환을 꾸준히 유도하는 동시에 새로운 경영 방식의 탄생을 유도하고, 새로운 경영 시스템은 새로운 서비스 방식을 중심으로 전통적 서비스 시스템 또는 상업 시스템의 재혁신을 촉진한다. 빅데이터는 미래 경제의 틀을 재구축하는 동시에 전통적 사회관계를 재설정할 것이다.

# 빅데이터 시대의 솔루션,
# 블록데이터

## 대량 데이터가 가진 역설

대량 데이터Mass Data가 인류사회의 발전을 촉진하는 동시에 새로운 문제와 시련을 가져다줬다는 사실을 가리켜 '대량 데이터의 역설'이라고 부른다.

대량 데이터의 등장으로 데이터의 양이 폭발적으로 증가하는 동시에 데이터 분석의 불완전성 역시 날로 확대되고 있다. 빅토어 마이어 쉔베르거는 기계가 사람처럼 생각하도록 개발할 것이 아니라 대량 데이터에 수학적 계산을 적용함으로써 실제 사건이 발생할 가능성을 예측해야 한다고 주장했다. 데이터가 '결핍'된 시대에는 데이터의 수집, 탐색과 같은 기술적 수단이 낙후되어 인류는 극히 제한적인 데이터만 얻을 수 있었다. 상황이 이렇다 보니 장님이 코끼리 만지듯 대략적인 가능성만 예측할 뿐 사물에 대한 정확한 판단과 예측은 무척 어려웠다.[13] 그러나 빅데이터 시대로 접어들면서 우리는 데이터 결핍에서 벗어나 데이터 과잉이라는 새로운 상황과 마주하게 되었다. 정보와 데이터가 폭발적으로 증가하면서 방대한 정보와 쓸모없는 정크 데이터에 포위당한 채 옳고 그름을 판단하는 것조차 힘겨워하고 있다. 객관적으로 이야기해서 데이터가 귀하던 시절에는 데이터가 많으면 많을수록 좋다고 생각했지만 정보와 데이터가 폭발적으로 증가하는 시대로 접어들면서 사람들은 정확하면서도 질서정연한 데이터를 선호하기 시작했다. 그런 까닭에 인류는 양질의 데이터를 얻는 데 이전보다 더 많은 어려움을 호소하고 있다. 전통적 방법으로 해당 데이터를 설명하거나 측정할 수 없을 정도로 빅데이터의 복잡성이 확대되었던 것이다. 이런 사실은 데이터의 '물리적 크기'는 물론이고 이질적 데이터 분석, 다양한 실체와 다양한 공간 사이의 상호작용을 통해서도 확인할 수 있다.[14] 그런 이유로 데이터 분석가와 연구자, 의사결정권자들은 정형 데이터 부족 현상, 집단에 의한 데이터 독점, 데이터의 산발적 사용, 데이터의 제한적 공유 등 새로운 문제에 다시 한 번 맞닥뜨리게 되었다.[15] 이는 빅데이터 예측의 정확성과 객관성에 직접적 영향을 준다.

## 데이터 처리 기술과 추이

기술적 난관을 극복함에 따라 현재 우리는 산업 업그레이드, 클라우드 컴퓨팅, 인공지능 기술이 인류사회를 빅데이터 시대로 이끄는 상황을 목격함과 동시에 데이터 처리 분야에 상당한 한계가 있음을 실감하고 있다. 데이터 처리 기술에 대해 대량 데이터가 한층 까다로운 요구를 주

**그림 1-5 | 클라우드 컴퓨팅 기술 처리의 구조**

문하는 현 상황에서 인간 행위를 중심으로, 사회학을 바탕으로 삼는 데이터의 입체적 분석이 빅데이터 처리 기술의 새로운 발전 방향으로 자리 잡을 것이다.

클라우드 컴퓨팅을 통한 데이터 처리능력의 향상은 향후 빅데이터 처리를 위한 기술적 요건에 해당한다. 클라우드 컴퓨팅이 등장하기 전까지 데이터 처리 기술의 발전을 주도한 무어의 법칙은 마이크로칩의 성능 향상이라는 한계에 부딪히고 말았다. 이와 달리 클라우드 컴퓨팅은 빅데이터에 대한 수요 확장에 따른 계산과 저장 자원을 제공함으로써 한계를 극복하고 있다. 클라우드 컴퓨팅 기술의 핵심적 이념은 자체 처리 수준을 지속적으로 끌어올려 사용자의 부담을 줄이고 사용자의 단말기를 단순한 입/출력 설비로 간소화시킴으로써 강력한 '클라우드'의 계산과 처리능력을 제공하는 데 있다. 향후 몇 년 내로 클라우드 컴퓨팅 기술은 우리의 일상생활 깊숙이 파고들 것이다.

인간 두뇌의 사고를 모방하는 것이 향후 빅데이터 처리의 주요 방식이 되리라는 전망이 등장하면서 인공지능은 컴퓨터가 인간 두뇌의 사고 과정을 모방하는 데 필요한 기초 기술로 평가받고 있다. 현 단계의 인공지능은 주로 컴퓨터의 모델 알고리즘을 통해 문제를 처리하고 있다. 현재 상당히 높은 수준의 지능화를 구현하는 데 성공했지만 인류가 가진

지능의 유연성, 목적성, 창조성과는 상당한 거리가 있다. 이를테면 알파고는 딥러닝Deep Learning(컴퓨터가 여러 데이터를 이용해 사람처럼 스스로 학습할 수 있게 하기 위해 인공 신경망ANN, Artificial Neural Network을 기반으로 한 기계 학습 기술-옮긴이)을 통해 인간의 기보棋譜를 학습하고, 몬테칼로 트리 서치Monte Carlo Tree Search(난수를 이용하여 확률 현상을 수치 실험적으로 관찰하는 방법을 활용한 검색법-옮긴이)를 통해 가상의 뇌를 검색해 탁월한 선택을 한다. 인간 두뇌의 사고를 모방하는 인공지능의 핵심은 다양하고 유효한 데이터를 충분히 수집하고, 정확한 계산을 통해 해당 데이터를 처리하는 데 있다. 뇌의 사고방식을 닮은 인공지능 데이터 처리 방식을 구현하려면 뇌의 구조와 메커니즘을 반드시 참고해야 하는데, 이는 향후 빅데이터 처리 기술의 중요한 방식이 될 것이다.

또한 사회학을 기반으로 하는 데이터의 입체적 분석은 빅데이터 처리를 위한 사고 모델로 자리 잡을 것이다. 사회학은 사회와 인류의 행위를 과학적인 방법으로 연구하는 포괄적 학문으로 사회경제학, 사회심리학, 사회역사학, 사회행위학, 심지어 법률과 윤리, 종교 등의 내용을 빠짐없이 다룬다. 사회 연구에서는 종합성과 연구 대상의 복잡성에 따라 역점을 두는 연관성이 결정되는데, 이는 빅데이터의 방식과 동일하다. 빅데이터 시대에 인류의 행위와 활동은 데이터화된 방식을 통해 연구되고 분석될 수 있다. 사회 활동뿐 아니라 인간의 모든 비밀스러운 활동 역시 데이터에 포함되어 인류의 활동은 점차 데이터화될 것이다. '흔적made footprint'[16]은 인류가 사회생활에서 남긴 증거를 가리키는데, 인류는 이런 흔적을 고고학과 역사학, 사회학 연구에서 광범위하게 활용하고 있다. 데이터화된 증거가 바로 데이터베이스다. 이런 데이터베이

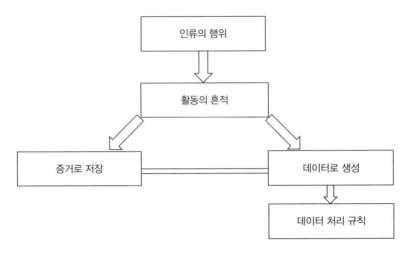

**그림 1-6 | 인류의 흔적이 데이터화로 처리되는 과정**

스를 연구하는 것은 과거의 사회구조, 인류의 행위와 문화 등 여러 문제를 연구하는 데 있어 중요한 의미를 지니고 기존의 인류사회와 인류 활동에 대한 분석을 통해 미래 사회의 발전 추세에 대해 예측하도록 해준다. 어떤 의미에서 시공의 한계를 뛰어넘는 사회 연구야말로 빅데이터를 적극 활용할 수 있는 중요한 무대인 것이다. 그러므로 인간의 행위를 중심으로, 데이터화된 사회학을 토대로 빅데이터의 처리 규칙을 탐색하고 연구하는 것은 향후 빅데이터 발전에 있어 중요한 작업이다.

지능 충돌은 미래 빅데이터 프로세스의 주요 축으로, 빅데이터가 고차원적 수준까지 발전했을 때 인간의 명령 없이도 자율적으로 활성화된다. 데이터베이스가 자유로이 움직이는 과정에서 입자가 서로 충돌하고 영향을 미치고 융합하여 지능 충돌, 인간과 기계의 상호 인터페이스가 실현되는데, 이런 컴퓨터 처리 기술은 데이터가 최고 단계까지 발전했음을 의미한다. 지능 충돌 과정에서 모든 데이터 질점은 자율적으로 잠복 또는 휴면 상태에서 계산하다가 활성화 조건을 달성하는 순간 데이터 핫스팟Active critical point of data을 생성하며, 핫스팟 데이터와 로직을 자율적으로 활성화하고 계산한다. 이 과정을 지속적으로 반복하는 작업을 통해 정보를 다른 데이터 질점에 전달한다. 각 핫스팟은 데이터 분석에 따라 계산되며 배후의 규칙을 보여줌으로써 예측 가능한 데이터로 형성되는데, 이 과정에서 데이터는 자체적으로 처리된다.

## 블록데이터의 솔루션

‘스트립 시대’의 데이터관  빅데이터는 대량 데이터에 수학적 알고리즘을 적용해 문제의 발생 가능성을 예측할 수 있다는 측면에서 ‘데이터와 기술, 사고가 균형을 이루어 만들어낸 산물’[17]이라고 할 수 있다. 빅데이터 가치관의 핵심은 모든 것을 계량화한다는 데 있다. 즉 세계의 본질은 데이터이며, 모든 존재는 데이터로 바꿀 수 있다고 주장한다. 데이터는 사물과 사물 간의 관계를 표상Representation하는 단계에서 주체적 지위Subject Position로 진화하면서[18] 인류사회와는 독립된 객관적 데이터 세계로 자리 잡았다. 지능형 단말기Intelligent Terminal, 사물인터넷 Internet of Things(IoT), 클라우드 스토리지Cloud Storage, 클라우드 컴퓨팅 등 기술적 수단을 통해 인류는 방대한 데이터를 획득하고 그 속에서 자체적으로 가치를 지닌 정보를 선별하고 처리한다. 현재 사람들은 특정 영역이나 업계 내에 존재하는 상세 데이터를 집계하는 데 주로 빅데이터로 활용하고 있다. 이런 스트립 데이터의 처리 방식은 해당 영역이나 업계의 규칙을 반영하는 데 상당한 가치를 부여하지만 데이터를 고립된 형태의 '사슬'에 가두고 만다. 그 결과 각각의 사슬에 묶인 데이터는 서로 연결되지 못한다. 사고 모델에서 스트립 데이터는 인류의 전통적 연구 패러다임을 데이터로 구현한 것인데, 서로 다른 영역으로 쪼개진 채 통용되지 않는다. 쉽게 말해 각자의 영역에서 '한 우물'을 파는 셈으로, 현재 인류의 과학 연구를 다양한 학과로 구분한 것과 유사한 형태와 특징을 보인다. 과학 연구는 특정한 영역의 틀에서 꾸준히 추진되고 심화되지만 각 학과 사이에는 아무런 연관성도 갖지 못한다. 이런 상황을 가치관으로 표현한다면 스트립 데이터는 이기적이고 폐쇄적인 관념이라고 할 수 있다. 여기서 이기적이라고 말한 것은 특정한 주체이자 영역에서 가상으로 구현된 '자아'를 가리키는데, 이런 데이터 가치관은 여러 가지 태생적 결함을 지니고 있다. 이를테면 종류에 따라 데이터는 다양한 부문에 저장될 수 있으며 데이터 웨어하우스Data Warehouse(사용자의 의사결정에 도움을 주기 위해 다양한 운영 시스템에서 추출, 변환, 통합되고 요약된 데이터베이스-옮긴이)의 구조, 데이터 기술 역시 다를 수 있다. 그로 말미암아 정부와 기업의 데이터가 서로 소통하지 않으면 정보가 고립될 수 있다. 또한 대량 데이터가 정부 부문과 기업, 특히 대기업에 독점되면서 데이터 독점 현상을 초래할 수도 있고, 사물에 대한 예측이 특정 영역으로 범위가 정해져 제한된 데이터로 전락될 수도 있다. 이런 경우 데이터를 통한 예측의 정확성이 떨어지면서 대량 데이터의 역설을 불러오는 주요 원인이 된다.

**'블록 시대'의 데이터관** 정보의 고립, 정보의 독점 현상을 타파하려면 '블록데이터'라는 새로운 비전이 필요하다. 블록데이터는 복잡계 과학에서 파생된 새로운 사고 패러다임으로, 데이터화된 체계적 사고다. 이런 점에서 블록데이터는 인과성이 아니라 연관성을 강조하며 데이터 패턴에 대한 연구를 통해 단조로운 인과적 규칙을 보완해 합리주의와 경험주의에 입각한 데이터 통합을 이룬다. 블록데이터는 '더 많은(전체가 부분보다 낫다)' '더 복잡한(잡다한 편이 단조로운 것보다 낫다)' '더 나은(연관성이 인과성보다 앞선다)' 데이터를 강조하면서[19] 전체성과 다양성, 연관성, 변동성, 개방성, 평등성에 초점을 맞춘다. 또한 복잡성 과학에 속하는 사고, 최신 기술을 통해 복잡성 과학 방법론을 구체적 조작이 가능한 도구로 발전시킬 수 있다. 정형화되고 정량화된 통합을 통해 인문, 사회, 과학 등 한때 데이터화하기 어려웠던 영역에서 정량화 작업을 수행할 수 있고 기존과는 전혀 다른 새로운 형태의 빅데이터 방법론을 선보일 수 있다. 가치관적 측면에서 블록데이터는 개방과 공유, 교차와 통합을 강조한다는 점에서 '이타적 공유'가 가능한 관념에 속한다.

**거스를 수 없는 빅데이터에서 블록데이터로의 발전** 빅데이터는 개방과 공유를 강조하지만 공유에 따른 어려움, 심각한 독점 현상, 미약한 통합능력, 낮은 응용 가치, 높은 보안 리스크 등의 문제에 발목이 잡혀 있다. 높은 연관성을 지닌 데이터가 특정 플랫폼에서 꾸준히 집결되어 있다는 점에서 블록데이터는 데이터가 집결된 결과이자 그 과정이라고 할 수 있다. 블록데이터는 데이터 공간의 확충, 공간 데이터의 구성, 조직 과정의 통합이라는 특징과 함께 새로운 데이터 수집과 기존 데이터가 결합한 후 파생되는 데이터의 탄생이라는 현상을 수반한다. 이때의 통합은 지속적으로 진행되며, 데이터를 꾸준히 업데이트하는 현상으로 이어진다. 그 과정 역시 블록데이터의 자율적 재구성과 자기교정의 과정이자 스트립 데이터에 대한 조합, 교정, 선택의 과정이다. 그밖에도 블록데이터의 통합은 고도의 연관성을 지닌 데이터를 하나로 모으는 작업으로, 데이터의 가치연관성이 블록데이터의 구성을 결정한다. 이 과정은 단순히 데이터를 쌓는 것이 아니라 공간 네트워크 상태로 분포되며 네트워크와 내재된 로직 등에 따라 규칙을 작동시킨다. 블록데이터는 자체적 플랫폼 외에도 높은 연관성과 응집력, 높은 가치밀도, 개방성 등의 특징을 지닌다. 이런 경향은 블록데이터가 보다 높고, 보다 많은 가치를 '발굴'하도록 이끌어주고, 빅데이터가 스트립 데이터와 블록데이터의 통합적 발전이라는 새로운 단계로 진입하도록 힘을 보탤 것이다.

# 빅데이터의 범위와
# 처리 기술의 한계

BLOCK DATA

"빅데이터란 무엇인가가 중요한 것이 아니라 빅데이터가 세상을 바라보는 우리의 시선을 바꿔놓았다는 것이 중요한 의미를 지닌다."

한 미국 기자가 올린 보도 내용이다. 이런 변화와 그에 따른 혁신이야말로 빅데이터의 진정한 본질이다. 이런 변화는 어떻게 일어나는가? 지금 또는 앞으로 어떤 변화가 찾아올 것인가? 이 질문은 우리가 탐색하고 논의해야 할 중요한 의제다.

이 문제에 대한 연구에 앞서 빅데이터의 범위가 인간의 인지 범위를 훌쩍 뛰어넘는다는 사실을 분명히 밝혀야 할 것이다. 빅데이터에는 인간의 두뇌와 컴퓨터를 통해 식별할 수 있는 정형 데이터와 비정형 데이터, 뇌만 식별할 수 있는 추상 데이터, 지금까지 뇌와 컴퓨터 모두 식별할 수 없는 다크 데이터가 포함된다. 이들 데이터는 연계와 교차, 통합을 통해 빅데이터에 대한 우리의 인식과 연구를 더욱 어렵게 만든다. 이처럼 빅데이터 처리 기술이 커다란 도전에 직면한 상황에서 블록데이터는 빅데이터의 미래 발전을 선도하는 솔루션으로써 중요한 의미를 지닌다.

# 인간 두뇌와 컴퓨터로 식별 가능한 정형 데이터

## 데이터의 기록과 측정, 연산

인류가 정보화시대에 진입하면서 데이터의 의미는 꾸준히 확대되고 있다. 데이터베이스에 저장되는 모든 정보를 가리키는 데이터에는 대량의 텍스트와 이미지, 동영상, 오디오 등 이른바 비정형 데이터가 포함된다. 비정형 데이터는 그 자체만으로도 정보가 되며, 세계를 측정하는 것이 아닌 세계를 '기록'하기 위해 존재한다.

정형 데이터는 데이터의 존재 형식이자 구성 요소로, 알고리즘의 효율을 높이는 데 목적을 두고 있다. 요컨대 데이터의 의미Semantic를 분석하기 위한 최적의 방식이다. 데이터 구조에 대한 연구는 프로그래밍에서 출발한다. 데이터 구조는 데이터 요소 간에 존재하는 추상적인 상호관계와 컴퓨터에 해당 관계가 저장되는 '표시'(이른바 논리 구조와 물리

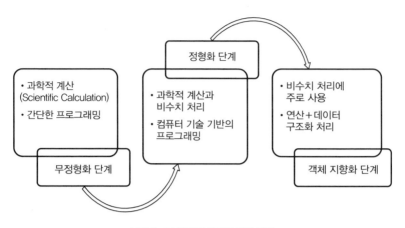

그림 2-1 | 데이터 구조화 발전 과정

구조)로 구성되며, 해당 구조의 정의에 속하는 연산에 적절한 알고리즘
을 제공한다. 이와 함께 연산을 거쳐 형성된 새로운 구조가 유지되도록
관리한다.[1] 데이터 구조화 과정에는 데이터의 기록과 측정, 연산이 포
함된다. 컴퓨터 공학과 기술의 꾸준한 발전에 힘입어 컴퓨터가 처리하
는 데이터 역시 순수 데이터에서 문자 부호, 그래프, 이미지, 영상, 오디
오 등 일정한 구조를 지닌 데이터로 발전했다. 이에 따라 데이터 구조화
역시 무정형화-정형화-객체 지향화Object Oriented라는 3단계를 거치
면서 진행된다. 무정형화 단계의 데이터는 순수한 값으로 데이터 값 사
이의 관계가 주로 수학 공식 또는 수학 모델로 이루어져 있으며, 정형화
단계의 데이터는 비수치Non-Numerical를 포함하고 처리한다. 객체 지향
화 단계에서는 컴퓨터가 동일한 속성과 방법을 지닌 데이터에 대한 구
조화 처리에 착수한다.

컴퓨터를 통해 식별되는 데이터를 가리키는 정형 데이터는 일정한

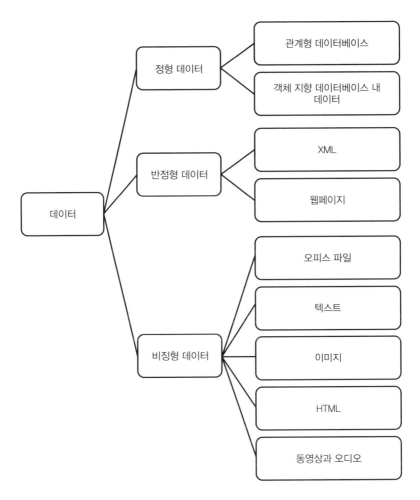

**그림 2-2 | 데이터 저장 구조의 분류**

구조성, 고정된 기본 구성 요소로의 분할 가능성, 하나 또는 여러 개의
이차원 데이터로 표시할 수 있는 데이터를 가리킨다. 정형 데이터는 일
반적으로 관계형 데이터베이스에 저장되고, 일정한 논리 구조를 거느
리고 있으며, 데이터베이스의 표나 영상으로 표시될 수 있다. 또한 높

은 정확도와 용이한 통계 작업, 간단한 조작, 빠른 모델링 분석 등의 특징을 지닌다. 정형 데이터는 사람들의 일상과 업무에 커다란 편의를 제공한다. 사람들이 일상생활과 일에서 접촉하는 데이터 정보가 이미 구축된 관계형 데이터베이스에 저장되어 카테고리에 따라 분류되면 이를 근거로 해당 정보가 설계되어 저장된다. 관계형 데이터베이스를 통한 정형 데이터 관리는 현재 최적의 효율을 자랑하는데, 여기에는 전사적 자원 관리Enterprise Resource Planning(ERP), 재무 시스템, 의료 정보 시스템Hospital Information System(HIS), 데이터베이스 등이 포함되어 있다.

## 정형 데이터와 비정형 데이터

**비정형 데이터는 정형 데이터의 반대말** 정형 데이터와 형태가 다른 비정형 데이터는 미리 정의된 데이터베이스 모델이 없거나 미리 정의된 방식 외의 방식으로 조직된 데이터를 가리킨다. 이런 데이터는 데이터베이스의 이차원 테이블이 아닌 주체 방식의 데이터 집합에 따라 직접 분류되며 일상적인 파일과 이미지, 오디오, 영상, 동영상 스트리밍 등의 형태로 주로 나타난다.

**비정형 데이터 〉 정형 데이터** 컴퓨터의 식별 여부라는 관점에서 봤을 때 비정형 데이터의 용량은 정형 데이터보다 훨씬 크고, 데이터가 생성되는 속도와 출처 역시 한수 위다. 최근 들어 중국 네티즌은 해마다 방대한 규모의 데이터를 생성해내고 있는데, 특히 모바일 플랫폼의 폭발적 성장에 힘입어 대량의 비정형 데이터를 쏟아내고 있다. 이를테면 채팅 기록, 이메일, 이미지, 오디오와 동영상을 제작하는 과정에서 생성되는 데이터는 대부분 비정형 데이터에 속한다. 국제데이터센터의 조사에 따르면 80% 이상의 기업이 보유한 데이터베이스는 모두 비정형에 속하며, 연간 60%의 속도로 빠르게 성장하고 있다.

**비정형 데이터에서 정형 데이터로의 전환**  측정과 연산이 쉽지 않은 비정형 데이터를 보다 쉽게 저장하고 분석하고 이용하도록 정형 데이터로 바꿔야 한다. 특히 인터넷 시대에 칩과 하드웨어의 발전으로 컴퓨터는 메인보드에서 유비쿼터스 컴퓨팅으로 발전하고 있다. 스마트 모바일 설비, 각종 센서, RFIDRadio Frequency Identification(무선인식) 태그, 웨어러블 설비 등이 대규모로 상용화되면서 점점 더 많은 비정형 데이터가 컴퓨터를 통해 기록되고 있지만 컴퓨터는 해당 데이터를 실시간으로 처리할 수가 없다. 이를테면 페이스북, 트위터 등을 위시한 소셜미디어가 등장하면서 인터넷은 인류의 '행위 데이터'가 집결되는 플랫폼이 되었다. 중국의 웨이보, QQ(실시간 메신저 프로그램), 위챗 등 커뮤니티 플랫폼도 방대한 양의 이미지와 동영상, 오디오 등 비정형 데이터를 쏟아내고 있다. 이런 비정형 데이터의 가치에 대한 분석과 발굴 과정은 비정형 데이터가 정형 데이터로 전환되는 과정을 가리킨다. "비정형 데이터를 어떻게 정형화시킬 것인가?" 이 문제야말로 빅데이터 처리 기술의 핵심이지만 비정형 데이터의 처리가 정형 데이터의 경우보다 훨씬더 복잡하고 어렵다는 점에서 아직 가야 할 길이 멀다. 현재 이 과정은 주로 '비정형 데이터-반정형 데이터-정형 데이터'를 통해 진행된다.[2] 이를테면 컴퓨터를 통해 연속 텍스트에 대한 의미를 이해하거나 의미에 담긴 내용을 파악해 데이터 콘텐츠를 정형 데이터로 전환한 뒤 안정

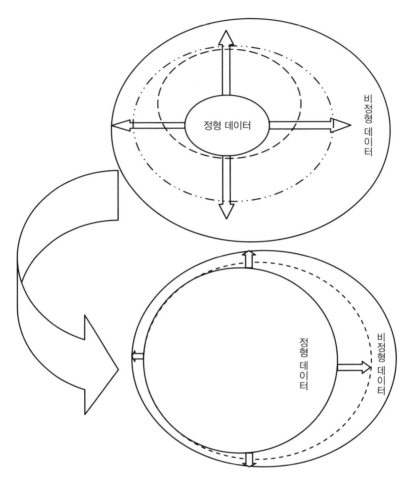

**그림 2-3 | 비정형 데이터에서 정형 데이터로의 전환**

적인 관계형 데이터베이스 기술을 통해 데이터를 관리하고 분석하고 예측하는 것이다. 그 밖에 웹사이트의 상품 정보 데이터도 비정형에 속한다. 상품의 색상, 규격, 스타일 포장 등 다양한 정보는 모두 비정형 데이터로 컴퓨터를 통해 해당 정보를 일일이 식별하고 정형 데이터의 특징에 맞도록 '표'를 채울 때 비로소 상품의 데이터를 분석과 처리가 용이한 데이터로 전환될 수 있다.

## 정형 데이터의 정확성과 한계

정형 데이터는 사물 본연의 모습을 좀 더 명확하게 반영할 수 있다. 객관적 존재로써 데이터의 정확성은 데이터가 객관적 사물 자체를 정확하게 반영할 수 있느냐에 따라 결정된다. 컴퓨터가 정형 데이터를 분류하는 과정을 살펴보면 먼저 데이터를 '사전 처리'해야 하는데, 이때 가장 중요한 작업인 데이터 클리닝이 진행된다. 데이터 클리닝은 데이터의 일관성 검사, 무효값과 결측값 처리 등을 통해 빅데이터를 재심사하고 교정하는 것을 가리킨다. 규칙에 맞지 않는 데이터, 즉 손실 데이터, 오류 데이터, 중복 데이터를 삭제하는 역할을 하는 데이터 클리닝은 정형 데이터의 정확성과 완성도를 최대한 확보하고 객관적으로 사물 자체를 반영하기 위해 노력한다.

정형 데이터의 정확성은 높은 편이지만 보안 리스크가 상당히 높다는 한계도 존재한다. 빅데이터 시대에 비정형 데이터는 관계형 데이터베이스만으로 소요 시간, 소요값을 분석하다가 정형화되는 과정에서 클라우드 컴퓨팅, 분산 처리, 저장 기술과 인지 기술 등 신기술의 힘을 빌려 빅데이터의 수집·처리·저장부터 결과 형성, 처리 작업을 수행한다. 이런 기술은 다양한 보안 리스크와 문제점을 지니고 있다는 점에서 정형 데이터의 리스크를 높인다. 그러므로 빅데이터의 보안 허점 파악과 분석, 보안 리스크에 대한 통합적 관리가 더 중요하게 작용한다. 한편으로 정형 데이터는 빅데이터 시대의 모든 데이터를 취급하지 않는다. 현재 우리가 연구하는 정형 데이터와 구조화될 수 있는 비정형 데이터 모두 컴퓨터 식별을 기반으로 하고 있지만 빅데이터 시대에도 컴퓨터가 식별해낼 수 없는 대량의 데이터가 존재한다. 이를테면 인간의 뇌를 통해서만 인지될 뿐 컴퓨터를 통해 기록되고 측정되고 연산되기 어려운 추상 데이터, 뇌와 컴퓨터가 인지할 수 없거나 식별하기 어렵지만 실제 존재하는 다크 데이터 등이 여기에 포함된다. 컴퓨터를 통해 기록되는 비정형 데이터라고 하더라도 지금의 데이터 처리 기술로는 효과적으로 다차원 데이터를 처리할 수 없어 데이터는 구조화 과정에서 여전히 다양한 기술적 문제, 이를테면 제한된 용량, 낮은 확장 가능성, 높은 구축과 운영비용 등 도전에 직면할 수 있다. 이는 정형 데이터의 발전과 사용을 상당 부분 저해한다.

# 인간 두뇌만으로 식별 가능한 추상 데이터

## 인간 두뇌 인지

추상 데이터Abstract Data는 정형 데이터와 다크 데이터 중간쯤에 해당되며 시각과 청각, 미각, 촉각, 후각 등 뇌의 감각기관을 통해 쉽게 인지될 수 있지만 컴퓨터는 식별하기 어려운 데이터를 가리킨다. 현 단계에서 일부 추상 데이터는 컴퓨터를 통해 기록되긴 하지만 측량, 연산 작업을 통해 구현하기는 어렵다. 인체의 모든 기관은 외부 세계의 신호를 받아들이는 '수신기'로, 인체는 자극을 통해 외부 신호를 수용하고 이를 인지 신호로 전환한 뒤 신경 시스템을 통해 뇌로 전송한다. 버클리대학교 생체해부학자 마리안 다이아몬드Marian C. Diamond 박사는《두뇌 컬러링The Human Brain Coloring Book》에서 인간의 뇌를 "지구 또는 은하계 전체에서 가장 복잡한 물체다"라고 설명했다. 컴퓨터에 비유하면 뇌의 신경세포는 중앙처리장치CPU에 해당한다. 물론 그 속도가 컴퓨터에 비해 느리지만 수백억 개에 달하는 신경세포는 방대한 분산 처리 시스템인 셈이다. 신경세포는 서로 연결되어 있는데, 연결 지점의 시냅스가 바로 뇌의 '스토리지'에 속한다. 컴퓨터 CPU와 스토리지가 긴밀히 연결된 것과 유사한 뇌의 신경망은 외부 세계의 정보에 대한 뛰어난 인지능력을 부여한다. 인간-기계 프로세스 연구 결과에 따르면 인류가 인지할 수 있는 정보의 80% 이상이 시각을 통해 제공되고 있으며, 현재 컴퓨터의 가상 인지 시스템의 모델링 연구 역시 대부분 시각 시스템에 집중되어 있다. 예를 들어 인터넷 공간에서 악성 코드를 막기 위한 보안 애플리케이션 등은 기계로 식별할 수 없도록 인위적으로 왜곡되거나 기형 상태의 코드 원리를 이용해 설계된 것으로, 인간의 뇌를 통해서만 식별되고 처리 가능한 전형적인 추상 데이터에 속한다.

컴퓨터는 인간의 뇌의 인지능력을 확대한 것으로, 1970년대 컴퓨터 공학의 주요 계열인 인공지능이 등장하면서 많은 사람으로부터 세계 3대 첨단 기술 중 하나라는 찬사를 받았다. 인공지능은 인간의 지능에 대한 이론과 방법, 기술, 응용을 연구하고 개발, 시뮬레이션, 확장하는 학문이다.[3] 인공지능은 컴퓨터를 통해 인간의 사고 과정과 지능적 행위, 이를테면 학습과 추리, 사고, 기획 등을 모방한다는 점에서 중요한 의미를 지닌다.[4] 빅데이터가 인공지능시대로 통하는 문을 활짝 열어주었다는 점에서 우리는 인공지능을 '대뇌'로 간주해도 무방하다. 사물인터넷은 '대뇌'의 감각신경에 해당하는 시스템으로 센서를 통해 인지하고 인간과 인간, 인간과 사물, 사물과 사물 사이의 교류를 활성화시켜 인류사회와 정보 공간, 물리 세계의 고차원적 통합을 시도한다. 사물

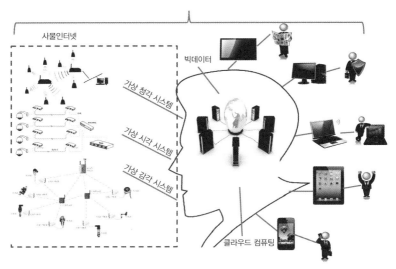

인공지능이 시뮬레이션한 인간 뇌의 사고 과정

사물인터넷

빅데이터

가상 청각 시스템

가상 시각 시스템

가상 감각 시스템

클라우드 컴퓨팅

그림 2-4 | 빅데이터와 클라우드 컴퓨팅, 인공지능, 사물인터넷의 관계

인터넷의 센서와 인터넷의 사용자는 네트워크 회선과 컴퓨터 단말기를 통해 '대뇌'의 중추신경 시스템에 해당하는 클라우드 컴퓨팅과 상호작용하며, 데이터를 제공한다. 빅데이터는 '대뇌'가 수용하는 외부 신호로 전체 시스템에 분산되어 있다. 방대한 규모 탓에 클라우드 컴퓨팅을 통해 해당 정보를 처리하고 입/출력이 가능한 가치 있는 정보를 만들어낸다. 요컨대 지혜와 사고가 생성되는 기반인 셈이다. 운동신경 시스템에 해당하는 인터넷은 지속적으로 '대뇌'에 빅데이터를 제공함으로써 중추신경 시스템에서 의사결정을 내리도록 지원한다.

최근 들어 성장세가 두드러지는 인공지능 기술은 특정 분야에서 인간 두뇌와 비교할 수 없는 우위를 점하고 있다. 이를테면 IBM의 인공지능 컴퓨터인 딥블루Deep Blue와 왓슨Watson은 비록 자체적 논리력, 사고력이 아닌 내부적으로 계산된 속도와 저장 공간을 사용했지만 각각 체스와 퀴즈 분야에서 인간을 이긴 적이 있다. '왓슨'은 퀴즈 대결에 참가했을 때 4테라바이트에 달하는 텍스트 데이터베이스를 저장하고 있었을 뿐 아니라 위키피디아와 워드넷WordNet 등 인터넷 자료 데이터베이스를 섭렵한 상태였다. '딥블루'는 세계 최고의 체스 왕 가리 카스파로프Garry Kasparov와의 대결에서 1초당 2억 개에 달하는 행마를 분석할 수 있는 컴퓨터 모델링 알고리즘을 사용했다.[5] 그러나 현대 컴퓨터의 운행 효율은 결코 높지 않다. 에너지 소비 면에서 왓슨은 IBM 파워 750 익스프레스 서버 90대를 사용하고 약 8만 5,000와트의 전기를 소비하지만, 인간 두뇌의 에너지 소비량은 20와트에 불과하다. 구글의 인공지능인 알파고는 이세돌과의 바둑 대결에서 4승 1패로 승리를 거뒀지만 승리의 비결은 논리적 추론의 귀납성과 연역성이 아닌 빅데이터의 완전성과 다차원성Multidimensionality 덕분이었다. 이보다 더 중요한 사실은 인공지능이 수학적 계산에는 탁월했지만 음성, 얼굴 인식, 감정 파악 등에서는 인간에 한참 뒤떨어지는 것으로 나타났다는 점이다.

## 경험적 추상화

경험적 추상화는 인류가 발전하는 과정에서 인지한 정보와 해당 과정에서 이루어진 사고, 판단, 추리 등 인간의 뇌 활동이 정제되고 가상화되는 것을 가리킨다.

### 인류의 경험에서 비롯되는 추상화   경험은 인간이 객관적 세계와

접촉하는 과정으로, 감각기관을 통해 얻은 객관적 세계의 현상과 표면적 연계에 대한 인식을 의미한다. 아리스토텔레스는 인류가 인식하는 대상은 객관적 세계의 구체적 사물, 즉 실체라고 주장하며 감각적 경험을 통해서만 인식을 실현하고 완성할 수 있다고 설명했다. 다만 감성적 단계의 인식에 머물러 있는 경험은 그 자체만으로 규칙 또는 이론으로 정돈되어 만들어지거나 발전하지 못한다. 인류의 일상적인 경험 판단은 시각과 청각, 미각, 후각, 촉각이라는 5가지 감각이 전달하는 정보에 지배된다. 2004년 제프 호킨스가 《생각하는 뇌, 생각하는 기계》에서 제시한 가설에 따르면 인류 탄생 초기 대뇌의 신경망은 여전히 백지 상태를 유지하고 있었다. 매일 꾸준히 시각과 청각 등 신경에서 전달하는 방대한 정보를 수용함으로써 신경망은 자동으로 규칙을 도출하기에 이르렀다. 이 과정에서 방대한 감성적 경험과 인식이 정리되고 분석되고 정제되면서 내재적 규칙을 만들어냈고, 한 발 더 나아가 이성적 인식으로 승화되었다. 유명한 사회비평가 라이트 밀스C. Wright Mills는 《사회학적 상상력The Sociological Imagination》에서 추상적 경험주의Abstracted Empiricism가 프로그램과 방법 연구에 치우친 나머지 실질적 문제에 대한 심도 있는 사고와 연구 없이 지나치게 형식화되고 명분화되었다고 지적했다. 비록 밀스는 인식론의 관점에서 추상적 경험주의에 회의적 태도를 보였지만 경험적 추상은 중요한 연구 패러다임이자 사고 방법이라는 중요한 관점을 제시했다.

**인간의 뇌 활동에 대한 경험적 추상화** 사고, 판단, 추리 등 뇌의 사고 활동은 그 자체만으로 이미 경험을 지녔다는 점에서 뇌의 사고 모델이라고 할 수 있다. 현실 생활에서 외부 사물에 대한 인류의 인지와 반응은 기존의 인식과 경험에 바탕을 둔 것으로, 새로운 사물을 인식할 때 기존의 경험에 근거해 추리하고 분류하는 작업을 거쳐 신속하게 이루어진다. 이 과정이 바로 뇌가 사고하는 과정이다. 뇌 활동에 대한 경험적 추상은 사고, 판단, 추리 등 경험을 가상으로 처리한 것이다. 정보 이론에서는 뇌를 정보 처리기로, 정보 처리 과정을 입력, 코딩, 가공, 저장, 추출, 사용하는 것이라고 여긴다. 그런데 이 과정에서 인류의 지각과 기억, 사고, 태도 등이 수반된다. 인공지능과 컴퓨터는 두뇌 활동 과정에 대한 시뮬레이션을 통해 내부의 정보 가공 과정을 논리적으로 분석한다는 점에서 본질적으로 인류가 가진 기존의 경험을 정제하고 가상화시킨 것이라고 하겠다.

**경험적 추상화의 사회적 효과** 경험적 추상화에서 비롯된 직접적인 사회적 효과는 인간의 전통적 심리 활동과 행동 양식을 변화시키는 것으로 구체화된다. 마르크스가 말한 것처럼 기술이 일단 인간을 통해 발명되면 자주성을 지닌 '타인'이 인간 자체에 영향을 주는 것처럼 주체에 반하는 여러 효과를 발휘한다. 빅데이터 시대에 컴퓨터는 인류의 경험에 대한 추상적 처리를 통해 시각과 청각, 촉각 등 감각기관을 시뮬레이션한다. 3차원 공간에서 구축되는 가상 세계에서 인간은 일시적으로 현실 세계에서 벗어나 컴퓨터가 창조한 환경에 빠져든다. 사람들은 빅데이터의 플랫폼에 참가하면서 불러일으킨 플랫폼의 흡착 기능(응집력과 전파 효과)의 영향을 받아 양떼 효과, 군중심리, 개미떼 효과(개미 떼처럼 엄격한 분업화와 탄력적 조직 구축, 운영 방식으로 높은 효율을 자랑하는 효과를 가리킴 - 옮긴이)를 통해 집단에 대한 참여의식, 귀속감, 동질감을 형성한다. 또한 사람들의 자체적 경험과 상식, 행위, 습관은 '일시 휴면' 상태가 되어 개체 자신의 경험과는 전혀 다른 행동 심리와 동질적 가치를 형성한다.

## 추상 데이터의 전환

추상 데이터에 대한 가공 처리, 즉 편집과 저장, 추출, 폐기를 통해 컴퓨터는 데이터를 식별하고 인식할 수 있는데, 이를 추상 데이터의 전환 과정이라고 부른다.

추상 데이터를 전환하는 목적은 뇌에서 인지한 데이터를 컴퓨터가 식별하고 쉽게 인식할 수 있는 데이터로 바꾸는 데 있다. 현재 데이터 이산화Discretization 처리는 추상 데이터가 전환되는 주요 방식으로, 컴퓨터가 인간의 인지 활동을 합리적으로 '분할' 또는 '조각 처리'하는 것을 가리킨다. 인지의 전체성, 연속성 분석을 '개체화'된 이산화 처리로 전환해 인간의 인지 구조를 수많은 컴퓨터가 식별하고 기록할 수 있는 데이터로 분석한다. 또한 뇌의 여러 가지 활동을 시뮬레이션하기 위해 다시 컴퓨터 데이터의 분석 시스템을 통해 해당 데이터를 재구성한다.

추상 데이터의 처리와 응용에 대한 주요 방법으로 데이터 모델링 가운데서도 신경망 모델링이 가장 전형적 사례로 손꼽힌다. 신경망 모델링은 단편적인 신경세포가 광범위하게 서로 연결되면서 생성된 복잡계 네트워크Complex Network로, 생물의 대뇌 구조와 기능을 모방해 구축된 데이터 처리 시스템을 가리킨다. 대규모 병렬, 분산식 저장과 처리, 자율 편성, 자율 적용, 자율적 학습능력을 지닌 신경망은 특히 여러 개의 요소와 조건, 부정확하고 모호한 데이터를 동시에 고려할 때 대단히 효과적이다.[6] 신경망 모델링은 모델의 식별, 이미지 처리, 스마트 제어, 로봇 등의 영역에서 광범위하게 활용되고 있다. 예를 들어 인간-기계가 중국어 텍스트와 음성이라는 두 종류의 데이터를 자유롭게 전환하도록 자연어 처리, 음성 식별, 음성 합성 등의 '통합적 언어 모델'을 구축해 컴퓨터가 사람의 언어를 들을 뿐 아니라 입을 열고 말하도록 지원한다.

# 인간 두뇌와 컴퓨터로 식별 불가능한 다크 데이터

## 암흑 물질에서 다크 데이터로의 전환

암흑 물질Dark Matter(관측할 수 없지만 우주에 대량으로 존재한다고 간주되는 물질-옮긴이)은 전자나 광자보다 작은 물질로 전하를 띠지 않으며 전자와도 충돌하지 않는, 전자파와 중력장을 관통하는 우주의 중요한 구성 요소다. 현재 과학계는 암흑 물질에 대해 다음과 같은 일치된 결론에 도달했다. 첫째, 암흑 물질은 빅뱅에서 비롯됐다. 둘째, 암흑 물질은 어떤 광학이나 전자파 관측 설비로도 직접 관측할 수 없다. 우주의 95% 이상이 암흑 물질과 암흑 에너지Dark Energy(만유인력과 정반대되는 힘으로 우주 팽창을 가속화하는 에너지를 가리킴-옮긴이)로 이루어져 있는데, 암흑 물질은 26.8%에 달한다. 셋째, 암흑 물질은 밀도가 낮고 속도가 빨라서 포착해내기가 어렵다. 넷째, 암흑 물질은 중력 외에 자신 및 기타 물질과 작용하지 않는다. 이로 말미암아 우주를 팽창시켜 자신의 중력 하에서 특정 구조를 형성하는 중요한 물질이다.

세계의 기원은 물질인가, 데이터인가? 피타고라스 학파는 숫자를 우주 만물의 기원이라고 여기며 "만물은 모두 수數다" "수는 만물의 본질이다" "수는 무언가를 이루는 원칙이다"라는 관점을 제시했다. 그들은 수가 우주에 개념 모델을 제공하며, 수량과 형상이 모든 자연 물체의 형식이라고 생각했다. 또한 수는 양Quantity의 많고 적음 외에도 구체적인 기하학적 형식을 지녔으며, 자연계의 모든 현상과 규칙도 수를 통해 결정되므로 반드시 '수의 조화'를 따라야 한다고 주장했다. 즉 세계 만물이 모두 데이터화된다고 주장했다. 고대 중국의《역경易經》에 나오는 수상數相 이론에 따르면 우주는 '수'에서 기원하며 우주의 본질 역시 '수'라고 한다. 우주의 '수'는 천문天文 수(0~9)와 지리地理 수(一~十)로 구성되어 있으며, 우주 만물의 변화 역시 '수'의 변화에 따른 것이다.[7] 이런 점에서 "세계의 본질은 물질이다"라는 주장과 "세계의 본질은 데이터다"라는 주장의 내재적 의미는 일치한다. 데이터는 객관적 존재이자 현실 세계에 대한 기록으로, 현실적으로 존재하는 데이터에 대한 일종의 투영이다. 현실의 우주에 존재하는 모든 것은 데이터 형식으로 기록될 수 있으나 인류의 인지능력과 현 단계의 과학 기술이라는 한계로 말미암아 데이터에 대한 인류의 인지에는 우주에 대한 인지처럼 인식할 수 없거나 아직 인식할 수 없는 방대한 영역이 존재하는데, 우리는 이것을 다크 데이터Dark Data라고 부른다.

다크 데이터는 암흑 물질에 대한 유형적 매핑mapping(수학과 컴퓨터 용어)에만 그치는 것은 아니다. 암흑 물질은 객관적으로 존재하는 것이고,

반드시 데이터 형식으로 기록과 매핑이 진행된다. 그러나 물질이 데이터와 일대일 대응관계로 매핑되는 관계와는 다른데, 다크 데이터의 암흑 물질에 대한 데이터 매핑은 일종의 유형적 매핑이라고 할 수 있다. 즉 암흑 물질에 대한 데이터 기록이 현재 인류가 인지할 수 있는 범주를 뛰어넘는다는 점에서 암흑 물질은 인지가 불가능한 다크 데이터에 포함된다. 인류사회의 발전 단계라는 관점에서 볼 때 지금도 인간의 뇌나 컴퓨터로 인지할 수 없고, 방대하지만 아직 발견되지 않았거나 기록되지 않은 데이터가 존재한다. 이것 역시 다크 데이터에 속한다.

'암흑Dark'이라는 표현은 상대적이다. 식별할 수 없거나 아직 식별할 수 없는 데이터를 '절대적' 다크 데이터라고 부른다면[8] '상대적' 다크 데이터도 존재할 것이다. 이런 데이터는 자체적으로 이미 인간의 뇌나 컴퓨터를 통해 식별되고 대응되는 다양한 시스템에 저장되어 있지만, 다른 데이터와 가치연관성(고립 데이터Isolated Data)이 없거나 가치연관성이 드러나지 않아서 사용되고 분석되지 못한 것이다. 이런 데이터는 태생적으로 '암흑' 상태가 아니라 아직 밝혀지지 않은 것뿐이다. 그래서 '상대적' 다크 데이터는 우리가 연구하는 다크 데이터의 중요한 요소로, 현재 다크 데이터에 대한 연구와 이용에서 중요한 지위를 차지하고 있다.

데이터라는 거대한 우주에서 인류가 현재 발견해 인식하고 사용하는 데이터의 양은 극히 일부에 불과하다. 암흑 물질과 다크 데이터의 존재 덕분에 세상은 예측하기 어렵게 변하면서 불확실성이 확실성에 맞서는, 미래 발전을 위한 하나의 흐름으로 자리 잡았다.

## 다크 데이터의 에너지

다크 데이터에도 중력이 존재한다. 클리어 데이터(의미가 분명한 데이터)와 마찬가지로 다크 데이터 역시 데이터 질점으로 구성되어 있으며, 거기서 데이터 중력이 만들어진다. 겉으로 드러나든 숨겨져 있든 간에 다크 데이터의 데이터 중력이 가진 에너지의 크기는 동일하다. 다크 데이터는 서로 다른 데이터 중력장 안에서 데이터 중력파가 응집하고 분열하는 과정을 통해 클리어 데이터, 다크 데이터, 소재한 중력장에 대해 작용하며 에너지를 방출한다. 눈에 보이는 클리어 데이터의 데이터 중력과 달리 다크 데이터의 데이터 중력은 눈에 보이지 않고 오로지 자율활성화 또는 타율활성화를 통해서만 그 가치를 드러낸다. 다크 데이터가 활성화되기 전 중력파가 사물에 미치는 영향은 그리 크지 않지만 크게 간섭하기도 한다.

다크 데이터의 발견과 발굴을 통해 사물에 대한 빅데이터의 분석과 예측의 정확도는 더욱 향상되리라고 본다. 빅데이터의 핵심은 빅데이터에 대한 분석과 추출, 예측에 있다. 현재 인류가 빅데이터를 사용해 객관적 사물을 예측할 수 있는 능력은 상당히 제한적인데, 이런 예측능력에 영향을 미치는 중요한 요소가 바로 다크 데이터다. 사물의 데이터에 대한 예측과 분석 모두 클리어 데이터를 기반으로 진행되지만, 객관적으로 존재하며 작용을 일으키는 방대한 양의 다크 데이터는 빅데이터 분석이라는 범주에 포함되지 않다 보니 빅데이터의 예측능력이 제한된다. 예를 들어 조지 소로스가 말한 데이터의 '재귀성Reflexivity 이론'처럼 참여자의 사고와 진입 당시의 상황은 서로 연계되어 영향을 주기 때문에 독립적일 수 없다. 즉 인지와 참여가 영원히 변화하는 상태에 놓이게 된다.[9] 이런 변화는 대량의 다크 데이터가 초래한 결과로, 다크 데이터의 발견과 발굴 모두 사물에 대한 빅데이터의 분석을 보다 정확하게 만들어준다. 당초 예측하기 위해 쓰인 《역경》의 분석 대상은 수상 Hexagram Number이고 본질 역시 데이터다. 그러나 '홀로그래픽 데이터 Holographic Data'를 강조한다는 점에서 그 범주를 클리어 데이터와 다크 데이터의 총합으로 이해할 수 있다. 사물에 대한 《역경》의 예측은 암흑 물질과 다크 데이터 측면에서 이루어지며, 특수한 예측 방법과 프로세스를 통해 '예견 분석Divination analysis'[10]과 예측을 실시한다. 이 과정은 점을 치는 것처럼 점괘 뽑기와 풀이, 판단 단계가 포함되는데 이는 곧 정보의 확보와 분석, 결론에 이르는 과정을 연상시킨다. 요컨대 '점괘 뽑기'를 통해 특정 사물의 괘卦를 획득한 뒤 괘에 숨어 있는 수상 정보를 분석해 사물을 예측하는 것이다.[11] 《역경》의 예측 과정은 사물의 명시적 데이터와 암시적 데이터를 모두 고려한다. 이런 점에서 빅데이터를 연구하는 과정에서 다크 데이터에 대한 연구와 분석을 확대하고 클리어 데이터의 정보량을 확대하는 것 외에도 예측 값의 오차 값 축소, 관련 분석과 판단, 예측의 정확성을 높이는 데 신경 써야 한다.

## 다크 데이터가 클리어 데이터로

빅데이터의 범주에 속하는 다크 데이터는 클리어 데이터를 제외한 데이터로, 빅데이터의 '어두운 면'에서 비롯되지만 그보다는 빅데이터의 밝은 면을 좀 더 부각시키는 역할을 담당하기도 한다. 암흑 물질과 달리[12] 다크 데이터는 일단 한번 식별되고 사용되면 더 이상 다크 데이터로 남을 수 없다. 다시 말해 다크 데이터는 클리어 데이터로의 전환이 가능한 데, 그 변화는 한 방향으로만 이루어진다. 다크 데이터가 클리어 데이터로 변하면 더 이상 다크 데이터로 남지 않고 기록되고 저장된다는 점에서 데이터의 발전사는 다크 데이터가 꾸준히 클리어 데이터로 변화하는 과정인 것이다.

다크 데이터와 클리어 데이터는 상호모순적 관계가 아니라 연관성을 지니고 있다. 클리어 데이터의 연관성을 이용해 다크 데이터를 식별하는 행위는 현재 다크 데이터를 파악하는 가장 효과적인 방법으로 알려져 있다. 모든 다크 데이터를 특정한 시공 범위 안에서 식별하는 것이 아니라 특정한 클리어 데이터와 관련을 맺을 때 식별해야 비로소 의의를 지니게 된다. 물론 이런 연관성은 간접적 또는 암시적으로 나타난다. 쉽게 말해 데이터의 다차원성을 이용해 배후의 데이터 또는 이와 관련된 데이터를 분석함으로써 다크 데이터를 식별하는 것이다. 이는 수사를 통한 사건 해결 과정과 비슷한데, 용의자를 찾지 못하거나 구체적인 신분(다크 데이터)을 확인하지 못하면 기존의 정보(클리어 데이터)를 이용해 관련성을 가진 자(데이터의 데이터)의 신병을 확보한다. 그 후 이들에 대한 이해와 분석, 추리와 판단(연관성 식별)을 실시하고 용의자를 단정하거나 발견해낸다(다크 데이터 식별). 물론 다크 데이터에 대한 식별은 해당 과정보다 훨씬 더 복잡하고 추상적이다. 다크 데이터 식별에 사용되는 데이터는 클리어 데이터로 다크 데이터와 서로 다른 데이터 중력장에 존재할 수 있으며, 다중적이며 간접적인 연관성을 지닐 때만 획득할 수 있다. 결론적으로 다크 데이터가 빅데이터에서 중요한 역할을 하고 있지만 이를 제대로 이해하려면 아직 가야 할 길이 멀다.

## 클리어 데이터로의 전환, 다크 데이터의 활성화

영국 학자 빅토어 마이어 쇤베르거는《빅데이터가 만드는 세상》에서 데이터의 실제 가치에 대한 우리의 인지는 빙산의 일각처럼 겉으로 드러나는 데만 국한되어 있다고 지적했다. '절대적인' 다크 데이터, '상대적인' 다크 데이터 모두 내재적 가치가 아직까지 발견되지 않았거나 효력이 발생하지 않았다는 공통점을 지니고 있다. 중국 IBM연구소의 프로그래머 우간사吳甘沙는 〈빅데이터의 검은 바다〉라는 글에서 데이터 사회를 구성하는 데이터를 도시에 흐르는 수원水源이나 우리 몸을 구성하는 피에 비유하면서 다크 데이터가 '활성화'되어야 비로소 '빅데이터의 황금시대'를 맞이할 수 있다고 했다.

다크 데이터의 활성화는 데이터 고립Data silo의 타파, 다크 데이터의 중력, 즉 가치연관성을 발견하는 과정이다. 활성화된 다크 데이터가 데이터 중력장 안에서 작용하는 효과를 연구한다면 데이터를 통해 잠재적 규칙, 미래를 예측하는 능력을 높이는 데 도움이 된다.

다크 데이터의 활성화는 자율활성화와 타율활성화로 구분된다. 다크 데이터가 자율활성화되는 과정은 인류의 중추신경 시스템이 작동하는 과정과 매우 흡사하다. 데이터 중력을 통해 다크 데이터는 다른 데이터와 가치연관성을 맺고 데이터 중력파의 영향을 받아 복잡한 자기조직화, 자율 적용, 자율 프로세스라는 특징을 지닌 데이터 시스템, 즉 데이터 중력장을 구성하게 된다. 데이터 중력장 아래서 다크 데이터가 다른 데이터, 특히 핵심 데이터와의 가치연관성을 꾸준히 쌓으면서 임계점에 도달했을 때 다크 데이터는 자신의 가치를 구현하며 클리어 데이터로 전환된다. 우리는 이를 다크 데이터의 자율활성화라고 부른다. 다크 데이터의 타율활성화는 외부의 힘, 주로 데이터 검색이나 데이터 발굴 등의 기술을 통해 다크 데이터를 인간 두뇌나 컴퓨터의 인지 범위에 진입시키고 데이터가 이를 기록하고 처리하는 과정을 가리킨다.

## 다크 데이터의 제거

다크 데이터를 제거하는 작업은 '삭제'와는 그 의미가 다르다. 데이터의 삭제는 기존의 기술과 수단을 사용해 데이터베이스에 들어 있는 이미 사용된 데이터를 인위적 또는 자동적으로 지우는 것을 가리킨다. 삭제된 데이터의 경우 영구적으로 복구 불가하다는 것과 대조적으로 데이터 제거는 데이터를 분석하고 처리하는 과정에서 일부 데이터를 떼어 내어 분석의 범위에서 제외시키는 것을 가리킨다. 데이터 삭제와 달리 데이터 제거는 데이터베이스 내의 용량이 변함없이 유지되며, 제거된 데이터가 여전히 존재하고, 필요한 경우 재사용할 수도 있다. 다크 데이터의 제거는 활성화 과정 또는 활성화 상태인 다크 데이터를 선별하고 취사하는 과정에 속하며, 데이터 분석의 객관성과 정확성을 높이는 데 목적을 두고 있다. 다크 데이터의 제거는 뇌에서 데이터를 자동으로 필터링하는 과정과 비슷하다. 뇌는 그 자체만으로 이미 방대한 규모의 데이터베이스로 대규모 다크 데이터를 내포하고 있으며, 외부의 자극을 수용하는 과정에서 자극에 대해 유효한 다크 데이터를 자동적으로 선별하고 무효한 데이터를 자동적으로 걸러낸다.

다크 데이터의 제거 대상에는 무효한 데이터Invalid Data와 간섭 데이터Interfering Data가 포함된다. 무효한 데이터는 주로 특정 데이터의 처리 범주에 포함되지 않은 데이터를 가리키는데, 존재 여부에 따라 데이터의 분석 결과가 결정된다. 다크 데이터의 경우 데이터 용량이 방대하지만 모든 다크 데이터가 특정 데이터 분석에 필요한 가치연관성을 지니는 건 아니므로 연관성 없는 데이터는 곧 무효한 데이터가 된다. 이 데이터의 존재 여부는 결과 분석에 아무런 영향도 주지 않지만 데이터의 처리 강도를 높이게 된다. 한편 간섭 데이터는 다크 데이터가 활성화되는 과정에서 생산된 왜곡 데이터로 오차 데이터, 중복 데이터, 오류 데이터 등이 포함된다. 이 데이터는 데이터 처리를 방해하며 데이터 분석과 결과 예측의 정확성을 떨어뜨린다. 다크 데이터의 삭제 기술은 정형 데이터를 사전 처리하는 과정에서 사용한 데이터 클리닝 기술을 참고할 수 있다.

# CHAPTER
# 3

---

# 블록데이터가 만드는
# 새로운 미래

블록데이터에 대한 인식과 이해는 데이터의 비밀을 탐색하고 빅데이터의 가치를 발견하면서 계속 무르익어 가고 있다. 어떤 의미에서 블록데이터와 빅데이터는 상생관계를 맺었다고 봐도 무방하다. 블록데이터의 기본 원리를 연구하는 과정에서 우리는 빅데이터를 참고하지만 블록데이터와 구분한다는 원칙을 세웠다. 블록데이터의 개념이 제시된 이래로 블록데이터를 설명하는 작업은 단 한 순간도 중단된 적이 없다. 이를 토대로 블록데이터의 개념을 좀 더 정확하게 파악하고 좀 더 정리된 표현으로 설명할 수 있기를 기대한다. 과학 기술, 인류의 사고 모델과 사회 구조에 대한 전망을 감안했을 때 블록데이터의 정의에 대해 다음과 같은 결론에 도달할 수 있었다.

"블록데이터는 높은 연관성을 지닌 각종 데이터가 특정한 플랫폼에서 꾸준히 통합된 결과물이다." 수학에서 미지수의 값을 대입하는 것처럼 블록데이터에 구체적 뜻이나 이미지를 부여할 수만 있다면 블록데이터에 대한 이해와 응용력을 높이는 데 도움이 되리라고 생각한다.

단순히 개념을 나열하는 것이 아니라 블록데이터 연구 전개와 블록데이터 사상에 대한 좌표계 작동 및 관련 규칙을 탐색하는 작업을 시도할 계획이다. 이를 발판 삼아 데이터의 사회학적 패러다임에 대한 사고를 연구해 블록데이터의 발전에 따른 공감대를 형성하고자 한다.

# 스트립 데이터 시대에서 블록데이터 시대로

**취합된 데이터**

빅데이터의 가치는 방대함과 연관성에 있다.[1] 실제로 스트립 데이터는 이미 데이터의 취합을 실현했는데, 이는 일정한 조건 아래서 동일 유형과 동일 영역의 데이터가 집중하는 것으로 이런 종류의 집중을 데이터의 '지향성 취합指向性集聚'이라고 지칭한다. 전통적 기업의 회원카드 데이터, 전통적 금융업계의 은행카드 데이터부터 인터넷 기업의 전자상거래 데이터, 핀테크의 업계 데이터, 각 정부 부처에서 정보화 관리를 통해 생산한 보건·교육·교통 등 민생 데이터에 이르기까지 취합하여 사용된 데이터는 몇몇 업계와 영역으로 제한되어 있다. 이런 방식을 통해 동일 유형의 데이터끼리 연관성을 맺으면 사람들은 특정 영역의 전체적 상황과 최신 동향을 정확하게 파악할 수 있을 뿐 아니라 예측의 정확성을 높이고 생산과 생활비용 감소 등의 효과를 얻을 수 있었다. 한마디로 말해 데이터의 활용 수준이 더 높은 단계로 발전했다고 볼 수 있다. 그러나 이와 동시에 지향성 취합은 데이터의 몰개성화, 데이터의 개방성 차단, 데이터 독점이라는 문제도 가져왔다. 이런 점에서 데이터의 지향성 취합이라는 어려운 문제를 해결하는 작업은 블록데이터를 형성하기 위한 기반이자 블록데이터의 발전을 촉진하는 발판이라고 할 수 있다.

분산된 스트립 데이터나 블록데이터 모두 데이터의 집합이라는 공통점을 지닌다. 앞서 말했듯 데이터 중력파로 말미암아 데이터를 취합할 때 일정한 규칙이 작동한다. 즉 데이터의 지향성 취합이 일정 규모에 도

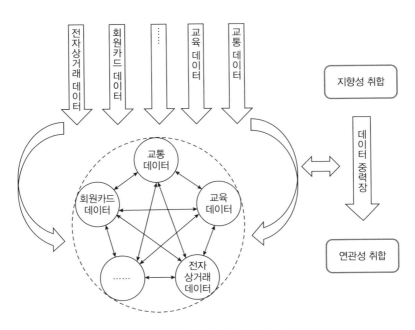

**그림 3-1 | 지향성 취합과 연관성 취합**

달하면 데이터 중력장이 형성되는데, 이때의 데이터 중력장은 시공을 초월할 뿐 아니라 데이터의 에너지를 한 단계 끌어올리며 거대한 데이터 중력을 만들어낸다. 데이터 중력이 작용되는 가운데 데이터의 연관성이 취합되면 분산된 스트립 데이터는 '블록'으로 전환된다.

앞서 설명했듯이 분산된 스트립 데이터와 달리 블록데이터는 높은 연관성을 지닌 각종 데이터가 특정 플랫폼에서 꾸준히 취합되는 특징을 보이는데, 이를 일종의 연관성 취합이라고 봐도 무방하다. 그렇다면 연관성 취합과 지향성 취합의 차이점은 무엇인가? 먼저 지향성 취합은 동일 영역과 동일 유형의 데이터만을 취합한 것이지만, 연관성 취합은 다양한 데이터를 취합한 것이다. 그다음 지향성 취합이 수직적 관계를 이루고 있는 데 반해 연관성 취합은 다양한 차원의 데이터를 수평적으로 아우르며 그들 사이의 연관성, 즉 내재적이고 긴밀한 수준 높은 차원의 연관성을 추구한다. 높은 연관성은 아무 데이터나 무작정 추가해 몸집을 키우는 것이 아니라 일정한 규칙에 따라 취합하는 것을 의미한다. 데이터의 연관성이 높을수록 취합의 힘은 커지고 업데이트 속도 역시 지속적으로 빨라진다. 따라서 연관성 분석과 발굴 작업의 규모와 수준은 끊임없이 향상된다. 둘째, 연관성 취합은 지향성 취합을 기반으로 꾸준히 진행된다. 지향성 취합이 규모의 효과를 가져왔다면 연관성 취합은 활성화 효과를 구현하고 순환 반복함으로써 질적 변화를 추구한다.

예를 들어 중국 구이양에서는 '사회 경영 빅데이터 클라우드 플랫폼' 구축을 통해 지역 주민과 주민위원회가 소통할 수 있는 만남의 장을 마련했다. 해당 플랫폼은 지역 주민, 가정, 건물에 대한 기본 데이터를 수집할 뿐 아니라 민원, 안전, 교육, 금융, 생활, 노인복지 등 지역 내 데이터를 통합적으로 제공한다. 그리고 여론에 대한 실시간 모니터링을 통해 데이터를 수집하고 취합한다. 이 작업을 통해 분산된 데이터를 가치 있는 데이터로 탈바꿈시킴으로써 누구나 공유할 수 있고 누구에게나 열린 지역 블록데이터를 형성한다.

블록데이터의 연관성 취합은 특정한 물리적 공간이나 행정구역에 국한되지 않고 특정 플랫폼에서 구현된다. 해당 플랫폼에는 특정한 물리적 공간을 비롯해 가상 공간, 운영 환경(예를 들면 소프트웨어 등)은 물론이고 리더기Reader 같은 도구가 포함된다. 블록데이터의 연관성 취합은 전통적인 정보의 비대칭성, 정보의 흐름을 가로막는 물리적 제약이나 영역별 한계를 뛰어넘을 것이다. 다양한 영역에 존재하는 다양한 유형의 다차원적 데이터를 취합해 정보의 생산, 전파, 가공, 구조를 대대적으로 바꿀 것이다. 여기서 한발 더 나아가 각 업계의 혁신을 위한 새로

**연관성 취합**
각종 데이터
활성화 효과
다양한 영역의 연관성

**지향성 취합**
동일 영역과 동일 유형
수직적 연관성
규모의 효과

그림 3-2 | 연관성 취합과 지향성 취합의 구분

운 동력을 제공함으로써 각 영역의 철저한 변혁과 재탄생을 강력하게 추진할 것이다.[2]

## 연관된 데이터

연관관계Association Relationship는 블록데이터의 특징이자 객관적 존재로, 우리에게 한 가지 어려운 숙제를 던진다. "연관관계를 데이터화시켜 분석하고 발굴한 뒤 정확히 판단하려면 어떻게 해야 하는가?" 연관관계를 설명하는 데 나비 효과만큼 좋은 사례도 없다. 나비효과 이론은 1972년 에드워드 노턴 로렌즈Edward Norton Lorenz의 논문에서 제시된 이론으로 훗날 상대론, 양자론과 어깨를 나란히 하는 카오스 이론을 탄생시켰다.

카오스 이론은 계량화 분석과 질적 사고를 겸비한 방법으로, 동적 시스템을 탐구하는 작업에서는 단일한 데이터 관계가 아닌 온전한 연속성을 지닌 데이터 관계를 사용해야만 해석, 예측 등의 행위를 실천에 옮길 수 있다. 이를테면 인구 이동, 화학 반응, 사회적 행위 등이 여기에 포함된다.[3]

카오스 시스템은 확실한 특성이 있는데, 그중 몇 가지는 다음과 같다.

첫째는 창발성인데 중요한 요소의 불확실성으로 말미암아 구체화되는 창발성은 파악하기가 어렵다.

둘째는 민감성인데 카오스 시스템의 작동 방향은 분산성에서 연속성, 저차원에서 고차원 방향으로 진행된다. 이때 민감성은 작동 과정에서 외부의 자극에 강력하게 반응하는 형태로 구체화된다.

셋째는 프랙털 특성Fractal characteristic인데 차원 분리성이라고도 하며 차원 분리로 시공간이 계속 뒤엉키면서 무한한 자기유사성, 자기조직화성을 지닌 구조를 구축한다. 데이터 계산의 정확도 또는 실험의 분별률이 아주 높았을 때 그 속에 내재된 연관성과 질서를 발견할 수 있다.

카오스 이론에서는 "모든 사물의 원시 상태는 아무런 연관도 없는 조각처럼 보이지만 카오스 상태가 끝나면 무기적 상태의 조각들이 유기적 완전체로 뭉친다"[4]라고 설명한다. 카오스 상태의 종료 여부는 외부의 자극이나 티핑포인트Tipping Point가 언제 나타나느냐에 따라 결정된다. 티핑포인트를 예측하는 것이 가능하다면 사물을 통제하고 사건에 미리 대처할 수 있다.

블록데이터는 데이터 세계의 카오스 이론을 설명하는 대표주자이며, 계량화 분석과 질적 사고를 겸비한 분석 방법으로 무원칙성과 불가측성이 특징인 데이터에서 내재된 규칙을 찾아 정확한 예측 결과를 내놓는 것을 목적으로 삼고 있다. 전형적인 카오스 시스템인 블록데이터는 겉으로 봤을 때는 무질서하고 혼란스러워 보이지만 다양한 측면에 걸쳐 규칙성을 유지하고 있으므로 장기적이고 철저한 분석을 거쳐 그 속에서 특정한 규칙을 찾아낼 수 있다. 또한 외부 정보의 자극에 대해 무척 민감하게 반응하지만 내부적으로는 하나(또는 여러 개)의 티핑포인트를 갖추고 있다는 특징을 지닌다. 나비가 날갯짓을 하면 주변의 대기 시스템에 변화가 일어나고, 아주 약한 기류를 일으킬 수 있다. 이때의 아주 약한 기류가 주변의 대기나 기타 시스템을 변화시키며 연쇄 반응을 일으켜 급기야는 다른 시스템에 거대한 변화를 가져다줄 수 있다.[5] 이 과정에서 나비의 날갯짓은 연쇄 반응을 일으킨 티핑포인트라고 할 수 있다. 동남아시아 금융시장이 금융계의 큰손이라고 불리는 조지 소로스의 말 한 마디, 일거수일투족에 촉각을 곤두세우는 것도 이런 까닭이다. 소로스의 언행은 금융계의 혼란과 기대를 유발하는 직접적 원인처럼 보이지만 본질적으로는 금융 시스템에서 '놓친 데이터'일 뿐이다. 시공여행에 대한 사례도 이 점을 설명한다. 누군가가 시간의 강 상류에 작은 돌 하나를 던져 하류에서 거대한 홍수가 일어났다. 변화를 일으킨 것은 돌이라는 티핑포인트다. 블록데이터는 이산화된 데이터를 취합해 그 안에서 높은 연관성을 이끌어낸 뒤 데이터 간의 유기적 결합을 통해 데이터 전체가 연계성을 띠는 관계를 구축하는 방식으로 작동한다. 그로 말미암아 특정한 티핑포인트가 발생했을 때 블록데이터는 사물의 발전 추세와 규칙을 재빨리 포착해 정확한 예측을 내놓을 수 있다.

데이터 취합은 연관관계를 연구하기 위한 전제 조건이다. 데이터가 사방에 흩어져 있으면 연관성을 찾아내고 비교하기가 쉽지 않으므로 꾸준한 데이터 취합을 통해 방대한 규모를 먼저 갖춰야 한다. 그래야 연관관계의 분석과 관련 규칙을 발굴할 수 있고, 데이터의 연관성 역시 정확하게 가늠할 수 있다. 연관성은 데이터 간의 연계를 통해 드러나는데, 외재적 연관성은 주로 하위 차원의 연계를 가리키지만 내재적 연관성은 상위 차원의 연계로 구체화된다. 양자역학에서 말하는 상보성이 무엇인가 하면, 이를테면 파동성과 입자성처럼 거시적 세계에서는 동시에 나타날 수 없는 두 가지 현상이 미시적 현상을 설명하거나 실험을 분석할 때 서로 보완적으로 작동하며, 어느 한쪽도 없어서는 안 된다는 사실을 보여준다. 이런 점에서 블록데이터의 연관성은 상보성과 같은 역할을 상당 부분 수행한다고 볼 수 있다.

연관관계를 분석하려면 먼저 각 데이터 사이에 존재하는 외재적 연관성 또는 명시적 연관성을 비교해야 한다. 앞서 말한 각 데이터는 정확히 무엇을 가리키는가? 결론적으로 말하면 관점에 따라 다양하게 구분될 수 있다. 인류사회의 형태라는 점에서 보면 미래의 데이터는 개인 데이터, 법인 데이터, 사회 데이터, 국가 데이터로 구분할 수 있다. 또한 데이터의 출처를 기준으로 했을 때는 인간, 사건, 사물의 데이터로 구분할 수 있다. 인간 이외의 각종 조직에 대한 데이터도 있다. 데이터의 시제라는 관점에서는 과거의 통계 데이터, 현재의 실시간 데이터, 미래의 예측 데이터로 구분된다. 데이터의 구현 형식이 기준일 때는 정형 데이터와 비정형 데이터, 추상 데이터, 다크 데이터 등으로 구분할 수 있다. 이처럼 각 데이터에 대한 식별과 수집, 저장, 전송, 사용은 블록데이터의 연관관계 분석을 위한 초석이라고 하겠다.

블록데이터는 연관관계를 분석하는 데 그치지 않고 연관성 규칙을 찾아내는 데 더욱 집중한다. 서로 연관된 데이터에는 내재적 관계와 모델이 숨겨져 있다.[6] 그 속에서 관련 규칙을 찾아내는 것은 잠재적이며 가치 있고 높은 연관성을 지닌 내재적 정보를 발견하고 티핑포인트를 찾는 작업이라고 정의할 수 있다. 연관관계 분석은 이를테면 소비자가 구입한 제품처럼 단일 차원, 단일 측면Layer의 데이터를 토대로 진행된다. 이에 반해 관련 규칙을 찾아내는 것은 다차원, 다층면적 데이터 처리에 기반을 둔다. 다시 말해 연관관계 분석은 단일 속성에 존재하는 관계를 대상으로 삼고, 관련 규칙의 발굴은 각종 속성 사이에 존재하는 특정 관계를 처리함으로써 "특정 사건으로 말미암아 다른 사건이 일어난다"는 규칙을 보여준다. 연관관계의 분석과 관련 규칙의 발굴은 블록데이터라는 카오스 시스템이 작동하는 온전한 사이클Complete Cycle 안에서 동시에 진행되고 완료된다.

'맥주와 기저귀'는 빅데이터 연구의 효용성에 대한 대표적 사례로 손꼽힌다. 미국 월마트는 자사의 방대한 데이터 웨어하우스 시스템을 바탕으로 흥미로운 사실을 발견했다. 맥주와 기저귀를 같은 코너에 진열하면 두 제품의 판매량이 따로 진열했을 때보다 2배 증가한다는 것이다. 소비자의 행동에 대한 조사 분석을 통해 맥주와 기저귀 사이에 숨어 있던 미국인의 소비 모델이 모습을 드러내면서 빅데이터는 마케팅 전략에 적극적으로 활용되기 시작했다. 이는 데이터의 연관관계 분석을 이용한 전형적 사례로, 블록데이터가 탄생함에 따라 '맥주와 기저귀' 이야기는 계속 이어질 것이다. 또 한편으로 미국인의 소비 행위를 바탕으로 미국 가정의 구성 모델과 사회적 기능 규칙에 대한 심도 있는 분석이 가능해질 것이다. 이와 함께 데이터의 관련 규칙을 발굴해 본질과 규칙에 좀 더 가까이 접근하는 방법을 탐색하고 분석할 수 있다. 그 밖에도 블록데이터는 대형 유통업체의 판매 전략보다 한층 광범위하게 응용되고 더 복잡해질 것이다. 티핑포인트에 대한 정확한 예측이 가능해지면 데이터의 연관성 규칙을 응용할 수 있는 범위도 기업 경영, 의사결정 등 한층 고차원적 영역으로 확대될 전망이다.

일반 대중에게 좀 더 익숙한 사례를 대형 전자상거래 사이트, 오픈마켓 등의 마케팅에서 찾아볼 수 있다. 이들은 연관관계 분석을 통해 사물과 제품, 브랜드 등에 필요한 마케팅 요소를 하나로 묶어 소비자의 니즈에 맞는 정확한 광고 서비스와 연결한다. 현재 연관관계 분석과 응용은 특정 인터넷 쇼핑업체에 국한되어 있지만 블록데이터의 관련 규칙에 기반을 둔 발굴 작업이 이루어진다면 데이터는 인터넷 쇼핑업체에서 취급하는 가장 가치 있는 자원이 될 것이다. 그리고 그때가 되면 이들 업체는 더 크게 성장할 것이다.

## 가치 있는 데이터

블록데이터는 자신의 가치 발견과 재구성, 창출을 위해 특정한 플랫폼을 통해 연관성 높은 데이터를 취합할 뿐 아니라 데이터의 연관관계를 분석하고 관련된 규칙을 발굴한다. 이런 점에서 빅데이터로부터 블록데이터에 이르는 변화나 전환 과정은 연관성의 수준을 한 단계 끌어올리는 과정이라고 하겠다. 높은 연관성을 지닌 데이터의 가치밀도는 일반적 의미의 빅데이터보다 훨씬 더 높다는 특징을 보인다.

빅데이터는 초대용량, 다양한 종류, 빠른 저장 속도, 높은 응용 가치 위주의 데이터를 한데 모은 결과물로 높은 응용 가치는 특정 영역과 업종의 내부 데이터에 해당하는 데이터의 취합과 연관에서 비롯된다. 마이클 포터의 가치사슬 이론Value Chain Theory에 따르면 가치 최대화는 기업의 내부 가치사슬에 달려 있을 뿐 아니라 그보다 더 큰 가치 시스템에 좌우된다. 즉 한 기업의 가치사슬은 공급업체와 판매업체, 고객 가치라는 사슬 사이를 연결하고 있는데, 이를 교차 연관관계로 간주할 수 있다.[7] 빅데이터에 비해 블록데이터의 가치는 산업 발전, 공공서비스, 사회 관리에 더 큰 가치 시스템을 제공한다. 다시 말해 블록데이터의 최대 가치는 응용을 통해 현실 세계에 존재하는 여러 가지 어려운 문제를 해결하는 데 있다. 산업, 사회, 정부에 이르기까지 블록데이터가 찾은 솔루션을 참고하고 응용할 때 블록데이터의 가치는 비로소 빛을 발할 수 있다.

빅데이터는 새로운 업종의 발전을 선도한다. 인터넷 렌터카 회사인 집카Zipcar, 주택 임대 커뮤니티 플랫폼 에어비앤비Airbnb, 우버Uber, 중국판 우버로 불리는 디디滴滴와 선저우神州 등은 새로운 업종의 탄생을 보여주는 대표적 사례로 평가받는다. 이들 업체는 협력적 소비Collaborative Consumption 모델이 주도하는 공유경제의 가치사슬을 형성한다. 이보다 더 큰 규모의 가치 시스템을 기반 삼는 블록데이터는 산업 전반을 아우르는 새로운 형태의 사슬 탄생을 자극할 수 있다. 다시 말해 각 산업은 블록데이터를 발판 삼아 내재된 규칙을 기준으로 새로운 연관관계를 형성하고, 이른바 쓰중四衆(2015년 대중혁신과 창업 지원 플랫폼을 돕기 위해 실시된 정책으로, 온라인과 오프라인을 접목시켜 고부가가치를 창출하겠다는 인터넷 플러스Internet Plus의 구체적 실천 요강을 가리킨다. 여기에는 크라우드 이노베이션Crowd Innovation/衆創, 크라우드 소싱Crowd Sourcing/衆包, 크라우드 펀딩Crowd Funding/衆籌, 크라우드 커넥션Crowd Connection/衆聯이 포함됨 - 옮긴이) 플랫폼 모델을 구축해 자원 재배분을 실천할 것이다. 이를 통해 전통 산업의 구조와 산업 시스템을 완전히 뒤집어엎고 재구축함으로써 산업 전반을 아우르는 새로운 사슬을 만들어낼 것이다.

빅토어 마이어 쇤베르거는《빅데이터가 만드는 세상》에서 새로운 미래의 모습을 설명했다. "빅데이터 시대에 경제학과 정치학, 사회학, 다양한 과학은 본질적 변화와 발전을 겪게 될 것이다. 더 나아가 인류의 가치 체계, 지식 체계, 생활방식에 영향을 줄 것이다." 블록데이터가 더 큰 가치 시스템을 바탕으로 표준화와 기술화를 통해 새로운 서비스 체인을 만들어내면 사람들은 한층 개성적인 생활방식을 선택하고, 자신의 니즈에 가장 근접한 서비스를 받게 될 것이다.

빅데이터는 현대 사회를 구성하는 인프라의 일부로, 국가 경영을 위한 중요한 관리 수단으로 점차 발돋움하고 있다. 고속도로, 철도, 항구, 수력 발전처럼 빅데이터는 우리 삶에 없어서는 안 되는 중요한 요소가 될 것이다. 구글은 방대한 검색 기록 데이터를 이용해 독감의 동향을 예측하기도 했다. 빅데이터가 국가 경영에서 보여준 응용 사례는 정부에 커다란 충격과 반성의 계기를 가져다주었다. 이보다 더 큰 가치 시스템에 기반을 둔 블록데이터는 다양한 측면, 차원의 연관관계를 분석하고 관련 규칙을 발굴할 것이다. 게다가 단일 측면, 단일 차원의 검색 기록에 바탕을 둔 구글보다 더 정확한 분석 결과를 제시할 것이다. 정확한 예측이 가능해지면 공공경영 능력 향상, 정부의 서비스 모델 개혁, 모든 영역에 걸친 국가 경영 체인의 구축을 촉진할 수 있을 것이다. 계량화와 사전 판단이 가능한 블록데이터의 특징은 우리 사회와 우리 삶에 전방위적으로 지대한 영향을 미칠 것이다. 특히 각 사회 조직과 단체, 개인이 사회공익 활동에 참가하도록 독려함으로써 사회의 공감대를 형성하는 데 대체 불가능한 역할을 할 것이다. 그로 말미암아 사회 관리 분야에서의 응용 가치가 경제 분야 못지않게 확대될 전망이다.[8]

# 인간이 중심이 되는
# 데이터 사회학

## 주체성

주체성은 철학적 문제에 속한다. 인류 역사가 발전하는 과정에서 인간은 줄곧 사물과의 관계를 고민하고 탐색했다. 고대 그리스의 철학자 피타고라스는 "숫자는 만물의 기원이다"라고 설명하며 데이터를 통해 세계를 관찰하려면 인간과 사물의 관계를 반드시 정의해야 한다고 주장했다. 스트립 데이터가 '사물'을 중심으로 생성된 것이라면(여기서 말하는 사물에는 기업의 제품과 서비스도 포함됨) 블록데이터는 '인간 또는 조직'의 발전을 위해 존재하므로 주체성을 띠게 된다. 빅데이터가 인간의 사고를 이용해 데이터를 관찰하고 해석한다면 블록데이터는 데이터의 사고를 이용해 인간의 행위 법칙을 관찰하고 해석한다. 블록데이터의 프레임은 인류 행위와 데이터가 서로 영향을 주고받도록 유도해 인류 발전을 촉진시킬 것이다.

블록데이터는 인간이 중심으로 인간에 대한 정적 데이터, 행위 데이터, 의식 데이터를 기록한다. 이들 데이터는 블록데이터에서 인간이 주체적 존재라는 사실을 입증해준다.

**인간의 속성과 정적 데이터** 정적 데이터에는 사람의 이름, 연령, 성별, 직업 등이 포함된다. 사람의 기본 속성이 주로 기록되는 정적 데이터는 자아실현을 위한 필수조건, 인간에 대한 외부 인식이 형성되는 기본 자료를 포함하고 있다. 그러나 정적 데이터로는 사람과 사물의 본질적 차이를 구분하기가 어렵다.

**인간의 능동성과 행위 데이터** 행위 데이터는 인간 활동을 중심으로 생성되는 활동 공간 범위, 활동 행위의 흐름, 능동적 관계 등을 가리킨다. 벌집이나 거미줄과 달리 인간 행위는 사회성과 능동성을 띤다. 인간이 주체가 될 수 있는 것은 근본적으로 말해 능동성을 지닌 창조적 활동 때문이다. 인간의 행위 데이터는 인간과 외부 사회의 관계를 반영하고 있으며, 정적 데이터보다 더 많은 가치를 지닌다.

**인간의 초월성과 의식 데이터** 의식 데이터는 인간의 사상, 의식, 의도, 바람 등을 아우르는 데이터를 가리킨다. 인간은 스스로 행동하고 깨닫는 과정을 지속해 겪으면서 기존의 자신을 뛰어넘는 모습으로 거듭날 수 있다. 이는 인간의 주체성이 보여주는 가장 고차원적 형태로, 인간의 창조 활동은 개방적이며 미래를 지향한다. 인간의 의식이 데이터

라는 형식을 통해 보존될 때 지능 충돌, 인간-기계 인터페이스가 현실
화되면서 인간은 기존의 기술과 자아를 뛰어넘는 높은 경지에 도달할
수 있다.

## 높은 연관성

높은 연관성은 블록데이터의 본질적 속성으로 크게 3가지 형태로 구현
된다. 첫째, 높은 연관성을 지닌 다량의 데이터가 특정한 플랫폼에 취합
된다. 둘째, 데이터와 데이터 사이에 상호연결되고 상호교차되며 민첩
성과 네트워크 성향을 모두 갖춘 조직 연계 구조를 구축한다. 셋째, 플
랫폼에 취합된 데이터 사이에 서로 영향을 주는 연관 메커니즘을 형성
한다.

취합된 블록데이터는 연관성이 대단히 높은 데이터로 지대한 영향력
과 높은 감도라는 2가지 전형적 특징을 지닌다. 지대한 영향력을 갖춘
데이터에 변화가 생기면 데이터 간의 상호연관을 통해 파급 효과가 일
어나고, 데이터가 지속적으로 취합되면서 더 큰 시너지 효과를 발휘한
다. 또한 감도 높은 데이터는 지속적으로 취합되는 과정에서 다른 데이
터의 변화를 재빨리 알아채고 이를 조절한다. 연관성 높은 데이터는 데
이터의 구조 해체와 재구성에서 중요한 역할을 담당한다.

블록데이터는 연관성이 높은 환경을 구축한다. 블록데이터의 본질과
규칙은 각 데이터 사이의 상호연계에 숨겨져 있으므로 블록데이터를
통해 문제를 인식하고 분석, 해결하려면 '연관성'이 반드시 존재해야 한
다. 인간의 연관성, 사물의 연관성, 인간과 인간 사이의 연관성, 인간과
사물의 연관성, 시공의 연관성을 통해 상호연결되고 상호교차된 네트

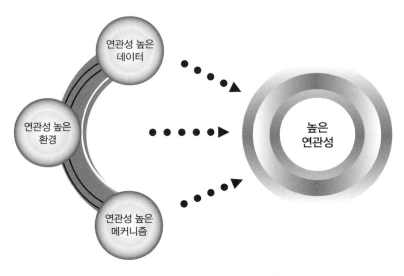

그림 3-3 | 블록데이터의 높은 연관성

워크 형태의 데이터 연결 환경을 구축해야 한다.

또한 블록데이터는 연관성이 높은 메커니즘을 통해 작동한다. 이론적 측면에서 봤을 때 블록데이터의 취합, 블록데이터의 가치 실현에는 서로 영향을 주는 연관 메커니즘이 존재한다. 데이터의 높은 연관성은 지속적인 데이터 취합과 발전을 위한 필수조건을 제공하며, 한 단계 높은 수준의 발전을 가능하게 해주는 원동력이 된다. 데이터의 연관성이 높을수록 정보량은 늘어나고 가치 역시 확대된다.

## 다차원성

'티핑포인트'에 해당하는 블록데이터는 빅데이터에 비해 입체적이며 다차원적이라는 특징을 지닌다. 이런 다차원성은 우리에게 세상을 포괄적·연계적·체계적으로 바라보고 신속하게 적응할 수 있는 방법을 제공한다. 이를 발판 삼아 우리는 고립된 단위나 영역에서 벗어날 수 있는데, 블록데이터의 다차원성은 크게 4가지 형태로 나타난다.

**영역의 통합** 블록데이터의 다차원성을 가장 먼저 드러내는 곳이 바로 영역의 통합Non-boundary이다. 블록데이터는 정부 부처, 상업 물류, 금융 보험, 기업, 커뮤니티, 영상, 엔터테인먼트, 센서 설비 등 각 분야의 데이터를 한데 아우르며 더 큰 규모의 유기적 데이터를 형성한다. 유기체에서 각 데이터가 '경계'를 유지하는 데 반해 블록데이터의 내부 구조에서는 사전에 설정된 경계나 제한 등이 존재하지 않기 때문에 동물 세포-동물 기관 조직 같은 관계를 형성하게 된다. 즉 데이터와 데이터 사이에 '벽'이 존재하지만 데이터 사이의 흐름을 막지 않으므로 데이터 에너지끼리 정보를 빠르게 전달할 수 있다. 이를 통해 블록데이터는 특유의 민감성과 적응력을 유지한다.

**불확실성** '블랙 스완Black Swan'은 보통 확인할 수 없는, 예측할 수 없는 중대한 사건을 가리킨다. 다차원성으로 말미암아 어느 누구도, 아무것을 확정할 수 없다는 점에서 블록데이터는 블랙 스완과 같다. 블록데이터에는 정형 데이터, 비정형 데이터 외에도 추상 데이터와 다크 데이터 등이 포함되어 있다. 추상 데이터와 다크 데이터의 분포 범위가 광범위하고 그 상태 역시 유동적이라서 어느 누구도 진실을 확신할 수 없다. 추상 데이터와 다크 데이터에서 비롯된 블록데이터의 높은 불확실성은 예상하기 어렵지만 상당히 중요하게 작용해 블록데이터 스스로 가치를 발휘하는 동시에 더 큰 리스크를 초래하기도 한다.

**비선형** 비선형은 변수 사이의 관계를 설명하는 데 사용되는 수학적 개념으로, 비선형 현상은 대부분 다차원에 걸쳐 복잡하게 다양한 모습으로 변하는 불확실성을 띠고 있다. 이런 점에서 비선형은 객관적 사물의 본질에 좀 더 접근하고 있다는 특징을 보인다. 스트립 데이터가 체인과 체인 사이에서 서로 연관되지 않는 독립성, 즉 선형적 특징을 가지고 있다면 블록데이터는 선형적 특징의 단순한 집합이 아니라 비선형적 특징을 보인다. 데이터의 차원이 지속적으로 향상됨에 따라 데이터를 처리하는 데 따르는 난이도가 점점 높아지고 있다. 레이저의 경우에는 외부 전압이 일정 값에 도달하면 들뜬 원자가 명령을 받아 해당 위상位相, 방향과 일치하는 단색광을 발사한다. 이와 마찬가지로 데이터가 일정 수준까지 꾸준히 취합되면 외부 작용으로 데이터 내부의 각 데이터끼리 상호작용을 일으키면서 진실에 한층 가까워진 규칙을 얻을 수 있다.

**시공 초월** 블록데이터는 스마트한 데이터로 보다 높은 차원의 시공에 반드시 '진입'해야 한다. "숫자는 만물의 기원이다"라는 피타고라스 학파의 기본적 인식에 따라 보이지 않는 암흑 물질과 암흑 에너지가 해당하는 다크 데이터에 밀착하면서 생겨난 데이터의 에너지 또는 질량은 시공을 초월하여 꾸준히 취합되다가 시공간 왜곡 등의 현상을 일으키며 데이터 중력을 형성한다. 데이터 중력은 중력파를 내뿜고 높은 연관성을 지닌 각종 데이터가 자율활성화, 타율활성화되면서 지능 충돌과 인간-기계 인터페이스를 통해 블록데이터는 미래를 예측할 수가 있다.

## 역동성

역동성은 기타 관련 반응의 활성화 속성에 신속하고 자발적으로 반응하거나 촉진하는 것을 가리킨다. 블록데이터의 강한 역동성은 주로 다음의 2가지 형태로 나타나며, 이들은 상호작용을 통해 연관 메커니즘을 형성한다.

**자율활성화 효과** 빠르게 업데이트되는 데이터보다 가치 있는 것은 없다. 블록데이터의 역동성을 보여주는 첫 번째 사례는 데이터가 기존보다 더 빠른 속도와 횟수로 자율적으로 활성화되는 것이다. 자율활성화는 높은 연관성을 지닌 각종 데이터가 외부 신호를 받은 뒤 보여주는 일종의 반응으로, 외부 신호가 열쇠라면 각 데이터는 자물쇠에 속한다. 외부의 신호와 각 데이터의 작동 규칙이 조화를 이룰 때 데이터가 자율적으로 활성화되면서 데이터가 재연계되고 재생성된다. 이를 통해 데이터의 응용 가치를 꾸준히 확보할 수 있을 뿐 아니라 구체적 사례를 들어 외부 정보가 어떻게 발생하고 작용하는지 설명할 수도 있다. 예를 들어 갑자기 나타난 송충이가 잎을 갉아먹으면 버드나무는 화학물질을 분비해 반경 60미터 내에 있는 다른 버드나무에 정보를 보낸다. 그러면 주변의 버드나무는 경고 정보를 받아 송충이를 쫓을 수 있는 유독물질을 분비한다.

**타율활성화 효과** 블록데이터는 화학 반응의 촉진과 비슷한 기능을 보유하고 있다. 즉 외부 정보를 획득하면 역동성을 지닌 특정 데이터가 촉진제처럼 다른 데이터의 상호반응 속도를 적절히 조절하면서 데이터를 재연계하고 재생산한다. 이때 블록데이터에는 어떤 변화도 나타나지 않는다.

이른바 연관 메커니즘은 효과 사이의 상호작용을 활성화시킨다. 좀 더 쉬운 비유를 들어 보겠다. 이동 속도가 빠르고 시시각각 변하는 강물과 안정적이고 변화 속도가 느린 강바닥이 존재한다. 시간이 지나갈수록 강물은 서서히 강바닥을 만들고, 강바닥 역시 강물의 방향을 바꿀 수 있다. 데이터의 자율활성화가 강물이라면 데이터의 타율활성화는 강바닥처럼 서로에게 영향을 주어 작용함으로써 각종 데이터의 공동 발전을 이끈다.

## 개방성

개방성은 사물 안팎의 연관성을 탐색하는 과정에서 발견된 규칙으로, 블록데이터에서 말하는 개방성은 데이터와 데이터 사이, 데이터와 외부 환경 사이에 상호관계를 맺는 속성을 가리킨다. 이는 마치 물체가 생성되는 원리와 같은 과정을 거친다. 즉 중성자와 양성자는 서로 개방한 채 중간자를 교환함으로써 원자핵을 형성한다. 원자핵은 핵외전자와 상호개방을 통해 광자를 교환해 원자를 형성한다. 이렇게 만들어진 원자와 원자 역시 상호개방을 통해 전자를 교환해 분자를 만들고, 분자와 분자끼리 상호개방을 추진해 물질과 에너지를 만든다. 이런 과정이 꾸준히 이어지면서 거대한 물체가 탄생한다. 블록데이터의 개방성은 취합과 연계를 통해 궁극적으로 가치의 기본 조건을 재구성하는 데 의의를 두고 있으며, 그 특징은 다음과 같다.

**간섭 가능성** 특유의 다차원성과 통합성 덕분에 블록데이터는 간섭이 가능하다는 특징을 보인다. 높은 연관성을 지닌 각 데이터는 어떤 장벽과 제한도 없다는 조건 아래서 자유롭게 이동함으로써 꾸준히 취합될 수 있다.

**확장 가능성** 높은 연관성을 지닌 데이터들은 꾸준히 취합되는 과정을 통해 더 큰 여유 공간 내에서 상호작용을 맺으며 자율적·타율적 활성화를 구현한다. 또한 이런 상호작용이 끊임없이 순환 반복되면서 자발성, 자기조직화, 자율 프로세스 상태를 이룬다. 블록데이터의 이런 확장 가능성은 생물의 개방성처럼 동화 작용과 이화 작용으로 나타난다. 생물의 동화 작용은 외부 환경으로부터 필요한 물질을 흡수해 자신의 구성물로 전환하는 것을 가리킨다. 이화 작용은 이와 반대로 자신의 물질을 분해한다.

**이전 가능성** 블록데이터가 존재하기 위한 필수조건으로 자율활성화와 타율활성화가 완료되면 블록데이터의 개방성은 데이터 내부에서 외부로 전달되고, 이어서 지능 충돌과 인간-기계의 인터페이스를 위한 조건을 제공하게 된다.

# 블록데이터와
# 빅데이터의 구분

## 빅데이터의 4V 특징

블록데이터의 개념을 정의하고 블록데이터의 속성을 설명하기 위해선 빅데이터에서 출발해야 한다. 앞서 설명한 것처럼 블록데이터와 빅데이터는 공생관계로, 이 둘을 구분하려면 보다 깊이 있는 이해가 선행되어야 한다. 현재 학술계에서 말하는 빅데이터의 특징은 이른바 '4V'로, 초대용량Volume, 다양한 형태Variety, 높은 상업 가치Value, 빠른 생성 속도Velocity를 가리킨다.

**초대용량** 데이터는 컴퓨터의 처리능력, 심지어 저장능력을 능가할 만큼 방대하다. 현재 데이터의 저장 용량 단위는 테라바이트 단계에서 페타바이트, 엑사바이트 심지어 그 이상까지 확대되었다.

**다양한 형태** 데이터의 출처와 구조가 복잡해졌다. 과거의 데이터는 종종 비정형 데이터를 처리하는 데 소홀해 저장하기 쉬운 텍스트 위주의 정형 데이터만 추출했다. 그러나 인터넷 데이터 총량의 80%에 육박할 정도로 비정형 데이터가 대량으로 생산되면서 전 사회에 심각한 문제를 가져올 수 있다. 그뿐 아니라 한결 개선된 데이터 저장과 처리능력에 대한 사회적 수요가 폭발적으로 증가할 것이다.

**높은 상업 가치** 막대한 가치는 가치밀도와 데이터의 양에 반비례한다. 희소 가치는 방대한 데이터를 통해 뒷받침될 수 있으며, 강력한 알고리즘을 통해 수평적 가치를 발굴해낼 수 있다. 구글과 바이두를 예로 들면 이들 업체의 핵심 기술인 검색엔진은 정보를 수집하는 기능을 가지고 있지만 방대한 검색 결과에서 무엇이 유용한지 판단하는 데 많은 노력과 함께 재선택의 과정을 거쳐야 한다.

**빠른 생성 속도** 빠른 데이터 수집을 통해 신속하게 처리 결과를 제공한다. 이 역시 빅데이터가 전통적 데이터 발굴과 구별되는 가장 뚜렷한 특징으로, 현대 과학 기술의 발전으로 데이터 처리능력과 데이터 생성 속도가 기하급수적으로 향상되었다. 여기서 데이터 처리능력과 데이터 생성 속도는 '대립-통일'의 관계를 보여준다.

## 블록데이터의 다차원 변수

빅데이터와 블록데이터를 비교했을 때 눈에 띄는 가장 두드러진 차이는 빅데이터의 4V가 블록데이터의 5V로 발전했다는 것이다. 즉 기존의

4V에 '다차원 변수'라는 특징이 추가된 것으로 블록데이터의 취합과 연계, 가치 발견이 이루어질 수 있는 원인이자 기반이 된다. 블록데이터의 다차원 변수를 통해 정적이고 고립적이었던 데이터 분석이 역동적이고 연계적인 방향으로 변하고 있다. 데카르트는 좌표평면 이론을 통해 기하학의 문제를 대수학의 방법으로 연구하는 해석기하학이라는 새로운 수학 영역을 창시했다. 그의 이론을 토대로 근대 수학은 일대 전환기를 맞았고, 그 반향은 곧바로 20세기의 상대성 이론과 양자 이론의 발전으로 이어졌다. 엥겔스는 데카르트의 업적에 대해 그의 변수는 수학의 전환점이 되었으며, 변수가 생긴 뒤로 운동과 변증법이 수학 영역으로 들어올 수 있었다고 평가했다. 빅데이터 시대의 전환점은 데이터의 다차원 변수에서 비롯된다.

수학에서 변수는 변할 수 있는 수를 말한다. 다차원이 무한을 의미한다는 점에서 블록데이터의 변수는 시공간적으로 아무런 제약을 받지 않는다. 블록데이터의 다차원 변수는 변증법을 데이터의 분석과 사용

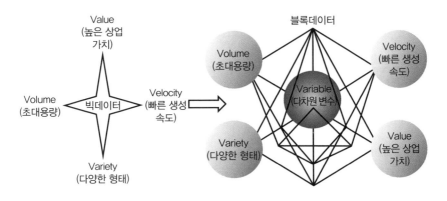

그림 3-4 | 블록데이터와 빅데이터의 구분

영역에 적용함으로써 블록데이터의 변증법적 사고를 형성하는 데 한몫했다. 변수는 더 큰 불확실성과 불가측성, 리스크를 가져오지만 동시에 각 요소 간의 상호작용과 사물 발전의 내재적 규칙을 보여주기도 한다.

한 마디로 말해 상수와 변수의 두드러진 특징은 불변과 가변이라고 정의할 수 있다. 상수가 주로 정적이라면 변수는 동적으로 작용한다. 또한 상수는 상대적이며 조건을 갖추고 있지만, 변수는 절대적이며 아무런 조건이 없다. 이처럼 상수와 변수는 모순적이지만 동시에 상호전환이 가능하다. 이를테면 일정 조건 아래서 기온은 상수로 볼 수 있다. 그러나 겨울과 여름의 온도가 다르고, 낮과 밤의 온도, 북쪽과 남쪽의 온도는 서로 다르다. 심지어 사람마다 느끼는 온도 역시 다르다. 이런 상황에서 기온은 동시에 변수가 될 수 있다. 시공과 외부 조건이 변하면 온도도 변하기 때문이다. 엥겔스는《자연법증법Die Dialektik der natur》에서 자연계를 이렇게 풀이했다. "모든 자연계는 탄생과 소멸을 영원히 반복한다. 끊임없이 움직이며 쉬지 않고 운동하고 변화한다." 절대 변하지 않는 상수는 존재하지 않는다. 빅데이터와 비교했을 때 블록데이터는 높은 연관성을 지닌 데이터에서 변수를 얻어내기 위해 변증법적인 사고를 이용한다.

1927년 독일의 물리학자 베르너 하이젠베르크Werner Karl Heisenberg는 불확실성 원리Uncertainty Principle를 제시했다. 이 이론에 따르면 양자 위치나 속도를 정확하게 측정하려면 파장 또는 장파, 단파를 사용해서 해야 한다. 즉 파장이 짧은 파를 사용해 위치를 측정할수록 속도 측정값의 정확도는 떨어진다. 또한 파장이 긴 파를 사용해 속도를 측정할수록 위치 측정값의 정확도가 낮아진다. 이런 불확실성은 길거나 짧은 파장이 형성한 교란을 통해 발생한 것으로, 이때 변수는 교란의 원인이 된다. 블록데이터는 사물의 기본적 발전 추이에 영향을 주는 변수를 분석하고 발굴해내는 데 주력한다. 수많은 변수 가운데 좀 더 기본에 충실한 결과를 찾아냈지만 직접 인지할 수 없는 묵시적 변수는 사물의 발전 추이에 영향을 주는 교란 원인을 파악해 불가측성의 예측과 경고, 사전 대응을 가능하게 만든다.

유한성과 무한성은 시공간에서 데이터가 가진 변증법적 성향을 반영하지만 빅데이터가 가져온 거대한 데이터를 대표할 뿐이다. 세상은 본질적으로 무한하다. 예를 들어 유한한 존재인 태양계는 동시에 세계의 온전하고 무한한 일부로써 세상 밖의 무한한 공간 안에서 무한한 물질을 거느리고 있다. 그러나 유한한 태양계와 무한한 물질 사이에는 연관성이 존재하기 때문에 태양계의 데이터만으로는 무한한 세계를 설명하기가 어렵다. 그러다 보니 유한한 시공간에서 사물에 대한 인식은 인과관계에 더욱 의존할 수밖에 없다. 바로 이때 블록데이터의 다차원 변수가 태양계와 무한한 물질 사이의 연관관계를 찾기 위해 등장한다. 모든 존재 사이에 '묵약'이 존재한다는 양자얽힘 이론에서 바라본 블록데이터는 데이터가 서로 연계되었다는 주장을 바탕에 두고 다차원적 시공간으로부터 각종 데이터를 취합하고 데이터의 잠재적 연관성을 파악하고 분리해내어 전반적으로 사물의 발전 규칙과 본질을 인식할 수 있다.

상수에서 변수, 유한성에서 무한성에 이르기까지 블록데이터의 변증적 사고를 곳곳에서 찾아볼 수 있다. 이런 변증법적 사고는 종종 우리를 난처하게 만드는 이를테면 "블록데이터에서 말하는 블록은 유형의 덩어리인가?"라는 질문에 답할 수 있게 해줄 것이다.

# 새로운 과학혁명의 탄생, 블록데이터 패러다임

## 패러다임과 패러다임 전환

토머스 쿤은《과학혁명의 구조The Structure of Scientific Revolutions》에서 처음으로 '패러다임Paradigm'이라는 개념을 언급했다. 그는 패러다임을 각종 과학 이론, 이론과 긴밀한 관계를 맺고 있는 철학, 신앙, 가치관, 연구 방법을 가리킨다고 설명했다. 블록데이터를 연구하는 과정에서 토머스 쿤이 사용한 패러다임 연구 방법은 우리에게 커다란 가르침을 가져다준다.

이른바 '패러다임 전환'은 새로운 학술적 성과가 기존의 가설이나 법칙을 깨뜨리는 것을 가리킨다. 예를 들면 고대 그리스의 수학자이자 철학자 피타고라스는 지구가 둥글다고 주장했다. 이렇듯 기존 패러다임을 대체한 새로운 패러다임은 사람들의 사상과 행동에 새로운 가능성을 제시해준다. 과학 기술이 발전함에 따라, 특히 빅데이터 시대가 등장함에 따라 자연과학과 사회과학의 통합적 발전은 필연적 추세로 자리 잡으면서 전통적이고 독립적인 학술 이론만으로 블록데이터를 해석하는데 많은 어려움이 따른다. 블록데이터의 사회학적 패러다임은 이런 배경 아래서 생겨난 새로운 학술적 성과로, 새로운 패러다임 전환을 가져올 것이다.

블록데이터의 사회학적 패러다임은 뜬구름 잡는 소리도 아니고 신기루는 더더욱 아니다. 사회학과 데이터 분석에서 인류가 걸어온 길고긴 진화의 길은 크게 4단계로 나눌 수 있다. 첫째, 사회 집단 경험의 단계다. 인류는 원시사회 단계에서 자연 조건이 가져다준 속박과 제약에서 벗어나 인류의 언어와 정보를 만들어 공유했다. 이는 가장 원시적 형태의 데이터 처리 단계로, 데이터가 전무하던 상태에서 데이터를 만들어내는 단계로 도약했음을 의미한다. 둘째, 인류문명의 등장 이래로 인류는 문명의 규칙을 통해 사회 발전에 대해 분석, 평가하고 더 나아가 예측하기에 이르렀다. 이를테면 고대 중국에서는 역사를 귀감으로 삼았다. 역사적 데이터를 분석함으로써 미래의 발전 규칙을 예측했던 것이다. 이 단계의 데이터에는 역사, 문화, 생활, 과학 등 다양한 분야의 정보가 포함되어 있다. 셋째, 사회통계학 단계다. 산업문명이 탄생하면서 인류는 인간과 대자연의 법칙을 더 많이 알기 위해 대자연과 데이터를 교환하면서 사회통계학을 탄생시켰다. 사회통계학에는 기상예보, 샘플조사 등이 포함된다. 샘플 데이터를 활용해 현상을 분석하고 예측할 때 데이터는 과학 데이터에서 인문 데이터로 발전하게 된다. 넷째, 인류는 사회학과 생물과학, 클라우드 컴퓨팅, 인공지능으로 진출하면서 통합되고 발전하는 데이터를 분석하기 시작했다. 인류의 데이터 처리능력이 나아지면서 데이터 저장능력과 계산능력이 기하급수적으로 향상됐지만, 이런 발전은 일반적으로 유효하지 않다. 그러므로 데이터의 사회학적 분석법이 등장하면서 사회학을 중심으로 컴퓨터, 클라우드 컴퓨팅 등 다양한 기술적 도구에 대한 다차원적 분석이 이루어질 것이다. 이는 새로운 사회 패러다임과 과학 패러다임의 등장을 예고할 뿐 아니라 필연적으로 새로운 단계의 데이터 혁명을 일으키고, 새로운 기술의 탄

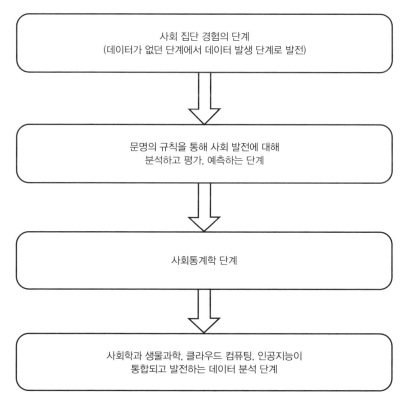

**그림 3-5 | 인류사회학과 데이터 분석의 4단계**

생으로 이어져 인류를 생산과 생활, 생존 방식이 획기적으로 변하는 거대한 변혁의 물결로 인도할 것이다.

## 사람 중심 데이터의 사회학적 패러다임

사회학적 패러다임이 지닌 복잡성이라는 특징은 주로 통합성, 도구성, 다원성, 상호보완성으로 나타난다.

통합성은 데이터 사회학 패러다임에서 강조하는 통합론과 환원주의가 결합된 방법으로 생명 시스템, 사회 시스템, 데이터 시스템 등 복잡 시스템을 강조해 전통적 과학 방법에 혁신의 물결을 가져다준다. 통합성은 이론적 측면에 대한 탐구 외에도 철학적 신념, 가치 기준, 연구 방법 등에 대한 전반적 사고의 형태로 나타난다.

데이터의 사회학적 패러다임으로 구체화되는 도구성은 사물을 중심으로 하는 빅데이터의 단편성을 극복해 인류 행위와 사회운동의 규칙에 대한 객관적 인지와 과학적 해석을 가능케 한다. 모든 새로운 패러다임은 특정 분야나 특정 측면의 문제를 해결하기 위해 발생하는데, 데이터의 사회학적 패러다임 역시 예외는 아니다.

데이터의 사회학적 패러다임에서 말하는 다원성은 여러 학과의 공동 지원을 통해 형성된다. 예를 들어 사회과학 분야에서 뉴턴의 역학이나 다윈의 진화론처럼 지배적 위치를 차지하는 일관된 패러다임이 형성되지 못한 것처럼 빅데이터의 발전도 아직 성숙되고 일관된 이론을 형성하지 못하고 있다. 이런 이유로 관점에 따라 빅데이터 발전의 다양한 측면만 확인할 수 있을 뿐이다. 결국 연구 대상의 다차원성으로 인해 데이터의 사회학적 패러다임은 필연적으로 다원성과 상호보완성이라는 특징을 띠게 된다.

데이터의 사회학적 패러다임을 5가지 측면에서 연구했을 때 패러다임의 기본 모델과 구조, 기능에 대해 다음과 같은 결론을 얻을 수 있다.

**본체론** 빅데이터가 발전하면서 "세상에 존재하는 모든 관계와 활동은 데이터를 활용해 그 특징을 표현할 수 있다"라는 관념이 점차 사람들 사이에서 널리 받아들여지고 있다. 세상의 본질은 데이터로, 데이터 세계는 객관적 세계에 비해 독립적이지만 그 출발점은 여전히 사람을 지향한다. 이는 데이터의 사회학적 패러다임이 해결해야 할 중요한 문제다. 사람을 중심으로 하는 블록데이터는 데이터 인간 가설을 제시하며 인간과 사물의 관계를 재구성해 모든 영역에 걸쳐 인간과 인간, 사물과 사물, 인간과 사물의 연관성을 이끌어내고 인류사회의 통합적 데이터화를 이뤄냈다.

**인식론** 데이터의 사회학적 패러다임은 인식론에 변증법을 활용함으로써 빅데이터 시대의 인류가 직면한 문제에 보편적 의미를 지닌 인식과 사고방식을 제공한다. 블록데이터는 본질과 현상, 내용과 형식, 원인과 결과, 필연성과 우연성, 가능성과 현실성 등의 범주에서 데이터화라는 수단을 이용해 사물의 본질적 연계를 드러낸다. 그리고 이를 통해 객관적 세계를 이해할 수 있는 기본 법칙을 좀 더 정확하게 파악할 수 있다.

**방법론** 세계의 복잡성, 다양성을 강조하는 블록데이터는 특히 사물의 잠재적 연관성을 강조한다. 여기에 복잡계 이론을 기반으로 체계적 분석 방법을 수립하고 정량 지표를 기준으로 사물의 발전을 유도하는 티핑포인트를 탐색함으로써 구체적 방식과 방법을 확립한다. 이런 분석 시스템에서 지능체의 행위와 인간-기계 인터페이스는 중요한 역할을 담당한다. 블록데이터가 수립한 이런 분석 방법은 일반적으로 다양한 과학 분야와 영역에서 응용될 수 있다.

**가치론** 가치 사유와 가치 지향의 차이는 사람의 사상과 행위에 영향을 줄 뿐 아니라 과학 패러다임이 어떤 방향으로 나아갈 것인지 결정하는 중요한 요소라고 하겠다. 데이터의 사회학적 패러다임은 블록데이터의 가치에 대한 물음에 응답할 뿐 아니라 가치 재구성의 방법을 진지하게 탐구함으로써 산업, 민간, 정부 등 각 분야에서 블록데이터의 응용을 추진할 수 있다.

**윤리론** 과학 기술의 발전과 인공지능의 꾸준한 업데이트에 힘입어 전통적 의미의 인간-기계 인터페이스 관계가 '역전'되었다. 사람과 기계와의 거리가 점점 좁혀지면서 심지어 기계가 인체와 융합되고 있다. 기계는 자체적으로 진화를 거듭하면서 인류 외에 지능을 가진 또 다른 생명체가 되었다. 윤리적 측면에서 인간과 기계 사이에는 이데올로기 충돌, 문화적 갈등이 존재하지만 "손이 이끌지 않아도 베틀의 북은 저절로 천을 짜고, 하프를 튕기면 저절로 연주가 된다. 최고 기술자들 역시 사람을 부리지 않아도 된다"라는 아리스토텔레스의 예상보다 문제가 훨씬 더 복잡하고 깊이가 있다. 인간과 기계는 더 이상 노예와 고용주, 통제와 속박 등의 관계가 아니라 이와 정반대의 관계로 전환되고 있다. 데이터의 사회학적 패러다임은 과학 기술과 윤리 등 다양한 분야에서 의식의 꾸준한 전환을 이끌어낼 것이다.

## 블록데이터 패러다임은 새로운 과학혁명이다

토머스 쿤은《과학혁명의 구조》에서 과학혁명의 구조가 '과학 – 패러다임 – 이변 – 새로운 패러다임 – 새로운 과학'으로 구성되었다고 지적했다. 또한《4세대 패러다임의 탄생: 데이터 집중형 과학의 발견The Fourth Paradigm: Data-Intensive Scientific Discovery》에서는 인류 과학의 발전을 크게 4가지 패러다임으로 구분하며, 각 패러다임의 등장으로 진행되어 온 새로운 과학혁명을 소개했다.

첫째는 실험과학 패러다임이다. 자연현상의 기록과 설명 위주로 구성된다. 이를테면 인류가 발명한 가장 위대한 기술은 나무에 구멍을 내

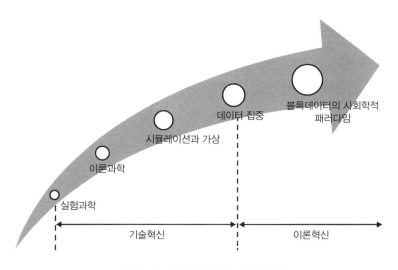

그림 3 – 6 | 과학 패러다임과 패러다임 전환

어 마찰열을 이용해 불을 피운 것이었다.

둘째는 이론과학 패러다임이다. 모델을 통해 결론을 도출해내는 방법으로 구체화되며, 뉴턴의 3대 법칙과 상대성 이론 등이 여기에 포함된다.

셋째는 시뮬레이션과 가상 패러다임이다. 컴퓨팅 과학을 통해 상황을 가상하고 시뮬레이션하는 방법을 통해 복잡한 현상을 추측하는데, 여기에 속하는 전형적 사례로 기상예보 등이 있다.

넷째는 데이터 집중 패러다임이다. 빅데이터 시대의 도래와 인공지능의 발전에 힘입어 시뮬레이션과 가상 기술이 발전하면서 밀집된 형태의 데이터 계산을 통해 인공지능이 과학자를 대신해 더 많은 작업을 수행할 수 있다. 또한 결과를 분석하고 규칙을 뽑아낼 수 있다. 알파고가 한국의 바둑기사 이세돌을 상대로 승리를 거둔 사례가 여기에 포함된다.

아인슈타인은 과학에 대해 이렇게 설명했다. "과학은 관찰한 사실을 하나로 묶고, 일치된 사상 체계를 찾기 위한 인류의 노력이다." 과학이 역사에 영향을 주는 경로는 크게 2가지다. 하나는 기술혁신, 나머지 하나는 관념의 혁신이다. 관념이 일관성을 지닐 때 사상이 하나로 결집되면서 지속적으로 인류 발전에 영향을 준다. 이런 의미에서 블록데이터의 사회학적 패러다임의 등장은 기술혁신을 토대로 형성된 이론혁신이라고 할 수 있다. '데이터 집중형 패러다임'에 비해 블록데이터의 사회학적 패러다임은 인간-기계 인터페이스, 지능 충돌을 강조한다. 이는 의미심장하면서 과학적 상상력이 뛰어난 과학혁명으로 우리의 사고방식, 세계에 존재하는 물질과 의식의 구조를 바꿀 뿐 아니라 우리의 세계관마저 바꾸는 혁명으로 자연스러운 흐름이라고 하겠다.[9]

# 블록데이터의
# 과학적 모델 구축하기

블록데이터의 정의만으로 그 취합과 연관성, 가치를 본질적으로 설명하기가 어렵다 보니 블록데이터에 대한 인식이 지나치게 단일화되거나 개념화되는 문제가 발생할 수 있다. 블록데이터를 과학적이고 체계적으로 이해했을 때 우리는 비로소 개념과 속성은 물론 전체적 구조, 내재적 작동 원리, 작동 프로세스 등에 대해 과학적 모델을 구축할 수 있다. 이런 점에서 블록데이터 모델의 탄생은 블록데이터 연구에서 획기적 성과를 거뒀음을 보여주는 주요 상징이다.

블록데이터 모델에서 데이터 플로Flow와 취합, 연관성, 가치 발견, 재창조에 이르는 일련의 프로세스는 플랫폼화, 연관성, 응집력이라는 3가지 측면에 대응된다. 즉 플랫폼화는 데이터 플로와 취합 과정을 가리키고, 연관성은 데이터의 연관성 구축과 데이터의 가치 발견이라는 과정을 가리킨다. 마지막으로 응집력은 가치를 재창조하는 과정에 해당한다. 이 3가지 과정에서 데이터의 유동성과 연관성, 가치 발견, 재창조는 끊임없이 순환 반복된다. 블록데이터 모델의 구축은 계량화 방식을 통해 블록데이터가 빅데이터의 현안을 해결할 솔루션이 될 수 있는 이유를 들려준다. 여기서 한 발 더 나아가 블록데이터가 빅데이터 시대의 도래를 의미하는 상징이 된 이유도 설명하고 있다.

물론 블록데이터 모델의 구축은 여전히 초보적 단계에 머물러 있다. 따라서 설계된 측정 지표가 전체를 제대로 반영하지 못하고 있을 뿐 아니라 플랫폼화율과 연관성 계수, 응집력 지수 모두 구체적 기준도 제시하지 못하고 있다. 그 밖에도 블록데이터의 작동 메커니즘, 이를테면 데이터 이동 Data Migration과 데이터 군집, 데이터 중력 모델의 혁신에 대한 연구가 아직 미진한 상태이긴 하지만, 이는 블록데이터 이론이 과학적으로 한층 업그레이드될 수 있는 중요한 기반이 될 것이다.

# 모델 이론과
# 블록데이터 모델

## 모델 이론

모델 이론의 2가지 핵심적 개념은 모델과 모델링이다. 하인리히 구스타프 마그누스Heinrich Gustav Magnus는 모델 이론에 대한 자신의 책에서 "모델은 실제 사물의 개념에 대한 증거이며, 대상의 대체물이다"라고 설명했다.[1] 이스라엘 학자 스닐Snir과 미국 학자 스미트Smit는 모델에 대해 시스템을 실제로 묘사한 것이 아니라 객관적이며 실재하는 특정 상황을 해석하기 위해 내놓은 가설이라고 설명했다. 또한 모델은 그저 객관적으로 실재하는 것에 대한 구체적 작업이며, 묘사를 위한 임시방편용 도구일 뿐이라고 말했다.[2] MBA LFib(경제/경영 관리 분야의 학습형 플랫폼 - 옮긴이)에서는 모델을 이렇게 정의했다. "실질적 문제 또는 객관적 사물, 규칙을 구체화한 뒤 사용하는 형식화된 표현 방식이다." 이브라힘

A. 할론은 모델링을 모델 선택 - 모델링 - 검증 - 분석 - 확장이라는 5가지 단계로 나누었다.[3] 현재의 모델링은 일반적으로 모델 준비 - 가설 - 구성 - 해석 - 분석 - 검증 - 응용이라는 7가지 단계로 구성된다. 모델의 가장 중요한 특징은 객관적 사물, 객관적 규칙을 구체화시키고 궁극적으로 그것을 실제 응용할 수 있다는 데 있다.

모델의 특징을 보여주는 방식은 다양하다. 수학 공식, 프로그램도 또는 프로그램 단계, 구조도, 도표 등이 주로 동원되는데 어떤 방식을 사용하든지 항상 모델링 목표와 모델의 종류에 따라 적절한 방식을 선택해야 한다. 모델의 종류 가운데서 수학적 모델은 보통 수학 공식을 사용하며 객관적 사물의 작동 규칙과 변화, 발전 추이를 반영하는 데 사용된다. 개념 모델의 경우 개념을 표현하는 설명도 등을 주로 사용한다는 특징을 보인다. 구조 모델은 시스템의 구조 특징과 인과관계를 주로 반영하는데, 그중에서도 그래픽 모델[4]은 자연계와 인류사회 속 사물 사이의 관계를 묘사하는 데 사용된다. 각종 시스템, 특히 복잡 시스템을 연구하는 데 효과적인 방법으로 평가된다. 그 밖에도 프로그램 모델, 로직 모델, 방법 모델, 분석 모델, 관리 모델, 데이터 모델, 시스템 모델 등이 있다.

모델링의 진정한 의미는 복잡 시스템에 대한 묘사, 사물 간의 관계 설명, 사물의 규칙에 대한 사람들의 이해를 돕는 데 있다. 그 이유는 다음과 같다. 첫째, 모델링은 복잡 시스템을 상세하게 묘사하는 데 유리하다. 사물과 시스템은 자체적으로 복잡성을 띠고 있으므로 모델을 사용해 복잡 시스템을 상세하게 분석해 이해력을 높일 수 있다. 둘째, 모델링은 객관적 사물 간에 존재하는 연관성을 보여주는 데 유리하다. 이를테면 마이클 포터의 산업 구조 분석 모델5 Forces Model은 공급업체와 구매자의 가격 협상능력, 잠재적 경쟁자의 진입능력, 대체품의 대체능력, 업계 간 경쟁업체의 현재 경쟁력 사이 요소 변화와 업계 잠재 이익 변화 사이 관계 등을 보여준다. 마지막으로, 모델링은 우리가 현상을 통해 본질을 한층 정확하게 탐구하고, 객관적 사물 사이에 존재하는 연관성과 그에 따른 영향을 보다 체계적으로 이해하도록 도와준다.

## 데이터 불안과 블록데이터 모델

불안은 어디서부터 시작되는가? 미지의 사물을 예측하고 파악할 수 없을 때, 이미 알고 있는 사물을 이해하고 응용할 수 없을 때 불안감이 밀려든다. 빅데이터 시대에 이런 불안감은 '눈에 보이지 않음'과 '눈에 보여도 얻을 수 없음'에 대한 불안으로 구체화된다. '눈에 보이지 않음'에 대한 불안감은 미지의 영역을 탐구하는 데서 비롯된다. 또한 '눈에 보여도 얻을 수 없음'에 대한 불안감은 우리가 획득한 대량 데이터 가운데 유효한 데이터를 추려낼 수 있는 기준, 방대한 데이터에서 연관성을 찾아낼 수 있는 구체적 처리과 분석 방법은 물론이고 가치 재창조를 위한 노력 등 알 수 없는 존재에 대한 두려움에서 비롯된다.

　미지未知는 불안감을 유발한다. 데이비드 허버트 로렌스는 '미지'의 특징을 다음과 같이 제시했다. 첫째, 미지는 무한하며 일반적인 세계를 초월한다. 둘째, 미지는 고상하고 신비로우며 신성하다. 셋째, 미지는 삶의 의미를 부여한다는 점에서 영원으로 통하는 길이다.[5] 미지의 영역에 대한 인류의 오랜 탐구는 단 한 번도 중단된 적이 없다. 그리하여 많은 영역에서 획기적 진전을 이끌어냈지만 우주의 비밀은 여전히 무궁무진하다. 1초 뒤에 무슨 일이 일어날지 누구도 예측할 수 없고, 인간의 힘으로 통제할 수 없는 요소가 수없이 많다. 이런 불가측성과 통제불가 능성은 집단적 불안감을 불러온다.

　무한한 것처럼 보이지만 획득 가능한 데이터와 제한된 데이터 처리 능력 사이의 갈등으로 '눈에 보여도 얻을 수 없음'에 대한 불안감이 생겨났다. 첫 번째, 효과적인 데이터를 신속하게 획득할 수 있는 방법에 대한 사람의 고민과 불안은 크게 2가지 원인에서 비롯된다. 하나는 시시각각 방대한 양의 정보를 쏟아내는 데이터 과부하 현상이다. 이로 말미암아 사람들은 어마어마한 양의 데이터에서 효과적인 데이터를 신속하게 찾아내는 데 큰 피로감을 느낀다. 나머지 하나는 중요한 정보의 업데이트 속도가 너무 빨라서 사람들의 집중력과 사고능력이 단편적으로 변한 것이다. 크리스티나 로손Christina Rawson은 컴퓨터 앞에서 오랜 시간 뭔가 읽을 때 사람은 눈을 쉴 새 없이 움직이고 시선도 한 군데 가만히 두지 못한다고 지적했다. 집중력을 떨어뜨리는 것이 너무 많기 때문이라는 것이 그녀의 설명이다.[6] 중요한 정보가 대량의 데이터 속에 파묻혀 효과적인 데이터를 신속하게 찾아내는 작업이 점점 어려워지고 있다. 두 번째, 빅데이터 시대의 주요 갈등은 무한대로 성장하는 데이터의 규모와 제한된 데이터 처리능력 간의 불협화음에서 비롯된다. 빅데이터 시대에 가장 중요한 능력은 데이터를 빠르고 정확하게 처리할 수 있는 능력이다. 빅데이터라고 해서 그 가치가 반드시 '높은' 건 아니다. 데이터 처리 등의 수단을 통해 우리가 필요로 하는 데이터 가치를 재빠르게 파악해야 하지만 현재의 데이터 처리능력이 데이터의 생성 속도를 따라가지 못하고 있는 것이 현실이다. 그러다 보니 사람들은 남보다 뒤처지지 않을까 항상 불안감에 시달린다.

이런 의미에서 블록데이터의 모델링은 데이터 불안을 해결하는 데 있어 유익한 탐구 작업이다. 블록데이터 모델을 구축하는 궁극적 목적은 블록데이터의 내재적 의미와 본질을 좀 더 정확하게 이해하고 파악하는 데 있다. 이를 통해 데이터 플로 촉진, 데이터 연관성 구축, 데이터 가치 발견, 데이터 가치 재창조 등 문제를 해결해야 하는데, 이 중에서 데이터 가치의 재창조는 반드시 해결해야 할 핵심 문제다.

## 블록데이터의 모델 요소 분석

블록데이터는 높은 연관성을 지닌 각 데이터가 특정한 플랫폼에서 꾸준히 취합된 것이다. 그리고 블록데이터는 다층적 의미를 포함하고 있다. 첫째, 블록데이터는 내재적 가치연관성을 지닌 데이터로, 인위적 설정과 자기적응이라는 규칙에 따라 지속적으로 취합된다. 둘째, 블록데이터는 가치 발견과 가치 재창조의 구현 과정이다. 셋째, 블록데이터는 꾸준한 취합을 통해 생성된 높은 가치밀도를 지닌 데이터의 집합, 가치의 집합, 응용의 집합 등 다차원적 조합의 결과물이다. 블록데이터 이론을 구체화시킨 것을 블록데이터 모델이라고 부르는데, 그 공식은 다음과 같다.

$$K = S(V, P)$$

위의 공식에서 K는 블록데이터, S는 플랫폼화, V는 연관성, P는 응집력이다.

플랫폼화와 연관성, 응집력은 블록데이터를 형성하는 3대 요소다. 첫째, 플랫폼화는 각종 정보가 데이터 플로Data Flow(정수, 변수, 파일 사이에서의 데이터 전송이며 명령문, 절차, 모듈 또는 프로그램의 실행으로 행해지는 것-

옮긴이)를 통해 취합되는 동적 과정으로, 데이터가 충분히 취합되었는지 가늠하는 중요한 지표가 된다. 플랫폼화는 플랫폼화율Platformization rate을 측정하는 데 사용할 수 있고, 데이터의 플랫폼화 여부를 판단하는 판별 메커니즘으로 주로 데이터의 취합 수준을 설명한다. 둘째, 연관성은 플랫폼화를 토대로 데이터의 연관성Data connection 구축, 데이터의 가치 발견이 진행되는 동적 과정을 가리킨다. 데이터의 교차, 통합을 강조하는 연관성은 데이터가 끊임없이 다른 데이터와 연관성을 구축해 가치를 발견하는 것에 대해 높이 평가한다. 연관 계수로 측정할 수 있는 연관성은 데이터 간의 연관 수준을 보여준다. 셋째, 역동적 블록데이터는 데이터 집합 간의 균형을 깨뜨리고 각각 일정한 연관성을 띠는 방향을 향해 취합되고 통합, 융합되도록 이끈다. 특유의 역동성은 응집력에서 비롯되는데, 응집력은 기존 데이터 간의 균형적 체제를 해체한 뒤 재구성함으로써 데이터의 가치를 승화시키고 재창조하는 데 의의를 둔다. 취합 지수로 측정되는 응집력은 블록으로 취합되고 연관성을 맺은

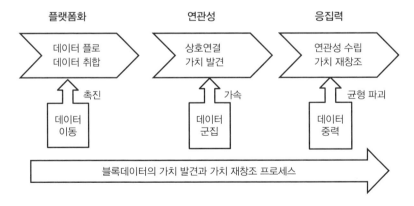

그림 4-1 | 블록데이터의 가치 발견과 가치 재창조 과정

데이터 스트림이 발굴해낸 새로운 데이터의 가치밀도를 측정하는 데 주로 사용된다.

앞서 언급한 3가지 요소 가운데서 플랫폼화는 기본 단계, 연관성은 중요 단계, 응집력은 핵심 단계에 해당한다. 첫째, 플랫폼화는 블록데이터 형성을 위한 기본 조건으로 데이터 플로와 취합을 강조하며 데이터의 연관성, 응집력 단계에서 중요한 역할을 한다. 둘째, 블록데이터에서 중요 단계를 담당하는 연관성은 데이터 플로와 취합을 기반으로 데이터 간의 명시적 연결을 강화하는 동시에 데이터 간의 묵시적 연결에 주목한다. 연관성은 연결 수립, 중복값Redundancy 삭제, 가치 발견의 과정으로, 특히 데이터의 묵시적 가치를 발견하는 과정이라고 하겠다. 데이터는 끝없이 흘러가고 한 곳으로 집결되기 때문에 연결관계 구축, 가치 발견의 작업이 뒷받침되지 않으면 응집력을 구현하기 위한 기반을 제공할 수 없을 뿐 아니라 블록데이터의 형성에도 영향을 미칠 수 있다. 셋째, 응집력은 블록데이터 형성에서 핵심적 단계로, 블록데이터가 중요한 경쟁우위를 갖추는 데 중요하게 작용하는 데이터 가치의 재창조를 강조한다. 응집력은 구조 해체에서 재구성되는 과정으로, 각 요소 간에 구축된 데이터의 균형을 깨뜨려야 새로운 연관성을 만들고 가치를 발견하고 재창조할 수 있다. 이들 3가지 요소의 상호관계를 통해 우리는 블록데이터가 형성되는 과정을 보다 쉽게 파악할 수 있다. 즉 데이터 플로와 취합, 연결과 가치 발견, 연관성 수립과 가치 재창조의 과정이 순환 반복되면서 점진적으로 상승 효과를 일으킬 때 블록데이터가 탄생한다.

# 플랫폼화, 데이터에서
# 데이터 취합으로

## 플랫폼에서 플랫폼화로

플랫폼에서 플랫폼화로 전환되는 과정은 한 마디로 말해 방대한 데이터가 플로를 통해 취합되는 것을 가리킨다. 이 과정에서 독립된 데이터가 하나로 취합되면서 데이터 가치를 발견하고 발굴할 수 있는 기반을 갖추게 된다.

플랫폼은 흔히 일종의 공간이나 영역, 매개체로 표현된다. 블록데이터는 창의력과 종합 서비스 성향을 갖춘 플랫폼으로 다양한 종류와 형식으로 구현된다. 가상의 존재나 구체적 모습으로 나타날 수도 있고 공간이나 영역, 매개체가 될 수도 있다. 첫째, 블록데이터 플랫폼은 각 주체의 데이터 공급, 분석, 응용을 위한 공간적 환경이나 조건을 제공해준다. 이런 공간에는 경계가 존재할 수도 있고 그렇지 않을 수도 있다. 플랫폼은 공간에 구축된 메커니즘을 통해 각 주체를 불러들임으로써 니즈를 만족시키고 데이터 가치의 최대화를 추구한다. 둘째, 블록데이터 플랫폼에 만들어진 거대한 데이터 연결망은 다양한 데이터 필드를 형성한다. 데이터 필드는 상대적으로 독립된 공간이며, 상대적 독립성은 다양한 데이터 필드가 각각 구별되는 상징이자 다양한 데이터 필드가 존재할 수 있는 근거가 된다. 다양한 필드 사이에는 독립적이면서도 상호연계적인 관계가 유지된다. 셋째, 데이터의 집중, 연관, 취합 과정에는 물질적 기반을 제공할 수 있는 매개체가 필요하다. 취합이라는 관점에서 볼 때 블록데이터 플랫폼은 데이터에 밀착된 매개체이자 홀로그래픽 재구성의 중요한 매개체로 경제와 사회가 디지털화로 말미암아 분산된 뒤 재조직되는 과정에서 필요로 하는 공간의 형태로 주로 구체화된다.

플랫폼화는 데이터 플로와 취합이 일어나는 동적 과정으로, 플랫폼에서 플랫폼화로의 전환은 데이터 플로의 과정으로 묘사될 수 있다. 이런 흐름은 데이터의 취합을 촉진시킬 뿐 아니라 데이터 사회의 발전을 이끈다. 첫째, 플랫폼화는 데이터 플로의 동적 과정이다. 플랫폼의 본질은 데이터가 한 자리에 머물지 않고 끊임없이 흘러간다는 데 있다. 플랫폼은 데이터의 자유로운 흐름을 위해 가능성을 제공하고, 이런 흐름은 데이터를 서로 연결시킨다. 둘째, 데이터 플로는 데이터의 취합을 촉진시킨다. 블록데이터에서 플랫폼화는 데이터 플로의 속도를 강조하는데, 데이터 플로가 빠를수록 데이터 사이에 구축되는 연계가 증가하면서 데이터 취합을 촉진시킨다. 또는 전체 샘플 데이터에서 유동적 데이터가 차지하는 비중이 클수록 취합으로 이어지는 과정에서 데이터끼리 연계되고 가치를 발견할 가능성 역시 높아진다. 아는 사람이 많을수록 많은 사람과의 교류를 통해 더 큰 만남으로 이어지는 과정과 비슷하다고 할 수 있다. 셋째, 데이터 플로는 데이터화된 사회의 발전에 박차를 가한다. 빅데이터 기술이 발전하면서 현대 사회는 점차 데이터화된 사회로의 변신을 꾀하고 있다. 끊임없이 흐르는 데이터는 데이터의 비대칭 현상을 해소하고, 시공간적 한계를 극복함으로써 데이터 간의 충돌을 유도하여 가치 발견과 가치 재구성을 통해 데이터화된 사회로의 발전을 촉진시킨다. 다시 말해 데이터는 도시를 따라 흐르는 물처럼 데이터 사회의 곳곳을 흐른다. 강물이 흐르면 만물이 생장하지만 그 흐름이 끊기면 썩은 물이 되어 강물 자체의 활력은 물론이고 주변의 생태 시스템에도 영향을 미칠 수 있다.

## 다른 환경으로 옮기는 과정, 데이터 이동

정보 기술의 발전에 힘입어 기존의 정보 시스템은 기능을 통해 끊임없이 더 강력한 시스템으로 대체되고 있다. 데이터 이동은 기존 데이터를 새로운 시스템으로 전환하는 데 반드시 거쳐야 하는 과정으로, 단기간에 대량의 데이터를 '추출Extraction, 정리Cleaning, 올려두기Load'한다는 특징을 보인다. 블록데이터의 맥락에서 본 데이터 이동은 데이터를 기존 환경에서 또 다른 환경으로 옮기는 과정이다. 데이터 이동 단계는 일반적으로 데이터 소스 식별, 데이터 취합 전환 규칙 확립,[7] 품질 평가 전환으로 구성된다. 첫째, 블록데이터 플랫폼은 '이동된' 데이터 소스를 식별해 데이터의 사용 여부를 먼저 확인한다. 둘째, 데이터 취합 전환 규칙을 확립해야 한다. 이를테면 플랫폼에서 교육 데이터를 소득 데이터와 합친다고 사전에 지정하면 플랫폼에서 이들의 모든 데이터가 규칙에 따라 취합된다. 마지막으로, 데이터 이동은 품질 평가를 실시할 수 있다. 데이터 이동의 성공 여부와 품질은 새로운 시스템의 활성화에 영향을 주는데, 이동에 실패하는 경우 신규 시스템이 정상적으로 작동하지 않는다. 만약 성공한다고 해도 정크 데이터가 존재하기 때문에 신규 시스템에 커다란 리스크가 발생할 수 있다. 신규 시스템이 정크 데이터를 '방문'하게 되면 또 다른 데이터나 시스템 에러로 이어질 가능성이 크다.

시스템의 데이터 불균형으로 발생하는 데이터 이동은 다음과 같은 메커니즘을 지닌다.

**불균형 메커니즘**  전통적인 데이터 이동에서 데이터는 '일방적'으로 흘러가지만, 블록데이터 플랫폼에서 데이터 불균형 현상이 발생하면 데이터는 데이터 집중 구역과 희소 구역 '양방향'을 오가며 흐른다. 이는 더 많은 연결고리와 가치를 발굴하기 위한 것으로, 데이터 이동과 인구 이동은 시스템의 불균형으로 빚어진 흐름이라는 공통점을 가짐으로써 비슷한 양상을 보인다. 기회를 모색하기 위한 과정으로 데이터 이동은 더 많은 연결고리를 맺을 수 있는 가능성을 탐색하는 데 의의를 둔다. 신고전파 경제학에서는 국제적인 인구 이동을 전 세계 노동력 공급-수요 분포의 불균형이 일으킨 노동력 조달 과정으로 이해하며, 이동을 인적자본의 투자로 여긴다.[8]

**이익 추구형 메커니즘**  신가정경제이주 학파The New Family Economic

Migration School는 이동을 결정하는 원칙으로 가정 전체의 최대 이익을 지목한다.[9] 이익은 데이터 이동의 중요한 동력으로, 인구 이동 과정에서 더 많은 자원과 기회를 보장하는 지역으로 사람이 몰리는 현상과 비슷하다. 블록 내부의 데이터 역시 더 많은 가치를 생성할 수 있는 곳으로 흘러가며 하나로 집결된다. 데이터 이동은 관련 주체의 가치 수요에 따라 진행되며, 그 과정에서 가치연관성 규칙을 준수해 관련 주체의 가치 수요를 만족시키는 한편 데이터 자체의 가치 상승을 유도할 수 있다. 그 밖에 데이터 이동은 수확체증의 법칙을 따른다. 즉 데이터의 규모가 클수록 새로운 데이터에 대한 흡인력이 강해져 데이터의 규모가 더욱 확대되고, 더 강력한 흡인력을 획득하는 과정이 끊임없이 반복되는 것이다.

**수렴형 메커니즘**  인구 이동 네트워크 이론The Theory of Population Migration Network은 다수의 이주자가 이주 대상지에 정착하여 참여 네트워크를 형성하면 다른 영역에서 넘어 온 이주자의 행위에 영향을 준다고 주장한다. 이런 과정을 통해 이동 '관성慣性'이 생겨나면 이동은 끊임없이 이뤄지고 그 규모는 점점 더 커진다.[10] 데이터 이동과 인구 이동은 여러 가지 면에서 비슷한 점이 많다. 데이터 플로의 과정에서 데이터가 한데 모여 형성된 데이터 집합은 다른 동일 타입 또는 동일 가치를 지닌 데이터를 빨아들이며 새로운 데이터 집합을 생성한다. 이 과정은 지속적으로 진행되며, 그 가치 역시 끊임없이 향상된다. 이는 마치 블랙홀 효과처럼 데이터 질량이 확대될수록 데이터의 흐름이 빨라지면서 주변의 관련 데이터를 전부 빨아들이는 것과 같다.[11] 그 밖에도 데이터 이동은 경험적 연관성으로부터 영향을 받는다. 경험적 연관성은 기존의 데이터가 흘러가는 경로로 이해할 수 있는데, 해당 경로는 시스템을 통해 사전에 설정할 수도 있고 데이터 플로의 과정에서 새롭게 형성될 수도 있다. 이를테면 시스템에서 건강 데이터와 소득 데이터를 대상으로 연관성 정보를 설정하면 경험적 연관성 데이터가 형성되기 때문에 향후 데이터 이동 과정에서 관련 데이터는 해당 경로를 따라 이동하면 된다.

## 플랫폼 생태계

데이터 이동으로 새로운 데이터 생태 시스템이 탄생하는데, 이를 플랫폼 생태계라고 부른다. 플랫폼 생태계에 대해 알아보기 전에 쌍지秦基 양어장을 예로 들어 자연 생태계 시스템에 대해 설명하겠다. 쌍지 양어장의 생태 시스템은 양어장 주변에 뽕나무를 심어 뽕잎으로 누에를 먹이고, 실을 뽑는 과정에서 생기는 폐수로 물고기를 양식하는 구조로 되어 있다. 물고기를 양식하면서 발생한 분뇨 등은 다시 뽕나무의 비료로 활용하는 순환형 에너지 흐름 시스템으로 뽕나무–누에–물고기가 공생관계를 맺고 있다. 이런 과정을 통해서 탁월한 포용력, 다양한 주체, 신진대사, 지속 가능한 순환 발전 등 생태계의 특징을 파악할 수 있다.

플랫폼 생태계는 자연 생태계와 비슷하게 자체적 작동 규칙과 남다른 포용력, 다양한 주체, 신진대사, 중복값 삭제, 지속 가능한 발전 등 생태계의 특징을 지니고 있다.

**작동 규칙** 플랫폼 생태계의 자율적인 작동 규칙은 데이터 주체의 진

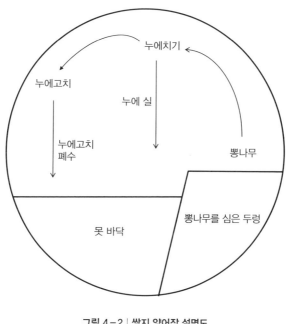

그림 4-2 | 쌍지 양어장 설명도

입을 제한하는 것이 아니라 데이터 주체 간의 상호작용을 촉진하기 위해 존재한다.

**남다른 포용력** 플랫폼 생태계에 진입한 데이터 주체는 불확실성을 지녔지만 플랫폼 생태계는 데이터의 역할, 가치량의 크기, 안정성, 유효 기간 등 모든 것을 있는 그대로 수용할 수 있다. 다만 플랫폼은 진입한 데이터를 정리하고 나서 데이터를 취합할 때마다 유효성을 확보해야 한다.

**다양한 주체** 플랫폼 생태계의 남다른 포용력 덕분에 플랫폼 생태계안의 데이터 주체는 데이터 집합, 즉 노드 데이터가 될 수도 있고 개인 데이터 또는 법인 데이터, 사회 데이터, 국가 데이터가 될 수도 있다. 또한 정형 데이터, 추상 데이터, 다크 데이터도 될 수 있다. 그러므로 데이터 가치는 다원화되는 성질을 지닌다.

**중복값 삭제** 플랫폼 데이터의 고유 메커니즘으로, 데이터 주체끼리 상호작용을 시도할 때 아직 이용하지 않은 데이터를 삭제할 수 있다. 여기서 삭제되는 데이터는 순환 과정에서 이용될 수도 있고 다른 데이터 집합과의 상호작용도 기대할 수 있다.

**지속 가능한 발전** 플랫폼 생태계 내부의 데이터는 지속적으로 연결되고 취합되는 과정에서 끊임없이 새로운 데이터를 생성한다. 이런 신규 데이터는 새로운 흐름과 취합을 통해 전체 생태 시스템의 균형을 유지함으로써 플랫폼 생태계의 지속 가능한 발전을 보장한다.

# 연관성, 교차에서
# 통합으로

## 통합에서 통합화로

오늘날 각 분야와 업계는 더 큰 가치 창출을 위한 공동 발전과 심층적인 통합을 지향함으로써 모두가 윈윈할 수 있는 상생관계를 구축하고자 한다. 이를테면 전통 산업과 인터넷의 통합은 점진적으로 영역 확대와 수준 향상을 성취하면서 점점 더 속도를 내고 있다. 이런 통합은 전자상거래 시장의 고속 성장을 촉진시키고 무역업, 유통업, 소매업 등 전통적 기업의 구조조정을 이끌고 있다. 전 세계가 하나로 통합되는 추세에 따라 데이터의 통합 역시 필연적 흐름으로 자리 잡았다. 이런 움직임은 특히 물리적 영역, 다양한 업계, 다양한 데이터 분야에서 구체화되고 있는데, 물리적 영역에서는 데이터를 저장하는 하드웨어나 플랫폼 간의 통합이 꾸준히 추진되고 있다. 이를테면 휴대폰, 태블릿 노트북, 컴퓨터 등 스마트 설비가 데이터 센터와 연결되면서 통합적 기능을 선보인다. 업계에서는 중국의 온라인 맛집 애플리케이션 따종디엔핑과 배달 애플리케이션 메이투안와이마이처럼 동일 업종 간의 통합, 중국 최대 전자상거래 기업인 알리바바의 중국 최대 동영상 포털사이트인 요우쿠투더우 인수안처럼 서로 다른 업종의 통합이 이뤄지고 있다. 데이터 종류의 관점에서 보면 개인 데이터와 법인 데이터, 사회 데이터, 국가 데이터 간에도 통합이 가능하다. 예를 들어 기업이 생산한 데이터와 개인의 습관, 성향을 담은 데이터를 합치면 사용자의 니즈를 겨냥한 맞춤형 생산이나 주문형 생산이 가능하다.

데이터 통합은 필요한 이질적 데이터베이스 연결 – 연관 데이터 확보 – 획득한 데이터의 연구와 이해 – 데이터 정리와 분류, 데이터 전환과 구조 수립 – 데이터 조합 – 분석 데이터 집합 수립 등 6단계로 진행된다.[12] 데이터가 하나로 통합되려면 무엇보다도 전체 프로세스를 일관성 있게 뒷받침하는 사고가 있어야 한다. 예를 들어 기계를 사용해 시멘트를 반죽할 수 있지만 돌, 모래, 콘크리트의 비율과 화학성분 첨가 등의 작업은 여전히 사람의 사고를 필요로 한다. 현재 기계는 인간이 사고하는 것처럼 자발적이고 창조적으로 작업을 수행할 수 없지만 블록데이터 기술이 발전함에 따라 대량의 데이터를 상대로 연관성을 파악한다면 데이터 통합에 따른 문제 해결 솔루션을 찾아낼 수 있을 것이다. 방대한 양의 요리 데이터를 IBM의 '왓슨'에 입력함으로써 컴퓨터가 요리를 만들 수 있게 된 것과 같은 맥락이다. 왓슨에 입력된 데이터 가운데는 다양한 요리 레시피, 미국 농림부의 영양성분표, 미식 레시피 관련 연구보고서 등이 포함되어 있다. 이들 데이터를 토대로 왓슨은 식자재,

기존의 레시피 가운데서 원하는 내용을 선택하고 조합해 완전히 새로운 음식을 선보였다.[13]

데이터는 상호연관성을 지닐 때 비로소 그 가치를 발휘한다. 연관성이 낮으면 플랫폼에서 형성되는 데이터 또는 데이터 집합 간의 연결고리가 약해져 분열되거나 단절되어 데이터 구조의 분산, 논리의 혼란, 데이터 주체의 고립 현상을 불러올 수 있다. 이는 데이터의 가치 하락, 발굴과 통합의 어려움 가중 및 효율성 저하로 이어진다.

통합화는 높은 수준의 연관성이 맺어지는 과정으로, 블록데이터의 높은 연관성이라는 기본 속성을 토대로 진행된다. 데이터 연관성은 데이터 통합을 위한 기본 조건으로, 다양한 데이터가 긴밀하고 지속적으로 연관성을 유지해야 통합을 위한 기반을 마련할 수 있다. 통합은 서로 다른 영역과 유형의 데이터를 높은 연관성을 지닌 통합체로 만드는 과정인데, 궁극적으로는 새로운 형태의 데이터를 생성한다.

통합화의 핵심은 데이터의 장벽을 무너뜨려 다양한 영역에서 연관성을 이끌어내는 데 있다. 전통적인 사회 분업으로 인해 다양한 영역과 업계의 데이터가 개별적 형태로 존재하는데다가 업계 특성, 이기주의, 데이터 리스크 방지 등으로 말미암아 데이터 장벽이 생겨났다. 그런데 이 데이터 통합의 장벽을 무너뜨려야만 데이터 간의 자유로운 흐름, 다양한 업계를 아우르는 연관성 도출과 통합을 구현할 수 있다. 그리고 이를 통해 궁극적으로 새로운 연계 모델을 탄생시킬 수 있다.

## 데이터 군집

사회동역학Social Dynamics(물체가 정지하고 있을 때 힘이 작용하는 방법의 조건 등을 연구하는 정역학을 기반으로 인류사회의 발전 동력과 속도, 방향, 규칙을 연구하는 학문 - 옮긴이)의 개념에 속하는 군집 효과는 사회 시스템 내에 특정 상황이 자체 시스템을 유지할 만큼 충분한 운동량을 달성했을 때 이후의 성장을 위한 에너지를 제공한다는 것을 설명해준다. 예를 들어 한 기업이 전문화된 발전을 통해 일정한 수준의 궤도에 올라서면 주변 산업 체인과 관련된 기업들이 지리적으로 가까운 곳에 집결한다. 이렇게 해서 한 자리에 모인 기업들은 안정적이면서도 거대한 규모를 통해 대기업 클러스터를 형성한다. 이런 산업 클러스터는 위치한 지역에 강력한 경쟁력을 제공해 지역경제의 새로운 성장 동력으로 급부상한다.

데이터 군집도 이와 마찬가지로 데이터, 데이터 집합, 데이터 관계가 일정 수준까지 축적되었을 때 임계점을 돌파하면서 자기발전, 자아성장을 위해 규칙에 따라 지속적으로 자유롭게 이동하는 것을 가리킨다. 예를 들어 인공지능은 인간의 사용과 주입되는 데이터의 양이 꾸준히 증가하면서 자기발전을 이룬다. 게다가 기존 프로젝트에서 습득한 것을 다른 프로젝트에 활용할 수도 있다. 알파고에 방대한 용량의 기보 알고리즘 데이터를 입력하면 일정 수준까지 축적된 데이터가 임계점을 돌파하면서 딥러닝을 통해 자체 대결을 벌이거나 자체적인 기술 개발 작업을 수행한다. 여기서 한 발 더 나아가 사람과의 대결을 통해 자신의 데이터 시스템을 한 단계 업그레이드할 수도 있다.

데이터 군집을 위해서는 데이터 경계 뛰어넘기를 해야 한다. 즉 시간과 공간의 경계를 뛰어넘고 현실과 가상 세계의 경계를 뛰어넘어야 한다. 또한 데이터 또는 데이터 집합 간의 한계도 무너뜨려야 한다. 경계를 뛰어넘는 행위는 그 자체만으로 힘이 된다. 이런 힘은 아무 연관성 없는 데이터와 데이터 집합 사이를 연결시켜 다양한 영역을 아우르는 통합 과정으로 이끈다. 연관된 데이터 또는 데이터 집합은 유동성과 개방성이라는 특유의 '사교성'을 지니고 있으며, 경계의 소멸은 데이터 사회의 진화를 유도한다.

자율적 성장 메커니즘과 상호 호혜적 공생 메커니즘은 데이터 군집의 대표적 특징으로, 개별적인 데이터 커뮤니티Data Community라는 관점에서 봤을 때 데이터 군집 효과를 통해 데이터 커뮤니티는 데이터의 양, 데이터 노드를 자체적으로 성장시키고 데이터 구조를 최적화한다. 이를 통해 데이터 커뮤니티 간 유기적 성장을 구현할 수 있다. 또 한편으로는 상호 호혜, 상호 경쟁 등의 영향을 통해 다양한 조합을 만들어낼 수 있다. 상호 의존관계를 기준으로 삼는 경우 기생, 편리공생, 상리공생 등 복잡한 조합이 탄생할 수 있다. 기생이 데이터가 기존 시스템에서 벗어나 다른 시스템으로 옮겨가는 것을 가리킨다면, 편리공생은 데이터 간 상호작용이 어느 한쪽에 대해서만 유익하고 나머지 한쪽에는 아무런 영향도 주지 않는 것을 가리킨다. 상리공생은 데이터 간 상호작용이 양쪽 모두에 유리하게 작용하는 것을 가리키는데, 상호작용을 가진 데이터는 더 큰 가치를 창조할 수 있다.

데이터 군집으로 생겨난 데이터 커뮤니티의 관계는 마음대로 묶을 수 있는 것이 아니라 일정한 규칙에 따라야만 안정적 상태를 만들어나갈 수 있다. 먼저 데이터 군집은 양의 법칙The Principle of Quantity, 즉 데이터 군집이 일정한 양까지 축적되었을 때만 군집 효과를 일으키고 호혜적이고 상생관계를 드러낸다는 규칙을 반드시 지켜야 한다. 둘째, 데이터 군집은 구조적 규칙을 따라야 한다. 데이터 군집의 구조가 복잡할

수록 데이터는 다양한 측면과 차원에서 활용되면서 데이터 시스템에서 가치를 충분히 발휘해야 상대적으로 안정적인 군집 구조를 점진적으로 이루어나갈 수 있다. 셋째, 생물 커뮤니티가 온도와 습도, 토지, 고도 등 환경 조건을 필요로 하는 것처럼 데이터 군집 역시 인프라, 기술 조건, 개방성, 가치 수요 등 일정한 조건이 갖춰져야 한다. 해당 조건을 제대로 만족시킨다면 손쉽게 군집할 수 있을 뿐 아니라 더욱 강력한 작용을 일으킬 수도 있다.

## '빅데이터×' 효과

'인터넷+'에 이어 '빅데이터×' 개념 역시 점점 확산되고 있다. 합산 효과, 증식 효과, 외부 효과를 지닌 내재적 구조 해체 과정에서 예측하기 어려운 연계 반응이 다수 발생하고 있다는 사실은 존 메이너드 케인스의 경제 이론에서 가장 기본이 되는 승수 개념을 증명한 것이다.

'빅데이터×'의 승수 효과는 데이터나 데이터 집합끼리 연관성을 통해 데이터 생태 시스템의 다른 데이터나 데이터 집합에 대해 연동 작용을 일으키는 것을 가리킨다. 순환을 통해 연관성을 강화함으로써 꾸준히 영향력을 넓혀 간다. 승수 효과에서 바라본 데이터의 변화는 전체 데이터 시스템에 연쇄 반응을 가져올 수 있다. 합산 효과에 비해 승수 효과는 더 쉽게 이해할 수 있다. '관계'라는 점에서 합산 효과가 '요소'의 온전함을 강조한다면 증식 효과는 요소 사이의 연관성이 만들어내는 효과를 더욱 강조한다. '중첩 효과'라는 관점에서 볼 때 취합 효과는 중첩 횟수가 증가하면서 노력을 통해 획득할 수 있는 성과의 비중이 감소하지만 증식 효과는 그 비중이 도리어 기하급수적으로 증가하는 모습을 보여준다.[14] 요컨대 승수 효과는 데이터의 양, 데이터 집합, 데이터 관계, 데이터 통합 속도 등을 배가시킬 뿐 아니라 새로운 영역을 개척하고 거대한 에너지를 이끌어냄으로써 놀라운 성장을 보여준다.

'빅데이터×'의 작동 메커니즘은 데이터 물결Data Ripples이다. 개개의 데이터 노드에서 일어난 변화는 관련 데이터 노드의 변화에 영향을 주는 것은 물론이고 2차 연계 데이터 노드의 변화에도 영향을 주어 새로운 반응을 빠르게 일으키는 것을 가리킨다. 이런 변화는 여러 차례 연관-반작용을 거쳐 최초의 변화 노드에 사용되면서 이 노드가 새로운 변화를 일으키도록 유도한다. 대량 데이터는 통합화 과정을 거치며 긴밀히 연결된 데이터 네트워크를 구축하는데 한 치의 빈틈도 용납하지 않는, 끝없이 펼쳐진 거대한 네트워크에서 각 노드의 변화는 거대한 물결을 일으킨다. 이런 반응은 순환 반복, 점진적 진행, 복사-확대라는 교차적 영향으로 구체화된다. 데이터 물결은 대부분 데이터 간 교차와 통합의 형태로 나타나는데, 교차는 통합과 통합화를 거친 후 경계가 사라지는 것으로 데이터 집합 간 교차, 업계 간 교차가 여기에 속한다. 이를테면 '빅데이터×'는 업계와 산업을 관리하던 정부 차원의 기존 데이터 권력에 중복, 재구성 같은 문제를 가져다줄 것이다.

'빅데이터×'는 '작은 것'이 미래를 결정한다는 효과를 가져다줄 것이다. 데이터 또는 데이터 집합은 승수 효과를 통해 방대하면서도 정확한 데이터 네트워크를 구축하는데, 그 특징은 다음과 같다. 첫째, 작지만 아름답다. 미래 조직 구조는 간단하지만 효율적으로 작동해 자원 비용을 절감하고 최적화된 자원 구성안을 찾아낼 것이다. 둘째, 작지만 우수하다. 전통적인 모델링의 일방적이고 고립된 계산을 지양하고, 데이터 간의 주기 교차 영향을 계산한다. 이를 통해 다양한 형태의 파동을 보여주는 현실을 시뮬레이션함으로써 정확한 예측을 내놓을 수 있다. 예를 들어 아마존은 고객의 소비 기록, 검색 기록, 특정 상품에서 마우스 커서가 머문 시간 등의 데이터를 분석해 고객이 찾는 제품을 사전에 예측할 수 있다. 셋째, 작은 것에서 큰 것을 본다. 특정 영역에 해당하는 데이터 네트워크의 데이터 규모가 커질수록 현실 세계에 좀 더 가까이 접근할 수 있을 뿐 아니라 구체적 행동으로 옮겨갈 수 있다. 이런 특징을 의사결정과 지원 시스템에 적용하면 실재적 실천으로 옮기기 위한 최적의 솔루션을 찾아낼 수 있다. 넷째, 작지만 멀리 볼 수 있다. 보안 모니터링, 리스크 방지 시스템에 사용되면 사건이 발생하기 전 잠재적 위험 요소를 없앨 수 있다. 이를테면 위험물을 구입한 주체의 배경, 구매량 등의 데이터를 분석함으로써 위험한 사건을 사전에 예측하고 미연에 방지할 수 있다.

# 응집력, 구조 해체에서
# 재구성으로

## 균형력에서 연결력으로

자기회복 메커니즘을 지닌 균형의 힘, 즉 균형력은 데이터 생태 시스템
이 외부적 자극이 없는 상태에서도 꾸준히 자기회복을 통해 균형 잡힌
상태를 유지시켜 주는 과정을 가리킨다. 특정 원인으로 내부적 변화가
발생하더라도 신속하게 자기회복, 균형 회복을 한다는 점에서 기존의
균형을 유지하려는 성질을 지녔다고 할 수 있다. 외부적 자극 없이도 자
기회복을 통해 기존의 상태를 유지하려는 특성을 지녀 전체 데이터 시
스템은 충분한 활력과 창의력을 제공받지 못한다.

    데이터 균형은 가치 확장에 영향을 준다. 데이터가 균형 상태를 유지
할 때 유동성과 활력이 떨어지기 때문에 데이터의 가치 확장에 영향을
줄 뿐 아니라 데이터 집합과 기타 데이터 집합 간에 새로운 연결점 구

축과 가치 발견에 영향을 줄 수 있다. 이런 특징은 기업의 성장 과정과도 상당히 비슷하다. 기업이 어느 정도 수준까지 성장하면 내부 시스템이 안정과 균형을 추구하면서 활력과 창의력 등이 떨어지는 문제가 발생하기 시작한다. 또한 외부적 문제에 대한 '면역력' 약화는 기업의 운영과 발전에 악영향을 미칠 뿐 아니라 심지어 기업의 와해를 불러올 수도 있다.

이에 반해 연결력은 균형을 무너뜨리고 가치의 재발견을 추구한다. 연결력은 데이터 균형을 깨뜨리는 과정에서 기존의 낡은 것을 지속적으로 파괴하고 새로운 균형을 만들어낸다. 데이터 균형을 파괴하는 것은 단순히 균형을 깨뜨리는 것으로 끝나지 않고 낡은 시스템의 균형을 무너뜨림으로써 새로운 데이터 균형 시스템을 창조하고 한 발 더 나아가 새로운 데이터 가치의 탄생을 이끌어낸다. 클레이튼 M. 크리스텐슨의 말처럼 파괴를 통해 새로운 길, 새로운 생산 함수와 모델을 찾는 것이다.[15]

## 데이터를 끊임없이 응집시키는 데이터 중력

데이터 중력파를 통해 데이터가 중력장에서 응집하고 분열하는 과정은 데이터 중력이 작용하는 과정이자 균형을 무너뜨리고 데이터 연계 및 가치 재창조가 진행되는 과정이라고 할 수 있다.

데이터 중력은 데이터의 균형력을 무너뜨리고 연결력의 내생적 동력을 구축함으로써 데이터 공간[16]의 데이터 또는 데이터 집합 간의 불규칙적이고 다차원적인 운동을 이끌어내면서 개별 운동이 데이터 전체로 작용하도록 유도한다. 이를 여러 차례 반복해 다른 데이터를 끌어들이는 양적 축적을 구현하는 한편 "데이터가 데이터를 생성한다"는 질적 변화를 유도한다. 전체 과정에서 데이터 중력은 데이터를 끊임없이 응집시키는데, 일정 수준까지 쌓여 임계점을 돌파하면 기존 균형력을 무너뜨리고 연결력을 통해 새로운 가치연관성을 만들어낸다. 이 과정은 핵융합 과정과 상당히 비슷하다. 이중수소와 삼중수소가 매우 높은 온도와 압력에서 핵외전자에 의해 원자핵의 구속에서 벗어나면서 두 원자핵이 서로 끌어당기고 충돌하면서 융합한다. 이때 생성된 새롭고 더 무거운 질량을 가진 원자핵, 중성자와 전자가 충돌을 통해 방출되면서 거대한 에너지를 일으킨다.

데이터 중력은 데이터와 데이터 사이에 존재할 뿐 아니라 데이터와 데이터 공간, 데이터 공간과 데이터 공간 사이에도 존재한다. 데이터 중

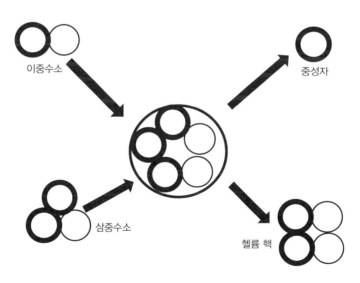

그림 4 – 3 | 핵 융합 설명도

력으로 작동되는 메커니즘은 다음과 같은 방식으로 나뉜다. 첫째, 다른 데이터 또는 데이터 공간을 자신의 유기적 구성 요소로 만들어 시스템을 재창조한다. 이 과정은 식물을 접목하는 것과 비슷하다. 식물의 일부를 다른 식물에 단단히 고정시키면 조직끼리 합쳐지면서 독립된 개체가 탄생한다. 이때 접목한 식물은 대목代木(접목한 밑둥치 나무-옮긴이)의 유리한 특성을 이용해 일찍 과실을 맺고 추위, 가뭄, 병충해에 뛰어난 저항력을 보여주는 등 높은 생산성을 갖게 된다. 둘째, 중력의 영향으로 분해된 데이터가 쪼개지고 데이터의 질점이 재배열되고 재조합되면서 새로운 데이터 또는 데이터 공간이 생겨난다. 이 과정은 화학 반응 가운데 고분자가 형성되는 과정과 매우 비슷하다. 단일 분자는 상호결합을 통해 체인 형태의 거대 분자를 이루는데, 특히 대단히 큰 분자의 경우 궁극적으로는 고분자가 된다. 요컨대 고분자는 응집의 결과물이다. 셋째, 데이터의 가치밀도를 통해 결정되는 데이터 중력은 데이터 간의 조합 방식을 바꾸는 것은 물론이고 데이터 공간의 형태도 변화시킬 수 있다. 예를 들어 물 분자 사이에 존재하는 중력이 가장 강할 때는 고체 상태인 얼음이 된다. 여기에 온도나 강한 압력을 가하면 분자 사이의 중력이 감소하면서 재배열을 통해 액체 상태인 물이 된다. 그리고 중력이 가장 약할 때는 기화를 통해 수증기 형태가 된다.

데이터 중력의 영향으로 데이터 공간 내의 두 데이터끼리 연결되면서 다차원적이고 입체적인 데이터 연결망이 수립되고, 또 한편으로 데이터 균형을 깨뜨려 더 많은 새로운 데이터를 연결함으로써 기존의 데이터 연결망을 지속적으로 확장하고 개선한다. 이런 점에서 데이터 연결망의 수립과 확장은 궁극적으로 데이터의 가치를 재탄생시킨다고 볼 수 있다. 주체의 니즈, 데이터의 질량, 데이터의 연계 등이 모두 제각각이므로 재탄생되는 가치 역시 다원성을 띤다. 케빈 켈리가 지적한 것처럼 인간이 잠에서 깨어 눈을 뜨는 순간부터 네트워크는 사람의 의도를 예측한다. 일상적 데이터를 꾸준히 기록한 네트워크는 사람보다 먼저 움직이고, 사람이 질문하기도 전에 답을 내놓는다. 회의가 시작되기 전에 파일을 제출하고, 친구와 식사하기 전에 날씨와 지리적 위치, 최신 유행 정보, 과거 식사 메뉴 등의 데이터를 토대로 해서 유명 맛집을 추천해준다.[17]

## 이산화 구조 해체와 홀로그래픽 재구성

구조의 해체와 재구성은 고급 형태의 블록데이터가 지닌 중요한 특징이다. 이산화는 연속성에 대한 부정으로, 연속적 데이터를 불연속적인 여러 단락으로 분할하는 것을 가리킨다. 이산화 구조 해체는 기존의 데이터 구조를 무너뜨리고 이를 불연속적이며 기본적인 데이터 단위인 데이터 셀로 분해하는 작업이다. 홀로그래픽 재구성은 데이터 셀을 여러 부문에 걸쳐 다차원적 형태로 재조합하는 것을 의미한다. 플랫폼화와 연관성에서도 데이터 구조가 무너지는 현상이 존재할 수 있지만 질적 변화를 일으킬 만큼 그 파괴력은 크지 못하다. 형태는 변해도 성질은 변하지 않는다는 점에서 이는 퍼즐과 같다. 온전한 그림을 불규칙한 여러 조각으로 쪼개놓은 퍼즐 조각을 다시 맞추면 원래의 모습이나 성질을 되찾을 수 있다. 이에 반해 응집력 영역에서 일어나는 이산화 해체는 질적이며 고차원적으로 이루어지기 때문에 데이터 가치의 질적 변화를 불러온다. 화학 반응처럼 분자가 원자로 쪼개진 뒤에 재배열과 재조합을 통해 새로운 물질을 이루는 것과 같다. 예를 들어 염산과 철의 반응 과정에서 염산은 염소와 수소로 분해되면서 화학 반응을 통해 새로운 물질인 염화철과 수소를 생성한다. 이처럼 구조 해체와 재구성은 데이터 가치가 생성된 뒤에도 여전히 블록데이터 플랫폼으로 복원되어 구조 해체-재구성을 반복할 수 있다는 것을 강조해 한 단계 높은 차원의 데이터 가치를 지속적으로 재창조한다.

이산화 구조 해체는 홀로그래픽 재구성을 위한 기반으로, 이산화된 구조가 단순히 해체하는 데 머물지 않고 가치 재창조로 이어질 수 있다는 가능성을 제공한다. 이산화 해체 과정 못지않게 홀로그래픽 재구성

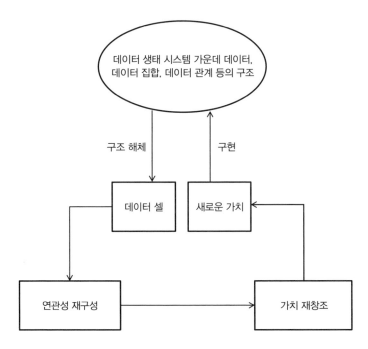

**그림 4-4 | 이산화 구조 해체와 홀로그래픽 재구성의 설명도**

도 중요하다. 홀로그래픽 재구성은 가치 재창조를 위한 필수 요소로, 이를 무시할 경우 이산화 구조 해체는 그 가치를 잃을 수 있다[18]는 점에서 이산화 구조 해체의 궁극적 가치를 담고 있다고 볼 수 있다. 이산화라는 기반을 토대로 작동되는 홀로그래픽 재구성의 기본 원리는 다음과 같다. 먼저 데이터 균형 시스템이 이산화 구조 해체를 거친 후 데이터 처리 플랫폼을 통해 홀로그래픽 재구성이 구현되면서 가치를 재창조한다. 기존의 데이터 구조를 해체하고 이를 재구성하는 이유는 더 많은 가치를 창조할 수 있기 때문이다. 뉴욕대학교 경제학자 폴 로머Paul M. Romer는 진정한 의미의 지속 가능한 경제 성장은 새로운 자원을 발견하고 이용하는 것이 아니라 기존의 자원을 재배열하고 그 속에서 더 큰 가치를 찾아내는 것이라고 했다. 산타페연구소의 경제학자 브라이언 아서Brian Arthur는 모든 신기술은 기존의 기술을 조합한 데서 비롯되며,[19] 성장은 재조직에서 시작된다고 설명했다.

홀로그래픽 재구성의 핵심도 가치 재창조에 있다. 사회 전체가 이산화 해체되어 디지털로 구현된다고 해도 가치를 중심으로 이뤄진 이산화된 데이터를 홀로그램을 통해 재구성한다면 새로운 가치와 사업 기회를 발견할 수 있다.[20]

프랑스의 후기구조주의 철학자 자크 데리다Jacques Derrida는 모든 구조 해체는 구조의 끝, 분열로 표현되지만 각 해체의 결과는 또 다른 구조를 만들어낸다고 했다. 데이터, 데이터 집합, 데이터 관계의 해체는 상품의 해체와 비슷하다. 상품이 해체된 뒤에도 각 '부품'은 새로운 용도로 쓰일 수 있으며, 새로운 상품과 함께 조합될 수 있다. 재구성은 주체의 니즈에 따라 해체된 데이터를 개조해 완전히 새로운, 기존과는 전혀 다른 가치의 집합을 만든다. 구조 해체에서 재구성으로 이르는 과정은 블록데이터의 메커니즘으로, 구조 해체 – 재구성의 각 결과물은 새로운 구조를 탄생시키면서[21] 데이터 가치를 재창조한다.

CHAPTER

# 5

---

# 활성 데이터학,
# 전통적 사고
# 패러다임의 해체

블록데이터 모델이 블록데이터의 이론 구축 측면에서 거둔 중요한 진전이라면 블록데이터의 응용은 좀 더 가치 있는 연구 영역이라고 할 수 있다. 빅데이터 시대는 한층 개방적이고 복잡한 거대 시스템이므로, 불확실성과 불가측성에 대해 한층 정확한 예측 결과를 제시해야 한다. 이는 블록데이터의 응용에서 신속하게 해결해야 할 문제다. 이런 배경 아래서 중국 구이양의 정책 담당자와 관리자들은 활성 데이터학에 대한 이론과 실천 시스템을 제시하고, 주요 영역에서 체계적 탐구에 나서고 있다. 구이양의 아이디어와 실천을 바탕으로 우리는 활성 데이터학에 대한 보다 적극적인 연구를 통해 이론적 토대와 작동 규칙을 탐색하고, 계량화된 수단을 통해 모델링을 시도했다.

인공지능AI의 비약적 발전은 활성 데이터학의 초석이 된다. 인간-기계 인터페이스를 통해 고도로 데이터화된 지능과 고도로 지능화된 데이터를 통합하고, 높은 연관성을 지닌 데이터를 충돌시키고 활성화시킴으로써 불확실성과 불가측성을 정확하게 파악할 수 있을 것이다. 활성 데이터학은 전통적 사고 패러다임을 전복시켜 대체하고 다양한 영역을 아우르는 시스템을 결집시킴으로써 복잡계 이론을 토대로 한 빅데이터 영역에서 새로운 전략적 비전을 제시할 것이다.

# 복잡계 이론과
# 활성 데이터학

## 복잡계 이론, 3세대 체계적 사상

20세기를 대표하는 물리학자 스티븐 호킹은 21세기를 '복잡성의 세기'라고 부르며 환원주의, 일반체계 이론General Systems Theory에 이을 3세대 체계적 사상으로 '복잡계 이론'을 지목하며 문제 해결의 선봉장이 될 것이라고 설명했다.

1세대 체계적 사상은 윌러드 밴 오먼 콰인Willard Van Orman Quine이 제시한 환원주의다. 1951년 환원주의는 미국의 논리철학자 콰인의 논문 〈경험주의의 두 신조Two Dogmas of Empiricism〉에서 처음으로 소개되었다. 환원주의는 복잡하고 추상적인 운동 형식을 단순한 운동 형식으로 바꿀 것을 주장하는 철학적 관점으로, 전체가 개체의 단순한 결합 또는 기계적 조합으로 구성된다고 이해한다. 체계 내부의 연관성이 부족해 환원주의를 분할이 가능한 단순한 복합체로 정의하는데, 선형적 이론에 접근한 이런 사상으로는 복잡 시스템에 대한 연구를 뒷받침해줄 수 없다. 그래서 장기간에 걸친 실제 검증을 거쳐 환원주의는 현실에 맞지 않는 이상적 이론으로 간주되더니 2세대 체계적 사상인 체계 이론에 점차 자리를 내주고 말았다.

1948년 미국계 오스트리아 생물학자 루드비히 폰 베르탈란피Ludwig Von Bertalanffy가 소개한 일반체계 이론은 체계 전체의 관념을 강조하는 연구 이론으로, 모든 체계는 쪼갤 수 없는 '유기체'라고 설명했다. 체계 내부에서 복잡한 연관성을 지닌 대상에 대한 연구를 주장하며 "전체적 기능이 개별적 기능의 총합보다 크다"라는 중요한 비선형 관념을 제시했다. 그러나 일반체계 이론은 체계 내 주체의 적응성과 자율적 적응 과정 중 다층적으로 발생하고 복잡한 기능 구조를 생성할 수 있는 능력을 제대로 발견해낼 수 없다는 한계를 드러냈다.

복잡계 이론이 알려지기 전까지 고도의 복잡성, 다양성, 무질서성이라는 특징을 지닌 개별적 요소와 그들의 자기조직화 현상에 대한 무관심은 오랫동안 지배적 지위를 차지한 고전적 과학 연구 방법의 한계로 지적됐다. 이런 단점을 보완하기 위한 복잡계 이론의 관련 연구가 자연스럽게 진행되었는데, 1973년 프랑스의 사상가 에드가 모랭Edgar Morin이 제시한 '복잡성 사고'는 복잡계 이론의 진화를 알리는 첫 걸음으로 평가된다. 모랭은 고전과학의 환원주의와 기계론을 비판하고 수정을 가하며 '질서와 무질서의 일치된 작용, 전체와 부분을 통해 공동으로 결정되는 복잡성 패러다임'으로 체계를 이해하고 결정할 수 있다고 주장했다. 1979년 벨기에 학자 일리야 프리고진Ilya Prigogine이 복잡성 사고를 토대로 '복잡성 과학'이라는 개념을 제시하며, 물질의 진화 메커니즘은 에너지가 흩어지는 산일성散逸性을 띠고 있을 뿐 아니라 "체계 변화는 동적이고 질서 있는 구조를 지속적으로 확장시키고 다양화시키는 비가역적인 과정이다"라는 중요한 결론을 제시했다. 1984년 '복잡성 과학'이라는 주장을 바탕으로 산타페연구소는 '복잡적응 시스템Complex Adaptive System' 연구에 착수해 "적응성은 복잡성을 창조한다"는 연구 결론을 도출했을 뿐 아니라 "복잡적응 시스템은 자기조직화가 가능한 능동적 메커니즘을 지녔다"고 설명했다. 1994년 기존의 연구 성과를 바탕으로 존 헨리 홀랜드John Henry Holland는 복잡계 이론에 대한 지속적 개선을 통해 '복잡적응 시스템 이론'을 확립했다.

복잡계 이론은 앞서 언급한 2가지 체계 사상의 단점을 보완했다는 평가를 받는다. 먼저 개별 요소의 중요성을 인정하며 '질서와 무질서, 전체와 일부의 협력적 작업'이라는 복잡계 패러다임을 사용해 각종 시스템을 연구해야 한다고 주장한다. 체계의 '비선형성과 비평형성'에 대한 중요한 연구 가치를 보여줄 뿐 아니라 체계 연구 영역에서 중요한 지도 이념(주체의 적응성이 체계의 복잡성을 만들어내는 것은 모든 복잡 시스템의 내부적인 암묵적 질서임)을 명확히 밝히고 있다.

블록데이터의 미시적 개체와 거시적 시스템을 해석하기 위한 이론적 기반으로써 활성 데이터학은 복잡계 이론을 효과적으로 계승하고 연장시켰다. 활성 데이터학에 따르면 블록데이터는 비평형성과 비선형성이라는 작용 아래서 고도의 민감성을 지녔을 뿐 아니라 거시적 측면에서 장기적 질서를 구현하고 다양한 자율활성화, 자율 프로세스, 자기조직화 상태를 보여준다. 블록데이터가 일단 활성화되면 그 안에 들어 있는 데이터 가치가 방출되고 확대될 뿐 아니라 개체 가치의 총합보다 더 큰 효과를 일으키며 1+1 〉 2라는 결과에 도달하게 된다.

## 티핑포인트, 모래쌓기 실험의 교훈

모래쌓기 실험Abelian sandpile model은 복잡계 이론을 소개하는 대표적 사례로, 모래 한 알 한 알이 평면 위에 떨어질 때 모래 알갱이가 자기조직화를 통해 원추형 모래더미로 발전할 수 있다는 것을 보여준다. 모래 알갱이가 떨어지면서 생겨나는 충격에 따른 힘과 모래 알갱이 사이 기존의 힘이 충돌하면서 생겨난 에너지는 모래 전체를 관통한다. 이 에너지는 모래더미의 일부 균형을 무너뜨릴 수 있을 뿐 아니라 모래더미 전체의 탄성과 회복력을 약화시킴으로써 점차 '자기조직화의 임계점'에 접근하도록 이끈다. 그러다가 임계점에 이르면 모든 모래 알갱이는 고도의 민감성을 지닌 상태에 놓이게 되고, 그때 한 알이라도 떨어지면 모래더미는 무너지고 만다. 따라서 양적 변화에서 질적 변화로 이끄는 '임계 모래 알갱이'는 티핑포인트가 된다. 티핑포인트가 발생하려면 모래더미가 붕괴되는 과정이 복잡적응 시스템처럼 매우 민감하게 반응하는 과정을 거쳐야 한다.

모래쌓기 시스템의 비선형 때문에 티핑포인트를 예측할 수는 없다. 모래더미 전체가 무너지기까지 이미 여러 차례에 걸쳐 부분적 무너짐 현상이 발생했을 것이다. 이런 현상이 전체 시스템의 붕괴를 즉각적으로 불러오지는 않지만 탄성과 회복력을 산일시킨다. 여기서 '산일'은 통제가 불가능한 과정이므로, 모래더미 전체가 무너지는 비선형적 결과를 야기하고 티핑포인트를 예측할 수 없게 만든다.

모래쌓기 시스템의 비평형성은 일종의 자기조직화 임계성을 가리킨다. 이때 자기조직화 임계성은 평형 상태의 통계역학에서 가리키는 평형은 언제나 변한다는 임계성과 그 의미가 다르다는 데 주목해야 한다. 평형 상태의 전환 과정은 시스템의 특정 변수를 조절해 달성할 수 있지만 자기조직화 임계성은 외부 요소의 간섭이나 운동에 의존할 필요 없이 자체적으로 생성될 수 있다. 시스템 내부를 구성하는 각 구성단위 간의 상호작용을 통해 생겨난다는 점에서 임계성은 시스템이 자체적으로 보유한 일종의 동역학적 메커니즘이라고 할 수 있다.

다양한 복잡 시스템의 작동 상태는 모래쌓기 실험의 구성 시스템과 비슷한 준準임계-임계-초超임계로 나눌 수 있다. 정상적 환경에서 시스템은 스스로 임계 상태를 향해 진화하지만 일단 돌발 상황이 발생하면 초임계 상태로 진입해 '붕괴' 현상을 폭발시킨다. 수많은 생물학자를 난처하게 만들었던 '캄브리아기 대폭발'은 자기조직화 임계성을 지닌 메커니즘에 따른 현상일 가능성이 높다. 지구의 생명 진화 과정에서 등장하는 엄청난 폭발력을 지닌 사건일 뿐 아니라 생명의 진화 과정에서 나타난 자기조직화 사건일 가능성이 높다. 이 사건은 분명하게 자발성을 띤 진화 행위이기 때문이다.

모래쌓기 실험은 시스템의 비선형성과 비평형성이 활성 데이터학 시스템을 구성하는 특징 가운데서도 가장 기본적인 동시에 가장 중요한 영향을 미치는 요소임을 보여준다.

## 네트워크와 확산, 피드백

다양한 복잡 시스템의 연구 성과 가운데 상당수는 기본 개체 간의 상호작용이라는 2가지 요소를 공통적으로 지니고 있는데, 이들 요소로 구성된 모델은 복잡 시스템에서 가장 광범위한 의미를 지닌다.

네트워크와 확산, 피드백은 활성 데이터학이 시스템 개체 간의 상호관계와 영향을 관찰하는 데 사용하는 중요한 개념이다. 먼저 개체 간의 관계를 묘사하는 데 사용되는 네트워크는 활성 데이터학의 기본 모델이 된다. 확산은 개별 개체가 다른 개체와의 접촉, 연결, 통합, 의사결정을 구현하는 동적 상호작용의 과정에 속한다. 마지막으로 피드백은 동적으로 변하는 네트워크 구조와 네트워크 동역학 사이에서 양방향으로 이뤄지는 영향을 설명한다.

**네트워크** 활성 데이터학에서 복잡 시스템의 기본적인 데이터 셀을 교차점으로, 데이터 셀 간의 상호작용을 교차점 사이의 연결로 이해하는 데 반해 네트워크를 활성 데이터학의 가장 기본적인 수학 모델로 여긴다. 어떤 의미에서 네트워크는 문제를 사고하는 방식이라는 측면이 강하므로, 다양한 개체나 복잡 시스템 간의 상호작용을 좀 더 구체적으로 설명하는 데 유리하다. 각 현상에 대한 네트워크의 영향력에 관심을 두는 혁신의 확산, 금융시장의 정보 흐름, 전 세계 가치 네트워크, 뉴미디어 전파 등 많은 연구는 개체 간의 상호작용이 이뤄지는 네트워크 토폴로지Network Topology가 시스템의 전체적 현상과 개체의 자발적 행위 특징을 이해하는 데 매우 중요한 역할을 담당한다고 주장한다. 예를 들어 정적 구조의 네트워크에서 이뤄지는 확산 과정 또는 네트워크 구조가 변경된 후 개별 행위에 대한 영향 등이 여기에 포함된다.

**확산** 복잡 시스템 이론 가운데서 중요한 연구 명제로 평가받는 확산은 상품, 기술, 사상, 행위, 전략과 일부 경제·사회 현상 등 시스템 내의 전파와 관련되어 있다. 활성 데이터학에서 연구하는 확산은 일정 수량에 도달한 데이터 개체의 인지와 외부환경 변화에 대한 적응으로 구현되며 다른 개체와의 접촉, 연결, 통합, 의사결정 등을 위한 동적 상호작용이 이뤄지는 과정으로 정의할 수 있다. 블록데이터 시스템에 대한 인간의 이해와 통제에 매우 중요한 의미를 지닌다.

활성 데이터학의 확산 규칙에 대한 연구 관점은 초기의 거시적 확산(전체 확산 효과에 대한 연구)에서 미시적 확산(확산된 미시적 기초 연구)으로 전환됐다. 그 이유는 시스템 내 개체의 의사결정 과정이 개체 간 상호작용, 공동 의사결정이 누적된 결과이기 때문이다. 다시 말해 확산의 미시적 기초는 개체끼리 상호작용하는 과정에서 비롯되며, 이는 확산을 결정하는 근본적 이유가 된다. 전통적 확산 이론과 방법을 계승한다는 것을 토대로 활성 데이터학은 다음과 같은 새로운 특징을 보인다. 첫째, 개체 간의 상호작용은 확산의 결과에 영향을 줄 수 있다. 네트워크의 각 교차점 사이에 상호작용이 존재하므로 네트워크 내 다른 개체의 선택이 개체의 의사결정과 행동을 형성하고 영향을 미칠 수 있다. 심지어 변화시키거나 확산의 진행과 결과를 바꿔놓기도 한다. 둘째, 네트워크 효과는 확산 과정에서 아주 중요하게 작용한다. 네트워크 효과는 네트워크 교차점의 행위 변경 또는 의사결정의 효과가 초기 정보에 좌우될 뿐 아니라 개체 수량의 증감에 따른 영향을 받는다는 것을 뜻한다. 예를 들어 전화, 인터넷 사이트, 국제표준화 경쟁, 뉴미디어 커뮤니케이션 툴, 전자 파일의 포맷 등은 모두 '네트워크 효과'의 특징을 지닌 상품이다

(사용에 참여하는 사람이 많을수록 새로운 다른 사용자를 끌어들이면서 함께 사용해야 흡입력이 커진다). 그러나 네트워크 효과는 긍정적 효과 외에도 부정적 효과를 지니고 있다는 사실에 주목해야 한다. 개체의 의사결정 효과는 새로 가입한 개체 수가 증가할수록 강화되고 네트워크 역시 긍정적 효과를 지니게 된다(또는 전략의 상보성 등). 이와 반대로 새로 가입한 개체 수의 증가에도 불구하고 개체의 의사결정에 따른 효과가 감소한다면 네트워크는 부정적 효과를 띠게 된다(또는 전략 대체성 등). 또 다른 관점에서 보면 이런 특징을 네트워크 개체의 선택으로 구현된 규칙성으로 간주할 수도 있다. 개체가 수렴성Convergence을 선택하면 네트워크의 긍정적 효과를 이끌어내지만 개체가 부동성Dissimilarity을 선택하면 네트워크는 부정적 효과를 일으킨다. 이처럼 네트워크의 효과, 개체가 선택한 규칙성 모두 네트워크 확산 결과에 뚜렷한 영향을 미친다. 셋째, 네트워크 토폴로지 차이로 말미암아 확산 과정에서 새로운 변화가 나타날 수 있다. 예를 들어 현재 연구를 통해 확인된 '작은 세상 효과Small-world effect'와 '척도 없음Scale-Free' 등의 특징은 확산 과정에서 새로운 변화를 일으킬 수 있다.

**피드백** 기존 연구에서는 기능에 대한 네트워크의 영향, 즉 정적 상태의 네트워크 구조가 동역학 과정에서 어떻게 영향력을 발휘하느냐에 많은 관심을 기울여 왔다. 그러나 네트워크는 끊임없이 변하는 동적 과정에 있으므로 개체 간의 관계도 시시각각 변한다. 다양한 시간의 척도에서 일부 교차점은 상호 간의 연결 방식(예를 들어 두 기업 사이에 구축된 협력관계)을 바꿀 수 있다. 일반적으로 시스템 규모가 큰 경우 이런 변화는 어느 시점에 이르는 순간 별다른 영향력을 더 이상 발휘하지 못하지만, 커다란 시간적 척도를 들이댔을 때는 차곡차곡 쌓인 미세한 변화가 전체 네트워크 구조를 바꾸고 네트워크상의 확산 동역학에 영향을 줄 수 있다. 그래서 활성 데이터학은 네트워크 구조와 네트워크상의 동역학 사이에 양방향으로 이루어진 피드백 과정이 존재한다고 주장한다. 초기 조건이 정해진 네트워크에서 자기적응 개체는 자신의 전략을 갱신할 뿐 아니라 효율에 따라 연결 개체를 선택해 상호관계를 맺거나 끊을 수 있다. 심지어 개체 간의 확산 과정과 개체 간의 네트워크 구조에서 양방향 피드백이 가능한 프로세스를 구축해 궁극적으로는 동적 네트워크로의 변신을 꾀한다. 기본적 특징을 감안할 때 개체의 행위와 네트워크 구조가 확산에 미치는 영향력은 확산의 원점이 얼마나 큰 상대적 우위를 갖췄는지에 따라 결정된다. 시스템 전체의 가치는 개체의 효율이 누적된 것으로, 소재한 네트워크 구조와 관련이 있다. 또한 개체의 행위는 네트워크의 구조적 특징을 변화시킬 수 있으며, 확산은 네트워크 토폴로지 성향을 변화시킬 수 있다.

# 활성 데이터학의
# 작동 규칙

## 데이터 검색

데이터 검색은 활성 데이터학의 준비 단계로, 블록데이터 시스템이 특정 신호에 따라 관련 데이터를 조직하는 일종의 행위를 의미한다. 활성 데이터학에서는 관련된 모든 데이터의 통합과 분석, 혁신적 발굴을 강조하는데, 이를 위해서는 데이터 검색을 통해 전체적으로 연관된 데이터 시스템을 구축해야 한다. 처리 결과의 정확성을 보장하기 위해선 최대한 온전한 상태의 데이터 자원을 제공해야 하고, 데이터 가치 발굴의 약점이 드러나지 않도록 사전에 대비해야 한다.

활성 데이터학에서 말하는 데이터 검색은 전통적 데이터 검색의 원리와 여러 기술, 즉 사용자의 니즈를 기존의 데이터베이스와 비교하고 대조하는 방식을 연장한 것이다. 연결 메커니즘을 통해 정보가 얼마나 유사성을 가지는지 계산하고 결과를 도출해낸다. 예를 들어 검색엔진은 웹페이지에 입력된 키워드를 검색한 뒤 찾아낸 데이터베이스의 전문을 검색할 수 있는 엔진을 구축한다. 사용자가 키워드를 입력하면 검색엔진은 요청한 정보를 계량화해 데이터베이스와 비교하고 대조한 뒤 클라우딩 계산을 통해 해당 키워드가 포함된 모든 웹사이트를 검색하여 키워드와 연관성이 높은 순으로 배열한다.

활성 데이터학의 데이터 검색은 다음과 같은 점에서 독특한 우위를 지닌다. 첫째, 검색 범위의 확대다. 그 결과 연관성의 강도, 잠재적 연관성을 지닌 데이터, 심지어 현재 연관되지 않았지만 미래에 연관될 가능성을 가진 데이터를 모두 포함시킬 수 있다. 하나를 가르쳐주면 열을 안다는 것은 활성 데이터학을 두고 하는 말이다. 둘째, 데이터 검색의 주체성이다. 전통적 데이터 검색은 사용자의 니즈가 먼저 존재해야 검색 작업이 이루어진다는 수동적인 면을 지닌다. 이에 반해 활성 데이터학은 수집한 데이터 자원을 좀 더 정확하게 판단하기 위해 기존의 연관성에 대한 분석을 토대로 자발적 검색 작업을 수행한다.

## 데이터 연결과 통합

데이터 연결과 통합은 활성 데이터학의 전 처리 단계로, 모든 데이터를 표준화시켜 유일한 진리를 만드는 것보다 다양한 가치의 생성을 목표로 다양한 종류의 데이터 자원에 들어 있는 관련 데이터를 추출하고 통합, 정리해 분석 데이터 집합으로 만드는 쪽을 선호한다.[1] 통합의 결과로 독립적이면서도 민감한 실체가 등장하면 데이터 자원에 따라 재구성되고 조정되고 업데이트된다.

활성 데이터학에서 말하는 데이터 연결과 통합은 다양한 영역과 업계를 아우르는 통합으로, 인터넷+ 모델과 비슷하다. 알리바바가 창조한 전자상거래 모델, 중국 전자유통업체 쑤닝의 '아마존+월마트' 모델 모두 업계의 스트립 데이터를 한데 통합한 것이다. 예를 들어 오프라인 리테일은 오랜 운영 과정에서 고객 주문서 데이터를 대량으로 확보해 놓았다. 이런 고립된 데이터가 다른 영역의 데이터와 통합할 수 있다면 다양한 업계 또는 영역이 공존할 수 있는 가치 공간을 탄생시킬 수 있을 것이다.

활성 데이터학의 데이터 연결과 통합은 각 데이터 주체 간의 수준 높은 통합을 강조한다. 즉 개인, 기업, 사회 등을 출발점으로 연관을 맺은 뒤 데이터를 특정한 배경에 두어 데이터 현상과 다른 사회현상 사이의 관계를 탐색하고, 집합체의 내재적 질서를 탐구한다. 또한 보다 본질적이고 미시적인 내부 질서를 토대로 연관관계를 맺고 통합을 추구한다. 이를테면 미래의 어느 날 당신은 매장에서 외투를 구입하려다가 비싼 가격에 결국 구매를 포기하고 만다. 그 후 인터넷에서 우연히 발견한 똑같은 제품의 광고를 클릭해 보니 당신이 원하는 사이즈와 색상의 제품이 예전에 매장에서 봤던 것보다 훨씬 저렴한 가격에 판매되고 있다는 사실을 발견한다.

활성 데이터학의 데이터 연결과 통합은 좀 더 체계적으로 진행된다. 심층적이고 미시적 데이터 연결과 통합을 토대로 데이터를 검색하며 관련된 데이터 자원을 취합한다. 이를 통해서 데이터 연결과 활성 데이터학의 자율활성화에 필요한 만큼 최적화되었으며, 동적인 데이터 자원을 꾸준히 제공한다.

## 자율활성화

자율활성화는 활성 데이터학의 주요 연구 내용으로, 데이터 가치 발현의 임계점이라고 할 수 있다. 다음 그림처럼 데이터 검색, 연결과 통합이라는 전 처리 단계를 거치면서 데이터 셀은 자율활성화 단계로 진입할 준비에 돌입한다. 이는 일종의 필터링 단계로, 자율활성화가 가능한 데이터 셀은 과열점 축소Hotspot Reduction와 지능 충돌을 통해 잠재적 가치를 드러낸다.

데이터 셀은 자율활성화 과정을 거치며 인류의 신경 체계를 구성하는 신경세포와 비슷한 활동 성향을 드러낸다. 중추신경계는 대량의 신경세포로 구성되어 있는데, 대뇌에는 다양한 종류의 약 1,000억 개에 달하는 신경세포가 분포해 있다. 신경세포의 흥분 상태와 통제 상태는 수신한 신호의 강도에 따라 결정되는데, 신호 강도가 임계값에 도달하

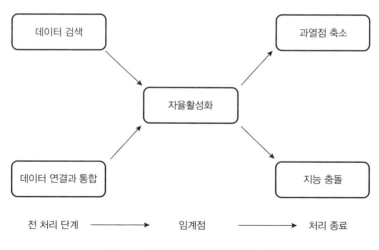

**그림 5-1 | 활성 데이터학의 작동 단계 구분**

면 신경세포는 흥분 상태가 되고 그렇지 않은 경우 통제 상태를 유지한다. 데이터 셀의 활약도는 다음과 같은 3가지 상태로 나타난다.

**잠재적 동적 상태** 낮은 차원의 동적 상태를 가리킨다. 데이터 셀이 휴면 대기 상태를 유지하므로 간단한 저장, 데이터 교환 등 핫스팟 데이터Hotspot Data만 처리한다. 사람이 수면 상태에 있어도 뇌가 끊임없이 작동하는 것과 같은 이치다. 비록 복잡한 논리적 사고를 하지 않지만 여전히 사고하고 활동하며 언제든지 깨어날 준비를 한다. 잠재적 동적 상태에 속한 데이터 셀도 언제든 깨어나서 자율활성화 상태로 진입할 수 있다.

**동적 상태** 데이터 셀의 평소 상태로 잠재적 동적 상태보다 훨씬 활동적이다. 핫스팟 데이터를 처리할 뿐 아니라 일정한 알고리즘에 따라 핫스팟 로직 계산과 분석, 사전 판단 등의 작업을 수행한다.

**활성화 동적 상태** 데이터 셀의 활약도가 높을 때 활성화 동적 상태가 적용된다. 해당 상태에 속한 데이터 셀은 높은 에머지Emergy(제품이나 서비스를 만들기 위해 직간접적으로 소비해야 하는 일종의 가용 에너지 – 옮긴이)와 복사력을 지니고 있어 핫스팟 데이터의 계산, 핫스팟 로직 계산 작업을 수행할 뿐 아니라 활성화를 통해 주변 데이터 셀 노드의 상태를 전환시키는 데 상당한 영향력을 미친다.

활성 데이터학에서 데이터 셀의 상태는 신호에 대한 반응을 통해 전환된다. 다양한 데이터의 중력파로 조합된 형태인 신호는 체제 안팎에서 다양한 주체 간의 상호작용을 통해 생성된다. 체제 밖의 자극이 만들어낸 신호는 데이터 중력파를 통해 전체 시스템에 전파되고, 체제 내의 데이터 셀, 특히 활성화 동적 상태에 속한 데이터 셀은 상호작용을 통해 신호를 만들어낸다. 또한 해당 주파수의 데이터 중력파를 통해 확산될 수도 있다.

다양한 데이터 셀은 신호에 대해 서로 다른 반응을 보인다. 신호의 영향을 거의 받지 않는 데이터 셀은 활동하지 않는 잠재적 동적 상태를 유지하다가 신호가 강해지면 활성화되어 동적 상태로 진입한다. 전달되는 신호가 충분히 강할 때는 '공진共振' 현상을 일으킬 수 있다. 이때 데이터 셀은 매우 활동적인 활성화 동적 상태로 재빨리 진입하면서 거대한 에너지를 만들어낸다.

## 과열점 축소

과열점 축소는 데이터 셀이 자율활성화를 거친 뒤 시스템 차원에서 나타나는 파레토 최적Pareto Optimum 상태라고 할 수 있다. 이상적인 자원 배분 상태를 가리키는 파레토 최적이 효율성을 강조한다는 점에서 과열점 축소는 데이터 처리를 통해 자원의 최적화를 구현할 수 있는 이상적 방법이다. 자율활성화 단계를 거치며 모든 데이터 셀의 활약 상태를 명확하게 구분한 뒤 이를 토대로 핫스팟을 선별하고 감량한다. 여기서 보다 가치 있는 데이터 셀을 골라 분석하면 데이터의 처리 효율을 대폭 끌어올릴 수 있다.

과열점 축소를 통해 노이지 데이터Noisy Data를 줄일 수 있고, 부정확하고 시의적절하지 않고 연관성이 낮은 데이터를 제거함으로써 남은 핫스팟 데이터의 가치를 더욱 끌어올린다. 이를 통해 최종 처리된 데이터 분석 결과의 정확성을 보장할 수 있다. 예를 들어 중국의 전자상거래 사이트인 이하오디엔一号店 가격 시스템은 매일 60여 개 사이트와 1,700여 개 상품의 재고, 가격 정보를 실시간으로 검색한다. 경쟁사의 상품 가격에 따라 자사의 상품 가격을 실시간으로 조정할 수도 있지만 계절과 휴일 데이터, 소비자의 조작에 따른 유효하지 않은 정보 등 이른바 노이지 데이터에 속하는 많은 자료가 포함되어 있어서 사전 판단 결과를 간섭할 수 있다. 만족스러운 결과를 얻으려면 반드시 이 노이지 데이터를 필터링해야 한다.

과열점 축소는 데이터의 처리 효율을 끌어올림으로써 자원의 최적화 상태를 구현할 수 있다. 많은 데이터 과학자와 분석가, 데이터베이스 관리자의 설명에 따르면 전체 프로젝트의 80%에 해당하는 시간과 경비가 데이터 준비 작업에 소요되는데, 그중에서도 대량의 멀티 데이터 처리에 가장 많은 비용이 투입된다고 한다. 과열점 축소를 통해 이런 문제를 해결하면 데이터 자원을 합리적으로 계산하고 처리할 수 있을 뿐 아니라 높은 가치를 지닌 데이터 셀의 처리능력에 집중함으로써 데이터 처리의 효율을 향상시킬 수 있다.

그 외에도 과열점 축소는 데이터 처리의 간소화가 필연적 추세임을 상징적으로 보여준다. 빅데이터가 등장하기 전 사람들은 데이터의 증분 분석Incremental Analysis에 매달렸지만 데이터의 생산 규모가 급증하면서 연관된 노드도 점차 복잡해지고 늘어나 노이지 데이터에서 가치 있는 데이터를 추출하기가 점점 어려워지고 있다. 이로 말미암아 처리 결과의 정확성과 가치밀도가 지속적으로 하락하고 있다. 데이터 증분 분석 방식을 바꾸지 않는다면 데이터 처리에 투입되는 비용이 계속 증가해 투입 – 산출 간의 갭은 점점 벌어질 수밖에 없다. 이때는 감량된 데이터 분석 방법을 선택해야만 제한된 비용 조건 아래서 데이터 가치 발굴의 최적화를 이끌어낼 수 있다.

## 지능 충돌

지능 충돌은 데이터 셀이 활성화된 뒤 거시적 측면에서 나타나는 가치 창조와 확대의 과정이다. 자율활성화 상태로 진입한 활성화 동적 상태의 데이터 셀은 높은 활약성을 이용해 취합하고 통합하면서 혁신적 정보를 만들어내고 엄청난 데이터 가치를 발생시킨다. 활성 데이터학에서 말하는 지능 충돌은 인간의 브레인스토밍 과정과 비슷하다. 집단을 이루는 모든 개인은 자유로운 연상과 사고 논리에 따라 관련된 의견을 드러내고 상호교환, 연상, 충돌의 과정을 겪으며 혁신적인 아이디어를 탄생시킨다.

지능 충돌은 시스템이 업그레이드되기 위해 옮겨져 바뀌는 과정으로, 인간의 사고 과정과 유사하다. 인간의 뇌에는 약 1,000억 개의 신경세포가 전력을 일으키는 전달물질을 발사하는데 그 횟수가 1초당 100회에 달한다. 형태를 지닌 방대한 규모의 신경세포가 전자를 포착하고 전도하는 과정에서 형태도 없고 포착할 수도 없는 생각과 사고가 생겨난다. 활성 데이터학에서는 활약도와 에머지가 높은 데이터 셀끼리 취합되고 통합되면서 한 단계 높은 수준의 새로운 데이터 에너지를 생성한다. 이를 토대로 시스템의 전반적인 이전을 유도하며 데이터 가치를 최대한 끌어올린다. 활성 데이터학의 모든 작동 규칙은 블록데이터 시스템에서 상호작용을 통해 끊임없이 순환 반복되는데, 이 과정에서 데이터 가치의 확대와 재창조가 일어나면서 시스템의 순환형 진화를 지속적으로 추진한다.

인공지능의 발전이 활성 데이터학의 기술적 기반이라면 지능 충돌은 블록데이터와 인공지능의 '만남의 장'이 된다. '언제 어디서나 존재하는Ubiquitous' 계산 시대가 등장함에 따라 우리는 스마트 기기 시대에 진입했다. 향후 몇 년 내로 인공지능과 로봇이 세계에 가져다줄 영향력은 PC와 인터넷이 지난 30년간 미쳤던 영향력을 훌쩍 뛰어넘을 것이다. 인공지능 기술의 발전으로 머지않은 미래에 지능 충돌에 참여할 수 있는 권리가 더 이상 인간의 고유한 권리가 아닌 상황이 올 수도 있다. 인간-기계 사이의 고차원적 상호작용은 지능 충돌을 실천하는 중요한 대화 방식Interactive Mode이 될 것이다. 이런 변화의 과정에서 우리는 다음과 같은 문제에 직면할 수 있다. 첫째, 가장 시급한 문제로 인간과 기계의 지위를 재조정해야 한다. "인간이 기계를 지배한다"는 전통적 사고방식에서 벗어나 평등한 관점에서 양측의 최대 잠재력을 발굴해야 한다. 둘째, 인류와 기계 사이의 협력관계는 과거의 대결과 투쟁 구도에서 벗어나야 한다. 이는 인류의 인지와 과학 발전에서 역사적인 한 획을 긋는 움직임이 될 것이다. 마지막으로 윈윈 전략을 통해 전통적 방법으로 지식을 획득하는 인간 두뇌의 한계와 기계의 '사각지대'를 무너뜨려야 한다. 모든 이성과 지식, 감정적 요소가 고루 분포된 최적의 결론과 판단을 도출함으로써 데이터의 가치를 높여야 한다.

# 복잡계 이론에 기반을 둔
# 활성 데이터학을 위한 모델 탐색

## 블록데이터와 적응 주체

블록데이터는 개인과 법인, 사회, 국가라는 4가지 주체가 가상 세계에 투영된 결과로 개인 데이터와 법인 데이터, 사회 데이터, 국가 데이터로 구성되어 있다. '적응성'이라는 생물학적 개념을 시스템 과학의 연구 영역에 접목한 복잡계 이론은 개인과 법인을 모두 지능, 자기통제, 사회성 등의 적응력을 갖춘 '살아있는' 개체라고 간주한다. 사회와 국가 역시 '살아있는' 수많은 개체가 서로 적응하면서 형성되기 때문에 활성 데이터학은 블록데이터를 적응력을 지닌 주체로 간주해도 무방하다고 보는 것이다.

복잡적응 시스템으로써 블록데이터는 적응 주체의 7가지 기본 현상을 모두 지니고 있다. 취합과 비선형, 흐름, 다양성이라는 4가지 현상은

표 5-1 | 적응 주체와 블록데이터의 특징 비교

| 현상 | 적응 주체 | 블록데이터 | 공통점 | 차이점 |
|---|---|---|---|---|
| 취합 | • 복잡 시스템을 단순화시키는 표준 방법, 유사한 주체를 취합해 분류함<br>• 주체의 취합 과정에서 생기는 상호작용을 단순화시켜 복잡한 행위를 유발함 | • 데이터 연결과 통합의 기본 상식<br>• 주체의 취합 과정에서 생기는 상호작용을 단순화시켜 복잡한 행위를 유발함 | 복잡적응 시스템 구축을 위한 주요 수단이자 기본 특성 | 적응 주체의 취합은 일방적이며 불가역적 특성을 지니는 데 반해 블록데이터의 취합은 양방향에 걸쳐 이뤄지며 역전이 가능함 |
| 비선형 | 자주성과 적응력을 가진 주체의 속성에 변화가 생기면 간단한 선형관계를 따르지 않음 | 작동 결과는 비선형적 특징을 지니는데, 이는 결과를 예측할 수 없다는 뜻임 | 복잡성의 내재적 근원 생성 | 적응 주체에 변화가 발생한 특성, 블록데이터의 기본 속성 |
| 흐름 | 다양한 주체가 상호작용하는 과정에서 특정 자원의 흐름 | 데이터 자원의 흐름과 데이터 스트림 | 시간에 따라 달라지는 흐름으로, 주체의 적응 여부에 따라 발생하거나 소멸함 | 블록데이터의 플로는 흩어지지 않는데, 이는 역전이 가능하고 자원 교환을 반드시 수반하지 않는다는 뜻임 |
| 다양성 | 다양한 종류 | 동적 모델 | 지속적인 적응의 결과 | 블록데이터의 자기조직화를 위한 필수조건, 일반 적응 주체에 비해 거시적임 |
| 상징 | 주체와 메커니즘에 대한 식별, 선별과 상호적응에 용이함 | 데이터 검색, 데이터 연결과 통합, 자율활성화, 자원 설정과 지능 충돌의 기본 조건 | 중요한 메커니즘으로 평가받아 왔음 | |
| 내부 모델 | 적응 주체는 대량의 자료를 수용한 뒤 해당 모델을 선택하고, 선택된 모델은 궁극적으로 특정한 기능 구조로 고착됨 | 내부 기능 구조 | 특정 기능을 구현하는 메커니즘 | 블록데이터의 내부 모델은 상대적으로 안정된 동적 구조로 고착되지 않음 |
| 블록 | 내부 모델의 조합 방식 변경을 통해 형성됨 | 고차원적 내부 기능 구조 | 기존의 블록이 재조합하면 시스템의 복잡성이 증가함 | 블록데이터에 대해 블록과 내부 모델 사이에는 뚜렷한 경계가 존재하지 않음 |

'흔히' 볼 수 있는 적응 속성에 해당하며 상징과 내부 모델, 블록Building blocks은 적응과 관련된 기본적인 기능 구조(기본 메커니즘)에 속한다. 그 밖에 블록데이터는 일반 복잡적응 시스템의 특성과 구별되는 특성을 지니고 있는데, 그 내용은 다음과 같다. 첫째, 블록데이터의 취합은 양 방향에 걸쳐 일어나며 역전이 가능하다. 둘째, 블록데이터는 비산일적 흐름을 보인다. 셋째, 블록데이터의 내부 모델은 상대적으로 안정적인 동적 구조로 결코 고착되지 않는다.

## 신호와 메커니즘, 매개 변수

신호와 메커니즘, 매개 변수는 활성 데이터학 연구의 3대 요소다.

**신호** 신호는 블록데이터 시스템의 기능 구조에서 확산되며 시스템 상태의 변화를 일으키는 '정보'다. 신호의 기본적 출처로는 외부 자극External Stimulus(ES)과 내부 작동Inner-Operation(IO), 다양한 피드백 Interactive Feedback(IF)이 있다. 복잡계 이론을 토대로 하는 활성 데이터학 모델에서 신호는 쉬지 않고 변하는 양으로, 시스템의 특성 변화에 따라 유형이 변하기도 하지만 '블록데이터 내부'의 데이터와 내부 메커니즘에 명령을 내려야 한다는 '책임'을 저버리지 않는다. 데이터에 내리는 명령에는 주로 상징 식별과 상호적응, 상호취합, 기능 메커니즘 생성이 포함되며, 내부 메커니즘에 대한 명령에는 기존 메커니즘에 대한 분해와 연관, 결합이 포함된다. 이를 통해 한 단계 높은 차원의 기능 메커니즘을 등장시키거나 심지어 시스템의 전체 상태를 바꿔버릴 수도 있다. 그러므로 신호는 "블록데이터 시스템의 기능과 상태 전환을 촉발하는 정보다"라고 정의할 수 있다. 신호Signal(S)는 주로 데이터 중력파Data gravitational wave(Dgw)를 통해 구현되기 때문에 신호를 형식적으로 표현하면 다음과 같다.

$$S = Dgw :: \{ES, IO, IF\}$$

즉 시스템에 작용하는 신호는 데이터 중력파의 형식을 통해 외부 자극(ES)을 인지해 내부 작동(IO)을 지휘하고 각종 피드백(IF)을 수용하는 능력을 지닌다.

**메커니즘** 활성 데이터학에 해당하는 작동 규칙으로, 활성 데이터학의 모델은 5가지 작동 메커니즘을 거느리고 있다. 이들은 각각 자극 반응 메커니즘과 필터링 메커니즘, 상태 전환 메커니즘, 자원 배분 메커니즘, 진화 메커니즘을 가리킨다. 그중 자극 반응 메커니즘은 블록데이터의 기본 기능, 필터링 메커니즘은 활성화 이전의 전 처리 작업을 수행하는 기능 구조, 상태 전환 메커니즘은 블록데이터의 잠재적 동적 상태 – 동적 상태 – 활성화 동적 상태를 전환하는 기능 구조에 해당한다. 이에 반해 자원 배분 메커니즘과 진화 메커니즘은 블록데이터 시스템 특유의 민감성이 활성화된 후에야 비로소 생성되는 고급 기능 구조로 자원의 최적화와 데이터 가치의 창조, 확대를 담당한다.

첫째, 자극 반응 메커니즘Stimulus Response(SR)에 해당하는 활성 데이터학의 규칙에는 데이터 검색, 데이터 연결과 통합, 데이터 자율활성화가 포함된다. 블록데이터에 능동성을 부여하기 위해 자극 반응 메커니즘은 자극 수용 기능, 자극 처리 기능, 자극 반응 기능을 보유하고 있다. 자극 수용 기능은 자극에서 입력한 신호를 수용하는 것을 가리킨다. 자극 처리 기능은 수용한 신호에 반응하는 것을 의미하며, 자극 반응 기능은 신호 내용에 따라 외부 환경에 대해 적절하게 작용하는 것을 가리킨다. 앞서 언급한 3가지 기능이 조화를 이루는 과정을 형식화하면 다음과 같다.

입력 : $X = \{x_i\}$, $i = 1, 2, 3, \cdots n$;
출력 : $Y = \{y_i\}$, $i = 1, 2, 3, \cdots n$;
$Y = F(X)$

여기서 $F$는 자극($X$)에서 반응-($Y$)에 이르는 과정으로, 입력된 자극 독립 변수를 수용해 자극을 처리한 뒤에 반응 종속 변수를 출력한다.

둘째, 필터링 메커니즘Filtering Selection(FS)에 해당하는 작동 메커니즘에는 데이터 검색, 데이터 연결과 통합이 포함된다. 블록데이터의 자기 적응 과정에서 '블록 내부'의 데이터는 다양한 목적을 갖고 다른 데이터를 필터링한다. 이를 통해 적응력이 가장 뛰어난 데이터를 선별하고 연관성을 통합한 뒤 내부 기능 구조를 탄생시킨다. 내부 기능 구조에 응용된 관련 데이터는 응용 결과에 따라 필터링 데이터, 데이터 연결과 통합을 '경험'할 기회를 얻을 수 있다. 또한 기존 경험을 바탕으로 이미 연관을 맺은 데이터와 분할, 선별, 조정, 교환될 수 있다. 이는 '블록 내부'의 데이터가 양적으로 축적된 경험을 바탕으로 질적 목표를 선별하는 과정인데, 수학적 조합 공식을 사용해 다음과 같은 '후보' 데이터의 출력 공식을 얻을 수 있다.

$C(n, m) = P(n, m)/m!$

즉 $n$개의 후보 데이터를 포함하는 집합에서 $m$개의 데이터를 취해 연관성을 통합하여 계산하면 데이터 검색, 데이터 연결과 통합에 대해 선택 가능한 $C(n, m)$개의 솔루션을 마련할 수 있다.

셋째, 상태 전환 메커니즘State Transition(ST)에 해당하는 작동 규칙은 데이터의 자율활성화로, 데이터가 잠재적 동적 상태－동적 상태－활성화 동적 상태 사이를 오가며 전환할 수 있는 기능 구조를 의미한다. 복잡계 이론을 바탕으로 상태 전환 메커니즘의 작동 과정을 자세히 설명하면 블록데이터 시스템이 준임계 상태에서 임계 상태가 되었다가, 다시 임계 상태와 초임계 상태로 이어지는 티핑포인트에 이르는 과정이라고 설명할 수 있다. 티핑포인트에 도달한 블록데이터 시스템의 민감도는 최고조에 달한다. 활성화 과정은 사실상 블록데이터가 기존 상태에서 새로운 상태로 전환되는 과정이므로, 상태 전환 메커니즘을 변환 함수 $f(\ )$로 가정한 뒤 집합 $S$로 기존 상태의 집합 $S=\{$잠재적 동적 상태－동적 상태－활성화 동적 상태$\}$, 즉 함수의 독립 변수를 표시한다. 이때 $S'$는 출력되는 활성화 동적 상태, 즉 함수의 종속 변수가 된다. 그러므로 상태 전환 메커니즘의 함수는 $f(S)$로 정의할 수 있으며, 다음과 같이 설명될 수 있다.

$$f(S) = S'$$

여기서 $S'$은 활성화 동적 상태만 포함하는 하나의 원소 집합을 의미한다. 함수의 특성상 입력 상태에 상관없이 반드시 활성화 동적 상태, 블록데이터 시스템이 활성화된다.

넷째, 자원 배분 메커니즘Resource Allocation(RA)에 해당하는 활성 데이터학의 작동 규칙은 과열점 축소로, 제한된 자원을 최적화시키는 기능을 의미한다. 간단히 설명하면 입력된 핫스팟 데이터의 표식을 식별해 시스템의 요청에 따라 핫스팟 데이터 자원을 합리적으로 구성하는 과정으로, 그 내용은 다음과 같다.

$$RA :: \{RID,\ Ri,\ Rf,\ RS\}$$

$RA$는 자원 배분 메커니즘, $RID$는 핫스팟 데이터의 표식을 뜻한다. $Ri$의 경우 입력된 핫스팟 데이터의 집합, $Rf$는 핫스팟 데이터의 구성 함수, $RS$는 자원 배분 메커니즘의 상태, 즉 자원 배분 메커니즘이 블록데이터 시스템에 피드백을 전하는 중요한 변수를 표시한다.

다섯째, 진화 메커니즘Evolutionary Mechanism(EM)에 해당하는 작동 규칙은 지능 충돌이다. 활성화된 데이터 셀끼리 융합하고 분열하면서 시스템의 전체적 약진을 이끌 만한 한 단계 높은 차원의 데이터 에너지를 만들고 데이터의 가치를 최대한 끌어올리려고 한다. 진화 메커니즘은 데이터 가치의 최대화를 목표로 변이와 돌변이라는 방법을 통해 블록데이터 시스템의 자체적 기능 진화를 빠르게 진행시킨다. 진화 메커니즘에서 가장 중요한 단계는 기능 구조의 사용 결과에 따라 사용이 종료된 기능 구조의 '적응 지수'를 평가한 뒤 구조를 해체하고 재구성해 블록데이터 시스템의 전체적 기능 구조 진화라는 목표를 추구하는 것이다. 그러므로 '유전 알고리즘'에 기반을 둔 진화 메커니즘은 "경험을 통해 축적된 기존의 규칙을 토대로 선택, 교환, 돌변 등의 수단을 통해 블록데이터의 기능을 충분히 진화시키는 것이다"라고 설명할 수 있다.[2]

한 마디로 진화 메커니즘은 '블록데이터의 유전 알고리즘'이라고 부를 수 있다. 진화의 완성 과정은 크게 5단계로 나눌 수 있다. 첫째는 취합으로, 초기 기능 구조를 탄생시킨 집합으로써 사용이 이미 종료된 여러 개의 기능 구조로 해체된다. 둘째는 평가로, 기능 구조의 적응력을 평가하고 예측한다. 셋째는 선택으로, 해체된 기능 구조의 집합 가운데서 양질의 구조 조각을 골라낸다. 넷째는 교환으로, 이미 선택한 조각을 갖고 더 우수한 기능 구조를 재구성한다. 다섯째는 변이로, 기존의 기능 구조를 무작위로 선택해 그중 하나의 조각을 바꾼다. 이런 변이 작업을 통해 높은 확률로 돌변성을 띠게 되면 기이한 기능을 가진 기능 구조를 만들 수 있다. 이는 지능 충돌을 위한 활용 가능한 경로로 간주될 수 있다.

즉 진화 메커니즘은 초기 기능 구조의 틀 안에서 '반복'[3]이라는 방법을 통해 기존의 기능 구조를 진화시킨다. 비선형 과정을 보여주는 진화 메커니즘의 공식은 다음과 같다.

$$EM :: \{P(J),\ N,\ F,\ S,\ G,\ T\}$$

여기서 $P(J) = \{J_1, J_2, J_3,\ \cdots J_n\}$은 초기 메커니즘의 집합을 표시한다. $N$은 집합의 규모, $F$는 적응 함수, $S$는 선택한 연산자를 뜻하며, 유전 연산자를 의미하는 $G$에는 교환 연산자($OC$)와 돌변 연산자($OM$)가 포함된다. 하나의 단계가 끝났음을 알리는 규칙은 $T$가 된다. 진화 메커니즘의 단계적 종료 시간은 시스템이 일시적인 질서 또는 무질서 평행 상태에 도달했을 때의 시간 $T$을 의미한다.

**매개 변수** 공간적 측면에서 봤을 때 자체적으로 임계에 도달한 조직은 임계점에 접근하도록 함수를 조절할 필요가 없으므로, 복잡계 이론을 기반으로 하는 활성 데이터학의 모델에서 매개 변수는 모든 시스템의 특수한 속성이지만 시스템에 대해 상수가 된다. 여러 시스템에서 변수로 쓰이는 매개 변수는 다양한 시스템 내부 신호와 메커니즘의 차이를 결정하는 요소가 된다. 그 밖에도 블록데이터 시스템에서는 부정수량의 매개 변수가 공동으로 작용하기 때문에 기능 속성이 모두 제각각이다. 그로 말미암아 매개 변수를 고정된 공식이나 형식으로 표시할 수 없지만, 대신 매개 변수를 블록데이터 내부에서 신호와 메커니즘의 차이를 결정하는 기능 상수로 정의할 수 있다.

## 활성 데이터학의 모델 형식화 설명

신호와 메커니즘, 매개 변수는 활성 데이터학의 모델을 이루는 3가지 기본 요소다. 신호는 데이터 중력파를 통해 '블록' 내부에서 확산되고 시스템 상태의 변화를 이끄는 '발화 정보'라고 할 수 있다. 메커니즘은 복잡한 동적 기능 구조로 활성 데이터학의 5가지 작동 규칙에 대응된다. 활성 데이터학의 모델은 크게 5가지 작동 메커니즘을 가지는데, 이는 각각 자극 반응 메커니즘, 필터링 메커니즘, 상태 전환 메커니즘, 자원 배분 메커니즘, 진화 메커니즘으로 구성된다. 매개 변수는 시스템의 차이를 보여주는 특수한 속성으로 신호와 메커니즘을 결정하는 요소가 된다.

블록데이터는 비평형성, 비선형성의 작용 아래서 민감하게 반응하고 거시적 측면에서 오랜 질서와 다양화할 수 있는 자율활성화, 자율 프로세스, 자기조직화 상태로 발전할 수 있다. 데이터 활성화 과정은 블록데이터가 자기조직화라는 형식을 통해 쉬지 않고 티핑포인트로 이동하는 과정이다. 전체 작동 과정은 신호와 메커니즘, 매개 변수라는 3가지 기본 요소의 공동 작용 아래서 완성될 수 있으며, 그 내용은 다음과 같다.

*Active :: {AS, AM, AΦ}*

여기서 *Active*는 활성화 과정을 형식으로 표현한 것이다. 또한 *AS*는 활성화 신호, *AM*는 활성화 메커니즘, *AΦ*는 활성화된 매개 변수를 가리킨다.

활성 데이터학 모델의 기본 구조를 토대로 블록데이터의 기본 특징은 다음과 같이 정리할 수 있다.

첫째, 블록데이터의 각 메커니즘 사이에는 광범위한 연계가 존재하며 이를 토대로 긴밀한 시스템이 구성된다. 단일 메커니즘는 다른 메커

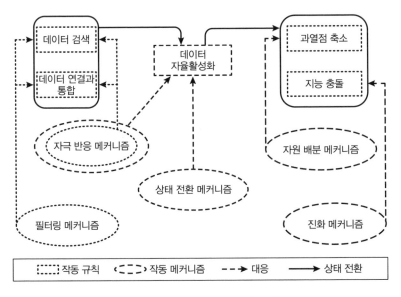

그림 5-2 | 활성 데이터학의 모델 메커니즘 작용 구조도

니즘의 변화로부터 영향을 받을 수 있을 뿐 아니라 다른 메커니즘의 변화를 불러일으킬 수도 있다. 둘째, 블록데이터는 다양한 측면, 다양한 기능을 가진 구조로, 각 측면의 메커니즘은 마치 블록처럼 그 위에 또 한 단계의 메커니즘을 쌓을 수 있다. 이는 시스템의 특정 기능을 구현하는 데 유리하게 작용한다. 셋째, 블록데이터는 환경 내의 신호와 긴밀하게 연계하면서 상호작용을 수행할 만큼 개방적이다. 넷째, 블록데이터는 끊임없이 진화하며 미래의 변화를 예측하고 미래의 변화에 적응할 수 있는 능력을 지녔다.

앞에 나온 내용을 종합하면 활성 데이터학은 블록데이터 내부의 거대하고 복잡한 데이터가 지닌 잠재적인 연관성 발견과 미래 예측을 목표로, 복잡계 이론의 체계적 사상을 패러다임으로 삼고 있다. 이를 통해 블록데이터가 적응 주체를 탐색하기 위한 전제라는 점을 증명하고 있을 뿐 아니라 활성 데이터학의 작동 규칙에 따라 블록데이터를 발생시키는 기본 프로세스를 찾아냈다. 즉 데이터 중력파를 통해 신호를 전달하고, 다양한 자율활성화 메커니즘의 작용을 제어함으로써 블록데이터의 자율 프로세스를 추진한다. 비선형, 비평형적 특징의 영향으로 자기 조직화는 민감한 자기적응 시스템으로 자리 잡았다.

# 블록데이터 가치사슬의 탄생

**BLOCK DATA**

블록데이터는 진정한 가치를 인정받고 제대로 '응용'될 때 그 빛을 발하게 된다. 현재 블록데이터는 산업 부문, 민간 부문, 국가 부문 등에서 무궁무진한 발전 공간과 가능성을 보여주고 있다. 고립된 데이터는 그 자체만으로 가치를 지닐 수 없다. 인간과의 상호작용, 연관성과 통합을 통해 데이터가 인간, 사물, 사건과의 관계를 재정립할 때 완전히 새로운 가치사슬, 이른바 블록데이터 가치사슬이 탄생한다.

블록데이터 가치사슬에 대한 연구는 상업적 용도의 전체 산업 체인, 사회적 발전을 꾀하는 전체 서비스 체인, 효율적인 공공경영을 위한 전체 국가 경영 체인의 형성을 중심으로 이뤄지고 있다. 즉 블록데이터 가치중추Value Center를 통해 데이터 스트림이 기술, 제품, 자금, 인재, 서비스 스트림을 이끌고 기업 경영 방식, 사회 운영 방식, 국가 경영 방식 등의 변혁을 통해 데이터 가치의 최대화를 추구한다.

블록데이터 가치사슬의 본질은 자원의 태생적 한계를 뛰어넘어 새로운 가치를 통합하는 데 있다. 데이터를 중심으로 산업 구조조정과 가치 재창조를 구현하고, 수요를 정확히 식별해 수요 중심의 공공서비스 개혁, 모듈화 공급 시스템 구축을 추구해야 한다. 또한 데이터 인지와 예측을 통해 상세하면서도 정밀한 빅데이터 관리 시스템을 구축해야 한다.

# 자원의 한계를 넘은 새로운 가치 통합, 블록데이터 가치사슬

## 가치와 데이터 가치

가치는 차별 없는 인간의 노동에서 나온다. 마르크스의 노동가치론에 따르면 가치는 사회적 요구를 만족시키는 효과를 지녔으며, 상품의 가치를 형성하는 전제라고 한다. 또한 사회에 아무런 도움도 되지 않는 상품을 생산하는 데 소요된 노동은 추상적 노동을 낭비한 것이므로 가치를 형성할 수 없다고 설명한다.

　가치의 본질을 놓고 여전히 많은 주장이 첨예하게 대립하고 있다. 객관주의에서는 가치를 사물, 인간 또는 상황 그 자체에서 발견된 특정한 무언가라고 주장한다. 그들에게 가치는 객체의 내부에 속한 성질로, 그것을 관찰하는 사람에게서 가치는 존재하지 않는다. 한편 주관주의에서는 가치를 대상의 특수한 속성이라기보다 주체의 창조물이라고 말한다. 관계주의에서는 가치를 우리의 독립된 창조물도, 행위나 대상의 독특한 속성도 아니라고 지적한다. 그들에게 가치는 인간과 행위 또는 대상 간의 특정한 관계로부터 비롯되며, 주체와 객체가 상호작용을 통해 도출한 결과에 해당한다.[1]

정보사회에서 데이터 사회로 발전하는 과정에서 데이터는 정보의 대명사가 되었을 뿐 아니라 정보보다 더 큰 범주의 개념으로 자리 잡았다. 1948년 클로드 섀넌은 열역학의 관점에서 정보학을 관찰하며 정보의 불확실성을 계량화하여 측정한 값을 '정보 엔트로피Information Entropy'라고 정의했다.

불확실성을 좀 더 구체적으로 설명하기 위해 처펀쟈오[2]는 식별과 연관(관계와 신분 변별), 설명(연구 대상의 특징 묘사), 시간(기록 행위), 예측(추세 분석), 데이터 생성(데이터 통합)이라는 5가지 가치를 제시했다.

대량 데이터가 등장함에 따라 데이터 가치는 익명성과 연속성이라는 특징으로 그 존재를 드러내고 있다.

**익명성** 데이터 자원은 처음부터 혼돈 상태로 존재하는 경우가 대부분이므로 가치는 스스로 존재감을 드러내지 않는다. 이런 이유로 데이터에 대한 초벌 가공 과정에서 발생한 가치는 상당히 제한된 형태를 띠게 된다. 더 많은 가치를 발굴하려면 마구잡이로 뒤엉킨 데이터를 데이터 셀 상태로 분해하여 묵시적 연관성을 찾아야 하는데, 이를 위해선 정확성이 보장된 복잡한 연산 작업이 필요하다.

**연속성** 유형의 자원과 자산은 제품 자체의 한계로 말미암아 소모되면 그 가치가 떨어지는 데 반해 데이터 자원은 데이터 스트림을 통해 생산되고 연속성을 계승한다는 특징을 보인다. 즉 사용 횟수나 시간의 흐름 때문에 그 가치가 늘거나 줄지 않는다. 그 밖에도 데이터는 복제성과 교환성이라는 특징을 십분 활용해 다양한 공간에서 더 많은 부가가치를 창출할 수 있다.

## 블록데이터 가치사슬

**전통적 가치사슬 이론** 1985년 미국 하버드대학교 비즈니스스쿨의 마이클 포터 교수는《마이클 포터의 경쟁우위Competitive Advantage》[3]에서 최초로 '가치사슬'이라는 개념을 소개했다. 그는 경제 조직 활동의 공급–수요 체인에서 가치 활동은 항상 중요하게 작용한다고 주장했다. 즉 구매, 생산, 저장, 판매, 고객서비스 등의 활동은 판매자에게 가치 있는 노동 제품을 제공할 수 있으며, 이런 활동의 가치는 가치사슬의 형성을 통해 드러난다는 것이다. 시장 활동에서 기업은 자신의 경쟁우위를 확보하기 위해 크게 2가지 방법을 취한다. 첫 번째는 본업에 충실해 가

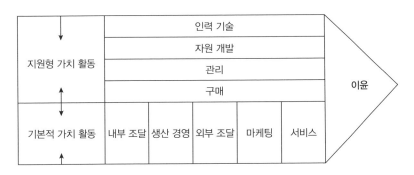

그림 6-1 │ 가치사슬 모델

치사슬의 한 부분에 속하는 가격 결정권에 대한 지분을 확대한다. 두 번째는 업/다운 스트림을 모두 장악함으로써 나머지 가치사슬에서 비용 소모를 줄인다. 기업 경영자는 대부분 앞선 2가지 관점을 통해 경영 전략을 구상한다. 가치사슬 이론의 실제 효과는 이미 방법에 대한 논의 단계를 뛰어넘어 수많은 연구자와 전략 결정자에게 영향을 주고 있다.

**가상 가치사슬** 1995년 미국 하버드대학교의 제프리 F. 레이포트 Jeffrey F. Rayport와 존 J. 스비오클라John J. Sviokla는 《가상 가치사슬 개발Developing the Virtual Value Chain》에서 처음으로 '가상 가치사슬Virtual Value Chain'이라는 개념을 언급했다. 이들의 주장에 따르면 생산 도구와 생산 방식은 정보 기술이라는 혁신의 세례를 받아 변신에 변신을 거듭했다. 그로 말미암아 전통적인 경제 행위에서 가장 중요한 가치 성장점은 '제조'였지만 가상 세계에서 기업은 정보의 수집, 가공, 저장, 조직, 응용을 통해 엄청난 경제적 소득을 거둘 수 있게 됐다. 가상 가치사슬의

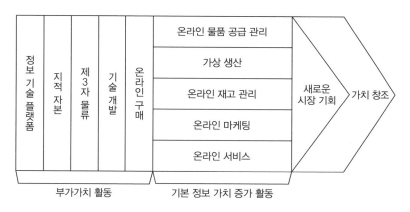

그림 6-2 | 가상 가치사슬 모델

개념은 사물의 범위에만 국한되던 전통적 가치사슬의 한계를 극복하고 정보, 지식, 데이터 등 가상의 자원을 가치사슬의 가치 창출에 없어서는 안 될 중요한 요소로 등극시켰다.

리창링 등은 기업의 정보 가치사슬 모델 구축에 대한 연구를 통해 통합적인 정보 가치 창출 수단과 방법을 제시하며 가상 가치사슬을 이론 모델로 구체화했다.[4]

〈지식 가치사슬 연구 현황 분석〉에서는 지식의 습득과 혁신, 보호, 통합, 확산을 지식 가치사슬의 핵심적 과정으로 평가하며, 이를 토대로 지식 관리 기초, 인지 과정 관리를 포함하는 지식 가치사슬 모델을 제시하기도 했다.[5]

**가치 네트워크 이론** 네트워크 플랫폼과 네트워크 구조에 기반을 둔 새로운 이론에 대해 많은 학자가 큰 관심을 보이고 있다. 신규 가치사슬은 가치를 창출하는 요소로 이루어진 기존의 사슬과 달리 가상 기업으

그림 6-3 | 정보 가치사슬 모델

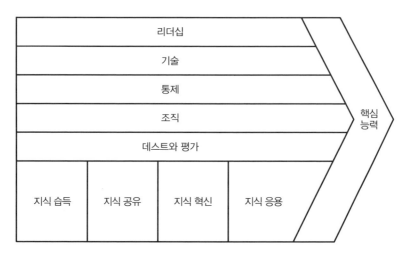

그림 6-4 | 지식 가치사슬 모델

로 구성된 네트워크로 가치 네트워크라고 부른다. 가치 네트워크는 가치사슬만 대상으로 삼던 한계에서 벗어나 가치사슬의 일방적 전달 구조를 바꿔놓았다.

**글로벌 가치사슬 이론** 글로벌 경제의 단일화와 함께 등장한 글로벌 가치사슬Global Value Chain 이론은 다국적 기업이 전 세계 경제 시스템에서 추진하는 생산, 경영 활동과 이익 분배의 영향 요소, 내재적 규칙 등을 주로 연구한다. 글로벌 가치사슬은 크게 투입–산출 구조와 공간 배치, 관리 구조, 시스템 프레임이라는 측면에서 분석해 볼 수 있다. 이 이론은 가치사슬의 공간적 분리와 세계라는 공간에서 이뤄지는 재배분을 설명하고 있을 뿐 아니라 가치사슬 분석의 공간적 시각을 한 단계 확장했다는 평가를 받고 있다.

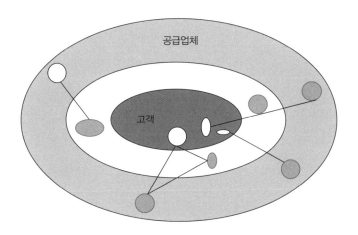

그림 6-5 │ 가치 네트워크의 구조 모델

**블록데이터 가치사슬 이론** 데이터 경제, 네트워크 사회, 인공지능 등 세계 경제 발전의 흐름과 추세에 발맞춰 가치사슬 이론의 중심이 끊임없이 이동하고 있다. 실물에서 가상으로, 선형에서 비선형으로, 조직 내부에서 경계가 사라진 영역에 이르기까지 한순간도 멈추지 않고 변하고 있다. 특히 블록데이터 가치사슬 이론의 등장은 가치사슬 이론 연구가 가장 최근에 거둔 성과로 평가받고 있다.

블록데이터 가치사슬에서 가치를 창출하는 단계는 데이터 수집, 전송, 저장, 분석, 응용으로 나뉜다. 가치 창조는 기본적 가치 활동(생산 또는 서비스의 각 절점에서 데이터를 생산하고 5가지 단계를 통해 데이터 스트림을 형성함)과 가치 증대 활동(데이터 스트림으로 기술, 제품, 자본, 인재, 서비스의 흐름을 선도함으로써 자원의 최적화를 달성하고 각 단계의 가치 증대 과정에서 더 많은 신규 데이터를 생성함)으로 구성된다. 이들의 상호작용을 통해 가치 활동에서 구축된 가치사슬은 가치를 증대하는 과정에서 업계 현황, 사회 형태, 국가 경영 모델 등의 변혁을 주도할 뿐 아니라 완전히 새롭고 한층 광범위한 가치사슬 시스템 재구축을 통해 새로운 데이터 가치의 최대화를 달성한다.

블록데이터 가치사슬의 주요 특징은 다음과 같다. 첫째, 새로운 가치 매개체다. 데이터 스트림은 자금과 제품의 흐름, 인재의 발굴·양성과 어깨를 나란히 할 만큼 중요한 매개체로 자리 잡았다. 새로운 기본적 전략 자원인 빅데이터는 기업과 공공 부문의 생산력과 경쟁력을 향상시킬 뿐 아니라 소비자의 복지 수준을 끌어올릴 수 있다. 둘째, 새로운 전달 메커니즘이다. 가치 전달 형식이라는 관점에서 볼 때 사슬식 구조는 네트워크 구조로 확장되어 가치 네트워크를 형성한다. 셋째, 새로운 구성 범위다. 자원의 구성 범위에서 봤을 때 여러 경계를 아우르는 블록데이터의 특성상 기존의 특정 조직이 영역의 한계를 뛰어넘어 한층 확장된 범위 안에서 자원 조절을 통한 최적화를 달성한다.

## 블록데이터 가치사슬 모델

블록데이터 가치사슬 모델은 각 절점에서 데이터를 수집, 전송, 저장, 분석, 응용함으로써 데이터의 가치 창조와 전달 과정에서 가치를 확대해야 한다고 강조한다. 또한 데이터 스트림은 블록데이터 가치 중추를 통해 가치를 발견하고 재창조해야 한다. 이 과정에서 생겨난 데이터의 추진력은 기술, 제품, 자금, 인재, 서비스 스트림을 이끌어 자원 최적화를 구현하는 동시에 궁극적으로 비즈니스를 위한 전체 산업 체인, 사회 발전을 고려한 전체 서비스 체인, 공공경영을 위한 전체 국가 경영 체인이라는 다원화된 가치 시스템을 탄생시켰다.

그림 6-6 | 블록데이터 가치사슬 모델

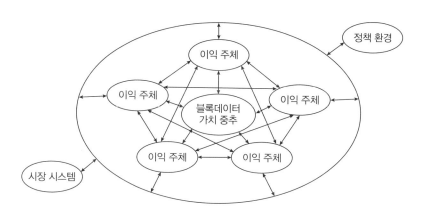

그림 6-7 | 블록데이터 가치 스트림의 망 구조

블록데이터 가치사슬 이론은 가치를 결정하는 몇몇 기본 요소의 운동을 '데이터 가치 스트림'이라고 부르는데, 다음과 같이 구성된다고 분석했다. 첫째, 데이터 스트림이다. 기타 요소의 스트림과 조합관계를 결정하고 영향을 준다. 이런 작동 방식은 전통적 가치사슬의 사슬형 연결 구조와 선형적 사고의 한계를 극복함으로써 각 교차점 간의 상호연계,

융합과 동적 작용을 통해 블록데이터 가치 중추를 둘러싼 망 구조를 공동으로 구축한다.

블록데이터 가치사슬의 구조는 다음과 같은 특징을 지녔다.

**블록데이터는 가치 중추다** 블록데이터는 거래 시장, 정책 환경에서 발생하는 사용자 행위와 수요를 발굴하는 작업을 통해 조직되고 가공된 뒤 공급자와 수요자에게 피드백된다. 이 과정에 속하는 작업이 신속하고 정확하게 진행될수록 경제 변화에 대처하는 시장 주체의 반응 속도를 끌어올릴 수 있다. 해당 가치사슬 네트워크에서 정보의 파악, 전달, 분석과 처리 기술, 사용자의 수요 식별, 시장과 정책 환경의 변화는 가치사슬 네트워크를 활성화시키는 중요한 요소가 된다.

**사용자의 가치에 주목하라** 블록데이터 가치사슬의 최대 가치는 현실 세계의 다양한 문제를 해결할 수 있는 응용력에 있다. 경제, 사회부터 정부에 이르기까지 블록데이터 가치사슬에 기반을 둔 솔루션을 찾을 수 있다. 전체 산업 체인, 사회적 발전에 주도하는 전체 서비스 체인, 정부 기반의 전체 국가 경영 체인 모두 '고객'을 가치 창조의 파트너로 여긴다. 즉 이때의 사용자는 가치 플로의 출발점이 되는 동시에 각 요소에 침투하며 가치 체계에 통합된다. 그러므로 사용자의 요구를 가치 획득을 위한 최종적 결정 요소로 간주한다.

**관계 네트워크는 시스템을 뒷받침한다** 관계 네트워크 시스템에서 디지털화된 관계는 관련 주체의 행위를 조절하고 구성하는 데 영향을 주는 중요한 요소로, 네트워크에 분포된 각 노드를 재빨리 조직하여 사용자의 수요에 반응한다.

**생산과 서비스 제공자는 주춧돌이다** 시장에서 생산 주체의 미시적 활동은 가치 네트워크 구성 요소 간의 연계와 협력을 통한 윈윈 효과를 강조한다. 이를 통해 자원 최적화의 가능성을 최대한 이끌어내는 데 주력한다. 또한 생산업체와 서비스 제공업체는 본업에 자원을 투자함으로써 한층 강력한 발언권을 가질 수 있다. 발언권이 강해질수록 가치 네트워크의 통합 수준과 효율성 역시 향상된다.

# 거대한 구조조정과 재구성을 통한 블록데이터 산업 체인

## 데이터 주도와 산업 구조조정

자원 학파Resource School는 자원이 모든 생산, 연구 또는 서비스, 관리 작업을 조직하는 데 없어서는 안 되는 필수조건이라고 주장한다. 요컨대 자원은 산업 가치사슬의 경쟁력을 가늠하는 중요한 기준이라는 것이다. 조직에 장기적이면서도 지속 가능한 경쟁우위를 제공해줄 수 있는 자원이 전략적 특성을 지녔다면 우리는 이를 희소자원이라고 부른다. 이에 반해 일반자원은 조직이 존속할 수 있는 기반이지만 조직에 큰 이윤을 가져다주지 못한다.[6] 경제 발전 단계마다 조직의 전략적 자원은 다양한 형태로 변신했다. 예를 들어 농업 시대의 전략적 자원은 토지였지만 공업 시대에 이르러 조직에 경쟁우위를 가져다주지 못하면서 전략적 자원에서 일반자원으로 전락했다. 데이터 경제 시대에 이르러서는 데이터가 가장 중요한 전략적 자원으로 평가받으면서 전통적 산업 형태와 관리 모델을 대대적으로 변화시켰을 뿐 아니라 전체 인류의 가치 체계, 지식 체계, 생활방식에도 큰 영향을 끼쳤다.

빅데이터는 기본적 전략 자원으로 산업 구조조정과 업그레이드를 뒷받침한다. 특히 최근 중국의 경제 발전은 기존과 다른 양상을 보여주고 있다. 즉 "모방형 소비, 충동적 과소비 단계가 종료되고, 개성과 다양성을 강조하는 소비가 새로운 트렌드로 자리 잡았다"[7]는 것이 가장 중요한 특징으로 평가된다. 전 세계적으로 독일의 인더스트리 4.0, 미국의 첨단 제조업 파트너십, 중국의 메이드인차이나 2025 모두 그 정도는 다르지만 새로운 변화에 적응하기 위한 전략으로 명확한 목표와 비전, 노선을 제시하고 있다. 그런데 이들 모두 데이터를 핵심 원동력으로 삼고 있다는 공통점을 지녔다. 데이터가 가치사슬의 각 고리를 하나로 연결하려면 먼저 기술혁신을 통해 사용자의 니즈를 데이터 모델로 전환해야 한다. 둘째, 가치사슬 사이의 연관관계를 데이터화시켜 R&D, 생산, 판매, 수송, A/S 등 영역에서 협업을 이끌어내야 한다. 한 마디로 말해 데이터가 산업 구조조정과 업그레이드를 이끄는 강력한 엔진이 되어야 한다.

구조조정, 업그레이드 개혁 단계에 있는 전통 산업, 차세대 정보 기술 응용을 기반으로 구축된 신흥 산업 모두 반드시 하향식 설계Top-Down Design라는 틀 안에서 '데이터 주도 전략'을 구축해야 한다. 데이터 주도 전략의 핵심은 데이터가 자유롭게 사방으로 흘러가도록 길을 터주는 데 있다. 즉 데이터를 통해 자금, 물자, 인재 등의 요소가 가치사슬을 타고 빠르게 흘러야 가치를 창조하고 확대할 수 있다. 예를 들어 알리바바가 주도하는 산업 체인 가운데서 상품 대리 판매, 점포 융자, 가공 제조, 정가, 홍보, 판매, A/S는 모두 고객의 행위 데이터를 추출할 수 있는 대상이 된다. 여기서 획득한 데이터 분석 자료를 점주에게 무료 또는 유료로 제공함으로써 판매 주체의 경영능력을 강화시킬 수 있을 뿐 아니라 더 방대한 양의 사용자 정보도 생산할 수 있다. 이런 신규 데이터는 플랫폼에서 더욱 많은 프로젝트와 가치를 생산할 수도 있다. 산업 데이터는 거대한 바퀴처럼 처음 작동할 때 많은 힘을 필요로 하지만 꾸준히 추진력을 가하면 저항력을 극복하고 점점 속도를 내기 시작한다. 바퀴가 빠르게 회전할 때 관성이 생기면 작은 힘만으로도 큰 효과를 거둘 수 있는 것처럼 데이터의 확장 규모와 유동 속도는 데이터 스트림의 가치 창출과 서로 맞물리면서 선순환을 이루게 된다.

## 블록데이터 전체 산업 체인 시스템

블록데이터라는 추진력을 발판 삼아 산업 부문 간 데이터의 내재적 연관 규칙에 새로운 변화가 나타나면서 전통적인 산업 구조와 산업 시스템은 유례를 찾아보기 어려울 만큼 거대한 구조조정과 재구성을 통해 새로운 전체 산업 체인을 형성하고 있다. 여기에는 데이터 핵심층, 데이터 산업 연계층, 데이터 산업 파생층이라는 상호연계와 의존적 하위 시스템 간의 복잡한 가치 시스템이 포함된다. 그중 핵심 시스템의 가치 활동은 데이터 생산, 데이터 수집, 데이터 저장, 데이터 분석, 데이터 거래, 데이터 응용으로 구성된다. 핵심 시스템 각 요소의 업/다운 스트림과 긴밀한 연관을 맺고 있는 산업으로 구성된 연계층은 스마트 기기 제품, 전자 소재와 부품, 집적회로, 콜센터 등이 포함된다. 파생층은 핵심층과 연계층이 통합된 형태로 다른 영역에서 파생되어 응용되는 경우를 가리킨다.

블록데이터 전체 산업 체인에서 전통적 선형 구조의 산업 체인이 망 형태로 전환되고 있다. 즉 가치사슬에서 가치 네트워크로 진화되고 있다. 기존 선형 구조의 가치사슬끼리 긴밀히 연결되면서 생겨난 교차점이 점점 늘어나면서 촘촘한 망을 형성하는 식으로 발전한 것이다. 가치사슬은 주체 간의 가치가 자유롭게 흘러가는 경로로, 연결 가능한 사슬이 기하급수적으로 증가함에 따라 가치를 실현할 수 있는 구체적 솔루션이 많이 제시됐다. 가치사슬에 비해 가치 네트워크의 가치 확대 효과가 탁월해서 획득할 수 있는 전체적 경쟁우위가 가치사슬의 것을 훌쩍 뛰어넘는다. 블록데이터 전체 산업 체인이 지닌 네트워크 구조는 사실

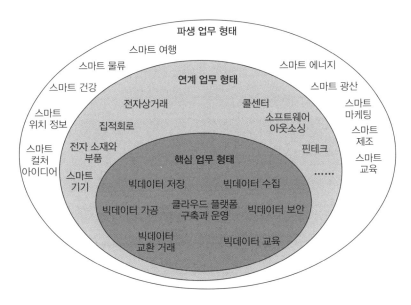

그림 6-8 | 블록데이터 전체 산업 체인 구조도

상 산업 체인 개념의 새로운 변혁을 예고한다. 즉 제품 공급 위주에서 수요 위주로, 제품 중심에서 고객의 니즈 중심으로 가치 중심이 이동하고, 제품의 공급과 생산 제조보다 제품이 판매되고 난 뒤의 고객 관리, 브랜드 관리 등에 더 많은 가치를 두게 될 것이다.

## 블록데이터 산업의 가치 재구성

가치사슬 이론에서 바라본 데이터 경제 시대의 산업 구조조정과 업그레이드의 성공과 실패를 가늠할 수 있는 결정적 요소는 가치사슬의 무게 중심 이동, 산업 발전의 품질, 효용, 경쟁력 향상, 혁신적 요소의 집합, 구조의 최적화라고 하겠다. 데이터를 핵심으로 하는 혁신적 요소가 적극적으로 작용하고 최적화되면서 가치사슬 재창조와 업그레이드를

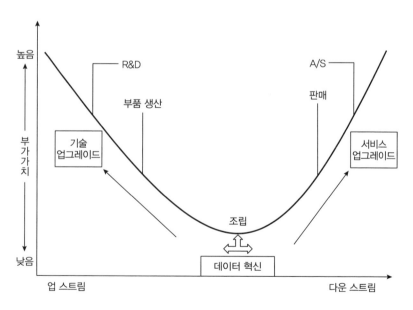

**그림 6 – 9 | 산업 체인 업그레이드를 보여주는 '미소곡선'**

통해 궁극적으로 모든 요소의 생산성 향상이라는 결과를 이끌어낼 수 있다.

**전체 산업 체인의 업그레이드와 전통 산업 개조**  블록데이터 전체 산업 체인 영역에는 데이터 처리, 클라우드 컴퓨팅, 사물인터넷 등 신흥 산업 외에도 제조업, 서비스업 등 전통 산업도 포함된다. 블록데이터의 승수 효과를 통해 혁신적 요소를 통합해 미소곡선Smiling Curve의 양끝을 꾸준히 끌어올린다면 가치사슬의 업그레이드를 촉진시킬 수 있다.

데이터 혁신은 산업 체인 곳곳에서 발견된다. 예를 들어 중국의 대표적 가전업체인 하이얼은 인더스트리 4.0 전략을 가장 먼저 시행하며 맞춤형 서비스를 제공하고 있다. 또한 온라인에서 고객의 피드백을 수집하고 분석해 신제품의 연구 개발에 적극 반영하고 있다. 또한 인터넷 전자상거래 업체 타오바오의 고객센터에서는 다양한 고객 정보를 바탕으로 신규 고객 – 단골 고객 – 이용률이 낮은 고객으로 구분한 뒤 성향에 맞는 서비스를 제공하고 있다. "노동집약형 산업에서 자본과 기술 집약형 산업에 이르기까지, 특히 전략형 신규 산업은 산업 구조조정과 업그레이드의 유일한 방향이다"라는 주장은 실제로 끊임없이 수정되고 있다. 마이클 포터는 지식과 기술을 추가할 수 있다면 어떤 전통 산업도 국제경쟁력을 갖춘 기술 집약형 산업이 될 수 있다고 지적하며, 이것이 전통 산업이 이뤄낼 수 있는 최고의 업그레이드라고 했다.

미소곡선에서 개성화와 창의력 쪽으로 치우칠 경우 해당되는 가치 공간의 증량이 점차 확대되는 것처럼 R&D, 설계, 생산, 제조, 물류, 저장부터 A/S 등에 이르는 산업 체인을 구성하는 산업 가운데서 지식에 대한 수요를 중심으로 하는 분야의 부가가치 변화폭도 확대될 것이다. 가구생산 업체 상핀자이페이尚品宅配는 데이터 운용을 통해 고객의 다양한 니즈를 반영한 솔루션을 제공함으로써 전통 산업의 가치사슬을 재창조하는 데 성공했다. 고객의 다양한 니즈를 데이터화시켜 중국 내 대도시의 약 10만 개에 달하는 주택 구조, 거주 공간에 대한 관련 정보와 솔루션을 포함시킨 방대한 데이터베이스를 구축했다. 여기에 다양한 인테리어, 구조, 소재로 구성된 디자인 정보 데이터베이스를 결합함으로써 다양한 소비자의 니즈를 만족시킬 수 있는 능력을 갖췄다. 또 한편으로 전국의 주문서를 취합해 소비자의 니즈에 맞춰 분류했다. 제품별로 수백 개의 부품으로 쪼갠 뒤 48시간 안에 주문서 취합, 설계도 선택, 마감 처리, 구멍 뚫기 등의 작업을 완료한다. 데이터 관리 센터와 유연한 생산 시스템을 통해 상핀자이페이는 30%에 달하던 전통 업체의 착오율을 3%대로 떨어뜨렸을 뿐 아니라 전통 업체의 10~20배에 달하는 생산 효율을 달성할 수 있었다.

**블록데이터 전체 산업 체인 업그레이드를 위한 지름길** 미국 듀크 대학교의 개리 제레피Gary Gereffi는 가치사슬 업그레이드 이론을 최초로 연구한 학자로, 구조조정과 업그레이드를 4단계로 구분했다. 상품 중심의 업그레이드, 경제 활동 중심의 업그레이드, 영역 내부 간 업그레이드, 영역 간 업그레이드가 여기에 속한다. 2000년 험프리Humphrey와 슈미츠Schmitz는 기업을 중심으로 공정 흐름 업그레이드, 상품 업그레이드, 산업 기능 업그레이드, 가치사슬 업그레이드로 구성된 4가지 분류법을 제시했다.[8]

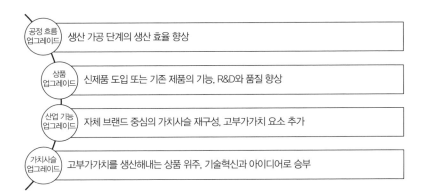

그림 6-10 | 전통적 산업 가치사슬 업그레이드 단계별 구분

전통적 가치사슬 이론은 공정-상품-산업 기능-가치사슬 순으로 업그레이드를 진행하는 점진적 방식을 제시한다. 생산 단계에서 공정을 좀 더 세분화한 뒤에 기술을 축적한다. 어느 정도까지 기술을 축적했다면 메인 업무 기반의 제품 연구와 개발을 통해 기업의 가치를 끌어올림과 동시에 인수 합병을 통한 업/다운 스트림 간소화를 통해 비용을 절감한다. 그리고 마지막으로 이윤이 낮은 부문을 과감히 정리해 기업의 가치 포인트를 데이터 혁신과 핵심 능력 중심으로 설정하고 한 차원 높은 가치사슬로의 업그레이드를 추진해야 한다.

그러나 현실적인 산업 업그레이드는 매우 복잡한 공정으로, 안팎으로 다양한 환경적 영향을 받으면 특정 상황에서 비약적으로 발전할 수 있다는 특징을 보인다. 블록데이터를 핵심 자원으로 하는 전체 산업 체인은 각 단계의 효율을 높여줄 뿐 아니라 일반적 발전 규칙을 벗어나 비약적으로 발전한다. 그 결과 후발주자를 비롯한 나머지 부문이 블록

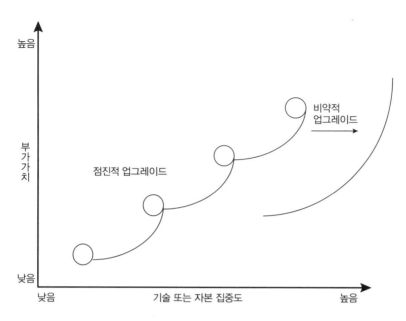

**그림 6-11 | 가치사슬의 점진적 업그레이드와 비약적 업그레이드 과정**

데이터 전체 산업 체인에 재빨리 뛰어들면서 생산 요소 데이터화, 경제 글로벌화에 유리한 조건을 충분히 이용할 수 있을 뿐 아니라 아주 짧은 시간 안에 비약적 발전도 이룰 수 있다.

# '고객 중심'에서 탄생한 블록데이터 서비스 체인

## 고객 중심과 수요 파악

행정 관리 부문에서 정부의 역할에 대한 여론이 분분하긴 한데, 그중 데이비드 오스본David Osborne과 테드 개블러Ted Gaebler가 쓴《정부 재창조론Reforming Government》에서 제시한 '고객 중심'이라는 관점이 큰 주목을 받고 있다. 이들은 정부를 이끄는 주체가 고객, 즉 비관료계 시스템라고 주장하며 정부의 역할에 대한 사람들의 인식이 대중, 법인, 사회조직의 관계처럼 공급-수요관계로 전환됨에 따라 정부는 당연히 고객의 수요를 가장 중요하게 여겨야 한다는 것이다. 예로부터 지금까지 정부와 대중의 관계는 통치와 피통치의 관계로 이해됐으나 인터넷 사회, 데이터 시대로 진입함에 따라 정부의 주요 직무가 관리에서 서비스로 전환되었다. 이로 말미암아 공공 문제의 데이터화 처리능력은 앞으로 더 큰 어려운 시험을 치러야 할 것이다. '공공성'은 공공경영의 본질적 특징으로, 정부기관이나 일부 소수계층, 조직이 아니라 사회의 다양한 구성원과 조직을 대상으로 할 때 확연하게 드러난다. 공공성의 주도 하에 정부는 고객 서비스를 출발점으로 삼는 기업처럼 대중의 수요를 만족시키는 쪽으로 움직여야 한다. 이런 점에서 대중의 수요는 정부의 공공서비스가 존재하기 위한 전제라고 하겠다.

그렇다면 대중은 무엇을 원하는가? 이 문제를 분석하기 위해 일본 카노 노리아키Kano Noriaki가 제시한 카노 모델을 인용하겠다. 카노 모델은 당연적 요소Must-Be element, 일원적 요소One-Dimensional element, 매력

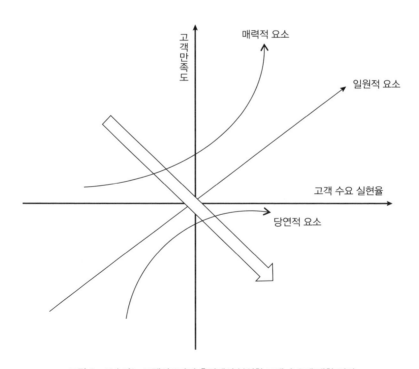

그림 6-12 | 카노 모델이 3가지 측면에서 분석한 고객 수요에 대한 정의

적 요소Attractive element라는 3가지 측면에서 대중의 수요를 구분한다.

첫째, 당연적 요소는 상품과 서비스 공급에 없어서는 안 되는 기능 속성을 가리킨다. 해당 기능 속성이 사용자의 요구 기준에 미치지 못하면 고객의 상품 또는 서비스 구매를 방해한다. 둘째, 일원적 요소는 상품과 서비스의 품질이 고객만족도와 긴밀하게 연계되어 있음을 보여주는데, 일반적으로 현재 상품이 동일한 유형의 상품과 구별되는 기능과 특징을 지닌 형태로 나타난다. 셋째, 매력적 요소는 상품이 더 많은 부가가치를 가져다주는 것을 의미한다. 해당 상품이나 서비스는 일반적으로 사용자의 기대를 뛰어넘는 가치를 가져다주며, 더욱 강한 구매욕과 긍정적 평가를 이끌어낸다. 물론 고객의 수요는 시간이 흐를수록 매력적 요소, 일원적 요소, 당연적 요소 순으로 점진적 전환이 이루어진다.

고객의 수요를 식별할 수 있는 능력은 공공서비스가 지속적으로 혁신을 추구할 수 있는 원동력이 된다. 대중의 수요는 다변화와 복잡화의 특징이 있으므로 정부는 공공서비스의 공급 수준을 높이려면 반드시 대중의 현실적 수요와 잠재적 수요를 명확하게 구분하고 혁신적인 기술과 관리를 통해 그 수요를 들어줘야 한다. '필요, 지원, 만족' 여부를 정부 공공서비스의 공급 기준으로 설정해야 대중의 수요가 중심이 되는 공공서비스가 혁신을 지속적으로 유지하는 메커니즘을 구축할 수 있다.

## 블록데이터 전체 서비스 체인 시스템

정보 기술을 통해 인간의 존재 방식에 변화가 생기면서 인간의 학습 방식, 업무 방식, 휴식 방식, 생활방식이 모두 변했다. 이처럼 모든 것이 급

변하는 기술적·시대적 배경에서 공공서비스에 대한 대중의 수요 역시 현실 사회에서 가상 사회로 확대되고 있다. 다원화된 행위 주체가 한 단계 높은 차원의 공공서비스 내용, 보다 적극적인 실천을 요구함에 따라 새로운 서비스 이념과 모델이 속속 등장하고 있다.

전체 서비스 가치사슬은 블록데이터 가치사슬 모델이 공공서비스 영역에 적용된 것으로, 블록데이터 가치 중추를 중심으로 공공사업, 도시 관리, 도농 환경, 농촌 생활, 보건의료, 자연재해, 사회지원, 노인 복지, 노동 취업, 사회보장, 문화교육, 교통여행, 치안, 소비자 권익 보호, 지역 사회 서비스 등을 아우르고 있다. 대중의 수요를 정확하게 파악하고 아픈 곳을 찾아내는 것은 물론이고 정부와 기업, 사회 조직 등 다원화된 주체를 통합한 모듈화된 공급 시스템을 구축해 다양한 계층을 위한 다양한 차원의 공공서비스를 제공해야 한다.

카노 모델의 분류법에 따르면 블록데이터 전체 서비스 체인에서 공공서비스에 대한 대중의 수요는 기본적 수요, 확장적 수요, 잠재적 수요로 구분된다. 기본적 수요는 대중과 사회 조직에 정부가 제공하는 기본적인 서비스 내용과 기능을 의미한다. 해당 수요가 만족스러운 경우 만족도는 크게 증가하지 않지만, 그렇지 않은 경우 대중의 불만을 살 수 있다. 정부가 대중의 기대치에 따라 개선되어야 한다는 것을 뜻하는 확장적 수요는 대중의 만족도와 긴밀하게 연결되어 있다. 수요가 충족되면 만족도는 증가하지만, 반대의 경우 만족도는 떨어진다. 마지막으로 잠재적 수요는 대중들이 인식하지 못했던 숨은 수요를 가리킨다. 공공서비스 공급 부문에서 대중의 수요를 사전에 예측하여 만족스러운 서비스를 제공한다면 대중의 만족도는 크게 상승한다. 앞서 언급한 3가지 수요 외에도 정부가 특정 서비스를 제공했는지 대중이 아무런 관심도 갖지 않는 경우, 이를 '무관 특성Unrelated characteristics'이라고 부른다. 그러나 대중의 수요가 너무 다양해서 누군가에게 전혀 중요하지 않지만 또 다른 누군가에게는 매우 중요한 이슈가 될 수 있다. 이처럼 사람마다 다르고, 또 수요는 늘 변하기에 수요를 분석할 때 무관 특성도 간과할 수 없는 요소가 되었다.

앞서 설명한 4가지 요소는 정부 공공서비스 수요 분류에 대한 체계적 구조를 마련했는데, 그중 기본적 수요, 확장적 수요, 잠재적 수요는 양방향성을 지닌다. 즉 수요에 대한 대중의 요구는 끊임없이 높아지는데 상대적으로 낮은 수준의 수요가 충족되면 점차 높은 수준의 수요를 추구하게 된다. 또 한편으로 서비스 만족도의 효과는 꾸준히 떨어진다.

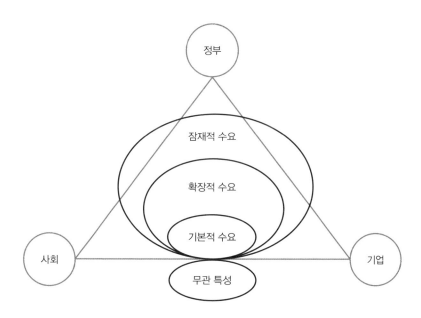

**그림 6-13 | 블록데이터 전체 서비스 체인 구조도**

높은 수준의 수요가 충족된다고 해도 만족도 효과가 떨어져 점차 낮은 수준의 수요로 취급되기도 한다. 그리고 시간의 흐름에 따라 무관 특성 가운데 일부가 잠재적 수요로 바뀔 수도 있다.

정부의 공공서비스가 실제로 공급되려면 다원화된 주체를 아우를 수 있는 통합적 공급 시스템을 구축해 대중의 수요에 맞는 다양한 수준의 공급 방식을 제공해야 한다. 먼저, 기본적 수요에 해당하는 내용과 영역을 무난히 소화해야 한다. 둘째, 확장적 수요를 집중 공략해야 한다. 잠재적 수요의 경우 비용과 수익에 대한 종합적 판단에 따라 사회와 시장의 개입을 적극 유도함으로써 공공서비스 공급을 효과적으로 보완해야 한다. 그리고 무관 특성의 수요에 대해서는 먼저 장단점을 분석하고 나서 수요가 얼마나 되는지, 어디까지 필요한지를 파악한 뒤 어떻게 해야 할지를 결정한다.

## 블록데이터 서비스의 모듈화 공급

공공서비스 공급과 대중의 다양한 수요 사이에 빚어진 갈등은 한때 '시장과 정부'라는 관계의 틀 안에서 대응책을 모색하는 방법을 통해 대립에서 통합으로 전환되었다. 그 후 관련 연구와 실천이 진행되면서 '시장-정부'라는 이분법에서 벗어나 정부, 제3 부문, 개인 조직 등 다양한 주체가 함께 참여하기 시작했다. 이들은 모듈화된 공급 메커니즘을 통해 공공서비스의 공급능력을 강화시켜야 한다는 데 한 목소리를 내고 있다. 블록데이터 전체 서비스 체인은 바로 이런 생각에서 비롯된 최신 솔루션이다. 전체 서비스 체인에서 블록데이터의 가치 중추는 다극화된 모듈 가운데 하나로, 다른 모듈과의 조화를 통해 다원화된 공공서비스 요구에 공동으로 대응해야 한다. 또한 모듈화 생산 방식은 모듈화 분해를 통해 모듈 규모의 경제를 구현하고, 모듈 조합을 통해 공급의 탄성을 키워 공급능력과 민첩성을 향상시켜야 한다. 구체적 구조 측면에서 보면 블록데이터 서비스의 모듈화 공급 과정은 '하나의 플랫폼, 두 개의 메커니즘'으로 정리할 수 있다.

**공공서비스 플랫폼** 각 서비스 체인의 독립성, 정보의 비대칭, 영역 분리 등 다양한 요소의 영향으로 복잡한 환경에서는 반응 속도와 정확성이 크게 떨어진다. 이런 상황에서 블록데이터를 기반으로 하는 공공서비스 플랫폼은 해결책을 제공하는데, 그 구체적 내용은 다음과 같다. 첫째, 정보 교환이다. 공급-수요 양측의 정보를 교환하여 정보의 비대칭 문제를 해결한다. 둘째, 협조적 조직이다. 공공서비스 모듈화 생산 시스템을 통해 공급, 생산, 저장, 유통 등 각 관련자에게 과학적 가이드

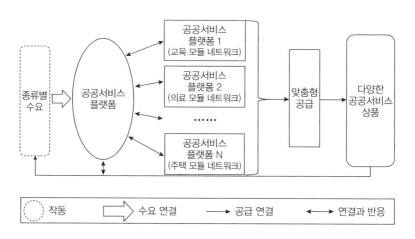

그림 6-14 | 공공서비스 모듈화 공급 구조 프로세스

를 제안하여 각 모듈이 협조적이고 통합적인 방식으로 작동하도록 유도한다. 셋째, 적극적인 피드백 반영이다. 공급 제품에 대한 피드백을 수집해 공급 시스템과 수요 변화 사이의 차이를 찾아내고, 공공서비스 공급 조절을 통한 최적화된 서비스를 제공한다.

**구분 통합 관리 메커니즘** 전체 서비스 체인에서 서비스와 상품 공급 유닛은 기본 모듈과 기본 모듈에 바탕을 둔 모듈의 조합을 통해 이루어진다. 기본 모듈은 전문화를 중심으로 규모의 경제 효과를 추구하고, 모듈 조합은 공급 탄성의 강화라는 목표를 제시하며, 공공서비스 상품을 다양하고 신속하게 제공한다. 전체 서비스 체인을 이루는 다양한 모듈의 분해와 통합을 통해 공공서비스 생산과 공급 시스템은 탁월한 공급능력과 반응 속도를 확보할 수 있다.

**맞춤형 공급 메커니즘** 공급 주체를 기준으로 삼는 '추진형' 메커니즘과 반대로 전체 서비스 체인은 고객의 니즈를 공급의 출발점으로 삼고 수요에 따른 생산, 맞춤형 공급을 강조한다. 생산과 공급의 측면에서 가장 효율적인 방식은 공급과 수요의 실시간 일치성을 확보하는 것이다. 그러기 위해선 실제 수요에 대한 예측과 계산, 생산 과정에 대한 합리적 계획이 반드시 뒤따라야 한다. 데이터 기반 확대, 빠른 반응, 정확한 공급과 전달이라는 모듈화 네트워크를 하나로 통합하려면 다음 조건을 갖춰야 한다. 첫째, 행위를 중심으로 예측하고 분석하고 규율화된 작동 방식을 미리 헤아려봐야 한다. 또한 사전에 조정과 배분이 이루어져야 한다. 둘째, 정보 전달 속도를 강화함으로써 전달 시간을 최대한 단축해야 한다. 셋째, 관련 작동을 거의 동시에 실시하고 반응하는 능력을 강화해야 한다. 또한 지연된 시간차를 단축시켜야 한다. 넷째, 협력 효율을 강화하고 모듈을 조합하고 연결하는 데 필요한 속도와 능력을 강화해야 한다.

# '데이터 주도형 의사결정'을 통한 블록데이터 국가 경영 체인

**데이터 인지와 혁신적 경영**

블록데이터는 국가 경영 시스템과 경영능력의 현대화를 위한 혁신적 방법을 제시한다. 즉 데이터에 대한 인지와 수집, 처리, 분석을 모두 수행함으로써 정부의 혁신적 경영 모델 구축을 위한 새로운 기회와 기능을 제공한다.

**단편적 경영에서 통합적 경영으로의 변신** 현재 공공경영 시스템에 있어 가장 문제가 되는 것은 단편적 경영에 따른 고비용-저효율 현상이다. 단편적 경영은 정확히 무엇을 뜻하는가? 예를 들면 부서주의, 지역주의의 성행, 직무 교차와 중복, 데이터 고립, '잘못된 데이터로 인한 갈등'을 가리킨다. 블록데이터 국가 경영 체인을 통해 데이터의 사용 효능과 효율, 효과를 끌어올리고 원활한 소통을 가로막는 장벽을 효과적으로 제거해 경영 데이터의 개방과 공유를 보장해야 한다. 또한 다양한 경영 주체 간의 협력과 협조를 강화해 단편적 경영을 통합적 경영으로 전환해야 한다.

**샘플 추론에서 '데이터'를 통한 경영 결정 방식으로의 변신** 국정 경영에 대한 전통적 사고방식은 일부 개인의 운영 수요에 따라 다수 또는 전체 사회의 현재, 미래의 수요를 추측하거나 사전에 판단하는 방식으로 진행됐다. 또한 일부 지역의 경영 경험을 토대로 전 지역 또는 국가의 경영 정책을 결정하기도 했다. 일부 샘플로 전체를 추론하는 사고방식은 점차 그 한계를 드러내게 되는데, 다음과 같은 현상으로 구체화된다. 첫째, 사회 각 주체 간의 수요가 서로 다를 수 있다는 사실을 충분히 이해하지 못한다. 둘째, 발전에 대해 지역별로 각기 다른 목소리를 낼 수 있고 국가가 어떤 상황인지에 대한 이해가 부족하다. 블록데이터의 가치는 의사결정의 과학화와 운영의 세분화로 결정된다. 각 국가 경영의 주체는 반드시 기존의 경영 방법을 혁신하고 데이터를 통한 경영 의식을 강화해야 한다. 또한 가치 데이터를 적극 활용해 의사를 결정하는, 데이터를 통한 의사결정 단계로 진화해야 한다.

**정적 경영 모델에서 동적 경영 모델로의 변신** 사회 경영의 목표 가운데 하나가 안정 유지인데, 경영 실천 과정에서 정적 경영 모델이 필연적으로 등장한다. 그러나 글로벌화, 정보화, 네트워크화로 경제와 사회가 엄청난 속도로 발전하면서 새로운 문제, 새로운 도전이 끊임없이 쏟아지고 있다. 이런 상황에서 블록데이터는 국가 경영 주체가 관련 데이터의 변동 상황과 추이를 실시간으로 파악하도록 지원해 정적 경영 모델을 동적 방향으로 이끌 수 있다.

## 블록데이터 전체 국가 경영 체인 시스템

전체 국가 경영 체인을 구성하는 다양한 이해관계자는 경영능력 강화, 경영 시스템의 효율성 높이기 등 2가지 측면에 입각해 공치共治(공생), 선치善治(선정), 자치自治, 덕치德治, 법치法治의 5가지 능력을 갖춰야 한다. 이를 기반으로 경영 구조 시스템, 경영 기능 시스템, 경영 제도 시스템, 경영 방법 시스템, 경영 작동 시스템을 구축해야 한다. 블록데이터를 가치 중추로 삼고, 데이터 플로에 대한 규범과 최적화된 정보 발표, 의사결정 프로세스, 실적 평가 등의 요소를 바탕에 두고 데이터로 사용해 소통하고, 의사결정을 내리고, 관리와 혁신을 구가하는 새로운 국가 경영 환경을 만들어야 한다.

전체 국가 경영 체인의 작동 메커니즘을 살펴보면 경영 시스템과 경영능력은 유기적으로 작동하며, 경영 시스템의 현대화와 경영능력 강화를 추진하는 등 정치 과정에서 원원 전략을 추구한다. 효율적인 경영 시스템을 갖춰야 경영능력을 강화할 수 있으며, 경영능력을 강화해야만 경영 시스템의 효능을 충분히 강화할 수 있다. 블록데이터 전체 국가 경영 체인은 국가 경영 시스템의 효율성 강화와 경영능력 강화라는 2가지 측면에서 각각 또는 동시에 전체 체인의 업그레이드를 추구한다.

블록데이터 전체 국가 경영 체인을 통한 경영 시스템과 경영능력의 현대화를 통해 경영 구조 시스템, 경영 기능 시스템, 경영 제도 시스템,

경영 방법 시스템, 경영 작동 시스템이라는 5가지 시스템을 구축해야
한다. 또 한편으로는 공치(공생), 선치(선정), 자치, 덕치, 법치라는 5가지
능력을 갖추고 강화해야 한다. 소위 '5치治'는 고립되고 단편적인 존재
가 아니라 유기적이고 일괄적으로 작동한다. 공치(공생)는 공동의 이익
을 추구하기 위해 다양한 주체가 협의함으로써 민주적 논의 등의 수단
을 통해 집단행동을 취하는 과정을 가리킨다. 선치(선정)는 공공이익의
최대화를 강조하는 국가 경영 과정이다. 자치는 대중적 민주주의가 구
현된 결과이며, 법치는 권리와 의무를 중심 사상을 강조한다. 덕치는 사
회 발전에 유리한 사회적 가치관을 확립함으로써 국력 강화, 국민 행복

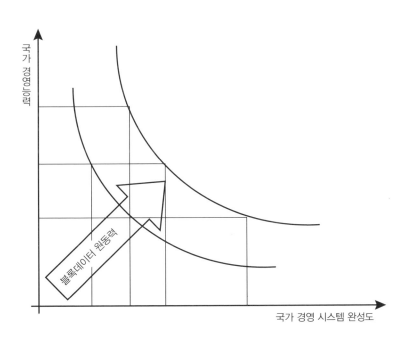

그림 6-15 | 블록데이터 전체 국가 경영 체인의 작동 메커니즘

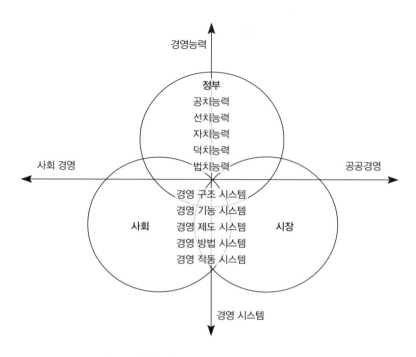

**그림 6-16 | 블록데이터 전체 국가 경영 체인의 구조 체계**

에 유리한 사회질서를 구축하고자 한다. 이들은 각각 체계적 경영, 종합적 경영, 법에 따른 경영, 초심을 유지하는 경영 형태로 구체화된다. 이처럼 블록데이터 전체 국가 경영 체인은 다양한 참여, 선순환적 경영 환경을 구축하는 데 있어 핵심적 역할을 담당한다.

## 블록데이터 국가 경영의 세분화와 맞춤화

전체 경영 체인을 통해 공공경영을 직관적 경험이 아니라 데이터 중심의 의사결정 모델로 전환해야 공공경영과 경영능력의 세분화와 맞춤화라는 목표를 실천에 옮길 수 있다. 예일대학교의 다니엘 C. 에티스Daniel

C. Esty 교수는 '데이터 주도형 의사결정'을 통해 정부의 효율성, 개방성, 책임감을 강화하고 주관적 판단이나 이익집단의 간섭이 아닌 사실에 근거해 판단을 내리는 방향으로 나아가야 한다고 지적했다.[9]

**인격의 데이터화** 전체 국가 경영 체인 모델에서 블록데이터는 개체의 인격에 대한 데이터화를 통해 주체성을 지닌 국민의 신분으로 형상화되는데, 이 신분은 국가 경영 체인의 다양한 측면과 요소를 구성하는 데이터 집합체 내부와 그 사이를 모두 아우른다. 데이터화된 인격은 주변 사람, 사물, 사건과 좀 더 쉽게 연계될 뿐 아니라 다양한 가치 주체가 가치 네트워크 구조를 만들어가도록 촉진한다. 이런 가치 네트워크에는 단독 형태의 중심 권력이 없기 때문에 다양한 주체 간의 공동 경험과 학습 과정, 발언권 부여가 의사결정에서 중요한 역할을 담당한다. 블록데이터 전체 국가 경영 체인에서는 주로 전통적 경계를 뛰어넘은 참여 주체가 공공 의사결정 과정에 참가하게 된다. 대상 집단의 다원성, 복잡성, 통합성을 강조하는 공공 의사결정은 공공 사무 처리 과정에서 민주적 의사결정을 통해 다양한 공치(공생)의 목표를 추구한다.

**예측적 의사결정** 현실 정보에 대한 인지 부족으로 말미암아 전통적 의사결정에 따른 결과는 실제 수요보다 항상 뒤처져 있다. 이에 반해 블록데이터에 기반을 둔 공공 의사결정 과정에서는 예견성과 전략성, 실행 가능성을 극대화시킨다. 다시 말해 우리가 머지않아 '예측적 의사결정'이라는 새로운 시대에 진입할 거라는 사실을 예고한다. 블록데이터 가치 중추에서 제공하는 분석력과 예측력은 공공 의사결정을 위한 주요 요소로, 가치 있는 데이터 스트림을 통해 나머지 요소의 자원을 효과적으로 끌어내어 구성하면 최적화된 정책 수행 결과를 도출해낼 수 있다. 전체 국가 경영 체인은 전반적 관점에서 블록데이터를 통해 개인, 법인, 사회, 국가를 아우르는 정보를 취합한다. 여기에 지리, 시간, 인구, 환경, 안전 등 영역의 데이터를 아우르는 경로를 구축해 개별형 데이터, 집단형 데이터 사이의 내재적 연계를 분석한다. 또한 블록데이터 가치 중추를 통해 데이터 집합 사이의 연계적·인과적 구조와 행동 패턴을 발견하고 예측 모델을 구축한다. 사건의 원인에 대한 분석, 잠재적 티핑 포인트 파악, 행위 예측을 통해 적절한 대응책을 마련할 수 있다.

예측적 의사결정은 회귀형 데이터 의사결정, 예측적 데이터 의사결정, 사전설정형 데이터 의사결정으로 구분된다.[10] 회귀형 데이터 의사결정은 '과거→미래'를 향해 진행되며, 역대 데이터에 대한 분석을 통해 거기서 찾아낸 숨겨진 규칙에 따라 결과를 예측한다. '과거＋현재→미래' 방향으로 작동하는 예측적 데이터 의사결정은 과거 데이터와 현재 데이터를 모아 구축한 시뮬레이션 모델을 기준으로 예측 결과를 제시한다. 마지막으로 사전설정형 데이터 의사결정은 '현재(활성화 조건)＋미래(조건 만족)→미래'를 강조한다. 즉 데이터 스트림에 대한 모니터링과 분석을 토대로 사전에 설정한 활성화 조건이 구현되었을 때 프로그램이 자율활성화되면서 미리 설정한 결정 솔루션을 제공한다.

**정부 실적 평가의 계량화**  정부의 실적 평가는 블록데이터 응용에서 중요한 영역에 속한다. 데이터 인지, 데이터 수집, 데이터 저장 수준이 꾸준히 발전하면서 예전에 식별할 수 없던 데이터, 이를테면 신분 데이터와 행위 데이터 등이 식별 가능한 데이터로 바뀌었기 때문이다. 본래 계량화할 수 없던 평가 내용이 쉽게 계량화되면서 평가의 범위와 내용 역시 한층 확대되었다. 이에 따라 한층 구체적인 정부 실적 평가 시스템을 구축하는 작업이 가능해졌다. 예를 들어 미국 정부의 '실적 게시판' 프로젝트는 더 큰 범위의 데이터 평가를 통해 구축한 정부 실적 평가 시스템으로 미국 정부기관의 실적, 연방정부의 자금 사용 현황, 정부의 자금 사용 현황, 정부의 법률 법규 제정 프로세스 등 여러 분야를 대상으로 다양한 관점에서 미국 정부의 실적을 계량화해 평가하고 개선하고자 한다.[11]

그 밖에도 블록데이터 전체 국가 경영 체인은 의사결정 집행 과정과 결과 데이터를 동적으로 모니터링할 수 있다. 국가 경영 체인의 상태를 모니터링한 데이터의 피드백이 쉽게 전달되도록 단순화시킴으로써 오차를 상당히 줄일 수 있다. 데이터를 인지할 수 있는 범위가 확대되다 보니 기존의 미디어, 뉴미디어에 대한 데이터 스트림, 스마트 기기에서 인지한 데이터 스트림에 대한 종합적 정보 수집과 연구, 판단도 가능해졌다. 이를 통해 공공경영에 대한 수요를 수집하고 발굴, 분석함으로써 아픈 곳을 긁어주고 의사결정의 피드백 메커니즘을 개혁할 수 있다. 이런 노력은 평가 심사 시스템을 끊임없이 업그레이드하는 효과로 이어진다.

# 블록데이터 가치사슬의 활력,
# 데이터 스트림

## 데이터 자원의 개방과 공유

데이터 스트림은 블록데이터 가치사슬의 핵심 자원으로, 산업사회의 운영에 없어서는 안 되는 석유와 같은 존재다. 블록데이터 가치사슬의 활력을 불어넣는 '혈액' 역할을 하는 데이터 스트림이 원활하게 순환하면서 시스템 곳곳에 에너지를 보내줘야 전체 블록데이터 가치사슬이 정상적으로 작동할 수 있다. 데이터 플로는 전체 가치사슬에서 기술, 제품, 자금, 인재, 서비스 등이 원활하게 흘러 적절하게 구성되고 순환되도록 뒷받침한다. 이를 통해 각 업종, 영역의 데이터는 한 단계 높은 차원의 데이터 연결과 통합을 이루며 체계적 통합과 분석을 통해 새로운 성장의 발판과 생장점을 개척해 가치 확대 효과를 가져올 것이다. 미국, EU 등 일부 선진국에서는 데이터 스트림이 가져올 거대한 가치를 깨달고 데이터의 연관성이 국력을 좌우하는 기준이 되리라고 판단했다. 현재 각 나라는 데이터 개방을 국가적 전략으로 '승격'시키고 다양한 노력을 기울이고 있다. 예를 들어 2013년 맥킨지가 발표한 연구보고서 〈오픈 데이터〉에서는 교육, 에너지, 의료업에 한정한 데이터 개방을 주장하며 1년 동안 전 세계적으로 3조 달러가 넘는 잠재적인 경제 효과를 가져올 것이라고 주장했다.

데이터 자원의 개방과 공유는 데이터 스트림을 형성하기 위한 전제조건이다. 먼저 데이터 공유와 개방은 서로 다른 개념이라는 사실에 주목할 필요가 있다. 정부 데이터 공유와 개방을 예로 들면 중국 국무원國務院이 발표한 '빅데이터 발전 촉진을 위한 행동 요강'에서는 정부 부문의 데이터 공유 추진, 공공데이터 자원의 안정적 개방을 강조했다. 그중 정부 데이터의 공유는 각급 정부와 여러 정부 부처 간의 정보 공유를 가리킨다. 반면 정부 데이터의 개방은 공공데이터를 사회에 개방하고 이용하도록 허용하는 것을 의미한다.

데이터 개방은 원시 데이터에 대한 개방을 강조하지만 현재 데이터 개방 실천 과정에서 일부 부처와 인사가 정보 공개를 데이터 공개로 착각하는 경우를 어렵지 않게 찾아볼 수 있다. 정부의 정보 공개와 데이터 공개는 개방 대상이 다르다는 점에서 지향점부터 다르다. 즉 정보 공개는 정보 단위까지의 개방을 의미하지만 데이터 공개는 정보를 포함한 일련의 자료 등을 모두 개방하는 것을 뜻한다. 이해를 돕기 위해 데이터를 밀가루라고 가정해 설명하겠다. 정부가 밀가루를 개방했을 때 국민은 밀가루를 이용해 만두, 국수, 케이크 등을 만들 수 있다. 요컨대 데이터 공개를 통해 다양한 수요를 만족시키기 때문에 사회구성원의 다양한 창의력을 끌어낼 수 있다. 만약 만두만 개방한다면 사회는 국수나 케이크를 좋아하는 사람들의 수요를 만족시킬 수 없다. 밀가루에서 만두에 이르는 가공 과정에서 데이터에 들어 있던 원래의 가치가 고착되거나 삭제될 경우 수많은 잠재적 가치의 확대와 이용 기회는 원천적으로 차단된다. 이런 점에서 데이터는 정보보다 한층 광범위하며 기반이 되는 자원이라고 하겠다. 데이터가 충분히 개방될 때 사회는 더 큰 가치를 창출할 수 있으며, 원시 데이터를 충분히 개방해야만 더 큰 가치를 포함한 데이터 스트림을 형성할 수 있다.

데이터 공유의 핵심은 데이터 고립, 정보의 사각지대를 없애고 데이터의 교환과 흐름을 가속화하는 데 있다. 그러나 여전히 많은 사람이 데이터의 공유와 데이터 공존을 혼동한다. 예를 들면 각 지방정부는 데이터 센터를 공동으로 구축하겠다면서 데이터를 한 지역에 저장하는 일에 매달린다. 이렇게 하면 데이터 고립 현상을 극복하고 데이터를 공유할 수 있지만, 이는 사실상 상대적 의미의 정적인 데이터 공존일 뿐이다. 공유는 다양한 측면, 다양한 주체 사이에서 데이터 자원을 공유하고 운용하는 동적 실천을 강조한다. 공유의 자주성은 데이터가 자유롭게 흐를 수 있는 내재적 원동력으로, 데이터 스트림이 블록데이터 가치사슬에서 순환되도록 촉진한다. 이를 통해 데이터 가치의 창조와 업그레이드를 추구할 수 있다. 그 밖에 효율적인 데이터의 가치 확대 과정도 데이터 자원의 개방과 공유를 촉진할 수 있으므로 가치 확대와 데이터 자원의 개방 사이에서 선순환형 구조를 구축한다.

## 계획적인 정보 인프라 수립

정보 인프라는 데이터 스트림의 중요한 매개체로 작용할 수 있다. 데이터 스트림은 데이터의 수집, 전송, 저장, 분석, 응용 등 여러 요소를 고려해 형성되는데 각 요소는 효과적인 매개체를 통해 각자의 정보를 전달해야 한다. 모든 노드를 포함하는 매개체의 집합이 바로 정보 인프라가 된다. 정보 인프라는 하드웨어와 소프트웨어로 구분되는데, 이는 곧 정보 기술과 관련된 물리적 시설과 인프라 네트워크 시스템을 의미한다. 정보 인프라에서 핵심은 데이터 수집 플랫폼, 데이터 저장 플랫폼, 데이터 응용 플랫폼이다. 이들은 블록데이터 가치사슬에서 가장 기본이자 핵심이 되는 문제, 즉 "데이터는 어디서 발생하는가? 데이터를 어디에 두는가? 데이터를 누가 사용하는가?"라는 문제에 대한 해답을 제시해준다.

**데이터 수집 플랫폼** 블록데이터의 본질은 '연결'인데 연결을 통해 개인 데이터, 법인 데이터, 사회 데이터, 국가 데이터를 구축해야 한다고 강조한다. 그렇다면 수많은 데이터를 어떻게 연결시킬 것인가? 물론 다양한 방법이 있겠지만, 그중에서 가장 중요한 것을 꼽자면 서로 연관성이 있는 주체의 데이터를 수집한 뒤 효과적으로 관리하는 것이다. 데이터 수집 장비의 증가와 능력 강화로 획득 가능한 데이터 역시 끊임없이 증가하고 있다. 어떤 의미에서 지금 가장 부족한 것은 데이터가 아니라 통일된 형태의 데이터 수집 플랫폼이라고 하겠다. 일반적으로 빅데이터 수집 플랫폼은 데이터 수집 작업과 전 처리 작업으로 구성된다. 수집 영역에서는 다양한 출처의 데이터를 수집하고, 전 처리 작업에서는 수집한 데이터를 규칙에 따라 처리한다. 데이터 수집능력이 뛰어난 플랫폼의 구축은 정보 인프라 건설의 핵심으로, 해당 플랫폼은 관련 정보를 신속하고 효과적으로 추출하고 불필요한 정보를 제거함으로써 기준이 될 만한 데이터를 확보한다. 여기에 규범화된 관리 시스템도 함께 마련되어야 한다.

**데이터 저장 플랫폼** 데이터 수집보다 상위 단계에 속하는 저장 플랫폼은 데이터 분석과 응용을 뒷받침해주는 시스템으로, 정보 인프라 건설의 중요한 구성 요소다. 데이터 규모가 확대되고 그 종류가 다양해지면서 오늘날 데이터 저장능력은 어려운 도전에 직면해 있다. 이때 클라우드 컴퓨팅 관련 시설을 통해 방문율과 사용 속도를 높이는 것도 좋은 해결책이 될 수 있다. 클라우딩 기술에 기반을 둔 데이터 저장 플랫폼은 정형 데이터, 비정형 데이터, 반정형 데이터에 대한 저장과 검색 수요를 만족시킬 수 있다. 또한 효과적인 검색 기능, 안정된 저장 기능은 빅데이터 저장 시스템의 효과를 보장해주는 중요한 지표라고 말할 수 있다.

**데이터 응용 플랫폼** 블록데이터 가치사슬은 데이터 스트림의 통합, 분석을 통한 데이터 가치의 확대를 강조한다. 블록데이터의 진짜 매력은 바로 응용에 있다. 정책과 시장이라는 수단을 통해 더 많은 시장 주체가 데이터 응용 플랫폼에 참여하도록 격려하고 유도해야 한다. 이를 통해 창의력과 자본의 결합을 추진함으로써 개방적 사고를 통해 데이터의 응용을 추진할 수 있는 데이터 오픈 메커니즘을 구축해야 한다. 또한 상용화된 응용 모델의 혁신을 통해 데이터의 가치를 끌어올리고 적극적으로 가치를 교환하도록 격려해야 한다.

정보 기술 인프라 구축에서는 계획적 설계가 무엇보다 중요하다. 구축 과정에서 시장과 정부의 공동 참여, 상호협력을 강조하고 과학적 계획, 중앙정부 차원의 보다 효과적인 정책 제정을 통해 정책의 효율성과 거시적인 조정 효과를 향상시키고 정책 지원 채널 개선과 통합 및 다양한 방법을 동원하여 정부의 주도적 역할을 발휘하도록 해야 한다. 또 한편으로는 시장이 자원을 구성하는 과정에서 결정적 역할을 수행하도록 설정해야 한다. 기존 데이터 자원과 플랫폼 시설을 적극 활용해 기존의 데이터 센터와 서버를 개조하고 이용하며 합리적인 배치, 저비용, 고효율의 데이터 저장 시스템을 구축함으로써 중복 건설과 자원 낭비를 피해야 한다.

## 표준과 정책, 제도 시스템

데이터 표준 시스템의 확립은 블록데이터 가치사슬을 구현하기 위한 필수 요소다. 데이터의 출처와 데이터의 주체가 다양하기 때문에 블록데이터 응용 과정에서 심각한 비동기화 현상이 일어나면서 블록데이터 가치사슬의 형성을 저해할 수 있다. 이 문제를 해결하려면 일관성을 갖춘 표준 시스템을 수립하고 개선해야 한다. 특히 블록데이터 가치사슬의 요소가 질서 있게 작동하려면 각각의 표준을 마련해야 한다. 예를 들어 데이터 개방 표준, 데이터 수집 표준, 데이터 저장 표준, 데이터 거래 표준 등이 여기에 속한다. 데이터 표준 시스템의 확립 과정에서 정부는 반드시 계획적으로 표준 인증과 응용 테스트 작업을 통해 표준 적절성 평가 시스템을 구축해야 한다. 더불어 관련 국제 표준 제정 작업에도 적극 참여해야 한다.

그리고 관련 정책 시스템에 대한 꾸준한 개선도 중요하다. 관련 정책을 제시했다면 조직의 실천 메커니즘 개선, 시장의 발전 메커니즘 관리, 재정 금융 지원 확대, 인재 육성을 통해 블록데이터 가치사슬이 원활하게 작동하도록 정책적 보장이 뒷받침되어야 한다.

법률적·제도적 측면에서 블록데이터 가치사슬의 정상 작동을 보장하는 작업도 빠뜨릴 수 없다. 정부는 데이터 개방과 보안을 위한 법률과 법규를 제정함과 동시에 꾸준히 개선하고 감독 관리해야 한다. 데이터 안정성을 확보한 상태에서 정부, 기업(특히 데이터 독점 기업)은 사회를 향해 데이터 자원을 최대한 개방함으로써 블록데이터 가치사슬에서 데이터의 안전한 수집과 저장, 이용, 전송을 보장해야 한다. 이는 블록데이터 가치사슬의 가치를 업그레이드할 때 꼭 필요한 조건이다.

# 블록데이터, 조직에
# 새로운 바람을 일으키다

경제 모델과 기술혁신인 블록데이터는 최근 들어 새로운 조직 모델을 선도한다는 점에서 새로운 세계관과 가치관, 방법론으로 더 크게 주목받고 있다. 블록데이터 조직에서 전통적 의미의 희소자원은 교류와 공유를 통해 그 의미가 희석되었고, 물질적 자원도 더 이상 혁신을 가로막는 장벽이 되지 못하고 있다. 그로 말미암아 사람들은 과거처럼 고정된 형태의 조직에 소속되어 생산과 생활, 혁신 자원을 얻지 않아도 된다. 사물과 사물, 업종과 업종, 인간과 인간이 연결되면서 자기조직화, 자율활성화가 가능한 데이터가 실시간으로 취합되고 공유되는 데이터 네트워크 생태계가 등장했기 때문이다. 블록데이터 조직은 자원 공유, 무한한 플랫폼이 제공되는 초超안정된 조직이다. 인간-인간 조직, 벽 없는 조직, 무한 조직, 자기조직, 클라우드 조직 등은 이제 막 싹을 틔웠거나 빠르게 자라는 블록데이터 조직으로 새로운 발전의 방향을 예고하고 있다.

블록데이터 조직의 출발점은 '데이터 인간 가설'이며, 이타주의적 데이터 문화는 블록데이터 조직을 구성하는 이론적 기반이다. 블록데이터 조직에서 조직의 핵심 경쟁력으로 떠오른 데이터 힘Data force과 데이터 관계는 사회적 관계에 영향을 준다. 다시 말해 데이터 힘의 변화는 데이터 관계에 변화를 가져다주고, 데이터 힘과 데이터 관계의 변화는 사회 전체의 발전 모델에 거대한 변혁과 구조조정의 바람을 몰고 올 것이다.

블록데이터 조직에서 조직에 대한 데이터의 영향은 더 이상 기술적 측면에 머무르지 않고 전략적 측면에서 조직 발전을 위한 획기적 방법을 제공하고 있다. 기본적 전략 자원인 데이터 자원의 구성 과정이 데이터화되는 과정으로 전환되면서 조직은 한층 개방적이고 공유하기 쉬운 방향으로 변하고 있으며, 조직 외부의 협력비용이 내부보다 낮아지는 경향도 보이고 있다. 조직의 리더십이 플랫폼 리더십으로 전환되는 과정은 조직의 의사결정이 근본적으로 변하고 있음을 의미한다. 조직의 최고 의사결정권자는 더 이상 권력이나 지위가 아니라 외부와의 협력에 적극 동참함으로써 '경량 경영Managerial Hierarchy Process'을 지향해야 한다. '간소화Delayering, 플랫폼화, 연관성과 응집력'의 삼위일체를 통해 블록데이터가 몰고 온 강력한 에너지는 조직의 자율활성화를 이끌고 변화된 환경에 적응하도록 유도할 것이다. 한 마디로 말해 조직의 존속과 발전에 새로운 바람이 불 것이다.

# 블록데이터의 출발점,
# 데이터 인간 가설

모든 조직의 핵심은 사람으로, 사람은 조직이 공유하는 자원이자 존재할 수 있는 기반이 된다. 중국의 전통 문화, 서양의 경영 사상 모두 인간에 대한 인식과 가설이라는 기반 위에 존재한다. 이를테면 중국 유교의 성선론, 법가의 성악론, 묵가의 순응론, 도가의 도성론, 서양 근대 경영학 사상에서 제시한 경제적 인간 가설, 사회적 인간 가설, 자아실현 인간 가설 등이 여기에 속한다.

조직 경영은 인류의 가장 기본적인 실천 활동 중 하나로 사회 생산 활동에서 점차 중요한 역할을 담당하고 있다. 즉 모든 경영 활동의 중심에 항상 '사람'이 있다는 점에서 인간에 대한 연구는 경영 활동에서 결코 빠져서는 안 되는 핵심 요소다. 인간을 연구하려면 반드시 가설을 통해 조직의 행위 패러다임을 도출하고, 조직의 기본 모델을 구축해 조직

이론을 과학적으로 증명해야 한다. X이론과 Y이론(미국의 경영학자 D. 맥그레거가 제창한 종업원에 대한 경영자, 관리자의 인간관에 대한 이론-옮긴이)은 경영학 관점에서 바라보는 인간에 대한 인식으로 조직 경영 이론 연구의 출발점이 되었다.[1] 그렇다면 블록데이터 조직에서 우리는 사람을 어떻게 '정의'해야 하는가?

## 경제적 인간, 사회적 인간에서 데이터 인간으로

**경제적 인간 가설** 애덤 스미스는《국부론》에서 최초로 경제적 인간이라는 개념을 제시했다. 이는 서양 자본주의의 탄생과 초기 발전 단계에서 경제적·사회적 실천이 사고와 이론적 측면에서 거둔 성과다. 이 가설에 따르면 일정한 사회질서에서 개인은 자신의 이익 최대화를 추구하는 동시에 '보이지 않는 손'의 영향으로 사회의 공동 이익을 증진하도록 무의식적으로 사고하고 행동한다. 경제적 인간 가설과 관련 이론들은 당시 방임에 가까운 경영 상태를 바꿔놓았을 뿐 아니라 낭비를 없애고, 효율을 향상시키는 것에 대한 사회적 관심을 불러일으켰다. 이와 함께 과학적 경영 이론의 탄생을 촉진시켰다.

**사회적 인간 가설** 1930년대 하버드대학교 엘튼 메이요Elton Mayo 교수는 호손 공장 실험Hawthorne Experiment에서 사회적 인간이라는 가설을 제시했다. 그리고 여기서 비롯된 것이 경영 이론인데 경영학의 대상이 사물에서 사람으로 바뀌는 변화가 이뤄졌다.[2] 사회적 인간 가설은 동기부여 측면에서 인간관계와 조직의 소속감은 경제적 보상보다 더 효과적인 수단이 된다고 강조한다. 사회적 인간은 삶과 일을 통해 경제적 소득을 추구할 뿐 아니라 우정, 안전감, 존중, 소속감 등의 감정을 경험하려는 욕망을 가지고 있다. 그러나 사회적 인간 가설은 의존적 인성 가설에 속한다. 비공식적 조직의 역할을 의식하고 있지만 비공식 조직을 조직과 대립하는 존재로 여기는 바람에 감정적 연계를 기반으로 하는 조직을 하나의 가치로 인식하지 못했다.

**데이터 인간 가설** 인터넷과 빅데이터 시대의 등장으로 새로운 조직과 공유 모델, 예를 들어 웨이보, 위챗(중국 인터넷 기업인 텐센트가 서비스하는 모바일 메신저-옮긴이), 공동 구매 사이트, 소셜미디어 등에서 일어난 데이터 폭발Data Explosion이 큰 주목을 끌고 있다. 이는 인간과 인간의 시대, 즉 데이터 인간의 시대로 그 당시의 공동 관심사를 통해 즉각적으로 형성된 임시 조직일 뿐 그리 오래가지 못한다는 특징이 있다. 데이터가 인류사회의 소통과 인지 방식을 완전히 바꿔놓으면서 미래 블록데이터 조직에서 모든 인간과 사물은 데이터로 존재하고 연계되어 함께 가치를 창출할 것이다. 전자메일, 채팅방, 블로그, 오픈 코드 등은 인간이 몰리는 곳이라고 부르기보다 협조적인 조직의 공유 공간이라고 불러야 맞다. 그리고 데이터 안에 숨어든 가치와 지혜는 데이터 조직의 상상력을 통해 새로운 가치로 떠오를 것이다. 우리는 이것을 '블록데이터 이즘Blockdataism'이라고 부른다.

데이터 인간 가설은 인간 행위 관계와 존재 방식의 이타성을 강조한다. 객체로써 인간은 인터넷에 연결되어 지속적으로 데이터를 수집하고 클라우드 엔드에 데이터를 제공하는 노드로써 인간의 데이터화를 구현한다. 인간의 존재 형식, 생활 습관, 사고방식 등은 데이터를 통해 표현되는 동시에 공유, 거래 등을 통해 타인과 사물의 데이터를 획득할 수 있다. 또한 조직의 데이터 획득과 생산능력이 대폭 강화될 뿐 아니라 다양한 영역을 아우르며 연관성을 맺게 된다. 이런 능력에는 공유능력과 타인, 특히 불특정 관계자와의 협조능력, 단체행동 수집능력 등이 포함된다.

데이터 인간은 단순히 사람을 가리키는 것 외에도 모든 사물과 부품이 데이터화된 개체로써 존재하며 서로 영향을 줄 수 있다는 것을 뜻한다. 스트립 데이터는 사물을 중심으로 생성되지만 블록데이터는 사람이나 조직을 중심으로 생성되는 주체적 특징을 보여준다. 사람이 데이터로 표현될 수 있는 것처럼 사물은 본질적으로 이미 데이터가 된다. 이를테면 자동차에 콜택시 애플리케이션을 설치하면 움직이는 데이터가 되어 시내 곳곳을 누비며 방대한 데이터를 수집한다. 이를 토대로 데이터 프로그래머는 관련 정보가 지닌 모든 잠재력을 최대한 끌어낸다. 이런 점에서 휴대폰에는 신인류의 조직 관계사가 고스란히 담겨 있다. 거대한 벌집이 사회적 장치이자 꿀벌과 관련된 정보 도구로 활용되는 것과 같은 이치다. 벌집이 꿀벌에게 소통과 협력의 플랫폼을 제공해줌으로써 꿀벌의 생존을 가능케 하는 것처럼 인류의 네트워크도 이와 같이 작동한다. 꿀벌이 벌집을 만드는 것처럼 인간은 휴대폰을 만들었다. 휴대폰은 데이터 인간의 존재이자 조직의 구성 요소로 공유가 가능한 거대한 빅데이터의 필드가 된다.

데이터 인간 가설의 등장은 인간이 전통적 선악 대결의 한계를 뛰어넘고 조직의 효율성을 옥죄던 전통적 족쇄로부터 벗어났음을 뜻한다. 대중의 아마추어화Mass amateurization는 전통적 조직의 이익관계가 지닌 한계를 뛰어넘었고, 대규모 자기조직화와 자율활성화 역시 전통 조직의 거래비용을 감소시켰다. 이들은 전통적 관리 규칙을 따르지 않고도 이기주의와 이타주의 유기적 통합을 추진할 수 있다.

## 이타주의적인 데이터 문화

조직은 유기적 생명체로써 인격을 통해 조직의 가치관과 인격 의식을 생성하고 조직할 수 있는데, 특히 블록데이터가 조직한 인격은 이타주의 문화를 전파한다. 19세기 프랑스의 철학자이자 윤리학자 오귀스트 콩트가 처음으로 '이타주의'라는 단어를 썼고, 그 후 사회생물학자 에드워드 O. 윌슨은 이타주의를 보답을 바라지 않고 타인의 이익을 증대하기 위해 노력하는 순수한 이타주의와 호혜적 이타주의(즉 조건부 이타

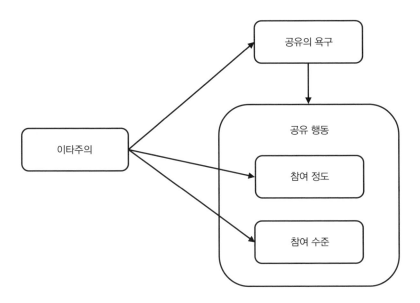

그림 7-1 | 이타주의와 공유 행동의 관계

주의)로 구분했다.[3] 이타주의는 타인에게 도움이 되는 행위를 해야 한다는 경향과 가치를 담고 있다는 점에서 자발적 외화外化의 과정이라고 할 수 있다. 즉 공유를 원하는 개체의 바람을 강화함으로써 개체의 공유 행동을 촉진한다.[4]

알리바바의 마윈 회장은 현재의 세상이 데이터 기술을 제대로 쓰려면 그 핵심인 이타주의에 주목해야 한다고 말했다. "다른 사람이 당신보다 중요하다고 믿으십시오. 다른 사람이 당신보다 더 똑똑하다고, 더 능력이 있다고 믿으십시오. 그리고 그들이 성공해야만 당신도 성공할 수 있습니다." 알리바바는 전자상거래 회사가 아닌 타인의 전자상거래 업무를 돕는 기업으로, 성공하기 위해선 다른 사람이 먼저 성공해야 비로소 자신도 성공할 수 있다는 이념을 갖고 있다.[5]

'이타주의적 데이터 문화'를 보여주는 가장 대표적 사례로 위키피디아를 들 수 있다. 지미 웨일스Jimmy D. Wales와 래리 생어Larry Sanger가 처음 위키피디아를 준비할 당시 분명한 기업 이념을 내세웠던 것은 아니지만 여러 사람의 생각, 인터넷, 위키 소프트웨어 기술이 한데 합쳐지면서 전 세계를 대상으로 하는 지식 공유의 붐이 일어나기 시작했다. 한 푼도 벌지 못하면서 그들은 왜 위키피디아를 위해 소중한 시간과 노력을 쏟아부었을까? 경제학자의 말을 빌린다면 개방적 사회 시스템을 사용했기 때문에 일반 행정비용을 획기적으로 절감할 수 있었고 참여자를 향한 문턱을 낮춘 덕분이라고 했다. 개방성 덕분에 한계비용Marginal Cost이 들지 않았으며, 이윤이나 소유자를 따지지 않아도 됐다. 그저 낮은 비용만으로 사람들에게 엄청난 양의 정보를 제공해줌으로써 호혜적인 관계가 형성되었다. 무료로 축적된 대량의 지식 창고는 미래의 상업적 거래비용에 중요한 함의를 지녔을 뿐 아니라 전 인류사회의 사고 모델과 행위 패러다임을 뒤집어엎는 변화를 가져왔다. 200여 년의 역사와 권위를 자랑하는 브리태니커 백과사전과 비교했을 때 등장한 지 겨우 10여 년에 불과한 위키피디아는 짧은 시간 안에 개방성, 정보량, 업데이트 속도에 이르기까지 다양한 영역에서 눈부신 성과를 거뒀다. 위키피디아의 등장은 그 누구도 부정할 수 없는 한 가지 사실을 말해준다. 즉 기회만 있다면 인간은 그들이 알고 있는 것을, 그것도 무료로 공유하기를 원한다는 것이다. 역사와 권위를 누리던 존재가 점점 역사의 무대 뒤편으로 사라지는 것과 달리 우리는 정보의 자유로운 공유와 자유로운 전달, 자유롭게 숨쉬는 '케이지 안'에서 풀려난 시대를 맞이하게 될 것이다.

이타주의적 데이터 문화는 빅데이터 시대에 전 사회에 영향을 미치는 주류 문화로 떠오르고 있으며, 사회 발전에 끊임없이 활력을 불어넣는다. 애덤 스미스는 《도덕감정론The Theory of Moral Sentiment》에서 이렇게 주장했다. "한 사회의 경제 발전 성과가 대중에게 골고루 나눠지지 않는다면 사람의 마음을 얻을 수 없어 위험에 처하게 된다. 불평등은 결국 사회 안정을 위협하기 때문이다."[6] 문화가 무너지지 않는 한 경제적 손실 효과는 제한적이다. 이타주의적 데이터 문화가 피땀 흘려가며 모은 밑천을 죽어도 잃을 수 없다는 원시적 충동에서 벗어날 수 있다면 경제 발전의 성과가 데이터화된 조직과 공유를 통해 대중에게 골고루 배분될 수 있을 것이다. 이는 집단지성을 통한 대중의 혁신과 군중의 창업에 새로운 바람을 가져다줄 뿐 아니라 투명한 데이터 환경에서 수많은 '유니콘 기업'[7]의 탄생을 적극 유도할 것이다.

## 팀에서 플랫폼으로

팀은 조직 이론의 핵심 개념이다. 전통적 조직 이론에서는 변화하는 환경 속에서 전통적 부서 구조 또는 기타 형태의 영구적 구성보다 팀이 민첩하게 반응해야 한다고 주장한다. 팀은 빠른 조합과 구성, 재취합, 해산이 가능하기 때문에 경쟁을 위한 구조조정에서 팀은 구성원의 재능을 충분히 이용할 수 있는 최고 해법이 된다. 팀이 조직 이론에서 크게 유행하게 된 또 다른 해석에 따르면 팀은 경영진이 조직 내 민주적인 분위기, 적극성 유도, 조직 목표 달성 등을 강화하는 데 매우 유용했다고 한다. 조직은 팀을 중심으로 행동 프로세스를 재구축하고, 팀의 적극적 협동심을 이용해 조직의 실적을 높이고자 한다. 그러므로 기존 조직에서 팀의 구축은 조직 업무를 강화하는 주요 방법으로 사용되었다.

그러나 블록데이터 조직에서 팀은 플랫폼에 자신의 자리를 내줘야 할 것이다. 플랫폼의 속성이 팀보다 훨씬 중요하다고 평가받게 된 주된 이유는 전통적 조직이 수직적으로 연결되어 있는 데 반해 블록데이터 조직은 수평적으로 연결되어 있기 때문이다. 서로 쉽게 소통할 수 있는 생태 시스템에서는 모두가 관심을 갖는 가치 성과를 중심으로 개인이 자유롭게 의사를 표시할 수 있는 플랫폼이 형성된다. 플랫폼끼리 실시간으로 통합되는 동시에 공평하면서도 긴밀한 소통 시스템과 조직 형태가 구축된다. 예를 들어 하이얼이 내건 '외부적으로는 중간 유통 과정을 줄이고, 내부적으로는 자원의 진입 장벽을 무너뜨리겠다'는 슬로건은 개방적인 플랫폼 구축을 통해 최고급 자원의 자유로운 소통을 유도함으로써 조직에 끊임없이 생기와 활력을 불어넣겠다는 의미로 해석될 수 있다.

플랫폼은 조직 가치의 최대화를 지향한다. 모든 조직의 구성원은 플랫폼에서 자신의 지혜와 재능, 자원을 쏟아부어 성장의 요소로 신속히 투입될 수 있다. 조직 구성원은 더 이상 각자의 업무 영역 안에 갇혀 있지 않고 상호협력과 높은 자율성을 추구할 수 있다. 그 밖에도 블록데이터 조직에서 플랫폼은 자원이 개방되고 공유되는 '만남의 광장'이 된다. 여기서 '광장'은 물리적 공간이나 가상의 공간이 될 수도 있고, 환경이나 특정 툴을 가리키는 것일 수도 있다. 자원 요소 역시 플랫폼에서 긴밀하게 연계되고 통합되면서 가치의 최대화를 실현한다.

블록데이터 조직에서 바라본 플랫폼은 연결과 교류의 장으로 플랫폼에서의 연결은 기반, 교류는 방식을 의미한다. 연결은 거리를 좁히고 관계를 더욱 돈독히 한다는 뜻으로 공동 관심사와 흥미, 이익을 기반으로 연맹이나 이익 공동체를 구성한다. 교류는 데이터와 지식, 가치를 창출한다. 정보 전달은 더 이상 일방적·일원적으로 이뤄지지 않고 양방향으로 다차원에 걸쳐 진행된다. 비슷한 것끼리 무조건 꿰고 보는 전통 조직의 일방적 가치사슬은 긴밀히 소통하며 상호작용하는 수평적 가치사슬로 변했다. 또한 각 노드는 동시다발적으로 반응하며 전체 프로세스 안에서 정보를 공유한다. 경직된 상명하복식 조직 구조는 무너지고 자율적으로 작동하는 플랫폼이 그 자리를 대신하면서 조직 안팎의 경계가 희미해지고, 모든 조직과 개인이 플랫폼에서 한데 모일 수 있다. 개방 덕분에 다양한 업계 간 통합이 이루어지면서 새로운 형태의 기업이 속속 등장할 수 있다. 예를 들어 '팔로워' 인력자원관리에서는 팔로워가 서로 교류하는 플랫폼을 통해 대량의 잠재적 수요를 발굴할 수 있다. 팔로워는 창의력의 원천으로, 그들의 적극적 참여는 혁신적 개혁을 위한 원동력을 제공하고 있다. 마지막으로 팔로워는 브랜드의 대변인으로, 특히 1인 미디어 시대에 발맞춰 팔로워의 입소문 마케팅을 통해 제품의 인지도를 빠르게 끌어올리고 더 많은 사용자의 참여를 유도할 수도 있다.

플랫폼은 자체적으로 진화가 가능한 유기적 시스템으로, 조직의 개별 구성원 간 공생과 공유가 가능한 시장 거래관계를 형성할 수 있을 뿐 아니라 사회 발전에 도움이 되는 자원을 조직에 제공할 수도 있다. 플랫폼이 수요를 만족시키지 못할 경우 조직은 내부 자원의 플랫폼이 아니라 생태 플랫폼에서 제공하는 양질의 자원을 선택할 수도 있다. 덕분에 플랫폼은 더 높은 목표를 세우고 경쟁력을 강화함으로써 플랫폼의 최적화와 업그레이드를 꾸준히 추구할 수 있다.

이보다 더 중요한 사실이 있다. 플랫폼은 자체적으로 풍향계, 리더로서의 역할을 겸하며 업계와 조직의 발전을 이끈다는 것이다. 플랫폼이 탈중심화를 이끄는 데 성공할 수 있었던 것은 중심이 되겠다는 것이 아니라 중심 권력을 나눴기 때문이다. 거대한 집권의 중심을 여러 개의 작은 중심으로 쪼개면 선도적 지위를 차지하는 플랫폼은 보다 강력하게 기업과 업계, 조직의 발전을 이끌 수 있다. 예를 들어 현재 등장한 유니콘 기업의 상당수는 플랫폼을 통해 고부가가치를 실현했다는 공통점을 지닌다. 또한 이들은 조직의 발전을 이끄는 선도적 지위를 지니고 있는, 플랫폼 리더십의 위대한 대표라고 할 수 있다.

# 공유형 조직의 새로운 패러다임,
# 블록데이터 조직

조직 구조는 조직 작동 시스템의 틀로, 조직 내부에서 가치를 창출하는 질서라고 정의할 수 있는데, 여기서 핵심 포인트는 질서성이다. 블록데이터 조직은 초안정적 구조로 자기조절이 가능한 복구 메커니즘을 갖춘 채 내부 조절과 균형 추구를 통해 혼돈에서 벗어나 질서를 지향한다. 이런 점에서 조직은 혼돈과 질서라는 2가지 특징을 지녔다고 볼 수 있다. 조직의 취약성과 강한 지배력이라는 문제에 직면했을 때 블록데이터 조직은 조직이 없는 조직력을 흡수하고 이용해 조직 구조의 균형을 이뤄낸다. 조직이 없는 조직력으로 원래 상태로 회복하는 동시에 개체와 조직의 활력을 활성화할 줄 아는 공유형 조직의 새로운 패러다임이다.

## 조직 구조의 진화

인류사회의 조직 구조는 오랜 시간에 걸쳐 꾸준히 진화해 왔다. 관료제 조직, 직계 간소화 조직을 거쳐 네트워크 조직으로, 단순 조직에서 복잡한 조직으로, 수직형 조직에서 수평적 조직으로, 폐쇄적 조직에서 개방적 조직으로, 유형의 조직에서 무형의 조직에 이르기까지 그 형태가 점점 다양해지고 있다. 조직의 규모가 작고 가치 창조 활동이 단순한 상황에서 다양한 계급의 관리자에게 권리가 주어지는 관료제 조직은 매우 효과적인 조직 구조로 평가되었다. 그러나 규모 확대, 가치 수요의 변화에 대한 대응, 피라미드식 조직 구조의 경직화 문제 해결 등으로 조직은 점차 수평적 질서를 지향하며 조직의 가치 창조능력을 중시하기 시작했다. 이런 변화에 발맞춰 조직이 빠르게 전환되면서 직계가 간소화된 조직이 등장하기에 이르렀다.

조직의 직계가 간소화되자 조직의 개방성이 한층 확대되었다. 그에 따라 사방으로 뻗어나간 가치 창조의 체인은 결국 망 형태의 조직 구조를 형성했다. 한층 복잡해진 조직 구조, 신속함을 강조하는 조직 형태 덕분에 네트워크 조직은 환경 변화와 불확실성에 더 쉽게 적응했고 개방의 문을 활짝 열어젖혔다. 개방성은 생명력의 상징이자 조직이 존속하기 위한 중요한 요소다. 일본의 여성 작가 시오노 나나미Shiono Nanami는 《로마인 이야기》에서 기원전 3세기 고대 로마의 도로와 진나라의 만리장성을 비교했다. 15만 킬로미터에 달하는 로마의 도로와 5,000킬로미터에 달하는 중국의 만리장성은 당시 사람들이 가진 전혀 다른 지향점을 보여준다. 도로는 세상을 연결해주는 통로로 소통과 개방을 상징하지만, 거대한 장벽은 폐쇄적이고 보수적인 성향을 반영한다. 그리고 그 장벽은 끝내 무너지고 말았다.

현재 네트워크 조직은 조직 형태의 주류로 자리 잡았다. 진화 법칙에서 우리는 한 가지 사실을 발견할 수 있는데, "조직 구조가 다른 조직 구조로 진화할 때 종종 2가지 조직 구조의 특징을 모두 갖춘 혼합형 조직 형태가 나타난다"[8]라고 했다. 블록데이터 조직은 데이터 경제 시대에 순응하며 생겨난 복잡한 조직 형태로, 네트워크 조직 형태보다 고차원적인 조직 형태로 정의할 수 있다. 이와 함께 블록데이터 조직의 경계가 일반 조직의 경계를 뛰어넘으면서 침투성과 모호성을 비롯해 자기복사, 자기학습, 동적 진화라는 특징이 나타난다. 사이버네틱스Cybernetics의 창시자 노버트 위너는 "사회 통신은 사회라는 건물에 함께 붙여넣을 수 있는 콘크리트와 같다"[9]는 명언을 남기기도 했다. 여기서 말하는 '통신'은 광의적 개념으로 데이터도 포함된다. 그러므로 좀 더 광범위한 데이터 공유를 통해 조직은 환경을 학습해 자신의 유기성과 적응력을 끌어올리고, 조직이 환경에 쉽게 적응하도록 조직과 환경의 관계를 이끌어야 한다. 그리고 이를 통해 복잡하고 불확실한 환경에서 생존하고 발전할 수 있는 가능성을 꾸준히 높여 가야 한다.

블록데이터 조직은 지금 빠른 속도로 급성장하고 있다. 블록데이터는 하나의 개념이자 사고방식, 방법론에 속한다. 예를 들어 구글의 CEO 에릭 E. 슈미트는 미래 조직의 중요한 직무는 '똑똑하고 창의적인 사람'을 한 자리에 모아 고객의 니즈를 신속하게 파악하고, 유쾌하고 창의적으로 제품을 개발하거나 서비스를 제공하는 데 있다고 했다. 이 과정에서 조직은 '똑똑하고 창의적인 사람'을 관리하지 않고 그저 분위기만 조성해주면 된다. 조직 간 장벽을 세우는 방식으로 더 이상 성공할 수 없다. 그보다는 개방과 협력을 강조하는 조직 구조를 구축함으로써 외부의 요구나 변화에 재빨리 적응해야 한다. 새로운 피를 수혈하고자 하는 바람과 이와 관련된 전략적 사고를 갖춰야만 조직에 더 많은 지혜와 기회를 제공할 수 있을 뿐 아니라 부담도 덜 수 있다.

## 취성과 강한 지배력, 조직이 없는 조직력의 재인식

취성脆性은 조직의 기본적 속성으로, 일정한 역사적 조건 아래서 조직의 탄생과 함께 발생한다. 내부적·외부적 환경에서 조직에 대한 불확실성과 정보의 불완전성으로 취성이 축적되면 발생 가능한 조직 붕괴에 대한 저항력Antifragile을 길러야 한다. 예를 들어 2,000여 년에 달하는 중국의 봉건사회는 매우 취약한 사회 구조를 지녔지만, 이런 이유로 쉽게 무너졌다고 말할 수는 없다. 취성은 그저 탄성이 부족하다는 뜻일 뿐 구조의 와해 여부는 균형을 유지할 수 있는 힘, 즉 균형력에 달려 있기 때문이다. 가정과 국가는 같은 운명 공동체이며, 모든 것은 종법宗法을 따라야 한다는 관념 때문에 중국 봉건사회의 구조에서 취성과 강한 지배력이 발생하는 동시에 조직의 초안정적 사회 구조를 유지할 수 있는 중요한 메커니즘도 생겨났다.

조직사회학 관점에서 바라본 모든 조직은 무척 까다로운 조건 때문에 취성을 지니고 있지만 조직의 생명력은 강인하며, 조직의 생명 시스템은 욕구를 효과적으로 통제하고 균형을 유지하려는 성향을 지녔다. 사이버네틱스는 이런 자동 균형 유지 시스템을 통칭 '자동안전장치Built-in stabilizers'라고 부른다. 생명 시스템은 체내의 취약한 균형을 유지하기 위해 균형을 강하게 통제할 수 있는 시스템으로 발전했다. 예를 들어 인체 내의 신경물질 조절 시스템Advanced neurohumoral Regulation System은 성장을 통해 균형을 강하게 통제할 수 있다.[10] 조직과 생명은 서로 다른 존재지만 살아있는 생명체로 자신의 생존을 위해 최선을 다한다. 그러므로 취성 균형을 기반으로 탄생한 조직은 반드시 보호 시스템을 갖춰야 한다. 이런 시스템에는 조직을 갖춘 조직력, 조직이 없는 조직력이 모두 포함되며, 두 개의 힘은 상호작용을 통해 조직의 초안정적 구조를 구축한다.

블록데이터 조직도 초안정적 구조를 갖추고 있지만 취약성이 강인성으로 대체되면서 강한 지배력 역시 조직 중 개체의 높은 연관성과 다양한 데이터 자원의 공유에 힘입어 공생관계로 전환되면서 강한 지배력은 강한 단합력으로 바뀌었다. 조직이 없는 조직의 힘, 자기조직화 회복 메커니즘이 한데 어우러지면서 조직 취성이 활성화되고 회복능력이 만들어졌다. 이처럼 블록데이터 조직은 유례없이 내부 조화와 자아균형을 이룬 조직으로, 안정적 구조나 안정적 상태가 쉽게 무너지지 않는다는 점에서 안정 구조보다 훨씬 더 안정된 구조라고 할 수 있다.

## 자기조직화와 자율활성화, 조직의 회복 메커니즘

독일의 이론물리학자 헤르만 하켄Hermann Haken은 진화 형태로 볼 때 조직은 자기조직화와 타자조직화로 구분된다고 주장했다. "외부의 명령에 의해 형성되었다면 타자조직화가 된다. 외부의 명령 없이 암묵적 규칙에 따라 각자의 본분을 다하고 조화를 통해 질서 있는 구조를 자동으로 형성한다면 자기조직화라고 부를 수 있다."[11] 그러므로 자기조직화는 진화의 개념으로 이해할 수 있다. 조직은 유전과 변이, 적자생존의 작용을 통해 끊임없이 성장하며 활력과 질서를 모두 갖춘 형태를 구축할 수 있다. 또한 환경에 대한 조직의 적응력을 지속적으로 향상시킬 수도 있다.

블록데이터 조직 이론은 자기조직화를 강조하는 동시에 조직의 자율활성화를 강조한다. 외부 자극이 없으면 조직은 항상 동적인 성향에서 안정적 성향으로 변하기 때문에 안정 상태에서 동적 상태로 전환되려면 이전보다 더 큰, 심지어 파괴적일 만큼 강한 외부의 힘이 가해져야 한다. 그 힘을 확보할 수 없다면 자체적으로 활력과 열정을 유지할 수 있는 자율활성화 외에 다른 방법이 없다. 노벨상 화학상 수상자인 일리야 프리고진은 산일구조론Dissipative Structure Theorem에서 시스템은 개방된 시스템에서 교환을 통해 엔트로피를 환경으로 전송하거나 환경에서 네겐트로피Negentropy를 끌어들여 시스템 내부의 균형을 유지해야 한다고 주장했다. 블록데이터 조직은 자체적으로 강한 활력을 품고 있어 신진대사, 자기회복, 자기조절, 자기제어 등의 작업을 수행할 수 있다. 또한 자신의 질서와 발전 변화를 유지하려는 활력도 지니고 있다. 그러므로 블록데이터 조직의 플랫폼은 자기조직화와 자율활성화를 통해 끊임없이 네겐트로피를 끌어들임으로써 조직 구조의 변화와 최적화를 추구한다. 이를 공식으로 표현하면 다음과 같다.

So + Sa > N

여기서 So는 자기조직화Self-organizing이고, Sa는 자율활성화Self-activating이고, N은 네겐트로피다.

이 공식은 비개방성이 조직의 쇠망을 촉진한다는 사실을 보여준다.

조직이 오랫동안 존재할 수 있는 유일한 방법은 엔트로피를 줄이는 것으로, 시스템 개방을 통해 조직의 플랫폼화에 박차를 가해야 한다. 블록데이터 조직이 팀이 아닌 플랫폼을 강조하는 이유가 바로 여기에 있다. 블록데이터 조직은 활성화를 적극 강조해 끊임없이 외부와 물질, 에너지를 교환한다. 교환한 에너지가 임계값에 도달하면 균형 상태의 '상변화Phase Change(즉 질적 변화)'가 일어나면서 혼란하고 무질서하게 보였던 조직이 점차 기능을 갖춘 질서정연한 상태로 변한다. 조직의 개방에 따른 복잡성 때문에 조직은 필연적으로 비평형 상태의 혼돈을 유지할 수밖에 없다. 즉 혼돈으로부터 질서를 가져오는 것이다. 거시적으로 보면 무질서한 것처럼 보이지만 미시적으로 보면 일말의 질서가 존재한다. 플랫폼의 개방성을 동원해 네겐트로피를 끊임없이 끌어들임으로써 조직은 발전하고 혼돈에서 질서로 나아가게 된다. 화웨이華爲의 창업주 런정페이任正非의 말처럼 이익 때문에 자신이 몸담고 있는 회사에 대한 '애정'이 사라지면 프로세스 최적화를 통해 조직의 힘을 공고히 하는 수밖에 없다.

카오스 이론은 블록데이터 조직의 자기조직화, 자율활성화에 상당히 중요한 의미를 갖는다. 복잡 시스템에 속하는 조직은 미래의 불확정성, 즉 이른바 VUCA(변동성Volatility, 불확실성Uncertainty, 복잡성Complexity, 모호성Ambiguity의 약자) 환경[12]에서 '가벼운 발걸음 경영Light Footprint Management)' 법칙에 따라 작동한다. 2012년 11월 미국 대통령 선거 전날 출판된《대치와 은폐Confront and Conceal》에서는 무인기, 사이버 공격, 특수부대를 운용한 오바마의 '가벼운 발걸음' 전략은 미국의 이익을 보호하는 동시에 '미국 국민의 생명과 재산을 소모하는 지구전'을 피하기 위한 묘책이라고 설명했다. 블록데이터 조직이 직면한 VUCA 세상에서도 이른바 가벼운 발걸음 경영을 어렵지 않게 찾아볼 수 있다. 예를 들어 최근의 로봇, 자동화, 디지털 기술 등은 그 자체만으로 목적이 될 수 없지만 조직이 더 가볍고 민첩하게 작동하는 데 없어서는 안 될 요소로 평가받고 있다. 조직의 발걸음이 가벼워졌다는 사실이 중요한 이유는 확고한 신뢰가 바탕이 된 협력과 협조 아래서만 자기조직화와 자율활성화에 필요한 동력이 생겨나기 때문이다. 이와 함께 자기조직화와 자율활성화는 확고한 신뢰를 바탕으로 하는 모듈화된 조직을 생성하고, 조직과 조직의 모듈은 자기조절을 통해 조화를 이룬다. 내부자는 물론 외부자도 믿을 수 있으니 개방적 태도로 다양한 영역을 아우를 수 있는 파트너를 얻을 수도 있다. 좀 더 구체적으로 말하면 블록데이터 조직은 가장 똑똑한 사람이 아니라 가장 적합한 사람을 필요로 한다. 가장 똑똑한 사람은 영원히 조직 안으로 들어올 수 없다.

인간은 자신을 경영하는 CEO로 자기조직화와 자율활성화는 조직의 활력을 떨어뜨리는 문제를 해결하고 조직의 잠재력을 활성화함으로써 조직 내 개체의 자아성장과 자아가치 실현을 촉진하며 가치 생태계의 탄생을 유도한다. 이와 함께 모든 사람이 창업자라는 전략을 실천할 수도 있다. 이런 개체는 활성화되는 동시에 조직 형태의 변혁을 촉진하면서 공유 플랫폼, 동력 플랫폼, 혁신 플랫폼으로의 변혁을 꾀한다. 또한 조직의 탈권력화, 탈중심화를 통해 경영의 군더더기를 줄이고 조직이 발전 - 위기라는 주기율에서 벗어나도록 힘쓴다.

## 공유형 조직의 새로운 패러다임

공유주의 탄생은 인터넷과 빅데이터가 인류에게 가져다준 가장 큰 혜택이다. 소문자로 시작하는 'share(공유)'는 훈훈하고 예스러운 단어지만 대문자인 Sharism(공유주의)이 되면서 우리를 향해 다가올 새로운 시대, 즉 공유사회Sharing Society를 예고한다. 공유사회는 단순히 획기적인 비즈니스 모델이 아니라 공유사회의 변혁, 공동 창조와 공동 관리, 무한한 공유 조직이라는 특징을 지닌 새로운 패러다임이다.

인간과 조직의 관계는 가치 교환에서 가치 공유로 전환되었다. 미국의 미래학자이자 문명비평가 제러미 리프킨은 미래 사회에서 인간은 단순히 가치를 교환하는 데 그치지 않고 가치를 공유할 것이라고 주장했다. 과거에는 교환을 통해서만 가치를 창출할 수 있었지만 미래에는 공유를 통한 가치 실현으로 바뀔 것이다. 블록데이터 조직에서도 조직과 사람의 관계에 새로운 변화의 바람이 불고 있다. 사람과 조직의 관계는 사람이 조직에 적응하는 수동적 관계에 머물러 있지 않고 인력 자본과 조직 자본, 화폐 자본끼리 서로 윈윈하고 공유할 수 있는 협력 파트너 관계로 발전했다. 요컨대 자본이 노동을 고용한다는 전통적 개념이 180도 뒤집어졌다. 조직은 가치 창조 활동을 위해 사람이 만든 무대에 자리 잡았으며, 사람은 예전처럼 더 이상 무대에 발목 잡힐 필요가 없다. 요컨대 조직과 사람은 상호의존적 관계 또는 조직이 사람에게 더 의존하는 관계로 전환되고 있다. 예를 들어 현재 화웨이는 사람과 조직의 공생관계를 구축하기 위해 적극적 행보를 보이고 있다. 화웨이 회장 런정페이는 직원을 대상으로 공평한 원칙, 이익의 공유를 보장했다. 심지어 화웨이와 거래하는 일부 공급업체에게 위험한 시기에 수익을 독차지하지 않겠다고 약속하기도 했다.

가치 창조를 기반으로 하는 통합의 가치를 지닌 생태계를 구축해야 한다. 사람의 성취감은 가치 창조를 위한 가장 중요한 요소로, 가치 창조를 기반으로 조직에서 사람의 지위와 역할을 인정해야만 인성을 존중할 수 있고 인본주의의 함정을 피할 수도 있다. 블록데이터 조직의 공유 메커니즘이 작동하려면 다음과 같은 조건을 갖춰야 한다. 사람에 대한 기존의 속박이나 고정관념을 모두 버리고 사람이 스스로 가치를 창조하도록 적극성을 유도함으로써 가치 추구를 위한 사람의 자체적 동력을 활성화시켜야 한다. 또 한편으로 모든 사람은 자주적 가치를 지닌 존재로서 가치 창조에 대한 공헌도에 따라 자원을 배분해야 한다. 블록데이터는 직계의 간소화, 자기조직화, 네트워크화를 거치면서 더 이상 개인적 존재가 아닌 우주적 존재로 발돋움했다. 이런 변화는 공유형 조직 연맹, 즉 연맹의 공존, 연맹의 공동 창조, 연명의 공동 관리, 연맹의 공동 책임, 연맹의 공유라는 형태로 구체화되고 있다. 전체 시스템 조직과 외부 환경 사이를 가로막았던 장벽이 모두 사라지면서 자원이 자유롭게 흐르는 무대가 마련되었다. 조직의 가치는 더 이상 조직 자체에 머물러 있지 않고 모든 조직원의 창조력을 어떻게 활성화시키고 재창조할 것인지에 달려 있다. 가치사슬의 구성원이 가치를 공유할 수 있는 플랫폼을 만드는 사람, 그가 곧 미래 조직의 리더가 될 것이다.

공동 관리는 이익 공동체를 탄생시킨다. 이탈리아의 정치 철학자 니콜로 마키아벨리Niccolò Machiavelli는 일에 참여한 모든 사람에게 이익이 돌아가지 않는다면 그 일은 성공할 수 없으며, 설사 성공하더라도 결코 오래갈 수 없다고 했다. 인터넷과 빅데이터 시대가 오기 전에 우리 인류가 처한 상황이 그러했다. 개인과 기업, 기업과 기업 사이에 끊임없는 제로섬게임Zero Sum Game이 벌어졌다. '너 죽고 나 살자'가 아니라 '너 죽고 나 죽고' 식의 갈등이 극에 달했다. 그러나 블록데이터 조직이라는 새로운 패러다임은 데이터 인간의 이타주의가 경제적 인간 가설을 앞선다고 강조한다. 전통적 가치관과 제도의 지배에서 가치 창조와 가치 재배분은 종종 분리되었지만 이익 공동체의 이익 최대화라는 메커니즘에 바탕을 둔 가치 창조와 가치 공유는 갈수록 긴밀히 작용하며 호혜적 생태 시스템을 탄생시켰다. 가치 창조의 목적은 가치의 공유에 있다. 이익을 공유하는 방식으로 당사자를 가치 창조 활동에 참가시켜야 비로소 가치 창조의 최대화를 이끌어낼 수 있다.

# 데이터 힘, 블록데이터 조직의
# 핵심 경쟁력

인류사회에서 생산력과 생산관계가 가장 중요한 관계였듯, 빅데이터 시대로 접어들면서 데이터 힘과 데이터 관계도 갈수록 중요한 관계가 되어가고 있다. 그러면서 새로운 문제가 속속 등장하고 있는데, 이는 진지한 연구를 필요로 하는 중대한 이론 문제다. 일반적 의미에서 데이터 힘은 데이터 시대의 발전을 이끄는 근본적 동력이다. 이런 힘의 상호작용으로 전체 사회의 생산관계에 데이터 관계라는 '낙인'이 찍혔다. 새로운 데이터 관계는 심지어 "자본주의의 죽음을 촉진하는 '빨리 나아가기' 버튼을 다시 누르는 방법이라는 의문과 관련이 있다"[13]는 사실은 매우 중대한 이론적 발견이라고 하겠다. 생산력과 생산관계의 갈등이 인류사회의 발전을 이끈 중요한 동력인 것처럼 데이터 힘과 데이터 관계 역시 데이터 사회의 빠른 발전을 유도한다. 데이터 힘을 결정하는 중요한 요소가 바로 데이터 인간이다. 데이터 처리능력도 데이터 힘을 가늠하는 중요한 기준이 된다. 앞으로 우리는 데이터 시대의 발전을 위한 내재적 요구에 순응하며 블록데이터 조직, 블록데이터 경제, 블록데이터 정부의 발전을 추진함으로써 공유사회와 이데올로기 구축에 더 많은 노력과 관심을 기울여야 한다.

## 학습력에서 데이터 힘으로

수십 년간 조직 이론 연구의 영역을 둘러싸고 다양한 학설이 제기되면서 각 이론은 영향을 주고받으며 조직 이론 연구의 수준을 계속 끌어올렸다. 특히 1990년대 미국 학자 피터 센게Peter Senge의《제5경영The Fifth Discipline》이 출판되면서 '학습형 조직' 이론이 순식간에 전 세계로 퍼져나가 각계로부터 뜨거운 관심과 호평을 받았다. 그 덕분에 학습형 조직 이론은 현재 조직과 경영 이론에서 가장 큰 비중을 차지하며 많은 대기업으로부터 러브콜을 받고 있다. 또한 이들 기업은 학습형 조직으로의 변신을 꾀하며 큰 관심을 보이고 있다. 학습형 조직에서 가장 중요하게 여기는 것은 당연 학습력이다. 학습형 조직에는 '$L \leq C = D$'라는 유명한 법칙이 존재한다. 즉 학습 속도가 변화 속도보다 늦거나 같은 경우 '사망'에 이른다는 것이다. 이 공식은 많은 사람에게 영향을 주면서 학습형 조직의 위상을 한껏 드높였지만 블록데이터 조직에서는 조직이 특정한 플랫폼 환경에서 맺는, 연계와 통합을 강조하는 '$K = S(V, P)$'라는 공식을 제시한다. 즉 폐쇄적 조직문화, 경직된 조직의 규칙 때문에 발생하는 네겐트로피를 꾸준히 제거함으로써 조직의 생명주기에 오랫동안 활력을 불어넣을 수 있는 원동력을 만들어내야 한다고 주장한다.

표 7-1 | 블록데이터 조직과 학습형 조직의 구분

| 유형 | 구조 | 자원 | 형태 | 장점 | 효과 |
|------|------|------|------|------|------|
| 학습형 조직 | 안정적 구조 | 인재 | 팀/협력 | 학습력 | 균형/내부성 |
| 블록데이터 조직 | 초안정적 구조 | 데이터 | 플랫폼/연계 | 데이터 힘 | 재균형/외부성 |

블록데이터 조직은 미래 조직의 발전과 변혁을 선도하는 새로운 형태가 될 것이다. 학습형 조직 이론에 비해 블록데이터 조직은 기존의 조직 학습을 한층 광범위하고 개방된 딥러닝 영역으로 이끈다. 딥러닝을 비롯한 새로운 변화를 통해 조직은 새로운 핵심 경쟁력인 '데이터 힘'을 확보할 수 있다. 블록데이터는 한층 고차원적이고 큰 영향력을 미치는 조직 모델로, 학습형 조직의 '업그레이드 버전'이라고 볼 수 있다.

데이터 힘은 빅데이터 시대의 인류가 데이터 기술을 이용해 자연을 이해하고 개조할 수 있는 능력으로 가리킨다. 인지적 능력이자 발전 능력으로, 결론적으로는 데이터 생산력을 의미한다. 데이터 힘은 블록데이터 조직의 핵심 경쟁력으로, 앞서 설명한 것처럼 데이터 사이에 존재하는 상호작용은 데이터의 질점 사이에 분포된 데이터 중력의 데이터 중력파를 통해 작동한다. 데이터 중력파는 사방으로 뿔뿔이 흩어지고 조각난 방대한 데이터를 유기적으로 결합시켜 데이터 힘의 잠재적 가치를 최대한 끌어올린다. 또한 데이터 중력파를 이용한 조직 간 매칭을 통해 데이터의 근원을 탐구하는 데 전체 체인의 스트립 데이터 힘을 총동원한다. 이를 통해 대량의 데이터를 직접적 생산력으로 전환하고 더 나아가 데이터 힘을 최대한 끌어올릴 수 있다.

데이터 힘의 영향력은 우리 주변에서 쉽게 찾아볼 수 있다. 사람들은 구글의 인공지능 컴퓨터 알파고가 세계 최고의 바둑기사를 꺾는 장면을 지금도 기억하고 있다. 그 모습을 보면서 사람들은 인공지능이 미래 영역에서 얼마나 큰 역할을 해낼 것인지 순식간에 깨달았다. 10년 전 컴퓨터가 국제 체스 챔피언을 이겨 컴퓨터의 전산능력이 충분히 뛰어나다는 것을 알고 있었지만 바둑은 수의 변화가 무궁무진해서 인공지능이 계산능력 향상과 실진법으로는 인류를 거의 이길 수 없다고 여겨왔다. 그러나 모든 사람의 예상을 뒤엎고 딥블루는 가리 카스파로프를 물리치며 전 세계를 경악시켰다. 2년이라는 짧은 시간 동안 빅데이터에 기반을 둔 인공지능의 딥러닝 학습 알고리즘이 이런 성적을 거둘 수 있으리라고 아무도 예상하지 못했다. 한 가지 분명한 사실은 머지않아 스마트 딥러닝 영역에서 다양한 애플리케이션이 등장하며 인재와 자본의 거대한 흐름을 자극할 것이다. 그 흐름은 인간-기계 학습, 데이터 구동 등을 통해 이어지면서 조직의 데이터 힘을 전반적으로 끌어올릴 것이다. 앞으로 데이터 힘은 인류의 가장 중요한 생산력이 될 것이고, 생산력도 데이터를 통해 유례를 찾아보기 어려운 수준으로 향상될 것이다. 인공지능은 인류를 대체할 수는 없지만 인류의 데이터 힘을 집중시키고 최대한 끌어올리는 데 중요한 역할을 할 것이다.

## 5대 데이터 처리능력

데이터 처리능력은 데이터 힘의 가장 중요한 구성 요소로, 데이터 힘을 가늠하는 기준이 된다. 이런 점에서 미래 조직의 핵심 경쟁력은 데이터 처리능력에 달려 있다고 하겠다. 2002년 2월 언론에 공개된 성명서에 당시 미국 국방부장관인 도널드 럼스펠드가 제시한 '3단 논법'이 소개되었다. 이는 이미 알고 있음을 알고 있는 단계, 이미 알고 있음을 알지 못하는 단계, 알지 못함을 알지 못하는 단계를 가리킨다. 빅데이터 시대에 우리는 데이터 힘과 데이터 관계의 상호작용과 데이터 처리능력에 힘입어 '알고 있음을 알지 못하는 단계'에서 벗어나 '알고 있음을 이미 아는 상태'로 전환할 수 있다. 또한 '알지 못함을 알지 못하는 원인'을 찾아내어 '알고 있음을 모르거나, 알고 있음을 이미 알고 있는 상태'로 전환할 수도 있다.

빅데이터 시대에 우리에게 가장 절실한 것은 데이터의 유용성과 효용성에 대한 인지와 발굴 능력이다. 기술이 아니라 데이터에 대한 인지와 다양한 영역을 아우를 수 있는 응용력과 처리능력이 필요한 것이다. "데이터 처리능력은 데이터를 정리하고 분석함으로써 대량의 데이터에서 문제 연구에 도움이 되는 정보를 추출하고 판단할 수 있는 능력을 가리킨다."[14] 데이터 처리능력의 특징은 데이터를 사용해 소통하고 데이터를 최대한 활용하여 진실을 찾는 데 있다. 데이터 처리능력의 목적은 데이터에서 유용하고 유효한 정보를 발굴한 뒤 의사결정 과정에서 과학적 근거로 활용하는 데 있다. 이런 능력에는 데이터 수집능력과 데이터 저장능력, 데이터 연관 분석능력, 데이터 활성화능력, 데이터 예측능력이 포함된다.

앞서 언급한 5대 능력으로 블록데이터 조직의 데이터를 처리할 때는 인공지능, 신형 싱크탱크, 데이터 전문가의 참여를 통한 새로운 데이터 처리 플랫폼 구축을 강조해야 한다. 또한 인공지능을 통해 한층 광범위한 영역에서 다양한 측면의 데이터를 처리하고, 데이터의 자기조직화와 다크 데이터의 자율활성화를 강화해야 한다. 특히 데이터 중력파의

표 7-2 │ 5대 데이터 처리능력

| 5대 능력 | 주요 내용 |
|---|---|
| 데이터 수집능력 | 데이터의 사용자인 조직은 기본적 데이터 획득 방법을 파악하여 적절한 경로를 통해 원하는 데이터를 획득한다. 데이터의 생산자인 조직은 기록, 관찰, 실험 등을 통해 생산되는 각종 데이터를 수집한다. 각종 데이터 툴을 능수능란하게 사용해 인터넷과 기타 데이터 자원에서 필요로 하는 데이터를 수집한다. 구매, 검색, 획득 등의 방법을 혼합 사용해 데이터를 수집한다. |
| 데이터 저장능력 | 적당한 포맷으로 다양한 특징을 지닌 데이터를 저장한다. 대규모-대용량의 서버를 연결해 데이터를 저장한다. '클러스터형 네트워크 추가 저장'을 사용하여 다양한 노드의 데이터 방문과 저장 방식을 제공한다. 클라우드 저장 공급업체의 데이터 저장 용량을 구매 또는 임대해 데이터를 저장한다. 적당한 데이터 저장 도구를 사용하여 저장한 데이터의 라이프 사이클을 과학적으로 관리한다. 이를 통해 필요할 때 즉시 데이터를 추출해 사용한다. |
| 데이터 연관 분석능력 | 데이터의 함의와 생산 배경을 정확히 이해한다. 수요에 따라 연관성 규칙 분석법, 회귀 분석법, 귀납 분류법, 커뮤니티 분석법, 진화 알고리즘 등의 방법을 사용하여 데이터에 대한 연관 분석을 통해 데이터 사이의 논리관계를 찾아낸다. 또한 가장 적절하고 직접적인 방식으로 분석 결과를 수요자에게 보여준다. 변증적 사고로 데이터를 파악하되 맹목적으로 데이터를 신뢰하지 않는다. 데이터를 통해 객관적 현실의 원칙을 반영한다. |
| 데이터 활성화능력 | 추상 데이터, 다크 데이터의 잠재적 가치를 구체화한다. 적절한 방식으로 자신이 획득한 데이터를 표현한다. 다양한 대상에 따라 데이터를 자발적으로 검색하고, 기존 연관성에 대한 분석을 기초로 한층 정확하게 데이터 자원을 사전에 예측하고 수집한다. |
| 데이터 예측능력 | 데이터에 적극적으로 반응하며 데이터를 사용해 사전 예측한다. 과학적 이론과 방법으로 데이터 예측 모델을 구축한다. 데이터로 미래 업계 동향과 발전 추이를 정확히 예측한다. 데이터를 사용해 정확하게 모니터링하고 예측하고 사전 경고한다. |

작용과 영향을 발견해 데이터 힘이 더 큰 범위, 더 높은 수준에서 취합하고 분열하도록 추진해야 한다.

## 재균형, 블록데이터 조직의 전략적 지향점

글로벌 경제의 불균형은 오늘날 전 세계가 직면한 문제로 균형을 되찾기 위한 노력은 몇몇 특정 국가가 아닌 전 세계의 몫이 되었다. 이와 마찬가지로 인터넷과 빅데이터 시대가 등장하면서 전통적 조직과 블록데이터 조직 사이의 불균형 역시 지속적으로 확대되어 불균형 가운데서 균형을 찾기 위한 노력이 필요해졌다. 균형을 되찾으려면 외부 자원을 적극적으로 이용해 자신의 전략적 지위와 지속 가능한 발전을 공고히 해야 한다. 변화는 실제로 존재한다. 택시운전사가 가장 먼저 인터넷과 접목을 시도한 직업이 될 것이라고 누가 예상이나 했겠는가! 승객을 태우지 못한 차량의 정보를 한데 취합한 뒤 택시 서비스를 필요로 하는 사람들을 위한 렌트 플랫폼에 제공하면 다른 사람을 도우면서 짭짤한 수익도 얻을 수 있으니 그야말로 꿩 먹고 알 먹기다! 우리의 바람과 상관없이 이것은 현실이다. 외부적 연계만 갖춰진다면 전통적 조직의 경계를 무너뜨리고 조직의 개방성, 효용성, 다원성, 개성, 편의성 등을 하나로 통합할 수 있다. 이는 개인 데이터와 플랫폼, 기술의 재균형일 뿐 아니라 개인의 바람, 조직의 목표, 사회적 책임을 실현하기 위한 재균형 작업이기도 하다.

재균형은 데이터 친화형 조직에 새로운 비전을 제시한다. 복잡한 세상을 가득 채우고 있는 대량의 데이터 가운데서 의사결정에 도움이 되는 정확한 정보를 찾기란 결코 쉽지 않다. 정량을 초과한 약은 독이 되는 것처럼 정보량이 극히 적을 때 각각의 스트립 데이터는 모두 가치를 지녔지만, 날마다 어마어마한 양의 정보가 쏟아지면서 옥석을 고르는 데 많은 시간과 노력이 들어가고 있다. 설상가상으로 정보의 대부분이 '쓰레기'라면 필연적으로 주변과의 갈등을 초래하고 불신을 불러와 더 큰 갈등을 불러일으킬 수도 있다. 이산화탄소가 부족하면 식물이 자랄 수 없지만 반대로 너무 많으면 지구온난화 같은 심각한 문제를 일으킬 수 있다. 그러므로 도전에 직면한 조직은 2가지 의미에서 '데이터 친화력'을 끌어내야 한다. 첫째, 대량 데이터의 흐름 속에서 가치 있는 정보를 발굴해야 한다. 둘째, 신속하게 '핵심을 찌르는 정보'를 찾아내야 한다. 블록데이터 조직은 빅데이터에서 가치 있는 정보를 찾아내어 이를 효과적으로 검색, 저장, 여과, 발굴하고 앞서 이야기한 연계와 통합을 통해 다양한 계층의 관리자가 신속하게 현명한 결단을 내리도록 뒷받침해줘야 한다.

"원의 중심으로 가까이 갈수록 실패에서 멀어진다." 인터넷 시대에는 쉬지 않고 움직이면서도 균형 잡힌 안목을 갖춰야만 조직의 성장을 이끌 수 있다. 케빈 켈리는 대자연의 9가지 규칙을 설명하면서 무에서 유를 창조하던 단계에서 벗어나 스스로 변하고 변화를 낳는 단계로 나아가야 한다고 설명했다. 다시 말해 거대한 복잡 시스템 모두 조화로운 변화를 지향해야 한다. 대칭과 균형 상태에서 완벽한 동그라미를 그릴 수 있듯 조직의 균형은 동그라미를 중심으로 이루어져야 하고, 변화 속에서도 끊임없이 균형을 찾아 리스크를 최대한 피해야 한다. 노자는《도덕경》에서 "도는 하나를 낳고, 하나는 둘을 낳고, 둘은 셋을 낳고, 셋은 만물을 낳는다道生一, 一生二, 二生三, 三生萬物"라고 했다. 이는 균형 상태에서 불균형을 거쳐, 다시 새로운 불균형을 찾아가는 과정을 강조한 말이다. 쉬지 않고 균형을 찾는 작업이 수반되어야만 조직의 생명주기를 연장하고, 조직의 지속 가능한 발전과 재균형을 실현할 수 있다. 또한 한 발 더 나아가 전혀 새로운 플랫폼에서 미래 조직의 운영을 위한 획기적인 생명주기를 구축할 수도 있다.

# 블록데이터 경제, 공유사회를 향한 새로운 출발점

블록데이터는 새로운 산업, 새로운 영역, 새로운 모델을 이끄는 강력한 엔진으로 플랫폼을 통해 수요를 취합하고 혁신, 운영 등 각 분야의 가치연관성을 확대함으로써 새로운 과학기술혁명과 신산업 변혁의 통합을 실현한다. 또한 뛰어난 적응력과 개방성 등 블록데이터의 효과를 충분히 이용하여 각 경제 주체의 내부와 외부 자원을 통합함으로써 자원의 공유, 호환, 보완의 범위를 확대시키고 신경제의 탄생을 이끄는 동력을 만들어냈다.

새로운 경제 모델로써 블록데이터 경제는 자원의 데이터화, 협력적 소비, 벽 없는 조직, 한계비용 제로, 압도적 생산력 등의 특징을 지닌다. 블록데이터 경제는 시행착오를 겪더라도 혁신적 실험에 대한 의지를 갖고 있으며, 전통 산업과 빅데이터 간의 통합 발전을 추진함으로써 전체 산업 체인에서 빅데이터의 가치를 최대한도로 활용하려고 한다. 이런 점에서 '페인-포인트 시커Pain-Point Seeker(소비자의 불편을 혁신의 기회로 만드는 해결사)' 경제의 등장은 블록데이터 경제 이론이 제시한 중요한 아이디어로 혁신적 산업 체인의 재구성, 신경제 재구축에서 중요한 의미를 지닌다. 이를 산업 발전과 기술혁신을 위한 원동력으로 승화시켜 개인적 가치와 사회적 가치, 경제적 가치의 최대화를 구현해야 한다.

블록데이터는 구조 해체와 자원 배분 방식을 재구성함으로써 경제적 동력, 경제 구조 측면에 전통적 생산력과 생산관계를 전복시키며 경제변혁과 가치사슬의 재구성을 추진하고 있다. 이런 노력으로 인해 사회관계를 과감하게 전환하고 효율성과 공정성이라는 두 마리 토끼를 잡을 수 있으며, 이를 통해 공유경제에서 공유사회로 나아가는 미래를 선물할 것이다.

# 윈윈을 추구하는
# 블록데이터와 신경제

## 자원의 데이터화

경제 발전의 기본 조건인 자원의 희소성 때문에 인류는 경제를 비롯한 모든 활동에서 자원의 배분과 선택이라는 갈림길에 놓이게 된다. 애덤 스미스는《국부론》에서 3대 생산 요소를 각각 노동력과 자본, 토지라고 정의했지만 빅데이터 시대에 이르러 데이터가 중요한 생산 요소로 급부상했다. 빅데이터가 가져온 데이터 자원화라는 변화에 비해 자원의 데이터화는 더 큰 가치를 지닌 '대세'로 많은 사람으로부터 뜨거운 관심을 받고 있다. 그렇다면 자원의 데이터화는 대체 무엇인가? 본질적으로 말하면 자원 배분 방식의 변혁으로, 어떤 의미에서는 블록데이터 경제가 가져온 완전히 새롭고 합리적인 자원 배분 방식이라고 하겠다.

| 데이터 자원화 | 자원의 데이터화 |
|---|---|
| 빅데이터의 특징 | 블록데이터의 특징 |
| 데이터가 자원으로 전환 | 정량화를 통한 데이터화 |
| 자원 구성의 변화 | 자원 구성의 변화 |
| 경쟁을 통한 이익 추구 지향 | 협력과 원원 추구 |
| 자원 통합에 따른 장벽 출현 | 용이한 자원 획득 |
| 집중화된 자원 구성 방식 | 플랫폼화된 자원 구성 방식 |

그림 8-1 | 데이터 자원화와 자원의 데이터화 비교

## 동기 메커니즘: 경쟁을 통한 이익 추구에서 원원을 추구하는 협력

**전개로** 자원 배분의 목표는 다양한 경제 주체의 이익을 실현하는 데 있다. 다시 말해 다양한 경제 주체의 이익 실현은 자원 배분의 동력이 된다. 전통적 경제 발전 모델에 따르면 자산을 소유한 사람만 자산의 소유권을 가질 수 있었다는 점에서 소유권은 배타성을 지니고 있다. 경제 주체의 이익을 만족시키기 위해 배타적 재산권 메커니즘이 다시 투입을 독려하면 또 한 차례의 자원 배분이 이뤄진다. 한편 블록데이터 경제 발전 모델에서 자원의 데이터화는 자원 공유를 현실로 구현하기 위한 실험에 나섰다. "같이 쓰되 소유하지 않는다"라는 원칙에 따라 소유권은 지배권과 사용권으로 분리되는데, 이는 고대 로마 시대의 재산권 제도와 아주 비슷하다. 고대 로마 시대에 사용자는 자산의 소유자에게 돈을 내고 자산을 빌려 쓰다가 마음에 들면 전체 가격에서 대여료를 제외한 추가비용을 내고 자산을 구입할 수 있었다. 이를 통해 판매자, 즉 자산을 소유한 사람은 소중한 자원이 방치되는 낭비를 막는 동시에 상당한 경제적 이익을 거둘 수 있었다. 자산을 빌린 사람이 일정 비용을 지불한 뒤 자원의 사용권을 일시적으로 가지는 방법으로, 이를 소유한 사람은 자원을 투입해 수요를 만족시킴으로써 이익을 취할 수 있다. 전통적 자원 배분의 동력이 경쟁과 이익 추구라면 블록데이터 경제를 이끄는 동력은 윈윈과 공생이다.

**정보 메커니즘: 정보의 불균형에서 상호작용 비용 제로로 전환**  자원을 합리적으로 배분하려면 주요 전제조건 한 가지를 반드시 만족시켜야 한다. 즉 관련 정보를 실시간·전면적으로 획득한다는 기반 위에서 합리적 솔루션을 마련하고 정보의 수집과 전달, 분석, 이용 모두 일정한 경로와 메커니즘을 갖춰야 한다. 전통적 경제 모델에서 경제 주체는 정보의 불균형을 통해 경쟁우위를 확보했다. 자원 배분에 대한 정보의 전달 역시 제한적이거나 일방적으로 진행됐지만 인터넷과 빅데이터 시대에 이르러 어마어마한 양의 시장 정보가 쏟아져 나오면서 거래 당사자들은 정보 기술과 인터넷을 통해 정보의 불충분성, 불균형 등 문제를 해결할 수 있었다. 그러나 또 한편으로는 방대하고 복잡한 정보에 대한 효과적 취합, 식별, 매칭, 관리가 쉽지 않다는 문제에 봉착해 있다. 블록데이터의 발전을 통한 데이터의 수집과 저장, 연계, 활성화, 예측을 바탕으로 우리는 대량 데이터에서 눈에 잘 보이지 않는 숨은 가치를 찾아내고 기존의 정보 장벽을 무너뜨려야 한다. 꾸준한 노력을 통해 얻은 정확한 정보가 일종의 자원이 될 수 있다는 사실을 깨닫는다면 자원 획득의 문턱이 크게 낮아질 것이다.

**의사결정 메커니즘: 집중화에서 플랫폼화로 전환**  자원을 골고루 배분하려면 정확한 의사결정이 뒷받침되어야 한다. 전통적 경제 모델

에서는 자원 배분을 위한 결정권이 상대적으로 집중화된 경향을 보였다. 이처럼 집중된 권력 시스템을 토대로 하는 일종의 '갑을'관계가 존재했다면 빅데이터는 공유 가능한 플랫폼을 꾸준히 구축하고 있다. 이들 플랫폼을 토대로 자원 배분을 위한 새로운 의사결정 시스템이 구축되면 각 경제 주체는 '효용 극대화'에 걸맞는 선택을 내리면 된다. 예를 들어 우버 서비스의 눈부신 성장은 사용하지 않는 자동차를 보유한 고객과 자동차를 사용해야 하는 고객을 하나의 플랫폼에서 연결한 아이디어로부터 시작됐다. 인터넷이라는 플랫폼에 기반을 둔 차량 공유 사업 모델은 사람들의 외출 방식을 바꿔놓았을 뿐 아니라 분산되어 있던 개체를 하나의 공동 플랫폼 위에 집결시켰다는 데서 중요한 의미를 지닌다. 여러 개체가 플랫폼에서 의사결정을 통해 자원 배분의 효율성을 끌어올리고 자원의 가치를 확대했기 때문이다. 이런 과정을 통해 공유경제가 탄생한다. 자원을 빠르게 배분할 수 있는 플랫폼을 제공하는 공유경제는 블록데이터가 발전함에 따라 플랫폼에서 플랫폼화로 전환될 것이다. 플랫폼은 경제 주체에 자원을 비롯해 메커니즘과 프로세스를 제공함으로써 전혀 새로운 생산 시스템의 탄생을 유도한다. 슘페터의 혁신 이론[1]에 따르면 혁신은 '새로운 생산 함수'를 마련하는 작업으로, 생산 요소와 생산 조건에 대해 지금까지 존재하지 않던 '새로운 조합'을 생산 시스템에 도입하는 것을 가리킨다. 이는 플랫폼화의 효과이기도 하다.

## 협력적 소비 모델

수요 충족은 경제 발전에서 반드시 직면하게 되는 문제로, 사회 재생산이라는 관점에서 봤을 때 '소비'와 대응되는 관계를 맺고 있다. 요컨대 소비는 최종 목적 또는 동력이다. 인류 역사를 돌이켜볼 때 생산과 소비의 관계는 끊임없이 조정될 뿐 아니라 그 과정에서 다양한 형태의 경제 모델이 탄생한다.

**생산자 경제: 생산은 반드시 소비되어야 한다**　산업사회가 등장하기 전까지 인류사회를 지배한 부족의 경제Shortage Economy 시대에서는 전통적 수공업 생산이 주도적 지위를 차지했다. 당시에는 생산력 수준이 아주 낮아서 이용 가능한 자원이 상대적으로 부족하다 보니 상품 공급이 원활하지 않았다. 그래서 생산자가 주도하는 판매자 중심의 시장이 오랫동안 주도권을 쥐어 소비자의 니즈나 취향은 큰 관심거리를 되지 못했다. 전체 생산 과정이 '생산-소비-재생산-재소비'를 반복하는 형태로 진행되다 보니 생산자 경제는 "생산은 반드시 소비되어야 한다"는 특징을 지니게 됐다. 본질적으로 말해 이런 의미의 생산은 소비자의 니즈를 만족시키지 못한다. 생산 수량이나 내역에 상관없이 무조건 소비만 강조하는 상황에서 소비자는 자신의 니즈나 소비 성향에 맞는 소비 활동에 참여할 수가 없다. 즉 생산이 완전 지배 상태에 있으면 소비의 대상과 내용을 결정할 수 있다는 뜻이다.

**소비자 경제: 목표 소비군이 생산을 이끈다**　18세기 중엽까지 사회 생산력의 발전에 따른 다양한 상품의 대량 생산에 힘입어 판매자 위주였던 시장이 구매자 위주로 전환되면서 소비가 점점 활기를 띠기 시작했다. 그 후 '소비 사회'가 등장하면서 생산 과정도 '수요-생산-소비'로 전환되었다. 생산이 소비의 방식과 품질, 수준을 결정하던 기존 방식

에서 소비가 만든 새로운 수요가 생산의 방향과 수준을 이끄는 방식으로 바뀐 것이다. "손님은 왕이다"라는 구호는 이런 변화를 보여주는 대표적 사례다. 1920년대 마케팅 이론이 미국에서 탄생한 이후 기업은 시장 조사, 소비자 심리와 행위 등에 대한 연구를 통해 생산을 조절했다. 미국의 대표적 자동차 업체인 포드 역시 대규모 컨베이어 벨트 생산에서 벗어나 사용자의 개성을 만족시키는 것을 목표로 하는 소규모-소량 생산 방식으로 변신을 꾀했다. 이는 '소비자 주권' 시대의 등장과 소비가 생산을 이끄는 새로운 변화를 보여준다.

**창조자 경제: 협력적 소비는 생산-소비의 통합이다** 생산자 소비, 소비자 소비와 달리 창조자 경제는 협력과 원원을 핵심으로 하는 경제 모델로 협력적 소비가 등장하면서 그 존재를 알렸다. 협력적 소비가 등장할 수 있었던 원인은 사회의 소비 가치관 변화, 특정 단계에 속하는 경제적 흐름, 정보 기술의 대대적 지원 덕분이었다. 먼저 소비 가치관의 변화에 대해 알아보자. 1950년대부터 서구의 일부 선진국을 중심으로 고도로 발달한 소비문화가 나타났다. 소비가 가져다주는 즐거움을 한껏 누리면서도 사람들은 남에게 보여주기 위한 소비, 소비를 위해 빚을 지는 소비가 과연 우리를 행복하게 만들어주는지 반성하기 시작했다. 그 결과 사람들은 무조건 소비하는 것보다 빌려 쓰거나 공유하는 문화에 관심을 갖게 되었고,[2] 그로 말미암아 아메리카 드림의 근간이라고 평가받던 '재산소유권'이 큰 타격을 받았다. 둘째, 경제위기다. 2007~2010년 전 세계를 강타한 경제위기는 본질적으로 '왼손으로는 부유함을, 오른손으로는 부족함을 움켜쥔 위기'로, 기존의 경제 메커니

즘에 대한 반성과 자기조절을 호소했다. 셋째, 기술 발전이다. 새로운 정보 기술이 발전하면서 인터넷, 사물인터넷, 빅데이터 등 가상 네트워크를 통한 오피스, 렌터카, 주택 임대 등 실물경제의 공유가 가능해졌다. 여기서 생겨난 '파급 효과'는 새로운 형태의 소비혁명, 즉 협력적 소비의 바람을 일으켰다.

협력적 소비 모델은 소비자의 니즈를 한데 취합하고 공급-수요를 정확하게 연결하는 기능을 통해 소비 구조에 좀 더 가까이 접근하기 위해 노력한다. 새로운 가치에 대한 고민의 결과물이자 웹 2.0$^3$의 새로운 문화로써 협력적 소비는 그 가치와 효용성을 널리 인정받고 있다. 이제는 전통적 생산-소비 모델에 끌려다니는 것이 아니라 새롭게 등장한 창조자 경제 모델이 경제 활동을 이끌 것이다. 블록데이터 경제는 창조자 경제의 일종으로, 생산-소비의 통합이라는 특징을 지녔다. 앨빈 토플러는《부의 미래Revolutionary Wealth》에서 생산과 소비의 통합에 대해 이렇게 설명했다. "생산자가 곧 소비자, 소비자가 곧 생산자가 된다. 생산자와 소비자 사이의 전통적 경계가 모호해지면서 생산, 공유, 판매, 소비, 재생산이 상호교차하며 일어난다." 즉 소비자는 생산에 참여하고 자발적으로 창조에 참가하면서 경제 사슬의 맨 끝에서 맨 앞으로 이동하며 생산성을 갖춘 잠재적 생산자가 된다. 사용자의 다양한 수요, 다양한 아이디어는 소비자의 생산력이 폭발적으로 성장하고 있음을 보여주는 증거다. 이런 생산-소비 간 통합을 바탕으로 하는 협력적 모델은 재생산, 재가공, 재사용을 통해 자본의 창출과 소비가 선순환하는 구조를 형성한다. 어떤 의미에서 블록데이터 경제는 소비 자본화, 생산-소비 동맹과 가치의 공동 창조 탄생을 유도했다.

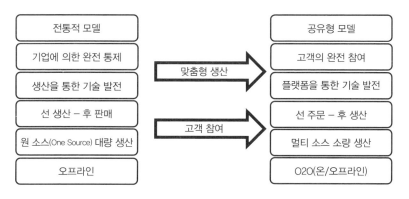

| 전통적 모델 | | 공유형 모델 |
|---|---|---|
| 기업에 의한 완전 통제 | | 고객의 완전 참여 |
| 생산을 통한 기술 발전 | 맞춤형 생산 | 플랫폼을 통한 기술 발전 |
| 선 생산 – 후 판매 | | 선 주문 – 후 생산 |
| 원 소스(One Source) 대량 생산 | 고객 참여 | 멀티 소스 소량 생산 |
| 오프라인 | | O2O(온/오프라인) |

그림 8-2 | 전통적 모델과 공유형 모델의 제작 과정 비교

## 한계비용 제로와 압도적 생산력

2014년 제러미 리프킨은《한계비용 제로 사회The Zero Marginal Cost Society》에서 처음으로 '한계비용 제로'와 '압도적 생산력Extreme Productivity'이라는 개념을 언급했다. "상품 또는 서비스를 추가 생산하는 데 소요되는 비용, 즉 한계비용이 제로에 가까워 추가비용이 들지 않는다면 생산력이 최고에 달하게 된다." 통신, 에너지, 운송 3대 시스템에서 리프킨이 소개한 비용과 효율에 대한 관점은 블록데이터 연구에 있어 중요한 참고 가치를 지닌다. 블록데이터 경제는 더 저렴한 비용과 더 향상된 효율을 추구하는 성장 모델로 생산과 서비스, 유통 등 각 영역에서 두드러지게 나타난다.

프로세스화에서 모듈화로 넘어오는 과정에서 압도적 분업이 진행된다. 산업경제 시대에는 정보 수집, 아웃소싱 협업 등에 많은 비용이 드는데, 기업은 해당 비용을 절감하기 위해 기업 내부와 업종 간 분업에 착수하고 생산, 판매 대리 등에서 수직화되고 일체화된 프로세스 운영,

체인 운영을 선보였다. 이를 통해 외부 시장에서 비롯된 불확실성을 상쇄하고자 했지만 정보 기술, 인터넷 기술의 비약적 발전과 광범위한 활용이 현실화되면서 이른바 "큰 것은 큰 것대로, 작은 것은 작은 것대로 완전해야 한다大而全, 小而全"는 전통적 프로세스 운영이 점차 경쟁력을 잃고 있다. 자원이 전 세계에서 유통되고 배분, 사용되면서 설계와 생산, 판매 대리, 재무 등의 기능이 모듈을 통해 구현되었다. 그로 말미암아 눈에 보이는 경계가 사라지고 적극적 협력과 협업이 가능해지면서 산업 구조와 산업 구조조정을 통한 비용과 혁신, 규모의 우위를 확보하는 데 성공했다.

중량자산Heavy assets에서 경량자산Light assets으로 전환되는 과정에서 압도적 생산력이 실현된다. 현재 많은 기업은 경량자산 위주의 구조조정을 선택하며 일반 자영업자를 이용해 한층 합리적인 기업 노동력 구조를 추구한다. 이와 함께 고객의 서비스 요구에 보다 적극적으로 반응하기 위해 시장의 최대와 최소 공급-수요를 연결하는 데 많은 노력을 기울인다. 예를 들어 에어비앤비Airbnb의 평균 가격은 미국 주요 관광도시의 호텔 가격보다 21.2% 저렴하다. 가격 면에서 에어비앤비가 절대적 우위를 점하고 있다.《브리태니커 백과사전》의 판매가는 1,400달러에 달하지만 위키피디아는 무료로 서비스를 제공한다. 이런 C2C(소비자간 전자상거래) 모델은 경량자산을 보유하고 있어 새로운 호텔을 짓거나 새로운 지식 영역을 소개하는 데 투자비용이 거의 들지 않는다. 이보다 더 중요한 사실은 경량자산의 운영 모델은 압도적 서비스를 통해 시장의 잠재력을 이끌어내고, 고객 서비스에 밀착할 수 있는 유연성을 지닌다는 점이다.

일대일에서 다대다多對多로 전환되는 과정에서 '압도적 가치'가 구현된다. 공급업체와 구매자는 반드시 '유통'에 기반을 둔 연계관계를 맺어야 한다. 현재 인터넷 쇼핑은 더 이상 일대일 간에 이뤄지는 유통이 아니라 사람들의 일상적인 경제 활동으로 자리 잡았다. 180도 달라진 소매 모델의 변화는 이제 막 시작되었다. 스마트 물류Smart Logistics는 앞으로 유통 모델을 더욱 획기적으로 바꿔놓을 것이다. 빅데이터 기술을 통한 물류업의 변화 속에서 전통적인 일대일과 중심 확장형 물류는 다대다와 분산형 물류에 자리를 내주고 있다. 물류 기사가 혼자서 전체 화물의 유통을 책임져야 했던 기존의 방식은 사라지고 분산형 위탁/수하 사물인터넷이 물류의 연계와 유통을 책임질 것이다. 또한 공유형 물류 모델은 모든 소비자의 니즈를 최적화시킴으로써 기업에 수익을 가져다주고 전체 가치사슬의 가치 최대화를 촉진할 것이다.

## 효율에서 공정으로

경제학적 관점에서 본 효율은 일정한 비용을 기반으로 획득 가능한 수익을 가리킨다. 규범적 개념에 속하는 공정은 사람과 사람 사이의 평등한 관계와 상태를 드러낸다. 효율과 공정은 경제 정책이 추구하는 기본 목표지만 현실적으로 두 마리 토끼를 다 잡는 건 불가능한 일이다. 심지어 '공정 – 효율 대체설'에서는 효율과 공정을 계량화한다면 한쪽의 증가분이 다른 쪽의 감소분으로 이어진다고 하며, 이들의 관계를 감소 함수로 설명할 수 있다고 주장하기도 했다. 빅데이터 시대의 등장으로 공유경제는 공정 – 효율의 역설을 깨뜨릴 수 있는 방법을 찾은 듯하다. 공유경제는 협력적 소비 모델로 '공정한 출발' 구현, 경제적 격차의 효과적 통제, 사회 공정성 개선에 상당 부분 기여하고 있다. 블록데이터 경제는 '파레토 최적'[4]이라는 이상적 상태에 한 걸음 더 다가갈 뿐 아니라 효율과 공정 사이의 균형을 촉진할 수 있다.

공정한 소비는 공정한 출발을 보장한다. 공정한 소비를 공정한 출발이라고 부르는 이유는 경제순환 가운데서 불공정한 소비 형태를 바꾸면 경제순환의 결과가 개선되고 소득과 빈부 격차 역시 점진적으로 줄어들기 때문이다. 궁극적으로 이런 노력은 새로운 경제순환의 출발점이 될 '소비'를 위한, 한층 공정한 기반의 탄생으로 이어진다. 또한 협력적 소비도 공정한 소비를 유도한다. 사람들이 일시적 사용권을 구매했을 때 1차 분배 단계에서 겪을 수 있는 불평등을 줄이고, 동등한 서비스

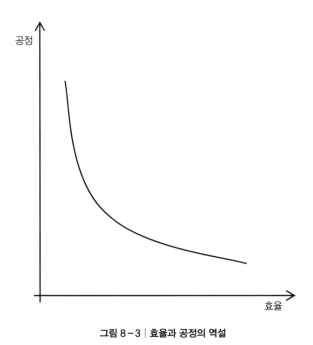

그림 8-3 | 효율과 공정의 역설

를 누릴 수 있는 복지를 강화한다. 그 밖에도 "돈 없으면 쓰지 마라"는 논리가 불러온 능력의 격차를 바꿀 수 있다.

공정한 분배는 공정한 규칙의 탄생으로 이어진다. 소득 분배는 1차 분배와 재분배라는 2가지 과정으로 구분되는데, 전통적 의미의 1차 분배는 효율을 강조하며 시장에 의해 배분이 결정된다. 공정을 강조하는 재분배에서는 정부가 중요한 역할을 담당한다. 공유경제에서의 공정한 분배는 1차 분배와 재분배를 모두 포함한다. 즉 공유경제는 개인과 기업이 생존과 발전에 필요한 인력, 재력, 물력, 기회 등 생산과 생활용품을 상대적으로 공정하게 획득할 수 있도록 돕는다. 또한 사회 구성원 간의 소득 격차도 줄일 수 있다. 실질적으로 공유경제는 대규모의 협업 모델을 가져다준다. 자본, 상품, 서비스의 교환은 점차 협업과 공유에 자리를 내주고 있으며 개인의 이익보다 모든 사람의 이익을 추구하는 움직임이 점차 두드러지고 있다. 이보다 더 중요한 것은 과거 정부가 주도하던 공공서비스, 사회보장, 사회적 약자 지원 등 이른바 재분배에서도 공유경제가 사회적 역량과 개인의 역량 참여를 적극 유도하고 있다는 점이다. 재분배 단계에서 공유경제는 효율과 공정을 실현하는 중요한 역할을 담당하는데, 전통적 경제 모델과는 본질적으로 구분된다.

사회적 공정은 공동의 꿈을 만들어가게 해준다. 소득 격차의 확대, 불공정한 분배는 사회적 갈등, 사회적 불안을 불러오며 경제와 사회 발전에 부정적 영향을 미친다. 공유경제는 이윤 극대화 위주의 경제 모델이 가치 극대화를 꿈꾸는 경제 모델로 전환되는 과정을 보여준다. 이런 모델에서 공정이 강화되면 효율과 공정은 상호모순의 관계에서 벗어날 수 있다. 부자는 더욱 부자가 되고, 가난한 자는 더욱 가난해지는 마태 효과Matthew Effect가 사라지면서 사회는 더 공정하게 발전할 수 있을 것이다. 미국 학자 데니스 굴렛은 발전을 아름다운 삶에 도달할 수 있는 특정한 수단이라고 주장했다. "발전은 모든 인간 집단에 다음의 최소 목표를 제시해준다. 그러므로 사회 구성원을 위해 생명을 유지할 수 있는 더 많은, 더 나은 품질의 물건을 제공해야 한다. 눈에 보이는 존중에 필요한 물질적 생활 조건을 창조하거나 개선해야 한다. 이를 통해 사람들은 자연, 무지, 타인, 체제, 신앙의 압박에서 해방될 수 있다."[5] 공유경제는 바로 이런 목표를 실현하기 위해 노력한다.

## 블록데이터가 만든 경제의 새로운 에너지

1990년대 미국은 신경제가 가져다준 경제의 풍요로움을 만끽하고 있었다. 여기에 과학 기술과 글로벌화의 영향으로 고성장 – 저인플레이션, 눈부신 과학 기술의 발전, 경제효율성 강화, 전 세계 자원 배분 등을 특징으로 하는 미국 경제를 가리켜 일부 학자는 '신경제'라고 불렀다. 2014년 중국은 전 세계 신기술혁명의 흐름에 동참하기 위해 친환경 에너지 보호, 인터넷을 주요 내용으로 하는 신경제 발전을 추진하겠다고 선포했다. 미래 발전과 관련된 자원을 선점함으로써 산업과 경제 경쟁력을 강화하겠다는 의지를 전 세계에 알린 것이다.[6] 이처럼 다양한 시간과 공간에 따라 신경제의 의미는 조금씩 달라지는 양상을 보인다. 중국의 리커창李克强 국무원 총리는 신경제를 위한 전제 조건으로 새로운 원동력 육성을 지목하며 중국 경제의 구조조정을 촉구했다. 1, 2, 3차 산업 등 광범위한 영역을 아우르는 신경제는 '인터넷+', 사물인터넷, 클라우드 컴퓨팅, 전자상거래 등 신흥 산업을 가리킬 뿐 아니라 제조업의 스마트 제조(IT와 제조업의 융합 추진 - 옮긴이), 대규모 맞춤형 생산 등을 포함하고 있다. 그 외에도 1차 산업의 가족농장, 주주합작제, 농촌의 1·2·3차 산업의 통합적 발전, 신경제 발전, 중소기업과 대기업의 역할 분담 등이 있다.[7]

블록데이터는 새로운 에너지를 소개하며 신경제 발전의 새로운 풍향계로 작동할 것이다. 인터넷 시대의 등장으로 집중화는 분산화로 전환되었고, 80/20 법칙은 롱테일 법칙에 자리를 내줬다. 블록데이터 경제는 플랫폼 취합을 강조한다. 여기서 말하는 취합은 수요를 한데 모으는 것이 아니라 혁신, 운영 등 여러 영역에서 가치연관성을 지닌 대상을 집결시켜 신경제의 새로운 에너지를 만드는 작업을 포함한다.

업/다운 스트림이 호혜적 협업으로 전환되면서 플랫폼 공유 과정에서 새로운 기능이 발견됐다. 인터넷을 기반으로 하는 협업과 합작은 과거 기업 위주의 생산 체인 가운데서도 하위에 속하는 업체의 분업 모델을 바꾸며 경제와 생활에 큰 영향을 끼쳤다. 전 세계 자원에 대한 분산형 배분을 추구하는 블록데이터의 운영 논리는 다변화된 시장과 전 세계가 함께 참가하는 협업 경제를 구현하는 데 성공했다. 이를 보여주는 대표적 사례가 바로 클라우드 경제Cloud Economy다. 원원과 공유, 필드 분산, 상업 가치, 심지어 사회적 가치 구현을 핵심 내용으로 하는 클라우드 경제의 가치는 이미 여러 영역에서 꾸준히 입증되어 왔다. 이를테면 자동차를 렌트할 때 요구사항, 용량에 따라 비용을 지불하는 운송 서비스, 레이버 클라우드Labor Cloud를 통한 기업의 인력 구매 서비스 등이 그렇다.

분산된 영역별 아이디어를 조합형 아이디어로 전환하면서 혁신적 플랫폼은 새로운 에너지를 탄생시켰다. 혁신을 가로막는 장벽을 무너뜨리고 혁신적 자원과 요소를 효과적으로 통합하는 것은 조합형 아이디어가 지향하는 가치다. 21세기의 경제 발전은 20세기와는 전혀 다른 양상을 보인다. 혁신은 더 이상 대기업을 통해 위에서 아래로 일방적으로 이루어지는 것이 아니라 수많은 아마추어 동호인, 창업자, 전문가 등을 통해 아래서 위로 개척되는 형태로 발전하고 있다. 특정 플랫폼을 통해 혁신에 대한 사회 전체의 열정을 이끌어내고 인재와 자본, 정보, 기술 등 혁신 요소를 활성화시켜 공동 목표와 내재적 동력을 형성해야 한다. 이를 토대로 다양한 계층과 분야를 오가는 교류를 촉진하고 플랫폼화된 협업을 통해 발전을 이끌 수 있는 혁신의 승수 효과를 적극 발휘해야 한다. '스마트 경제'로의 발전은 조합형 아이디어가 가져온 새로운 결과물이다. 스마트 경제는 최적화된 규모의 경제로 창업자, 기업가, 기업 조직이 독립적 인격을 보유하고 플랫폼을 통해 연결된 조합형 아이디어가 가져온 새로운 가치를 구현할 수 있는 경제 모델을 가리킨다. 스마트 모델의 경쟁력은 바로 스마트 자본에 있다. 스마트 자본은 브랜드, 혁신적 개념, 지적재산권, 혁신적 발전, 지혜의 재혁신과 재소비를 통해 획득할 수 있다.

제한적 성장에서 기하급수적 성장으로 전환되면서 플랫폼의 성장은 새로운 동력의 탄생을 자극했다. 규모의 성장이 경제 성장을 이끌기도 했지만 지금은 선형적 사고의 한계를 뛰어넘는, 제한적 성장에서 기하급수적 성장으로 전환될 수 있는 그 무언가를 필요로 한다. 이런 변화가 현실화되려면 제품의 수량 증대만 강조하던 과거 방식에서 벗어나 고객 그룹 위주로 시스템을 구축해야 한다. 즉 뿔뿔이 흩어져 있던 고객을 하나의 플랫폼에 모은 뒤 가치관의 추구, 행위나 습관 등에서 상당한 동질감을 보이는 그룹을 형성한다. 그런 뒤 그들의 수요를 분석하고 연구함으로써 수요를 만족시켜 주고 새로운 수요를 찾아내야 한다. '상품 – 사람'이라는 관계가 '사람 – 상품'의 관계로 전환될 때 대량 맞춤형 제작과 탄력적 생산이 현실화될 수 있다. 예를 들어 3D 프린터는 기술혁명에 그치지 않고 창업계의 블루칩으로 떠오르고 있다. 3D 기술에 관심을 가진 사람들은 최신 기술을 이용해 전혀 새로운 경제 모델, 즉 커뮤니티 경제Community Economy를 적극 탐색하는 중이다. 커뮤니티 경제는 탁월한 능력으로 무장한 소규모 기업의 탄생을 유도하고 이들을 새로운 플랫폼에 통합시킴으로써 플랫폼 분열을 통해 수많은 소규모 기업의 기하급수적인 성장을 도모할 것이다. 이는 곧 각 영역에서 뿔뿔이 흩어진 채 각개전투를 벌이던 과거의 성장 모델과의 결별을 의미한다. 현재 알리바바와 징둥京東은 여전히 '상품 – 사람'이라는 패러다임을 전제로 운영되고 있으며, 위챗 역시 마찬가지다. 그러나 커뮤니티 경제라면 이런 상황을 역전할 수 있을 것이다. 또한 새로운 커뮤니티 모델과 기술 발전은 분명 수많은 가능성으로 이어질 것이다.

# 블록체인 기술의 탄생과 블록데이터 금융

## 블록체인 기술

현대 경제의 핵심이라 불리는 금융, 그중에서도 핀테크는 과연 새로운 블루오션이 될 수 있을까? 아마도 이 물음에 대한 해답은 블록체인 기술의 발전에서 찾아야 할 것 같다. 블록체인 기술은 비트코인과 동시에 탄생했다. 비트코인의 개발자 사토시 나카모토는 2008년 말 처음으로 블록체인 개념을 제시하며 블록체인을 "탈집중화, 탈신용화 방식으로 신뢰할 수 있는 데이터베이스를 집단적으로 보호할 수 있는 기술이다"라고 정의했다. 비트코인의 등장 또는 블록체인 기술의 탄생은 오늘날 금융계 전체에 큰 영향을 끼치고 있다.

블록체인의 핵심 기술은 탈집중화와 분산식이다. 전통적 데이터베이스는 기록과 저장을 강조한다. 재난에 대비한 데이터베이스 백업, 클라우드 저장도 실은 저장 장소를 한 곳에서 여러 곳으로 확장했거나 저장 장치를 로컬 서버가 아닌 클라우드 엔드로 바꾼 것에 지나지 않는다. 중앙 서버에 문제가 생겼다면 백업 데이터베이스는 데이터 업데이트를 중단한다. 이와 대조적으로 탈집중화를 특징으로 하는 블록체인은 집중화된 하드웨어나 관리기구가 없다. 전체 네트워크의 각 노드가 오픈 소스 프로토콜을 통해 기록과 저장, 전파 작업을 분산된 형태로 수행한다. 이로써 모든 노드는 동일한 권리와 의무를 지니며, 하나의 노드가 훼손되거나 소멸된다고 해도 전체 시스템의 작동에는 아무런 영향을 주지 않는다.

**기록의 분산화** 블록체인은 전통적 네트워크 기록 시스템과 달리 집중된 형태의 기록자가 없다. 전체 네트워크를 구성하는 각 노드가 기록에 참여하는 동시에 다른 노드의 기록이 정확한지 결과를 검사한다.

**저장의 분산화** 블록체인은 네트워크의 모든 데이터를 시스템의 모든 노드에 동시에 저장할 수 있다. 전체 네트워크 가운데서 하나의 노드라도 정상적으로 작동하면 해당 구역의 블록체인 정보를 온전히 가져올 수 있다.

**전파의 분산화** 블록체인의 새로운 모든 거래는 분산형 구조를 통해 전파된다. 정보는 개별 노드를 통해 전체 네트워크의 모든 노드로 직접 전파된다.

블록체인의 본질은 거래 당사자의 신뢰 메커니즘을 기반으로 구축된 완벽한 수학적 솔루션으로 높은 안정성과 높은 내결함성, 높은 포용성이라는 특징을 지닌다. 높은 안정성은 블록체인이 만든 데이터 기록은 수정할 수 없으며, 모든 가치 교환 활동은 추적과 조회가 가능하다는 것을 의미한다. 이처럼 투명한 데이터 관리 체계는 법률적으로도 아무런 문제가 없다. 높은 내결함성은 블록체인의 분산형 모델 덕분에 노드가 하나 또는 여러 개 고장 나도 데이터베이스의 전체 작동에 영향을 주지 않는 것을 가리킨다. 즉 기존 데이터의 저장이나 업데이트에 아무런 영향을 주지 않는다는 것이다. 높은 포용성은 블록체인 기술을 기반으로 하는 데이터베이스 공간이 넉넉하기 때문에 모든 가치 교환 활동, 이를테면 계정 생성, 등록, 거래, 지불, 결제 등의 작업이 해당 데이터베이스에서 진행되고 종료된다는 것을 의미한다.

블록체인의 기본 기능은 가치 이전과 가치 교환이다. TCP/IP 프로토콜(인터넷 프로토콜)에 따라 정보는 빠르게 생성되고 전 세계 인터넷이 가능한 곳으로 복사될 수 있다. 그동안 가치를 이전하거나 신용을 이전하는 일은 불가능한 영역으로 인식되었지만, 블록체인 기술을 통해 시스템의 참여자가 상호 신뢰 없이도 각종 거래와 협업을 수행하는 일이 가능해졌다.

여기서 말하는 '가치 이전'[8]은 네트워크에 참여한 개인이 그 존재를 인정받고 확인할 수 있는 방식을 가리킨다. 즉 특정 가치를 다른 필드에서 또 다른 필드로 정확하게 이전하는 작업으로, 가치를 이전한 후에는 원래 필드에서 이전된 부분이 감소하고 새로운 필드에는 이전된 가치가 반드시 추가되어야 한다. 이런 가치는 화폐 자산일 수도 있고 실물

자산 또는 가상 자산일 수도 있다. 가치 이전은 반드시 참여자의 인가를 받아야 하며, 어느 한쪽의 조종이나 제어를 받아서도 안 된다. 비트코인은 바로 이런 가치 이전을 완벽하게 현실화시키는 수단에 속한다.

## 데이터 신용 시스템과 자기신용사회

블록체인이 가치 이전 기능을 구현할 수 있었던 가장 중요한 전제조건은 바로 무신뢰Trustless화에 성공했기 때문이다. 비대칭된 암호, 신뢰할 수 있는 데이터베이스를 사용하는 블록체인은 알고리즘 프로그램을 통해 모든 규칙을 사전에 설명한다. 참여자가 공동의 알고리즘을 신뢰하기만 하면 거래 상대의 신용을 알아낼 필요 없이, 제3의 기구를 통해 거래계약서 작성이나 담보계약 없이도 상호 신뢰관계를 구축할 수 있다. 각 노드가 신분을 공개할 필요가 없으니 시스템의 모든 참여자는 자신의 개인정보를 보호받을 수 있다. 블록체인의 탄생이 데이터 신용 규칙의 등장을 의미한다는 점에서 데이터 신용 시스템 구축에 대한 사람들의 아이디어와 자기신용사회Self-Credit Society에 대한 기대를 반영한 결과라고 하겠다.

데이터 신용 시스템을 수립하려면 반드시 2가지 작업이 선행되어야 한다. 하나는 엄격한 데이터 신용 규칙을 확립해 데이터가 곧 신용이라는 인식을 심어줘야 한다. 나머지 하나는 신용 정보 공유 시스템의 개선을 통해 신용의 데이터화를 실현해야 한다.

블록체인 기술은 데이터 블록을 통해 중앙 서버에 대한 인터넷의 의존을 대체할 수 있다. 이를 통해 모든 데이터 변경이나 거래 항목을 클라우드 시스템에 기록하면 이론적으로 빅데이터가 전송하는 데이터를 증명할 수 있다. 이는 신뢰를 필요로 하는, 전통적이면서도 일반적인 의미의 중앙 신용 인증 방식을 뛰어넘어 모든 참여자가 신뢰를 지키는 동시에 타인의 신뢰를 얻을 수 있는 새로운 형태의 '기본적 프로토콜'[9]을 탄생시켰다.

전통적 오프라인 사회에서는 데이터를 수집하는 데 한계가 따르며, 날마다 새로운 정보가 쏟아져 나와서 타인의 신뢰를 얻기가 불편했다. 그러나 만물인터넷Internet of Everything과 빅데이터 기술을 기반으로 신용의 계산과 공유 모두 현실화될 수 있다. 개인 데이터만 갖고 당사자의 모습을 그릴 수는 없지만 이산화된 데이터를 한데 취합해 연관성 분석을 거치면 아주 정확한 정보를 얻을 수 있다. 마찬가지로 모든 기업과 조직에 대한 연관 데이터를 분석하면 기업의 홀로그램을 얻을 수 있다. 수롄밍핀數聯銘品은 중국의 빅데이터 금융 서비스 기관으로, 빅데이터 기술을 이용해 방대한 데이터 소스를 추적한다. 데이터 수집, 데이터 클리닝, 데이터 연관 분석을 통해 짧은 시간에도 기업에 대한 전문적 정보를 뽑아낼 수 있다.

빅데이터 시대가 가장 절실히 원하는 것은 무엇인가? 신뢰와 명성, 신용이다. 인터넷이 수십억 개의 노드와 사용자를 연결하면서 생겨난, 인터넷의 다른 한쪽에서 당신과 채팅하는 상대가 '개'일지도 모른다는 불안감을 해소하려면 무엇보다도 신뢰할 수 있는 시스템을 빠르게 구축해야 한다. 현재 경제 운용 과정에서는 공급자, 플랫폼 담당자, 수요자 간 신뢰 구축을 통해 공유 거래를 보장하는 형태가 실제로 적용되는 중이지만 좀 더 장기적 관점에서 봤을 때 자기신용사회 시스템 구축이 반드시 수반되어야 한다. 자기신용사회가 탄생하기 위한 전제조건과 기반은 데이터 신용 시스템에서 비롯된다. 그리고 데이터 신용 시스템을 구축하기 위한 중심에는 사람과 사람 사이의 신용 공개가 있다. 인터넷과 빅데이터, 사물인터넷의 기술적 지원을 활용해 신용 조회 시스템과 신용 평가 시스템을 구축하고, 획득한 신용 정보를 공유하고 조회함으로써 신용 정보의 교류를 가로막는 장벽을 무너뜨려야 한다. 여기서 한 발 더 나아가 모든 시장 주체의 신용 데이터를 조회하고 사용하도록 처리하고, 신용 리스크에 대비해야 한다. 물론 자기신용사회의 탄생은 데이터 신용 시스템을 통해 일방적으로 결정되는 것이 아니라 사회적 여론이나 경제 환경, 개방성, 종교, 신뢰 등 다양한 요소의 영향을 받는다.

## 블록데이터 금융에 대한 새로운 구상

블록체인 기술에 기반을 둔 비트코인은 전자화폐 영역에 등장한 획기적 규칙으로, 전자화폐 영역에서 벗어나 전체 금융권을 향해 빠르게 걸음을 옮기고 있다. 실제 운용 과정에서 어느 정도까지 발전할지 아직 알 수 없지만 블록체인은 머지않은 미래에 다가올 새로운 금융 시대의 시각을 제공한다.

**효율을 더욱 증대시키는 범금융화** 새로운 금융 시대는 인터넷 기술과 빅데이터, 클라우드 컴퓨팅 등 새로운 정보 기술의 발전에 힘입어 은행 창구를 찾지 않고도 휴대폰 하나로 은행 업무를 처리하는 수준에 그치지 않고, 금융권 안팎에서 직접 피부에 와닿는 혁명을 이끌고 있다. 금융기구는 전통적 금융 업무를 강화하는 동시에 서비스 영역과 내용을 꾸준히 확대해 한층 통합된 형태의 사회화된 서비스를 제공한다. 연관 데이터를 통해 고객의 금융 정보, 금융과 관련된 수요를 파악해 맞춤형 금융 서비스나 마케팅 전략을 적용할 수 있다. 이보다 더 중요한 사실은 금융권은 더 이상 전통적 금융기관의 독무대가 아니라 빅데이터 응용 기술을 지닌 기업이라면 누구나 진출할 수 있는 영역으로 전환됐다는 점이다. 머지않아 금융업체와 비금융업체 간의 경계를 오가는 통합이 일상적인 모습으로 자리 잡게 될 것이다.

**편의성이 강화된 탈금융 현상** 금융기관 이탈 현상은 금융의 감독 하에서 자금 공급이 금융기관을 벗어나 수요자, 융자 대상자에게 직접 전달되며 자금이 순환하는 것을 가리킨다. 현재 P2P(개인 대 개인) 대출과 크라우드 펀딩이 금융기관 이탈을 보여주는 가장 대표적 사례에 속한다. 그러나 P2P 대출과 크라우드 펀딩은 금융의 매개체를 금융기관에서 인터넷 사이트로 전환한 것일 뿐 수요자를 연결하는 과정에서는 여전히 매개체를 필요로 한다. 금융 매개체는 화폐와 거래로 구성된다. 무에서 유를 창조하는 과정을 거친 화폐는 과학 발전을 통해 유에서 무로 되돌아가는 과정을 필연적으로 겪게 될 것이다. 실제로 디지털 화폐의 등장으로 사물과 사물을 교환하는 과정에서 화폐가 점차 모습을 감추고 있다. 거래의 경우에는 조직, 플랫폼, 계약 3가지로 구분된다. 요새 흔히 이야기하는 금융기관의 이탈 현상은 금융의 감독 하에 금융 서비스가 조직이나 계약이 아니라 플랫폼을 통해 직접 처리되는 것을 가리킨다. 특히 디지털 계좌와 디지털 신용이 현실화되면서 금융기관 이탈 현상은 더욱 두드러지고 있다. 금융기관의 이탈 현상은 단순히 기관이라는 공간에서 벗어난다는 뜻이 아니라 경제 거래 활동의 편의성과 투명성을 높여 금융 권리를 '각성'시킨다는 뜻을 지닌다.

**공정성이 강조된 공생금융**  금융에 대한 감독 수위의 약화, 금융 자유화 추진, 정보 기술의 발전과 응용에 힘입어 사람들은 금융의 본질, 사회적 발전, 대중의 복지와 관련된 문제를 고민하기 시작했다. 금융 불균형, 금융 권리의 불평등이 뒤엉킨 가운데 획기적 방향과 솔루션을 가진 아이디어가 속속 등장하고 있다. 예를 들어 공생금융Financial Inclusion(소기업·자영업자·농가·빈곤층·학생 등에 대한 금융 지원을 가리킴 – 옮긴이)의 기본 함의는 사회의 모든 계층과 집단에 효과적인 서비스를 제공하는 금융을 가리킨다. 이는 약소계층과 저소득층에게 합리적 가격을 제시함으로써 보다 다양한 양질의 금융 서비스를 부담 없이 접하도록 하는 데 그 목적이 있다.[10] 또한 금융은 다른 경제 서비스처럼 가치 교환, 자원 배분의 최적화, 사회적 재화의 위탁 보관이 가능하다는 본질을 촉진한다.

# 페인-포인트 시커,
# 소비자 고충 해결을 위한 혁신 아이템

## 신경제의 발전과 가치 재구성

성공한 모든 경제 모델은 공통적으로 소비자의 수요 충족을 지상 최대 과제로 삼았다. 새로운 수요가 생겨나면서 사회화된 대규모 생산은 재빨리 '초점'을 변경한다. 특히 빅데이터 시대에 진입함에 따라 최근의 생산 시스템은 소비를 지향하는 대규모 물질 생산에서 정신적 상품 개발에 관심을 보이며 신경제New Economy(정보통신 기술을 기반으로 새로운 유망 분야가 출현하거나 확대되고 경제 성장과 물가 안정의 공존이 지속되는 현상-옮긴이)의 발전을 유도하고 있다.

**새로운 자원: 여전히 채워지지 않은 수요** 수요는 시대의 경제 성장을 실현하는 중요한 요소로, 시장의 수요에 따라 경제적 수익이 결정된

다. 여전히 채워지지 않은 수요는 어디서 비롯되는가? 수요의 주체는 사람, 수요의 대상은 상품과 서비스를 가리킨다. 수요 충족은 궁극적으로는 사람의 발전 문제를 해결해주는 데 의의가 있다. 현재 산업 구조조정을 추진 중인 중국은 새로운 성장 에너지를 육성해야 하는데, 그 답은 민간 영역에서 찾을 수 있을 것이다. 민간 영역에 대한 꾸준한 개선과 지원을 통해 갈수록 까다로워지는 다양한 수요를 만족시켜야 더 큰 발전 공간을 개척할 수 있다.

**새로운 경로: 여전히 계발되지 않은 혁신 잠재력**  혁신은 수요라는 대문을 열 수 있는 '황금 열쇠'이자 경제와 사회 발전을 이끄는 '강력 엔진'이다. 중국 경제가 화려하게 도약할 때마다 그 중심에는 항상 '혁신'이 있었다. 여기서의 혁신은 단순한 기술혁신이 아니라 혁신적 메커니즘과 혁신적 운영, 혁신적 모델을 모두 아우른다.[11] 혁신은 수요의 변화를 마주하는 데 필요한 적응력과 민감성을 키운다. 수요의 발견과 발굴, 활성화를 통해 혁신의 동력을 활성화시키고 새로운 기술과 새로운 산업, 새로운 영역을 만들어 발전을 이끄는 혁신의 승수 효과를 이끌어내야 한다.

**새로운 가치: 아직 형성되지 않은 가치연관성**  신경제는 경제, 사회 전체에 걸쳐 다차원적이고 체계적인 변혁을 유도한다. 그리고 그 변혁의 한가운데 가치의 재구성이 있다. 정보화·디지털화·네트워크화·스마트화의 융합, 정보 기술·제조 기술·신에너지·신소재·바이오 기술의 융합은 새로운 경제 구조와 경제 형태를 탄생시켜 가치의 재구성을

실현한다. 예를 들어 인터넷이 제조업체와 소비자가 직접 교류할 수 있는 플랫폼을 구축하면서 소비자는 데이터화된 상품을 사용함으로써 제조업체에 해당 상품에 대한 피드백을 꾸준히 전달한다. 제조업체는 소비자와의 접촉 없이도 상품 데이터를 직접 획득할 수 있다. 아무런 관련도 없어 보이는 요소들이 데이터화를 통해 가치연관성을 지닌 요소로 진화하면서 생산 공급과 소비 수요 사이에 공동 성장, 상호의존적 관계가 형성된다. 전통적 가치사슬이 끊어진 자리에 새로운 가치연관성이 채워지면서 거대한 가치가 탄생한다.

## 페인 - 포인트 시커와 창업자

"아프지 않으면 변할 수 없다. 아프지 않으면 새로워질 수 없다. 아프지 않으면 전진할 수 없다." 여기서 말하는 '변화'는 변혁을, '새로움'은 혁신을, 마지막으로 '전진'은 사회 발전을 의미한다. 가치라는 관점에서 바라본 혁신이 기능의 업그레이드를 의미한다면 '고충'은 감정적 호소를 의미한다. 혁신과 고충이 서로 연계되고 부딪히며 활성화될 때 우리는 가치를 실현할 수 있다.

마케팅 과학에서 말하는 고충은 상품이나 서비스를 사용하는 과정에서 사람들이 느끼는 불평과 불만, 스트레스를 유발하는 문제를 가리킨다. 이를 사회생활에 적용하면 여러 사람이 반복적으로 불만을 터뜨리지만 아직 해결되지 않은 문제 또는 실현해야 하는 바람과도 일맥상통한다. 이처럼 아픈 곳을 계속 꼬집는 사람을 우리는 '페인 - 포인트 시커 Pain-Point Seeker(PPS)'라고 부른다. 중국 빅데이터 산업의 발상지인 구이양시는 지금 획기적인 페인 - 포인트 시커 프로젝트를 추진하고 있는 중이다.

문제 또는 수요라고도 해석할 수 있는 고충은 크게 3가지 특징을 지닌다. 첫째, 광범위함이다. 고충은 아직 만족스럽지 못하거나 광범위하게 갈망하는 요구를 가리킨다. 이를테면 택시 잡기가 어렵다는 불만에 콜택시 애플리케이션이 출시되었고, 자원의 무분별한 낭비를 지적하는 목소리에 온라인에서 잉여 상품을 거래하는 시장이 탄생했다. 둘째, 절박함이다. 고충은 어디든 존재하지만 그것이 드러나는 또 다른 변수는 곧 절박함이다. 단순한 바람이 절박한 요구로 바뀌거나 당장 해결해야 할 만큼 상황이 심각한 경우 바람은 당장 고충으로 다가온다. 셋째, 복잡함이다. 고충은 종종 복잡한 원인에서 비롯된다. 고충의 수집과 통합, 저장, 가공, 발굴, 가치 창조는 매우 복잡한 힘겨루기의 과정으로 다양한 측면에서 동시에 검토되어야 한다.

이런 점에서 페인–포인트 시커는 구체적으로 행동하며, 하나의 모델을 만들어낸다. 그들은 각종 사회 현상에서 보편적으로 존재하는 아직 해결되지 않은 중요한 문제를 찾아 이를 이슈화시킨다. 정부기관, 기업, 사회 조직, 일반인에 이르기까지 모두 페인–포인트 시커가 될 수 있다. 페인–포인트 시커 프로젝트는 '모두 함께 발견'하는 데 의의를 둔 행동이다. 사회적 문제를 해결할 수 있는 능력을 가진 사람은 정작 문제의 심각성을 깨닫지 못하고, 문제의 심각성을 잘 알고 있는 사람은 정작 문제를 해결할 능력이나 방법이 없다. 페인–포인트 시커 프로젝트의 등장은 능력과 의지를 가진 두 집단 사이의 교류를 위해 구축된 플랫폼으로 '대중의 창업, 군중의 혁신大衆創業, 萬衆創新'을 활성화한다.

진정한 의미의 고부가가치 혁신을 실현하려면 페인–포인트 시커는 반드시 'SMART 황금 법칙'을 따라야 한다. 명확함Specific을 의미하는 S는 누구라도 쉽게 이해할 수 있을 만큼 고충이 명확해야 한다는 것을 가리킨다. 정량화Measurable를 뜻하는 M은 고충을 정량화해 하나의 기준에 따라 구체적으로 계량할 수 있는 것을 가리킨다. A는 노력을 통해 해결할 수 있다는 의미의 실현 가능Attainable을 뜻한다. 다시 말해 목표가 지나치게 낮거나 높으면 안 된다. 목표가 너무 평이하면 의미가 없고 반대로 너무 원대하면 실현하기가 어렵기 때문이다. R은 기타 목표와의 관련성Relevant을 뜻한다. 고충은 반드시 사회생활과 긴밀하게 관련되어 있어야 하며, 핵심 문제만 고충의 범위에 들어갈 수 있다. 마지막으로 고충은 시간에 제한을 두어야 한다. 즉 T는 구체적 시간 제한Time-based을 뜻한다.[12]

중국어 '촹커創客'의 어원은 영어의 'maker'다. 단순한 흥미나 취미에서 출발해 각종 아이디어를 현실로 바꾸기 위해 노력하는 사람을 의미한다. 이들은 생산재, 시스템에 대한 의존에서 벗어나기 위해 '각개전투'를 벌이지만 거기에만 머물러 있지 않고 가치연관성을 강조하는 단계로 나아가야 한다. 그러나 그 작업은 결코 쉽지 않다. 성장 과정에서 창업자는 아이디어를 현실화시키는 데 따른 어려움, 아이디어 중복 등 많은 문제에 직면하게 된다. 가치를 서로 연계하지 못했기 때문이다. 페

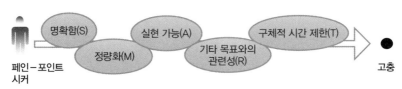

그림 8-4 | 고충의 SMART 황금 법칙

인-포인트 시커 프로젝트의 등장으로 가치가 서로 연계되면 창업자는 '사회적 고충에 기반을 두고, 체계적으로 해결안을 제시할 수 있는 사람'이 될 수 있다. 고충은 혁신을 낳고, 혁신을 위한 토양을 조성한다. 사회적 문제를 한데 취합하고 사회적 수요에 응답할 때 창업자의 혁신적 조치는 목표에 정확히 적용되고 혁신의 성과도 더 큰 가치를 지니게 된다. 창업자와 페인-포인트 시커는 상호의존적 관계를 맺고 있다. 창업자는 페인-포인트 시커의 등장으로 새로운 발전 단계로 진화할 수 있고, 페인-포인트 시커는 창업자의 실천에 힘입어 점진적으로 가치를 실현할 수 있다. 이들 사이를 가로막던 장벽이 사라지면 창업자는 페인-포인트 시커가 되고, 페인-포인트 시커 역시 창업자가 될 수 있다.

고부가가치는 혁신을 통해 탁월한 기능을 획득할 수 있지만, 그 기능만으로는 가치를 창조할 수 없다. 강력한 요구나 바람이 만족스럽게 해결될 때에야 비로소 가치는 실현된다. 그렇다면 가치와 고충, 혁신의 관계를 어떻게 바라봐야 할까? 고충과 혁신은 어떻게 하나의 가치를 하나로 묶어낼 수 있을까? 이런 물음에 대한 답을 간단한 공식에서 찾을 수 있다.

가치 = 혁신 × 고충($V = I \times P$)

가치Value는 탁월한 혁신Innovation과 강력한 고충을 곱한 결과로 창업자와 페인-포인트 시커는 긴밀한 관계를 맺고 고충에서 혁신으로, 페인-포인트 시커에서 창업자로 나아가는 연결 플랫폼을 세워야 한다. 이를 통해 혁신적 창업 사슬을 형성해야 궁극적으로 새로운 경제 형태를 탄생시킬 수 있다. 이런 경제 형태는 개방, 혁신, 공유를 강조하며 집단지성, 자원, 자본을 취합할 수 있으므로 문제의 정확한 발견, 체계적 문제 해결에 큰 도움이 될 것이다. 사실상 크라우드 이노베이션, 크라우드 소싱, 크라우드 펀딩, 크라우드 쉐어링Crowd Sharing의 효과를 한데 합친 결과물이라고 하겠다.

## 페인-포인트 시커 경제와 사회경제 모델

신경제시대는 꾸준히 업데이트되는 체계적 이념뿐 아니라 실천과 검증을 견뎌낼 수 있는 구조적 변혁을 필요로 한다. 전혀 새로운 개념인 페인-포인트 시커 경제와 혁신적 성장 이념인 블록데이터 경제는 미래 신경제의 발전을 뒷받침하는 중요한 사상이 된다.

페인-포인트 시커 경제는 크게 4가지 기본적 함의를 통해 시대적 가치를 강조한다. 첫째, 효율의 통합이다. 가치 최대화를 목표로 삼는 페인-포인트 시커 경제는 사회 효율과 경제 효율의 통합을 지향하며 혁신을 통한 사회적 문제 해결, 사회적 수요 충족을 강조한다. 둘째, 정보의 대칭이다. 인터넷과 뉴미디어를 통해 공급자와 수요자가 직접 정보를 교류하면서 중간 유통 단계에서 발생하는 정보 장벽과 비용 상승을 피할 수 있다. 또한 혁신의 적시성과 효율성을 확보할 수 있다. 셋째, 순환형 발전이다. 수요는 공급을 유도하고, 공급은 또다시 새로운 수요를 이끈다. 이처럼 지속적인 발전을 통해 안정적 산업 체인과 순환형 혁신 시스템을 점진적으로 구축해 지속 가능한 발전에 필요한 동력을 얻는다. 넷째, 스마트 운영이다. 블록데이터 기술을 통해 한층 과학적이면서 정확하게 사회 대중과 정부의 진정한 수요를 취합할 수 있다. 수요에 대한 과학적 관리를 통해 한층 정확한 방법으로 혁신과 창업을 추진할 수 있다. 페인-포인트 시커 경제는 대중의 창업, 군중의 혁신 시대와 긴밀

히 연계하며 산업 체인의 혁신적 구조조정, 신경제 재구성에 중요한 영
향력을 행사한다.

페인-포인트 시커 경제의 구축은 완벽하게 작동하는 경제 시스템을
추구하기보다는 사회·경제 영역과 혁신적 발전 영역 간의 전환 법칙과
모델 연구에 좀 더 무게를 두고 있다. 자연적인 폭발적 성장세가 끝나면
고충은 산업 발전, 일자리 창출로 확대된다. 깨끗한 물과 의료 보장, 금
융서비스, 유용한 정보 획득 외에도 사람들이 간절히 원하는 다양한 문
제의 해결은 신경제시대의 정부, 시장, 사회가 공동으로 완수해야 할 사

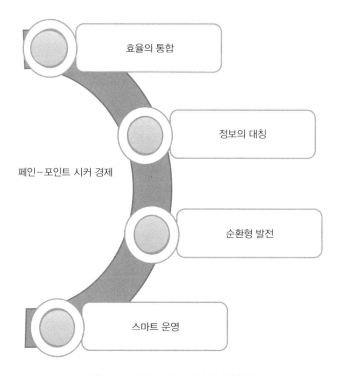

그림 8-5 | 페인-포인트 시커 경제의 함의

명이다. 진지한 자세로 고충을 해결하려는 사람이 존재하는 한 수천, 수백 가지의 과학 기술 구상이 탄생할 수 있다. 그중 가장 뛰어난 아이디어는 새로운 영역, 새로운 모델의 발전을 이끌고 더 크고 새로운 수요와 기회를 탄생시킬 것이다. 신경제는 과학 기술의 실험실뿐 아니라 비즈니스 모델 실험실을 필요로 한다. 즉 아이디어를 현실로 구체화하고 가치를 지닌 상품으로 바꿔야 비로소 $V = I \times P$를 현실화할 수 있다.

페인-포인트 시커 경제는 새로운 사회경제 모델을 비롯해 사회적 기업의 탄생을 유도한다. 사회적 기업은 정부, 기업, 비영리 조직과 달리 강제적 권력, 금전적 소득을 갖고 있지 않으며 대중의 혁신을 통해 발전한다. 기업의 이윤 최대화나 이익 배당금도 없는 사회적 기업은 궁극적으로 사회문제 해결을 추구하는데, 이 과정에서 외부로부터 경제적 지원을 받는 비영리 조직과 달리 자체 운영을 통해 메커니즘을 구축한다. 이처럼 새로운 형태의 사회적 기업은 신경제시대 기술혁신과의 결합을 꾀하며 3가지 가치를 실현하는 데 유익한 새로운 경제 모델을 탄생시킨다.

첫째, 새로운 사회경제 모델은 개인의 가치 실현을 촉진한다. 사회경제 모델은 단순한 경제 모델이 아니라 사회적 공동 행동력을 구체화한 것으로 혁신적 방법을 통해 인력 자원과 사회 자원을 효과적으로 결합한다. 이 과정에서 참여자의 자아가치 실현, 사회문제 해결을 위한 공헌을 유도하며 사회를 안정적으로 뒷받침하는 '지지대'가 되도록 돕는다.

둘째, 새로운 사회경제 모델은 사회적 가치의 존재감을 부각시킨다. 사회경제 모델의 사명은 자원의 공평한 배분과 조화로운 사회 운영이다. 자원 배분 모델과 공유경제는 협력적 공유를 추구한다. 즉 가치 교환이 아닌 가치 공유를 통해 각종 사회문제를 해결하고 사회적 자본을 축적한다. 사회경제 모델은 이론과 가치관 측면에서 인류를 일군 경제사회의 수준을 한 차원 높여준다. 이를테면 몇몇 사회적 기업은 의료, 교육 등 각종 사회 서비스 기관을 세워 도움을 필요로 하는 사람에게 사회적 서비스를 제공한다. 미국의 사회적 기업 베터월드북스Better World Books는 중고책 매매 사업을 통해 벌어들인 수익을 문맹퇴치기관에 기부하고, 지원을 받은 기관은 후진국의 문맹 퇴치를 위한 지원 사업을 펼친다.

셋째, 새로운 사회경제 모델은 신경제의 가치관을 실현한다. 사회적 기업은 기업의 방식으로 운영되지만 전통적 비영리 조직의 한계를 벗어나 자율 경영을 통해 일자리를 만들어내고 사회적 서비스를 제공하며 자체적으로 지속 가능한 발전을 지향한다. 사회적 기업은 기업 방식으로 운영되고 더 나아가 사회적 목표를 달성해야만 비로소 더 많은 혁신적 운영 모델을 탄생시킬 수 있다. 사회 경영과 경제 소득의 성공적 조화는 양질의 서비스와 상품을 대중에게 제공하는 것으로 구체화된다. 사회적 기업의 운영 모델에는 협력사, 상호지원협의회, 집단 모임 등 다양한 형태가 포함된다. 요컨대 사회적 기업은 법인 구조의 기업이 아니라 기업의 경영 모델을 이용해 사회적 문제를 해결하려는 조직이다.

## 페인-포인트 시커 운영과 싱크탱크

빅데이터 시대에 접어들면서 사회 운영은 점점 어려워지고 우리가 직면한 상황도 갈수록 복잡해지고 있다. 이런 문제를 해결하려면 혁신적 운영이 반드시 뒷받침되어야 한다는 점에서 고충과 페인-포인트 시커의 만남은 사회의 공동 행동력으로써 경제 모델의 변혁을 가져올 뿐 아니라 운영 방식의 혁신을 유도한다. 페인-포인트 시커 운영은 매우 복합적인데 가치, 주체, 운영 방식이 각각 복합된 형태로 구현된다.

가치의 복합화는 운영 이념을 '이익'에서 '가치'로 전환하는 것을 가리킨다. 이익을 추구하는 운영 이념을 지닌 상태에서는 사회적 리스크가 꾸준히 증가하고 사회적 갈등이 계속 축적된다. 이런 상황에서 가치를 중심으로 하는 복합형 운영 모델의 구축은 필연적 결과다. 즉 고충과 페인-포인트 시커는 사회 경영에서 과학적·이성적·효과적 의사표현 메커니즘, 이익 협조 메커니즘, 갈등 처리 메커니즘, 권익 보장 메커니즘을 구축해 사회적 관계 조정, 사회질서 유지에 크게 기여한다. 이를 통해 누구나 행복하게 살 수 있는 사회 운영의 목표를 추구한다.

주체의 복합화는 단일한 운영 주체가 다양한 주체로 확대되는 것을 가리킨다. 고충의 배경에는 다양한 수요, 다층적 성향의 사회적 수요가 존재한다. 페인-포인트 시커는 '모두 함께 발견하는' 광범위한 사회적 행동의 구현에 따른 결과로 과거 정부의 일방적 관리 모델을 지양하고 사회적 조직, 기업, 대중 등 사회적 역량이 한 자리에 모여 함께 문제를 해결할 것을 촉구한다. 또한 정부 주도, 사회적 협력, 대중의 참여, 법치가 보장되는 사회 경영의 틀을 최대한 빨리 구축하고자 한다.

자주성, 전문성, 사회성의 통합은 운영의 복합화를 통해 실현된다. 현재 운영에서 보편적으로 드러난 문제는 누가 문제를 발견하고 누가 문제를 해결할 것인가, 선순환형 운영 메커니즘을 어떻게 구축할 것인가에 대한 고충으로 나타나고 있다. 페인-포인트 시커는 문제를 발견하고 보호나 간섭을 받지 않는 자주적 운영을 추진한다. 과학적 운영을 원한다면 운영의 객관적 규칙을 준수해 전문화 수준을 높여야 한다. 이를 위해서는 전문화된 싱크탱크 기관을 도입해야 한다. 전문화를 바탕으

로 운영의 사회화를 적극 추진하고, 싱크탱크의 전문화를 통해 페인−
포인트 시커와 창업자를 이어줘야 한다. 요컨대 자본과 자원의 통합을
통해 안정적인 선순환 구조의 작동을 이끌어내야 한다.

## 페인−포인트 시커 프로젝트

한 지역의 사회경제 발전은 혁신적 기술과 모델 말고도 전략적 측면의
지속적 혁신을 필요로 한다. 구이양의 페인−포인트 시커 프로젝트는 이
와 관련된 새로운 탐색에 과감히 도전장을 내밀었다. 페인−포인트 시커
프로젝트는 고충을 해결한다는 목표 아래 이들을 위시한 집단지성을 활
용해 자본, 가치사슬 등 다양한 분야를 아우르는 입체적 통합 프로젝트
다. 이를 통해 구이양시는 새로운 사회적 수요를 창출하고 문제를 해결
할 수 있는 운영 메커니즘을 구축하고자 한다. 또한 빅데이터의 핵심 기
술을 아주 잘 다루는 사람과 대규모 데이터를 가진 사람, 빅데이터의 핵
심 가치를 이해한 사람을 위한 플랫폼을 제공함으로써 대중의 혁신, 군
중의 창업이라는 정부 목표 실천, 스마트 시티로의 진화를 기대한다. 페
인−포인트 시커 프로젝트는 크게 2단계로 나뉘어 실현된다.

 1단계는 페인−포인트 시커 대회를 개최해 사상적 토대를 마련하는
것이다. 2016년 3월 1일 구이양은 세계 최초로 페인−포인트 시커를 주
인공으로 하는 대회를 개최해 사회 공생과 기업 신용에 대한 주제 회의
를 열었다. 이 회의를 통해 페인−포인트 시커와 고충의 가치를 대대적
이고 체계적으로 발굴하는 최초의 움직임이 포착됐다. 또한 고충에 대
한 권한을 인정해줌으로써 고충을 제공한 대상자에게 지적재산권 보장
을 약속하는 자리도 마련됐다. 이를 통해 페인−포인트 시커가 제시한

고충의 상업적 가치는 시장을 통해 평가될 수 있다. 앞으로 구이양은 페인-포인트 시커 문화를 지속적으로 조성하고 육성함으로써 프로젝트의 영향력을 확대하고자 한다.

2단계는 페인-포인트 시커의 '드림 팩토리' 구축과 산업 육성을 위한 플랫폼을 마련하는 것이다. 페인-포인트 시커 대회를 시작으로 구이양시는 페인-포인트 시커의 드림 팩토리를 구축하겠다는 뜻을 발표했다. 이것은 페인-포인트 시커 프로젝트 운영을 위한 기본 플랫폼으로, 고충의 잠재적 가치를 발견하고 페인-포인트 시커의 시장 가치를 실현함으로써 혁신적 지식의 원천과 첨단과학기술산업을 이어주는 '교량'을 지향한다. 이를 통해 대중의 지혜를 한자리에 모을 수 있는 중요한 매개체 역할을 수행하고자 한다. 빅데이터 플랫폼의 빠른 처리능력과 효율적 운영 기능을 통해 페인-포인트 시커의 드림 팩토리는 과학적이면서도 합리적인 네트워크형 분업 시스템을 구축함으로써 페인-포인트 시커, 창업자, 투자자, 정부의 가치 최대화를 실현할 수 있다.

2016년 3월 1일 중국공산당 구이저우성 위원회 상무위원, 구이양시 위원회 서기 천강陳剛은 2016년 구이양시 국제 빅데이터 산업박람회 인터뷰에서 다음과 같은 포부를 밝혔다. "페인-포인트 시커의 등장은 구이양, 구이저우, 나아가 국가의 혁신적 발전을 선도할 것이다. 페인-포인트 시커 프로젝트로 고충이 효율·혁신과 결합할 때 사회적 효율이 획기적으로 개선될 수 있다. 이는 경제와 사회 발전을 이끄는 모델이자 정부 주도로 추진 중인 '대중의 창업, 군중의 혁신'을 위한 중요한 탐색 작업이 될 것이다."

# 신경제를 위한 혁신적 실험

## 데이터가 주도하는 혁신적 실험

뉴노멀New Normal(고속성장에서 지속 가능한 성장으로의 패러다임 변화-옮긴이), 신경제는 새로운 개혁을 원한다. 데이터를 핵심으로 하는 신경제는 새로운 수요, 새로운 시장, 새로운 기술, 새로운 영역, 새로운 모델로 이어지는 발전을 촉발시켰다는 점에서 전혀 새로운 영역이자 적극적 탐색을 필요로 하는 대상으로 평가받고 있다. 데이터 주도형 혁신을 실현하려면 어떤 것을 기반으로, 누군가의 도움으로, 무엇을 어떻게 해야 할까? 이 물음에 답하려면 혁신적 실험이 선행되어야 한다. 적극성과 혁신성을 충분히 발휘함으로써 혁신을 독려하고 포용해야 한다.

중국은 혁신적 과학 기술을 사회 생산력과 국력 강화를 위한 전략으로 간주하며 혁신적 발전 전략 실천, 혁신적 과학 기술 강조, 제도·운영·조직·모델의 혁신을 함께 추진하겠다는 의지를 발표했다. 베이징의 중관춘中關村, 우한의 둥후東湖, 상하이의 장장張江을 자주혁신시범지구로 선정한 데 이어 상하이와 푸젠, 광둥, 톈진에 이른바 4대 자유무역 시범지구를 설립했다. 또한 징진지京津冀, 상하이, 광둥, 안후이, 쓰촨, 우한, 시안, 선양을 전국 혁신개혁 시범지구로 확정하며 사회 전반에 걸쳐 진행되는 개혁을 체계적으로 적극 추진하겠다는 계획을 발표했다. 이런 정책적 지원 아래 국가 발전과 개혁위원회, 산업정보화부, 중앙 네트워크 보안과 정보화 선도그룹 판공실辦公室에서는 국가적 정책 지원을 공언하며 구이저우성 국가 빅데이터 종합시범지구 건설 프로젝트를 승인했다. 이는 국가 차원에서 처음으로 승인한 빅데이터 종합시범지구 건설 프로젝트로, 데이터 주도형 혁신적 실험의 첫 포문을 열었다는 평가를 받고 있다.

국가 빅데이터 종합시범지구 건설 프로젝트는 3~5년간의 탐색을 통해 데이터 소스의 자유로운 흐름을 가로막는 장벽 철폐, 인프라 강화, 빅데이터 관련 상품 개발, 빅데이터 전문 기업 육성, 빅데이터의 협력적 혁신 공간 구축, 빅데이터 전문 인재 육성, 정부의 공공경영 능력 강화, 경제 구조조정과 업그레이드를 추진하고자 한다. 그리고 다음의 주요 임무를 중심으로 체계적 실험에 나설 것이다.

첫째, 데이터 자원의 공유와 개방 실험이다. 빅데이터 종합시범지구에서 데이터 공유와 개방에 따른 제도 및 규범 제정, 정부 빅데이터 리소스 교환과 공유와 개방 추진, 정보 공유를 위한 인프라 데이터베이스 구축, 정부 데이터와 사회 데이터의 혁신적 통합 모색, 건전한 빅데이터 보안 시스템 구축이 여기에 속한다. 이 외에도 정부 공유·교환 플랫폼과 데이터 개방 플랫폼 구축, 인구-법인 단위-자연 자원과 공간 지리-거시 경제 4대 기본 정보 공유형 데이터베이스 구축, 전 지역을 아우르는 정부 데이터 공유·교환 플랫폼과 데이터 개방 플랫폼 구축, 법에 의거한 공공데이터 구축 등이 실험을 통해 사회와 업계, 기업, 인터넷 데이터의 개방과 공유를 추구한다.

둘째, 데이터 센터 통합 이용 실험이다. 정부 재정 데이터 소스와 사회 데이터 소스 관리, 남부 데이터 센터 기지 구축, 데이터 소스의 취합 추진, 남부 광대역 네트워크 중추 기지 건설, 데이터 저장과 클라우드 컴퓨팅 간 협력적 발전 추진이 여기에 해당된다. 해당 구역, 기타 구역 및 중앙 부서와 업계 기업 등의 사용자에게 데이터 저장, 백업 등 데이터 센터 서비스를 제공함으로써 국가 데이터 센터 시스템 구축을 위한 적극적 탐색에 나설 것이다.

셋째, 빅데이터 혁신과 응용 실험이다. 거시 경제 조정, 시장 모니터링, 사회 경영 등 영역에서 빅데이터를 활용한 혁신적 정부 운영안을 마련하고 '데이터 케이지', 빅데이터 세금 등 주요 프로제트를 통해 정부의 공공경영 능력을 강화한다. 특히 '맞춤형 지원' 시범 프로젝트를 통해 낙후된 중국 서부 지역을 대상으로 빅데이터를 활용한 지원을 제공한다. 의료, 교통, 관광, 교육, 문화, 사회보장 등 영역에서 민생 서비스와 관련된 혁신적인 빅데이터 응용 정책을 추진한다.

넷째, 빅데이터 산업 클러스터 실험이다. 빅데이터 발전을 위한 구이저우성이 가진 경쟁우위 등을 충분히 발휘해 전통 산업과 빅데이터의 통합 발전, 공업, 농업 및 현대 서비스 영역에서의 빅데이터 적극 활용, 스마트 제조, 농업 빅데이터, 전자상거래 등 신산업 발전을 통한 대중의 창업, 군중의 혁신 추구, 특색 있는 빅데이터 산업 클러스터 구축에 나설 것이다.

다섯째, 빅데이터 산업 생태 시스템 육성, 빅데이터의 저장·수집·가공 분석, 클라우드 플랫폼 구축과 운영 서비스 등 빅데이터의 핵심 영역 발전, 스마트 기기, 집적회로, 전자 소재와 부품 개발, 고객센터 등 관련 영역의 발전 유도, 전자상거래, 핀테크, 스마트 물류, 스마트 헬스, 스마트 제조, 스마트 여행, 스마트 농업, 스마트 에너지 등 파생 영역의 발전 추진이다. 빅데이터 금융 서비스 플랫폼 구축, '인터넷+'를 활용한 금융업 발전 추진, 빅데이터와 관련된 소비자의 니즈를 해결해줄 수 있는 상품, 시스템 및 솔루션 개발을 계획한다.

여섯째, 빅데이터 자원 순환 실험이다. 빅데이터 자원 순환과 거래 서비스 플랫폼 구축, 빅데이터 자원 순환과 거래 서비스 시장 주체 육성, 빅데이터 자원 순환 관련 제품의 시스템과 거래 모델의 다양화, 안정적인 빅데이터 자원 순환과 거래 메커니즘, 제도와 표준 마련, 빅데이터 자원 순환과 거래 생태계 구축, 다양한 업계와 필드를 오가는 업종의 경계 뛰어넘기 촉진이다. 빅데이터 거래소를 통해 구이양은 중국 내 주요 빅데이터 자원 순환과 거래의 중심으로 발돋움하겠다는 미래의 계획을 밝혔다.

일곱째, 빅데이터 국제 협력 실험이다. 빅데이터 관련 국제협력 시스템 내의 국제 R&D, 프로젝트 교류에 적극 동참하고 '데이터 엑스포' 등 국제 컨벤션 교류 플랫폼을 구축한다. 국내외 기업의 참여를 통해 빅데이터 기술, 상품에 대한 R&D 협력을 강화함으로써 중국의 빅데이터 상품, 기술과 표준 작업을 적극 추진한다.

여덟째, 빅데이터의 혁신적 제도 실험이다. 혁신적 서비스 모델, 정책 제도의 한계 극복, 시스템 메커니즘 탐색을 빅데이터 시범지구 구축의 목표로 삼고 빅데이터 지방 법규와 규정 확립, 데이터 권익 보호를 위한 입법안 마련, 개인정보와 개인 사생활 보호 관련 입법안, 데이터 보안 운영 입법안 마련, 빅데이터의 혁신적 발전을 위한 정책 시스템 추진과 탐색에 나선다.

## 데이터 공유와 데이터 감독

데이터 주도형 혁신적 실험이 성공하려면 데이터 공유와 개방이라는 전제조건을 반드시 만족시켜야 한다. 국무원이 발표한 '빅데이터 발전 촉진을 위한 행동 요강'에서는 각 부서와 각 지역, 각 업계, 각 영역의 데이터 자원을 공유하고 개방해야 한다고 강조했다. 그러나 현실적으로 데이터 공유는 매우 어려운 상황에 처해 있다. 데이터 감독에 편차가 존재하기 때문이다.

데이터 감독 관점에서 봤을 때 지나친 감독과 소홀한 감독이 병존하는 상호모순적 상황은 향후 큰 리스크를 초래할 수 있다. 또한 데이터의 소유자와 사용자 관점에서는 과도한 규제와 무제한 공유 사이에서 불거진 갈등 때문에 양질의 데이터 자원을 대량으로 보유한 각급 정부와 공공기관이 데이터를 공유하고 개방할 때 '거부감, 공포감, 무능함'을 드러낼 수 있다. 이런 경우 일부 제한된 정보를 공개하는 것 외에 데이터 자원은 '생산 요소, 무형 자산, 사회 자본'으로서의 역할을 전혀 수행할 수가 없다.

공유와 개방에 대한 거부감은 잘못된 인식에서 비롯된다. 일부 정부 부처와 공공기관은 여전히 데이터 공유와 개방의 가치를 깨닫지 못하고 있다. 그 밖에도 이익 분배 문제로 일부 정부 부처와 공공기관은 이미 확보한 데이터를 자신의 이익, 권력의 일부라고 생각하기도 한다. 심지어 이를 개인자산으로 여기고 공개와 개방을 거부하는 바람에 여러 부처나 같은 부처 내에서도 데이터의 공유와 개방이 제대로 이루어지지 않고 있다.

지금 구속력의 부재, 미약한 구속력으로 공유와 개방에 대해 불안감을 느끼고 있다. 데이터의 공유와 개방 부문에서 중국의 법률 법규, 제도 기준은 상대적으로 낙후되어 있으며 데이터 공유와 개방에 대한 강제적 구속력도 존재하지 않는다. 데이터 공유와 개방을 위한 심사·관리 시스템이 없다 보니 데이터 공유와 개방의 가치가 모호하게 취급되면서 관련 시장도 제대로 성장하지 못하는 결과를 초래했다. 정무 데이터의 공유와 개방이 정보 보안, 심지어 기밀 누설로 이어질 수 있다는 막연한 불안감 때문에 정부가 마련한 데이터 자원이 제대로 공유되고 개방되지 못하고 있는 실정이다. 또한 기밀 지정, 암호화 프로그램, 기밀 누설 처벌과 구제 메커니즘 등 주요 제도에 대한 중국 '기밀보호법'의 설계가 현실적 데이터 개방 수준보다 뒤처진 탓에 데이터의 공유와 개방을 강하게 억누르고 있다.

공유와 개방에 대한 무능함은 능력 부족에서 비롯된다. 정부 데이터의 공유와 개방이 등급별로 분류되지 않아서 보관하고 통합할 때 많은 문제가 쏟아져 나온다. 반드시 공유하고 개방해야 할 데이터를 제대로 분리하지 못해 가치 훼손, 정보 고립화 등 문제를 불러올 수 있다. 반대로 공유하고 개방해서는 안 되는 데이터를 마구잡이로 공유하고 개방하거나, 일부에게 개방하고 공유해야 할 데이터를 누구에게나 개방하고 공유할 경우 문제를 키울 수 있다. 그리고 심각한 경우 국가 보안을 위협할 수도 있다. 현재 중국 정부가 데이터 권리 보호에 대한 입법적 행동을 취하지 않고 있어 데이터 공유와 개방의 원칙, 데이터 포맷, 품질 기준, 사용 가능성, 조작 연동성 등에 관련한 기준과 규범이 없는 상태다. 이는 빅데이터를 기본 전략적 자원으로 사용하려는 아이디어와 노력을 원천적으로 틀어막고 있다.

## 시행착오 메커니즘과 착오수용 메커니즘, 착오수정 메커니즘

중국의 개혁, 특히 빅데이터 분야에서 혁신은 '나이트의 불확실성 Knight-style Uncertainty'[13]으로 가득 차 있어 본질적으로 인센티브를 제공하고 보장하는 규범화된 시행착오와 착오수용, 착오수정 메커니즘을 구축해야 한다. 시행착오와 착오수용, 착오수정 메커니즘은 상호모순적 존재가 아니라 개혁을 위한 필수조건이다. 2013년 상하이는 '혁신적 개혁 촉진을 위한 결정'을 비준하며 개혁을 이끌 선봉장이 되겠다는 선언을 통해 법률과 제도적 틀 안에서 시행착오를 각오하겠다면서 과감히 도전장을 내밀었다. 선전, 톈진, 항저우 등지에서도 혁신을 독려하고 실패를 과감하게 받아들이겠다는 규정과 제도를 연달아 선보이며 착오수용에 관한 면책 규정을 확립했다. 구이양시는 빅데이터 발전, 혁신적 과학 기술을 추진하며 어떤 실수도 실패도 포용하겠다는 정신을 먼저 확립했다. 시행착오 메커니즘과 착오수용 메커니즘, 착오수정 메커니즘을 구축해야만 빅데이터는 끊임없이 새로운 아이디어를 쏟아낼 수 있다.

시행착오 메커니즘은 혁신 과정에서 나타나는 리스크와 실패를 받아들여야 한다고 주장한다. 빅데이터의 발전은 새로운 사물, 새로운 현상으로 새로운 문제와 도전을 가져올 수밖에 없으므로 혁신적 환경과 메커니즘을 반드시 수용해야 한다. 개인과 기업, 정부, 시장 모두 혁신 과정에서 흡수할 만한 경험이나 의존할 만한 대상이 없다 보니 '장님 코끼리 만지듯' 일일이 직접 경험하며 성공과 실패를 거듭할 수밖에 없다. 이때 실패했다고 좌절할 것이 아니라 끈질기게 도전해야만 해결책을 찾을 수 있다. 그러므로 시행착오 메커니즘은 혁신적 주체의 '무죄'를 보장하고 혁신을 이끄는 선봉장이 희생양으로 전락하지 않도록 보장해준다는 점에서 중요한 의미를 지닌다.

착오수용 메커니즘은 시행착오 과정에서 심각한 손실, 의사결정에 대한 실수가 드러났을 때 해당 프로그램을 작동시켜 피해를 막고 당사자의 잘못을 면제해준다. 시행착오를 너그럽게 인정할 줄 아는 것은 실패를 긍정적 결과로 이끄는 태도지만 이보다 더 중요한 것은 실수와 잘못을 최대한 피해야 한다는 것이다. 혁신 과정에서의 시행착오를 포용하려면 무엇보다 손실을 감당할 수 있는 최댓값을 설정해놓아야 한다. 이와 함께 과학적 착오수용 메커니즘을 통해 마구잡이로 실수를 저지르는 잘못이나 무의식적인 잘못을 줄이고, 블록데이터 기술에 기반을 둔 감독과 심사 평가 메커니즘을 구축해 허점을 파고들지 못하도록 원천적 봉쇄에 나서야 한다. 착오를 수용하려면 사전에 법률적 장치를 마련해야 하는 것은 물론이고 시행착오에 대한 면책 조항도 마련해야 한다. 착오수용 메커니즘은 리스크에 대비하는 기술적 문제지만, 그보다는 사회 전체적으로 실패를 너그럽게 받아들이고 잘못을 바로잡을 수 있는 기회를 주자는 문화적 문제라는 점에서 더 큰 의미를 지닌다.

착오수정 메커니즘은 리스크가 발생한 후에 자동으로 작동하며 리스크의 원인, 과정, 결과에 대한 과학적 평가를 통해 그 원인을 찾고 문제를 바로잡을 수 있는 시스템이다. 이를 통해 혁신의 방향을 이끌고 톱니바퀴 효과Ratchet Effect[14]가 나타나지 못하도록 방지한다는 점에서 책임은 중요한 착오수정 메커니즘의 구성 요소다. 잘못된 행위를 바로잡으려면 실천할 수 있는 책임 메커니즘을 반드시 구축해야 한다. 그래야만 개혁과 혁신이 주변의 방해에 흔들리지 않고 정확한 방향으로 나아갈 수 있다.

# 블록데이터 공공경영, 데이터 정부를 실현하다

블록데이터는 국가의 기본적 전략 자원이자 정부의 소중한 공공경영 자원이기도 하다. 전 세계적으로 "빅데이터를 통한 경제 발전, 사회 경영 개선, 정부 서비스와 감독 능력 강화는 이미 하나의 추세로 자리 잡았다".[1] 정부는 데이터의 최대 생산자이자 소유자이고, 데이터 공공경영Data Governance은 정부의 공공경영 능력을 현대화로 이끄는 발판이라고 하겠다.

　데이터 공공경영과 공공경영의 데이터화는 공공경영을 공동으로 구성하는 2가지 요소로, 미래 데이터 정부 실현을 위한 기본 골격이다. 데이터 공공경영은 정부가 빅데이터에 기반한 공공경영으로 전환되어야 한다는 것을 강조하고 있으며, 데이터를 핵심으로 정부의 프로세스를 개조해야 한다고 주장한다. 공공경영의 데이터화는 데이터, 데이터 행위에 대한 정부의 수준 높은 공공경영을 강조한다. 이와 함께 국가 구성원에게 데이터화에 따른 혜택을 주고 전 사회의 데이터 복지Data welfare를 증진해야 한다고 주장한다.

　전자의 경우 현재 중국이 추진하는 정부 데이터의 개방과 공유, 응용 단계에서 이미 목격되었다. 데이터를 통해 정부의 구조조정, 직무 전환 추진, 공공데이터 개방 등의 노력은 이미 상당 부분 진전을 거두고 있으며 거대한 데이터만 지닐 수 있는 장점과 발전 잠재력을 보여주고 있다. 그러나 후자의 경우 데이터에 대한 공공경영은 여전히 공백 상태인데다가 모든 사람이 데이터를 자유롭게 사용할 수 있기까지 아직 가야 할 길이 멀다. 데이터를 잘 보관하는 것만으로는 아무것도 할 수 없다. 앞으로 데이터에 대한 의존도가 점점 높아지면서 되돌릴 수 없는 문제가 그 모습을 드러낼 것이다.

# 유례없는 선함을 내세우는
# 데이터 정부

정부는 줄곧 애증의 대상이었다. 정부는 국민의 이익을 대변하고 공무원은 국민을 위해 봉사해야 한다. 인류사회에서 정부 기구가 사라지면 국가는 정치적 질서가 붕괴되고 시장에 혼란이 일고 공공사업 쇠퇴 등 수많은 문제가 발생하는 위험에 빠지고 말 것이다. 정부의 역할이 점차 확대되면서, 특히 권력과 '강화조약'을 맺더니 공무원의 부패와 정부의 무능력으로 공포정치, 독재정치 등 온갖 만행을 저질렀다. 그래서 영국 학자 존 로크는《통치론Two treatises of government》에서 정부를 '필요악' 이라고 묘사하며 '제한적 정부'라는 개념을 제시하기도 했다. 그의 주장을 한 마디로 정리하면 헌정憲政을 바로 세우려면 정부의 권력을 제한해야 한다는 것이다. 마르크스와 엥겔스는 국가를 사회의 '짐' '종기' '기껏해야 무산계급이 계급 통치 투쟁에서 승리를 거둔 뒤 물려받은 골

칫덩어리'라고 표현하기도 했다.[2] 그렇다면 이런 정부를 이대로 내버려 둬도 되는 것일까? 정부가 그동안의 오명을 벗고 미래로 나아가려면 어떤 노력을 기울여야 할까?

이 질문에 대한 답은 내버려둘 수도 없고 내버려둬서도 안 된다는 것이다. 정부의 데이터 전략 추진, 데이터 자원의 대규모 개방, 데이터 생태 환경의 변화 등 여러 요인으로 정부의 공공경영은 데이터를 중심으로 하는 새로운 형태로 발전하기 시작했다. 이는 앞으로 다양한 분야에서 정부 공공경영의 대대적 혁명을 예고한다.

데이터는 정부의 중요한 자산이자 동시에 정부 공공경영의 중요한 수단이다. 그리고 정부 공공경영의 구체적 성과라는 점에서 더 중요한 의미를 지닌다. 블록에서 취합된 내재적 연관성을 지닌 데이터는 대대적인 공공 수요와 공공 문제를 예고하며 중요한 가치와 에너지를 지니고 있다. 이들 데이터는 정부의 공공경영 이념과 공공경영 패러다임, 공공경영 내용, 공공경영 수단에 큰 영향을 끼치고 정보 통제와 독점으로 정권을 유지하던 기존의 공공경영 방식을 철저히 무너뜨렸다. 이와 함께 '데이터로 소통하고 의사결정을 하며, 데이터로 관리하고 혁신을 추구하는' 전혀 새로운 메커니즘을 구축했다. 궁극적으로 권력을 '케이지' 안에 가두고 법치 정부, 혁신 정부, 깨끗한 정부, 서비스 정부라는 목표를 달성하는 데 이들 데이터가 큰 공헌을 할 것이다. 데이터를 기반을 둔 새로운 공공경영 시스템을 구축한 정부는 더 이상 '악'명을 뒤집어쓰지 않고 유례없는 '선'함으로 국민에게 전혀 새로운 경험을 가져다줄 것이다.

## 정부 공공경영과 데이터 공공경영

빅데이터라는 나비의 날개가 팔랑이는 순간 예전과 지금 정부의 공공경영 영역에 커다란 폭풍이 일었다. 2005년 미국의 학자 윌리엄 에드거는 네트워크 기술은 모든 정부기관의 행동과 사명을 바꾸는 중이라고 지적했다.[3] 인터넷은 국가 공공경영에 무한한 가능성을 부여하고 있다. 미국과 EU 등 선진국과 조직에서는 이미 빅데이터 공공경영 추진을 위한 전략적 계획을 연달아 제정하고 실시하며 정부의 데이터화 구조조정에 박차를 가하고 있다. 특히 데이터 자원의 전략적 효과를 끌어올리기 위해 국가 보안 유지라는 틀 안에서 미래 네트워크 공간과 데이터 주권에 대한 정부의 보호능력을 강화함으로써 국가의 데이터 공공경영 능력과 데이터 경쟁력을 효과적으로 끌어올렸다. "데이터를 얻는 자가 천하를 쥐게 될 것이다"는 이미 각국 정부의 보편적 인식이자 일치된 행동 원칙이다. 미국의 경영학자이자 통계학자 윌리엄 데밍William E. Deming은 신을 제외한 모든 인간은 데이터로 말해야 한다고 했다. 이는 인간에게만 통용되는 것이 아니라 정부 역시 예외가 될 수 없다.

표 9-1 | 빅데이터 전략: 세계 각국 정부와 조직기구의 행동 계획

| 국가/조직 | 시간 | 행동 계획 |
|---|---|---|
| 미국 | 2009년 | 《데이터 힘으로 과학과 사회에 이바지하라》 |
| | | 전 세계 최초로 데이터 개방형 포털사이트 개설 |
| | | 《투명하고 개방된 정부회의록》 |
| | | 《정부의 명령을 개방하라》 |
| | 2010년 | 《디지털의 미래 설계》 |
| | 2011년 | 《연방정부의 클라우드 컴퓨팅 전략》 |
| | 2012년 | 《빅데이터 연구와 발전 계획》 |

| | | |
|---|---|---|
| 미국 | 2013년 | '데이터-지식-행동' 계획 |
| | | 《정부 정보의 기본 형태는 개방적이고 기계가 읽을 수 있어야 한다》 |
| | | 《데이터 주도형 혁신적 기술 및 정책 지원》 |
| | 2014년 | 《빅데이터: 기회를 잡고 가치를 지켜라》 백서 |
| EU | 2011년 | 《오픈 데이터: 혁신, 성장과 투명한 운영의 엔진》 |
| | 2012년 | 《유럽 클라우드 컴퓨팅 서비스의 잠재력 활성화》 |
| | | 《클라우드 컴퓨팅 발전 전략과 3대 행동 건의》 |
| | 2014년 | 《데이터 주도형 경제 전략》 |
| | | 《데이터 가치사슬 전략 계획》 |
| 영국 | 2009년 | 《정부 부문의 트위터 사용 가이드》 |
| | 2012년 | 《오픈 데이터 백서》 |
| | | '데이터 전략'과 세계 최초로 '오픈 데이터 연구소' 설립 |
| | 2013년 | 세계 최초의 빅데이터 기술통합운영 의료연구소 설립, 《데이터가 가져다주는 기회를 잡아라: 영국의 데이터 전략》 |
| 프랑스 | 2011년 | 'Open Data Proxima Mobie' 프로젝트 착수, 공공데이터 가치 발굴 |
| | 2013년 | 《디지털 노선도》 |
| 오스트레일리아 | 2010년 | '초강대국의 광대역 프로젝트' |
| | 2012년 | 《오스트레일리아 공공서비스 정보와 통신 기술 전략(2012~2015)》 |
| | 2013년 | 《공공서비스 빅데이터 전략》 |
| | | 《데이터 센터 구조 최적화를 위한 가이드》 |
| 일본 | 2012년 | 《2020년 ICT 종합 전략》 |
| | 2013년 | 《최첨단 IT 국가 구축 선언》 |
| 싱가포르 | 2006년 | '인텔리전스 네이션(Intelligence Nation) 2015년 계획'(iN2015) |
| | | '통합정부 2010'(iGov2010) 계획 |
| | 2011년 | '전자정부 2015'(eGov2015) 계획 |
| | 2014년 | '인텔리전스 컨추리 2025' 계획 |
| 한국 | 2006년 | 'U-Korea' 발전 전략 |
| | 2011년 | '스마트 서울 2015년' 계획 |
| | | '인텔 통합 데이터베이스 구축' |
| | 2012년 | 빅데이터 미래 발전 환경에 대한 중요 전략 계획 발표 |
| | 2013년 | '정부 3.0시대' 계획 |
| | | 《제5차 국가정보화 기본 계획(2013~2017)》 |
| | | '한국 빅데이터 센터' 수립 |
| | 2014년 | 《2014년 정보통신 방송기술진흥 실시 계획》 |
| | | 미래 성장 엔진 수행 계획 |
| UN | 2012년 | '글로벌 펄스' 계획 |
| G8 | 2011년 | 《오픈 데이터 성명》 |
| | 2013년 | 《G8 오픈 데이터 헌장》 |

그러나 데이터 공공경영에 대한 이해가 의사결정, 경영, 혁신을 데이터가 주도한다는 운영적 측면에 머물러 있어선 안 된다. 이보다 더 중요한 가치는 데이터에 기반을 둔 공공경영의 실제 구현이다. 이런 종류의 데이터 공공경영은 아주 간소화되었으며, 무제한적 개방과 높은 효율성을 자랑하는 공공경영 방식으로 다음과 같은 특징을 지닌다.

첫째, 데이터 공공경영은 데이터의 전파와 흐름, 내용에 대한 공권력의 통제와 독점을 무너뜨리고 공공경영의 '적극성'을 대폭 끌어올림으로써 다양한 사물 간의 수리적 관계를 계량화했다. 과거에는 중요한 사건이 발생했거나 중대한 문제를 해결하기 위해 정부가 종종 다양한 부서로 구성된 프로젝트 팀을 만들어 통신 공유, 업무 연계를 통해 행동에 나서곤 했다. 그러나 블록데이터는 이보다 더 훌륭한 성과를 거뒀다. 거의 제로에 가까운 한계비용으로 정부와 사회의 데이터 자원 간 연계-공정-공공경영이 완전히 일체화된 시스템을 구축한 것이다. 해당 시스템을 통해 정부 부문, 기업 부문 사이의 데이터 연동을 가로막던 장벽을 무너뜨리고 협력 개발, 통합적 이용을 구현함으로써 각급 정부의 데이터 공공경영 능력을 효과적으로 끌어올렸다.

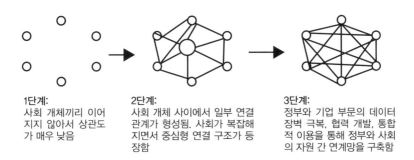

1단계:
사회 개체끼리 이어지지 않아서 상관도가 매우 낮음

2단계:
사회 개체 사이에서 일부 연결 관계가 형성됨. 사회가 복잡해지면서 중심형 연결 구조가 등장함

3단계:
정부와 기업 부문의 데이터 장벽 극복, 협력 개발, 통합적 이용을 통해 정부와 사회의 자원 간 연계망을 구축함

**그림 9-1 | 데이터 공공경영 연결 형태의 진화 과정**

둘째, 데이터 공공경영은 대중의 직접적 정치 참여를 위한 플랫폼을 제공하며, 정부 권력은 점차 사회로 흘러들어간다. 정부와 사회는 데이터를 공유하며 긴밀히 소통하고 협력하면서 정부 공공경영 수준의 현대화를 추진한다. 특히 빅데이터 시대에는 공공경영 다원화 협력을 강조한다. 과거 하나였던 주체가 여러 개로 늘어나고, 위에서 아래로 작동했던 일방적 경영이 다양한 방향의 협력적이고 수평적 경영으로 전환되었다. "빅데이터는 위챗, 웨이보 등 뉴미디어와의 긴밀한 통합을 통해 시간과 공간의 한계를 뛰어넘을 것이다. 이를 통해 한층 더 넓은 영역 내에서 정부와 대중 간 상호작용을 한 단계 높은 수준으로 끌어올려 다원적 요소 간의 경영 협력이 현실화되는 새로운 국면을 탄생시킬 것이다."[4] 전통적으로 만능형 정부를 추구해 오던 중국이 경영 협력에 착수하려면 블록데이터를 그 출발점으로 삼아야 한다. 2014년 8월 3일, 윈난성에서 규모 6.5의 지진이 발생했다. 인터넷 업체들은 데이터 플랫폼과 기술 우위를 이용해 지진 구제 활동에 적극 참가했다. 예를 들어 치후 360은 '재해 지역 자원봉사' 페이지를 개설했고, 바이두는 '지진 재해 지역 지도'를 실시간으로 업데이트했다. 인터넷 업체들이 지진 재해 현장의 정보와 지원 항목, 후방의 지원 품목을 기술 플랫폼을 통해 연결시키자 지진구제센터, 지원자, 기부자 등이 최신 정보를 파악해 사고 현장 처리와 이재민 지원 대책에 발빠르게 대응할 수 있었다.[5] 효율은 실재적이고 광범위한 영역을 아우르는 데이터 위에서 존재할 수 있다. 그러나 최근 몇 년간 중국 지방정부가 앞다투어 내놓은 개념과 구호, 예를 들면 서비스형 정부, 플랫폼형 정부, 스마트 정부 구축 등은 요란하기만 할 뿐 현실화시키려면 여전히 갈 길이 멀기만 하다. 기술적 기반이 뒷받침되지 않으면 효과적인 소통, 협력과 데이터 공유 메커니즘은 헛된 공약이 될 수밖에 없다. 그래서 빅데이터 발전과 관련한 데이터 정부의 빠른 구축은 공공경영의 현대화를 실현하기 위한 필수조건이다.

셋째, 공공경영은 데이터 과학을 기반으로 통계 소프트웨어와 수학적 모델을 분석 도구로 활용한다. 데이터화를 실천하는 정부는 사건 진행 도중, 종료 후의 모니터링과 서비스를 통해 감독과 서비스의 목표성과 효율성을 끌어올려야 한다. 정부의 공공경영 활동은 데이터를 기준으로 연관관계를 통해 현재를 파악하고 미래를 예측함으로써 의사결정의 데이터화와 과학화를 실현해야 한다. 이를테면 2013년 중국 정부는 '단독두자녀정책單獨二孩(부부 중 한쪽이 독자라면 둘째를 낳도록 허가한 인구 정책 - 옮긴이)'을 조정하기 위해 빅데이터 힘을 빌리기도 했다. 국가 인구 관리와 결정 정보 시스템PADIS을 활용한 데이터 시뮬레이션을 통해 관련 부처는 해당 데이터와 후보 정책을 대형 서버에 입력한 후 7일 내내 계산했다. 그 결과 단독두자녀정책 시행에서 기존에 계획했던 '부부 양쪽 모두가 독자여야 한다'는 조건을 '부부 중 어느 한 쪽이 독자'로 완화해도 괜찮다는 결론에 도달했다. 여기서 우리가 주목해야 할 것은 데이터 공공경영의 초석이 될 통계 데이터는 어떤 과장 없이 진실만 그대로 반영해야 한다는 점이다.

넷째, 맞춤형 공공경영을 추구한다. 맞춤형 정부는 블록데이터 이론이 가장 집중적이고 구체화된 형태로 모든 부처는 데이터의 취합과 통합, 연관성을 분석하고 데이터의 자기조직화와 자율활성화를 통해 정부 데이터 공공경영 능력을 대폭 향상시켜야 한다. 특히 돌발 사건에 대한 예측과 대처 방안, 일반적 리스크에 대한 대비를 강화해야 한다. 이와 함께 데이터 공공경영의 실현은 정부 관리와 공공경영 방식의 변혁을 대대적으로 지원하고 추진함으로써 블록데이터를 통한 정부의 부패, 권력 독점, 책임 회피 등을 철폐하는 데 큰 힘을 보탤 수 있다.

데이터 공공경영을 통한 정부의 데이터화 구조조정에 박차를 가하려면 정부 조직 구조와 형태의 최적화 및 재구성, 공공경영 시스템과 권력 재구성을 통해 데이터 공공경영에 대한 새로운 모델을 구축해야 한다. 미래 정부의 데이터 공공경영은 탄력적이면서도 효과적인 메커니즘을 필요로 하며 데이터에 바탕을 둔 과학적 예측과 과학적 결정, 더 나아가 사법 영역의 데이터 심판, 행정 관리 영역의 데이터 심사 등으로 점차 영역을 확대할 것이다. 장밋빛 미래를 위해 정부는 로봇이 될 수도 있고, 정부의 특정 부처가 데이터 단말기가 되어 지능화된 데이터를 연계함으로써 공공서비스를 제공할 수도 있다. 정부 부처의 간소화, 권력의 투명한 공개는 더 이상 뒤로 미룰 문제가 아니다. 방대한 실체를 지닌 정부가 진정한 데이터 정부에 자리를 내주는 일은 더 이상 '이상'이 아니다. "알파고가 그렇게 뛰어나다면 정부로서 존재할 수는 없을까?" 이런 호기심과 고민에서 비롯된 공공경영 이념과 사회 공공경영 모델의 진화는 앞으로 우리에게 무엇을 가져다줄 것인가?

## 공공서비스와 데이터 혜택

몇 년 전 '블루 자이언트Blue Giant'라고 불렸던 IBM은 '스마터 플래닛Smarter Planet'이라는 획기적인 개념을 선보인 이후 스마트 시티, 스마트 정부 등 다양한 '스마트' 시리즈를 빅데이터에 대해 미래를 함께 여는 열쇠로 평가했다. 데이터는 의사결정 메커니즘을 개선할 수 있는 중요한 소재로 정부와 조직의 의사결정 및 판단, 한층 적극적인 서비스 방식과 혁신적 내용으로 구체화되었다. 데이터는 날로 늘어나고 있지만 시스템 메커니즘이라는 틀에 갇혀 대부분의 영역에서 데이터가 가져다주는 공공서비스의 편의성은 기대에 미치지 못하고 있는 실정이다. 게다가 효용성이 한층 강조된 데이터 서비스 상품은 손꼽을 수 있을 정도로 그 수가 적다. 이른바 스마트 시티, 스마트 정부는 여전히 사무실 벽에 걸려 있는 포스터에 담겨져 있을 뿐 우리가 실생활에서 그 가치를 체감하려면 아직도 많은 시간이 필요하다. 눈을 뜨고 달리는 대중, 깊은 잠에 빠져 있는 정부 데이터는 데이터의 역설이 무엇인지를 보여주고 있다. 이 문제를 해결하려면 블록데이터를 기반으로 하는 사고를 통해 데이터 공간에서 전체 공공서비스의 공급관계를 재구성해야 한다. 블록데이터에 기반을 둔 공공서비스와 데이터 혜택은 데이터 응용의 전 영역에 대해 전면적인 업그레이드를 촉진할 것이고, 전체 사회의 데이터 복지 수준을 끌어올리는 '데이터 민주화Data Democracy'를 증진시킬 것이다.

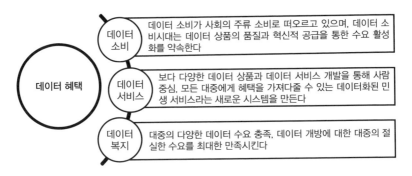

데이터 혜택

데이터 소비 — 데이터 소비가 사회의 주류 소비로 떠오르고 있으며, 데이터 소비시대는 데이터 상품의 품질과 혁신적 공급을 통한 수요 활성화를 약속한다

데이터 서비스 — 보다 다양한 데이터 상품과 데이터 서비스 개발을 통해 사람 중심, 모든 대중에게 혜택을 가져다줄 수 있는 데이터화된 민생 서비스라는 새로운 시스템을 만든다

데이터 복지 — 대중의 다양한 데이터 수요 충족, 데이터 개방에 대한 대중의 절실한 수요를 최대한 만족시킨다

그림 9-2 | 블록데이터와 공공서비스 전환

데이터 혜택의 기초는 바로 데이터 소비다. 즉 풍요로운 데이터 상품, 데이터에 대한 대중의 수요를 최대한 만족시키는 것을 가리킨다. 오랫동안 중국의 소비 형태는 유명 스타가 TV에 입고 나온 옷이 며칠 뒤 길거리 상점을 뒤덮는다고 표현할 정도로 타인의 소비를 흉내 내는 경향이 강했다. 그러나 대중소비시대의 등장으로 이런 소비 형태는 막을 내리고 데이터 소비가 사회의 주요 소비 형태로 떠오르고 있다. 인터넷 쇼핑으로 구입한 스마트 체중계로 몸무게를 재고 체지방 수치를 측정한다. 외출할 때는 콜택시 애플리케이션으로 이용할 차량을 찾고, 나가기 귀찮을 때는 스마트폰으로 음식을 배달한다. 이처럼 데이터와 관련된 내역으로 사람들이 지갑을 여는 일이 늘어나면서 중국의 새로운 소비문화, 새로운 소비시대가 탄생했다. 대중에 의한 일반적 데이터 소비 말고도 전문화된 데이터 거래 역시 새로운 시장으로 급부상하고 있다. 구이양의 빅데이터거래소, 상하이 데이터거래센터 등이 앞다투어 간판을 내걸고 빅데이터 거래와 관련된 서비스를 제공하고 있다. 업계 내부의 통계에 따르면 미래 빅데이터 거래는 약 1조 위안 단위의 시장이 될 것이라고 한다. 데이터 소비시대를 맞이한 국가는 데이터 상품의 품질과 혁신적 공급을 통한 수요 활성화를 약속하고, 한층 다양한 데이터 상품과 서비스를 개발해야 한다. 이는 공급하는 측의 구조적 개혁을 위한 중요한 밑거름이 될 것이다.

데이터 혜택의 핵심은 정부의 데이터 서비스 능력과 수준의 향상이다. 데이터 서비스의 혁신적 패러다임을 위해 보다 많은 데이터 상품과 데이터 서비스를 개발하고 정부를 더욱 '똑똑하게', 대중의 삶을 더욱 '편리하게' 변화시킬 때 진정한 의미의 데이터 혜택을 누리게 된다. 동시에 데이터를 통해 정부 직무의 구조조정, 정부의 서비스 업그레이드, 정부 프로세스 재구축 등을 자극해야 한다. 공공서비스의 롱테일Long tail을 꾸준히 찾아내어 정제된 방식으로 더 많은 데이터 혜택 상품을 개발하고, 대중의 다양한 데이터 수요를 만족시켜야 한다. 블록데이터가 강조하는 연관성과 응집력을 통해 형성된 데이터만 정부 공공서비스의 혁신과 가치 재창조를 이끌고 사람 중심, 즉 대중에게 혜택을 가져다주는 데이터화된 민생 서비스라는 새로운 시스템을 형성할 수 있다. 미래의 공공데이터 서비스는 공공사업, 시정 관리, 도농 환경 분야는 물론이고 노인 복지, 노동 취업, 사회보장, 문화교육, 교통여행, 치안, 소비자권익 보호, 지역사회 서비스 등 다양한 영역에서 추진될 것이다. 응집된 블록데이터는 나날이 증가하는 대중의 데이터 수요를 정부가 정확하게 파악하고 만족시키는 데 큰 도움을 줄 것이다.

데이터 혜택은 사회 전체의 복지 수준을 향상시키고, 가장 중요한 민생 복지를 강화하는 데도 작용한다. 현재 중국은 국가 정부 데이터를 위한 플랫폼을 구축하는 데 박차를 가하고 있다. 여기에는 정부 부문과 사업단위 등 공공기관의 데이터 자원 작성, 정부 데이터의 개방을 위한 공유 기준 제정과 실시, 데이터 개방 계획 제정 등이 포함된다. 계획에 따라 2018년 말 이전에 기본적으로 국가 정부 데이터 플랫폼을 구축할 예정이며, 2020년 전에는 대민 서비스와 관련된 정부 데이터를 사회에 단계적으로 개방하는 데이터 사회화를 실현할 계획이다. 이때 추상적 전략에 그쳤던 데이터 혜택이 현실적 전략으로 탈바꿈하며 대중에게 더 많은 데이터를 가졌다는 '성취감'을 가져다줄 것이다.

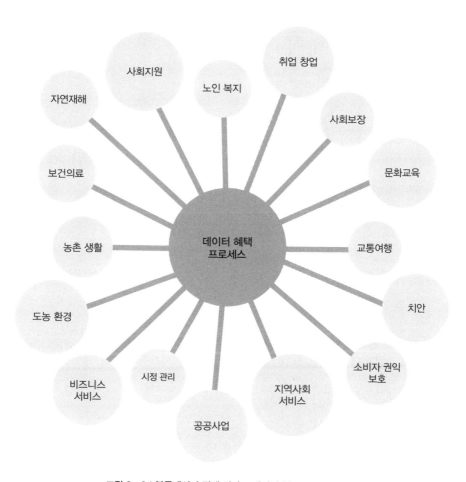

그림 9-3 | 블록데이터 전체 서비스 체인의 핵심 서비스 영역

## 청렴한 정부와 데이터 부패 척결

햇빛은 가장 효과적인 소독제다. 공무원의 부정과 부패 문제를 척결하는 데 필요한 가장 중요한 '햇빛'은 바로 데이터다. 요컨대 데이터는 적폐 청산, 부패 근절을 위한 최신 무기인 것이다. 블록데이터 이론에서는 권력의 데이터화와 데이터 권력은 미래 정부의 기본적 발전 노선이 되

리라고 강조하며, 빅데이터를 통한 정부 행정 프로세스의 재구성과 제도 배분의 최적화가 깨끗한 정부를 구축하는 데 결정적 역할을 할 거라고 설명한다.

일부 지방에서는 데이터 기술을 이용한 부패 척결 작업에 착수하며 괄목할 만한 성과를 거뒀다. 예를 들어 광둥성 주하이시 기율위원회는 광둥성에서 최초로 깨끗한 정부 건설 주체에 대한 책임 평가 시스템을 온라인에서 이미 운영 중에 있다. 해당 시스템은 빅데이터의 원리를 이용해 '명확한 책임, 객관적 근거, 탄력적 감독, 적절한 사전 예고, 협력적 운영'이라는 정보화 모니터링 시스템을 구축했다. 네티즌은 각종 경로를 통해 부패 척결과 관련된 문제를 검색하고 공유, 평가함으로써 정형 또는 반정형 데이터로 기록할 수 있다. 사람들의 생각과 의견을 담고 있는 해당 데이터는 심리의 변화 과정을 담은 기록물로 정부는 의미 분석, 키워드 분석법을 통해 부패 척결에 대한 대중의 생각을 실시간으로 확인할 수 있다. 이를 토대로 부패 척결의 현황을 실시간으로 모니터링하면서 대중과 긴밀하게 소통할 수 있다.

공개적이고 투명한 빅데이터를 통해 부패 척결을 위한 '방화벽'을 구축하는 일은 부패 척결 프로젝트에서 가장 중요한 작업이다. 알리바바가 사람들로부터 걸핏하면 욕을 먹는 이유 가운데 하나로 카테고리 담당자인 '샤오얼小二'을 언급한다. '샤오얼'은 심부름꾼, 종업원이라는 사전적 의미를 지녔지만 타오바오에서는 알리바바 인터넷 쇼핑몰을 전반적으로 관리하는 내부 직원을 지칭한다. 이들은 각 입점 업체의 평판이나 신용, 매출 현황, 판촉 행사 등을 관리하기 때문에 입점 업체의 생사를 가르는 막강한 재량권을 쥐고 있다. 샤오얼에게 잘 보이기 위해 뇌물을 제공한 업체의 실체가 드러나면서 샤오얼은 부패의 온상으로 전락했다. 이런 문제를 척결하기 위해 알리바바의 데이터 과학과 기술연구원에서는 선택 과정의 자동화, 지능화 프로세스를 통해 샤오얼이 아닌 데이터에 재량권을 부여하는 작업에 착수했다. 즉 방대한 데이터 발굴, 역대 데이터와의 비교를 통해 데이터가 업체와 제품을 선택하는 것이다. 앞서 언급한 사례에서 볼 수 있듯, 샤오얼의 권력을 데이터화한 것은 부패 척결을 위한 신의 한수였다.

데이터로 부패를 척결하려면 부패 척결 데이터베이스 구축에도 박차를 가해야 한다. 다양한 부패 척결 관련 사례와 샘플을 최대한 수집하고 정리해 샘플의 키워드와 중요 데이터를 추출한다. 해당 자료에서 연관성을 분석한 뒤 부패 척결 지수를 작성하면 부정과 부패가 자주 일어나는 영역에 대한 예측과 평가를 통해 사전에 이를 방지하는 부패 척결 운영 체인을 만들어낼 수 있다.

# 공공경영과
# 공공경영의 데이터화

2,000여 년 전 세워진 봉화대와 국가의 명령이나 공문서의 전달, 변방의 긴급한 군사 정보 등을 위해 설치된 역참제도를 시작으로 1844년 미국의 발명가 사무엘 모스Samuel Morse가 64킬로미터 떨어진 볼티모어에 보낸 세계 최초의 전신, 1876년 알렉산더 그레이엄 벨Alexander Graham Bel의 전화에 이어 탄생한 오늘날의 슈퍼컴퓨터, 클라우드 컴퓨팅 플랫폼의 발전은 인류의 데이터 계산능력에 새로운 지평을 열었다. 제러미 리프킨의 예언처럼 제3차 산업혁명이 인류의 권력관계를 본질적으로 변화시키고 재구성할 것이다.[6] 빅데이터 시대의 등장은 전통적 권력 메커니즘을 변화시키고 권력의 주체와 객체를 재구성해 권력에 대한 새로운 관점을 제시해줄 것이다.

## 빅데이터 시대의 권력관

데이터의 특징을 활용한 정부의 자체적 모델 재확립과 행정 프로세스 개조에 착수하려면 빅데이터를 사용해 정부의 조직 모델과 정부 형태를 재구성하고 데이터화된 권력으로 프로세스를 운영해야 한다. 첫째, 새로운 빅데이터 시대의 권력관을 구축해야 한다. 여기서 말하는 권력관은 모든 경영 영역의 공권력이 반드시 데이터화되어야 하며, 데이터화된 공권력은 반드시 대중과 공유해야 한다는 것을 의미한다. 특히 대중의 이익과 직결된 영역, 이를테면 공공재정 예산 수지, 공공자원 거래, 공공 프로젝트 건설 등은 반드시 데이터화에 기반을 둔 공공경영을 실천해야 한다. 경영 모델과 의사결정 과정, 심사 과정 등은 QR코드처럼 명확하고 모든 정보를 포함하고 있어야 한다. 또한 정부의 권력 명세서(중국 각급 정부가 법률 법규에 따라 리스트 방식으로 징부와 정부 부처가 행사하는 직능, 권한을 열거하고 행정 권력 사항 목록을 작성해 공개한 뒤 사회적 감독을 받는 것을 말함-옮긴이), 권력 운영, 공무원 개인의 재산 정보 등 다양한 분야의 정보를 예외 없이 공개하는 관례를 만들어야 한다.

빅데이터 시대의 권력관에 따르면 데이터가 곧 권력, 권력은 곧 데이터를 의미한다. 권력은 데이터화될 수 있으며, 데이터 역시 점점 중요한 권력으로 부상하고 있다. 그러다 보니 어떤 의미에서는 데이터를 손에 넣는 사람을 권력자로 봐도 이상할 것이 없다. 또한 데이터의 속성을 부여받은 권력은 권력 분산화, 권력 개방화, 권력 공유화를 주요 특징으로 삼아 데이터 분권과 균형 유지라는 새로운 모델을 제시했다. 권력의 데이터화로 권력은 곳곳에서 '흔적'을 남기거나 데이터에 의해 통제될 수 있으므로, 부패의 가능성이 원천적으로 차단된다.

"정부가 정부인 것은 정부라는 이름 때문이 아니라 정부가 떼려야 뗄 수 없는 권력을 행사하고 운용하기 때문이다."[7] 존 로크의 말처럼 권력은 정치 생활의 중심이다. 정치 과정은 권력의 형성과 배분, 운영으로 이루어져 있다. 빅데이터 시대를 맞이해 앞으로 권력은 데이터를 따라 이동할 것이다.[8] 모든 '데이터 센터'는 일종의 '권력 센터'로 강력한 발언권을 지니고 있을 뿐 아니라 정부의 권력을 사회에 '양도'하는 중개소로 활약할 것이다. 영국의 캐머런 정부는 '데이터 권리Right to Data'라는 개념을 제시하며 기본 공공데이터의 확보를 정보시대에 모든 국민이 반드시 누려야 할 기본 권리로 정의했다. 빅데이터가 공무원이 장악했던 권력의 '블랙박스'를 열면 정부는 공개적이고 투명한 자세로 빅데이터가 가져다주는 도전을 받아들이는 수밖에 없다. 2013년 5월 9일 오마바 전 대통령은 "정부 정보의 기본 형식은 개방적이고 기계가 읽을 수 있어야 한다"는 행정 명령에 서명했다.[9]

정보 자원을 쉽게 조회하고 얻고 사용하는 데 있어 개방형 정부는 우리에게 큰 혜택을 가져다줄 것이다. 이런 조치는 기업가 정신의 탄생, 혁신의 추구, 새로운 과학 발전을 선도할 수 있을 것이다. …… 꾸준히 일자리 창조, 정부의 효율성 강화, 개방형 정부의 데이터를 통해 획득한 사회적 이익을 확대하려면 새로운 정부의 정보 형식은 개방적이고 기계가 읽을 수 있는 형태가 되어야 한다. 또한 정부 정보를 유산으로 간주하고 정성껏 관리해야 한다. 가능하다면 법이 허용하는 범위 안에서 데이터를 쉽게 조회하고 얻고 사용할 수 있는 방식으로 발표해야 한다.

데이터 공공경영은 정부의 공공경영 시스템과 공공경영 능력의 현대화를 위한 기반이다. 과거 과학과 민주주의가 중국에 큰 영향을 끼쳤는데, 정부 권력에 대한 빅데이터의 영향력은 그보다 더 크고 광범위할 것이다. 싱가포르국립대학교 정융녠鄭永年 교수는 국가-사회관계의 관점에서《기술의 권한 위임Technological Empowerment》을 통해 인터넷이 제공한 새로운 플랫폼에서 국가와 사회가 권력을 사이에 두고 다투는 것을 지적하며, 그 '무대' 위에서 국가와 사회의 권한 위임이 실현되리라고 주장했다. 정융녠 교수의 발언을 소개한 것은 과학 기술의 발전이 당대 중국이 구축하려던 현대적 민족국가를 구성하는 중요한 요소나 권력의 합법성을 입증하는 증거 가운데 하나이기 때문이다. 데이터화된 권력은 새로운 권력의 합법화를 뜻한다. 정보 기술의 발전은 새로운 영역과 무대, 즉 빅데이터와 인터넷 등을 포함한 새로운 공적 공간을 창조했다. 그 공간에서 정부는 아무런 제약도 받지 않고 사회와 상호작용을 하며 권력을 놓고 치열하게 경쟁한다. 이때 전통적 권력관이 변화를 일으키며 전통적 권력 모델의 '이전'을 시작한다. 권력에 대한 관념이 재구성되면서 정부의 권력 경계가 크게 조정되고 권력의 논리도 재정립된다. 이는 새로운 권력 주체의 참여를 이끌고 수준 높은 데이터화된 권력 구조와 프로세스가 형성되기 시작한다.

## 권력의 정량화

"정량할 수 없으면 운영할 수 없다!" 블록데이터이즘은 모든 권력을 반드시 데이터화해야 하고, 데이터화할 수 있다고 강조한다. 그들의 주장에 따르면 모든 의사결정의 행위는 경험과 직감을 버리고 데이터 분석에 대한 의존도를 높여야 한다. 그래야만 각종 정량화 수단과 툴, 특히 인공지능의 발전을 통해 권력을 데이터화할 수 있을 뿐 아니라 데이터 지능화Data intellectualization를 구현할 수 있다. 권력의 데이터화로 말미암아 공무원의 모든 행정적 행위는 인공지능의 검토, 연역적 판단, 모니터링, 사전 경고를 거쳐 실행에 옮겨진다.

권력의 정량화는 블록데이터 응용에서 아주 중요한 영역에 속한다. 빅데이터 모니터링과 기술을 활용해 부패 척결 시스템을 구축하고 정부 권력의 간소화, 법에 따른 행정을 촉구할 수 있다. 권력을 데이터화해야만 '케이지' 안에 넣을 수 있다는 아이디어에서 이른바 '데이터 케이지'라는 개념이 생겨났다. 권력의 데이터화를 위해 가장 먼저 해결해야 하는 문제는 바로 권력의 정량화다. 권력은 매우 복잡한 사회 시스템으로 사회 각 영역과 연결되어 있어서 단순한 사칙연산만으로 정확한 계산을 할 수가 없다. 아인슈타인의 설명에 따르면 과학적으로 모든 사물은 더이상 단순화될 수 없을 정도로 단순해야 한다고 한다. 권력의 데이터화 역시 복잡한 데이터에서 출발해 단순한 블록데이터로 막을 내려야 한다. 이를테면 권력의 데이터화를 위한, 즉 더 작고 직관적 계량이 가능한 계량 단위를 찾아내고 한층 과학적이면서도 직관적으로 권력을 계량화할 수 있는가? 이 질문에 대해 일부 학자는 지니계수Gini coefficient를 이용한 권력-지니계수를 제시했다. 권력-지니계수의 최댓값은 1, 최솟값은 0 또는 0 이상이다. 전자가 집단 구성원 간의 권력 배분이 불공정할 때 권력이 한 개인의 온전한 소유가 된다는 것을 보여준다면, 후자는 집단 구성원 사이의 권력은 차등 없이 100% 공정하다는 것을 보여준다. 그러나 이런 상황은 이론적으로만 존재하는 극단적 상황일 뿐 실생활에서는 쉽사리 찾아보기가 어렵다. 일정한 사회적 조건이 갖춰진 상태에서 사회적 권력 배분에 경계선이 나타나면 권력-지니계수에도 '경계값'이 생기는데, 이 값을 넘어서면 사회적 불안이 일어난다.

미국의 학자 스테판 P. 로빈스는 권력관계의 특징을 강조하며 의존성이라는 문제를 제시했다. "당신이 손에 넣은 자원이 중요하고 귀해서 그 무엇으로도 대체할 수 없는 것이라면 당신에 대한 사람들의 의존도는 증가할 것이다."[10] 즉 의존도에 따라 권력의 크기를 가늠할 수 있다는 것이다. 또한 불가역성을 근거로 로빈스는 '권력의 유연성'[11]이라는 개념을 제시하며 권력의 크기를 결정하는 객관적 요소를 소개했다.

미국 학자 B. 쥬브넬은 권력관계의 확장성과 통합성, 강도라는 3가지 속성을 제시하며 권력값을 계산할 수 있는 함수 $P = \sum_{i=1}^{n} f(c, r)$[12]를 인용했다. 이 함수는 특정값으로 나타나는 대상의 권력 절댓값을 전체적 틀 안에서 판단하도록 도와줄 뿐 아니라 함수 공식을 바탕으로 다양한 크기의 권력을 지닌 대상을 비교해 상대값을 측정할 수 있다.

이런 관점을 바탕으로 블록데이터 이론은 권력의 데이터화 정량화에 있어 핵심은 '큰' 권력을 '블록' 권력으로 전환하는 것이라고 주장한다. 이를 공식으로 표현하면 다음과 같다.

$$P = D \cdot M$$

여기서 $P$는 권력Power, $D$는 지배력Dominance, $M$은 관리 범위Span of Management다.[13]

"만물은 서로 통하고 언제 어디서나 컴퓨팅이 가능하다." 권력의 정량화는 건전한 처벌, 부패 예방 시스템을 위한 주요 기반이다. 이런 정량화 작업은 자원, 권력, 의사결정 등에 대한 실시간 데이터를 기준으로 빅데이터 기술과 방법을 활용해 주체/객체에 대한 대용량, 다양화, 탄력적이고 정확한 데이터를 분석하고 처리한다. 이와 함께 정량화를 통해 권력 데이터의 수준과 부패 지수를 표시함으로써 부패에 따른 부담감을 가중시킨다.

우리는 무형의 권력을 유형화하고 데이터화해야 한다. 데이터로 전통적 권력 구조 시스템을 무너뜨리고 데이터로 권력의 경계를 뒤흔들어야 한다. 여기에 데이터를 사용해 권력의 논리를 다시 쓴다면 권력은 제도의 '케이지' 안에 갇히게 될 것이다. 빅데이터의 등장은 '정보 대중화Information Popularization'의 정점으로 볼 수 있다. 정보가 희소자원에서 누구나 점유하고 생산, 전파할 수 있는 자원으로 변하면서 대중의

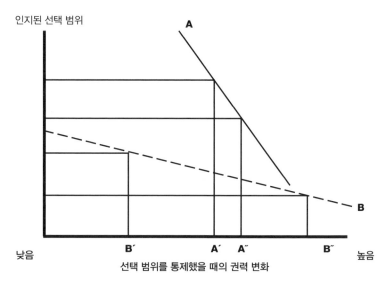

그림 9-4 | 권력의 유연성

'사회 가시도Social Visibility(함께하는 활동에 잘 참가하지 않아 눈에 잘 띄지 않는 속성)'는 개선될 것이다. 또한 전통 권력이 가져온 유례없는 충격은 거시적·미시적 측면에서 권력의 구조를 해체한 뒤 권력의 회귀를 지향할 것이다. 이런 모든 변화는 궁극적으로 국가의 운영능력을 확인할 수 있는 직관적 지표와 긍정적 에너지로 전환되어 진정한 의미의 '데이터를 통한 공공경영'을 위한 기반을 제공할 것이다.

## 공권력 운영의 '4부작'

권력 데이터화의 핵심은 데이터를 문제 사고의 출발점이자 목표점으로 간주한다는 데 있다. 위에서 아래로의 하향식 설계, 일원화된 데이터 기

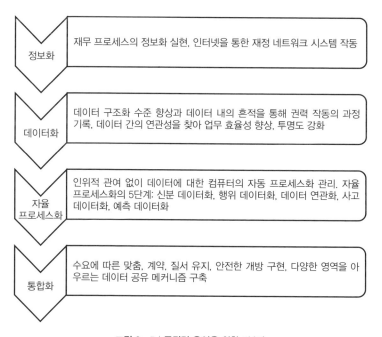

그림 9-5 | 공권력 운영을 위한 4부작

준 마련, 데이터 인터페이스 제공, 새로운 기술 수단 도입, 데이터의 구조화 수준과 데이터의 취합도 강화를 통해 데이터 공공경영 프로세스의 자동화, 스마트화를 구현해야 한다. 이런 노력은 "사람이 하는 일을 구름(클라우드)이 계산하고 하늘이 지켜보게 한다"는 이상으로 이어진다.

**정보화, 인프라 강화** 정보화는 블록데이터 공공경영을 위한 기본 조건이다. 무서류화Paperless, 네트워크화, 가상화라는 새로운 방식을 통해 인터넷, 클라우드 컴퓨팅, 빅데이터 등 새로운 기술을 이용해 정부의 전 서비스 과정을 인트라넷IntraNet과 엑스트라넷ExtraNet에서 구현한다. 궁극적으로 정무 프로세스의 정보화를 추구하는 것이다. 블록데이터 공공경영에서 말하는 정보화는 기존의 '전자정부 프로세스'와 달리 정부의 행정 과정을 단순히 물리적 공간에서 네트워크 공간으로 바꾸는 것을 의미하지 않는다. 그보다는 정무 프로세스의 데이터 재구성을 위한 기반과 플랫폼 제공에 주력하는 것이다. 처음부터 데이터의 출처와 보안, 취합 등에 많은 관심을 기울이며 기술과 제도를 사전에 설정한 뒤 다음 단계를 위한 기반을 단단히 다져야 한다.

**데이터화, 데이터 연관성 강화** 데이터의 가치는 데이터의 단순한 양이 아니라 데이터 간의 연관성을 통해 평가된다. 블록데이터는 데이터 구조화 수준 향상, 데이터를 통한 권력 작동 과정 기록을 강조하며, 데이터 간의 연관성을 찾아 투명성을 높이고자 한다. 정보화라는 기초 위에서 데이터의 취합과 연계, 분석 등을 통해 정부의 스마트화와 개방화, 공공서비스의 개성화 등을 추진해야 한다.

**자율 프로세스화, 자동 프로세스 실현** 블록데이터의 자율 프로세스 운영능력은 정부의 데이터 공공경영 능력을 가늠하는 기준이 된다. 방대한 정형과 비정형 데이터는 사람의 힘만으로 분석하고 판단할 수 없으므로 블록데이터의 자동 활성화, 자동 경고, 정보 자동 발송 등의 기능이 중요한 역할을 담당한다. 자율 프로세스의 범위에 들어갈 수 있는 데이터는 크게 5가지 종류로 나눌 수 있다. 첫째, 개인과 조직에 대한 데이터화를 의미하는 신분 데이터는 청렴한 공직자 파일을 작성해 권력의 주체가 가진 신분을 자동으로 식별하고 확인한다. 둘째, 행위 데이터로 사람과 조직의 각종 행위를 데이터화한 것으로 신분 데이터와 관련된 행위 과정을 기록한다. 권력의 '흔적'과 시정 행위를 기록하는 데이터베이스 구축, 행위의 규칙과 원인을 파악해 행위 데이터를 단계별로 나눠 사전에 위험성을 경고한다. 셋째, 신분과 행위 데이터를 한데 취합한 연관성 데이터로 사람과 사건, 사건과 사물 사이의 연관성을 반영하고 권력 – 리스크 검증 메커니즘과 청렴도 – 리스크 사전경고 메커니즘을 구축한다. 넷째, 사고 데이터는 앞서 설명한 데이터의 주체가 지닌 생각을 표현하고 기록한 데이터를 가리킨다. 이를 기준으로 동기와 목적, 심리적 반응을 분석함으로써 리스크 – 동기의 구분, 리스크 역추적 등의 작업을 수행할 수 있다. 다섯째, 예측 데이터로 시뮬레이션을 통해 위험성과 문제점을 예측하고 데이터 활성화와 깨끗한 정치 풍토 조성을 위한 솔루션을 제공한다.

**통합화, 여러 영역을 아우르는 통합 추진** 블록데이터 사고는 다양한 영역을 아우르며 공유와 통합을 추구한다는 특징은 지닌다. 블록데이터의 이념을 이용해 정부의 공공경영 능력을 강화하려면 데이터의 고립 문제를 해결해야 한다. 외부 데이터 도입을 통해 안팎의 데이터를 통합하고, 새로운 데이터의 탄생을 유도한다. 또 한편으로는 다양한 계층, 영역, 업종, 부서를 아우르는 데이터 공유 메커니즘을 구축해 정부와 사회 간 데이터의 교류와 공유, 운용을 통한 통합을 추구한다.

《예기禮記》의 〈예운편禮運篇〉을 보면 대동大同 사회에 대해 "큰 도를 행하여 천하를 공평하게 하고 어질고 잘하는 사람을 뽑아서 믿음을 배우고 친목을 두텁게 한다大道之行也 天下為公 選賢與能 講信修睦"라고 강조한다. 블록데이터 이론의 실천에서 강조하는 '공평(公)'은 데이터의 근원인 대도大道를 가리킨다. 데이터의 '공평'을 바탕으로 데이터에 대한 신뢰를 구축해 데이터의 조화로운 발전을 실현해야 한다. 또한 "자기 어버이만 어버이가 아니고, 자기 자식만 자식이 아니다不獨親其親 不獨子其子"라는 가르침을 블록데이터 이론에서 풀이하면 데이터 독점을 막고 데이터가 고립되지 않도록 유도해야 한다는 의미다. "돈이나 재물이 땅에 떨어져 버려지는 것은 싫어하지만, 그것을 주운 사람이 가지는 일은 없다. 힘든 일은 자기가 먼저 나서서 하지만, 이는 자기를 위해 하는 건 아니다貨惡其棄於地也 不必藏於己; 力惡其不出於身也 不必為己." 데이터 개방을 통해 다양한 부문, 업계, 영역을 아우르는 데이터의 공유는 데이터 인간 가설의 이타주의를 구현한 결과물이다. 그러므로 정보화, 데이터화, 자율 프로세스화, 통합화는 결국 데이터 공유사회 구축과 빅데이터 시대 데이터 공공경영의 궁극적 경지인 '대동大同'을 의미한다.

# 데이터 공공경영의 혁신 사례, 데이터 케이지 건설 프로젝트

"권력을 사용한 사람이 케이지 안으로 들어가는 것은 권력이 케이지를 벗어났기 때문이다." 권력이 탄생한 이래로 사람들은 사회에 대한 권력의 지배력이 긍정적 효과를 내도록 권력을 통제하기 위해 많은 노력을 기울여 왔다. 여기서 말하는 '통제'는 윤리적·도덕적 측면의 제약으로, 사회와 대중의 감독은 물론 법률, 제도라는 '케이지'에 의한 계획적 배분을 절실하게 필요로 한다.

2002년 당시 미국 대통령 조지 부시는 이렇게 말했다. "오랜 시간 이어진 인류 역사에서 가장 소중한 것은 눈부신 과학 발전도, 위대한 명사들이 남긴 훌륭한 작품도, 정치가들의 화려한 연설도 아닙니다. 통치자를 길들이고, 그들을 케이지 안에 넣겠다는 꿈입니다."[14] '권력부패론'에 대해 당시 정치가들이 제시한 설명 가운데 가장 구체적이라는 평가를 받은 부시 대통령의 연설은 권력 균형의 개념으로 구체화되었다. 즉 권력의 내용을 엄격히 규정하고, 권력의 작동에 대한 엄격한 감독, 권력의 월권 행위에 대한 강력한 처벌을 마련해야 한다는 데 많은 사람이 공감했다.

제도는 사람의 행위를 제한하는 척도나 기준으로, 전 사회 구성원이 반드시 준수해야 할 규정이자 준칙이다. 권력의 작동에 대한 제제와 감독 시스템을 꾸준히 강화해야만 제도를 통해 권력, 사건, 사람을 '관리' 할 수 있다. 사회 대중이 권력을 감시하고 권력이 밝은 햇살 아래서 작동하는 가치는 권력을 제도라는 케이지 안에 넣을 수 있는 근거가 된다. 플라톤 이후 수많은 사람이 "누가 통치할 것인가"라는 질문을 던졌지만 칼 포퍼Karl Popper는 정말 중요한 문제는 따로 있다고 주장했다. "부도덕하거나 무능한 지도자가 사회에 큰 피해를 주지 못하도록 정치제도를 어떻게 설계할 것인가 하는 질문이야말로 가장 중요한 문제다." 공권력은 개인처럼 이성적 경제인으로 취급되며, 자신의 이익 최대화라는 원초적 동기를 지녔다고 알려져 왔다. 공권력을 잡은 사람은 자신의 이익을 위해 권력 남용의 동기를 조금이라도 품고 있다는 인식 때문에 영국의 철학자 데이비드 흄David Hume은 건달이 정부의 직위를 차지하더라도 우리 이익을 위해 봉사하도록 정치제도를 설계해야 한다고 주장하기도 했다. 현재 구이양의 40여 개 정부 부처에서는 권력 데이터화에 기반을 둔 '데이터 케이지'를 적극적으로 추진하고 있다. 이는 정부제도의 최신 형태로 통합화의 결과라고 하겠다. 그동안 사람들은 개체에 대한 진지한 고민이나 성찰은 물론이고 권력의 제약을 과학적으로 고민하지 않았다. 이처럼 권력의 본질로 회귀하는 과정에서 정치적 책임과 역할을 곱씹는 작업을 통해 우리는 권력 균형 유지와 순응이라는 정치 문명의 수준을 한 단계 끌어올릴 수 있을 것이다.

## 데이터 케이지의 본질

데이터 케이지는 권력으로 작동하고 권력으로 제어할 수 있는 정보화와 데이터화, 자율 프로세스화, 통합화를 핵심으로 하는 자기조직화된 시스템이다. "문제는 어디 있는가? 데이터는 어디 있는가? 방법은 어디 있는가?" 우리는 데이터 케이지 구축의 중점에 대한 이런 질문에 주목해야 한다. 권력 작동 프로세스의 최적화와 세분화, 고착화를 통해 권력의 균형을 완벽하게 유지함으로써 부패 척결이 사후 처벌이나 사건 방지가 아니라 사전 예방에 나설 수 있도록 보장해야 한다. 이것이 데이터

**그림 9-6 | 데이터 케이지의 3대 문제**

케이지의 본질이다.

본질적으로 데이터 케이지는 블록데이터 기술을 토대로 권력 프로세스의 데이터화와 권력 데이터의 통합화, 권력 데이터의 모니터링화를 추구한다. 전 과정을 통해 행정 행위로 기록된 데이터를 수집하고, 행정 집행 과정의 리스크를 감시해 권력을 가둘 수 있는 케이지를 튼튼히 세우고 그 안에 '혼'을 불어넣어야 한다. 적극적 통합, 분산식 컴퓨팅, 다차원적 운영 등의 기능을 갖춘 블록데이터 응용 플랫폼을 구축하여 다양한 권력 작동에 대한 데이터를 취합하고 나서 분산되고 독립된 스트립 데이터를 발굴의 가치를 지닌 블록데이터로 통합해야 한다. 사전에 부패 척결을 위한 '방화벽'을 구축해 "사람이 하는 일을 구름(클라우드)이 계산하고 하늘이 지켜보게 한다"는 시스템을 마련해야 한다. 감히 부패를 저지를 엄두를 내지 못할 만큼 엄격한 처벌 메커니즘, 쉽게 부패를 저지를 수 없는 보장 메커니즘, 부패를 저지를 수 없는 방지 메커니즘을 구축해야 부패를 원천적으로 봉쇄할 수 있다.

## 데이터 케이지의 구조와 모델

**개방·공유된 공공경영 이념** 데이터 케이지의 핵심은 이념에 바탕을 둔 앞선 공공경영 이념으로, 운영 방식의 변혁을 선도하고 경영 방식의 전환을 통해 경영능력의 향상을 추구하는 데 있다. 이는 데이터 케이지 프로젝트의 성공적 구축을 위한 조건이다. 이 프로젝트는 정부의 데이터 개방과 공유를 강조한다. 권력에서 프로세스, 정책에서 제도에 이르기까지 개방과 재사용, 책임 추궁의 여부로 개방과 공유의 수위가 결정된다.

**규범화되고 투명한 권력 시스템** 데이터 케이지는 하나의 권력이 아니라 전체 권력 시스템을 제약한다. 여기서 말하는 권력 시스템에는 과학적 방법을 통한 권력 확립, 법에 따른 권력 위임, 깨끗한 권력의 사용, 정확한 권력 관리, 다원화된 권력 감독에 이르는 전 과정이 포함되어 있다. 권력의 데이터화와 자율 프로세스화를 통해 권력의 작동을 실시간으로 감시해 모든 권력의 작동 과정이 규범에 따라 투명하고 정량, 분석, 통제가 가능하도록 진행되어야 한다.

**다양한 영역을 아우르는 통합 플랫폼** '일관된 플랫폼, 일관된 기준, 일관된 관리'를 통해 '계층, 부처, 영역, 지역을 아우르는 통합적 플랫폼' 지원 시스템을 구축해야 한다. 이를 통해 핵심 기술, 경영 시스템, 주요 시설에 대한 일관된 보안을 실현해야 한다.

**프로세스 개선에 대한 꾸준한 노력** '프로세스 간소화, 군더더기 제거, 명확한 내용, 민첩하고 효과적인 행동'을 원칙으로 정부 관리와 공공경영 방식을 개선하고 행정 관리 프로세스의 최적화와 재구성을 추진해야 한다. 이와 함께 정부의 권력 축소, 법에 의거한 행정을 통해 과학적인 행정 결정, 기업에 대한 신속한 서비스 제공, 광범위한 대국민 서비스 등을 실현해야 한다.

**정확하고 효과적인 리스크 통제** 권력 구축 과정에서의 데이터 취합과 발굴, 연관성 분석, 권력 리스크 예방, 리스크를 대처하는 데이터 지원책, 리스크 예측과 사전 파악 등을 강화해야 한다. 리스크 파악, 평가,

사전 경고, 적절한 처리, 효과적인 방지를 위해 권력을 사용하고 통제함으로써 리스크 관리의 효율성과 정확성을 높여야 한다.

**다양한 운영을 위한 제도적 보장** 데이터 케이지는 제도적 케이지를 통해 존재할 수 있다. 건전한 데이터 케이지와 제도 케이지를 구축하고, 데이터 케이지 구축에서 얻은 경험과 정책을 규범과 제도로 정리해야 한다. 다양한 주체가 공동으로 참여하는 기회를 만들어 국가가 이끌고 정부가 계획하며 각 부서가 책임지고 사회가 참여하는 법률적으로 보장된 빅데이터 제도 보장 시스템을 구축해야 한다.

## 데이터 케이지의 보호 메커니즘

데이터 케이지는 정부로부터 민간으로 이어지는 하향식 전략 외에도 정부의 지도 이념을 통해 시스템을 실천하고 보장하는 체계적 프로젝트다. 명확한 요구, 분명한 책임 소재를 통해 프로젝트의 목표와 진도를 보장한다.

"신뢰가 반드시 효과적인 감독을 의미하는 것은 아니다." 데이터 케이지의 구축 과정에서 제도, 감독, 정서적 측면을 명백하게 구분해야 한다. 다양한 성질의 권력에 대해서는 맞춤형 '제도적 케이지'를 만들 수도 있지만 동일한 '케이지', 즉 행정 프로세스의 법제화를 구축하는 것이 가장 중요하다. 권력 남용 또는 권력 소홀을 방지하기 위한 가장 근본적 대책은 프로세스의 정의로운 구현이다. 행정 권력에서 구체적 목표는 행정과 지방 영역의 특성으로 말미암아 다양한 형태로 나타나기 때문에 통합이 결코 쉽지 않다. 그러나 데이터 케이지의 하향식 설계라

**표 9-2 | 데이터 케이지의 보장 메커니즘**

| 보장 메커니즘 | 주요 내용 |
|---|---|
| 하향식 설계 | 정부로부터 민간으로 이어지는 하향식 설계를 통해 각 영역과 업종, 부서 간 데이터 케이지 프로젝트 건설 솔루션을 총괄·관리하고, 정부의 지도 이념을 통해 데이터 케이지 프로젝트의 실천을 지도하고 추진한다. |
| 기초 플랫폼 | 기초 플랫폼은 데이터 케이지 프로젝트의 성공을 위한 전제조건으로 장기적 안목에 따른 계획 수립, 일괄된 기준 마련, 단계별·대상별 작동 솔루션이 필요하다. |
| 전문가 지도 | 학과, 업계, 지역을 아우르는 전문가위원회를 만들어 전문가 컨설팅, 정책 연구, 업무 지도, 실적 평가를 강화한다. 이를 통해 데이터 케이지 프로젝트의 건설을 위한 지속 가능한 의사결정을 위한 자문과 지적 지원을 제공한다. |
| 혁신적 업무 | 여러 부문을 아우르는 정부 데이터를 위한 공유형 플랫폼을 구축하고, 각 부서의 데이터 공유를 위한 범위와 사용 방식을 명확히 규정한다. 정부의 중요 영역과 민생과 관련된 데이터를 취합해 사회에 개방함으로써 정부 데이터 자원의 통합과 연관성 응용에 박차를 가해야 한다. |
| 안전 보장 시스템 | 빅데이터 보안 표준 시스템과 평가 시스템 구축, 건전한 빅데이터 환경에서 공격·유출·도용을 방지하기 위한 모니터링과 경고 시스템 운영, 네트워크 보안과 정보 보안 보호 시스템 구축, 데이터 입법 강화, 사생활과 개인정보 등 관리에 대한 보호 메커니즘 구축, 데이터 남용과 개인정보 침해 등의 행위에 대한 엄격한 관리와 처벌 강화, 네트워크와 빅데이터 현황 인지능력 개선, 사건 식별능력, 안전 보호능력, 리스크 통제능력과 위기 대처능력을 강화한다. |
| 실적 평가 | 자금과 자원 낭비를 유도하는 중복 작업을 지양한다. 실적과 혁신 업무 평가 메커니즘 강화, 제3자를 통한 평가를 적극 활용한다. 업무 심사와 업무 감독, 조직 평가와 제3자 평가, 결과 평가와 과정 평가를 모두 아우르는 평가 시스템을 구축한다. 이를 통해 업무 효율성을 꾸준히 향상하고 응용 범위를 확대한다. |

면 이 과정과 프로세스, 원칙과 제도를 하나의 방향으로 끌고 나가는 것이 유리하다. 구체적 실행과 추진 과정에서 새로운 모니터링 방식에 관심을 갖고 현대 정보 기술을 활용한 데이터베이스 구축, 인터넷 데이터와 통계 데이터 간의 통합을 통해 현실을 반영한 업무를 실행하고 과학적 평가를 위한 기반을 마련할 수 있다. 이와 함께 관련 작업이 추진되면서 제3자를 통한 평가를 도입해 다양한 평가 방식을 적극적으로 탐색

하고 혁신을 추구해야 한다. 새로운 싱크탱크의 참여와 의사결정에 대한 다양한 의견을 이끌어냄으로써 정책 실현의 객관성과 정확성, 지속 가능성을 확보해야 한다. 제도는 프로그램을 보장하고, 프로그램은 제도로 구체화된다. 그리고 궁극적으로 법치가 프로그램을 이끌 것이다.

# 블록데이터의
# 개방과 보안을 위한
# 관리 전략

데이터의 개방과 공유는 양날의 검처럼 장점과 단점이 있다. 데이터의 수집과 전송, 저장, 활용, 개방 과정에서 데이터 리스크 문제의 심각성은 시간이 갈수록 커지고 있다. 특히 낮은 위기의식과 보안의식, 주요 정보시설에 대한 보안성 취약, 해커의 공격, 기술적 한계, 관리 소홀, 법률의 부재와 낙후로 말미암아 리스크가 발생할 확률과 위험성이 점차 커지고 있는 것이다.

빅데이터가 불러온 데이터 보안 문제는 기술적인 문제를 가리키는 것이 아니라 데이터 자원의 개방과 교류, 응용 과정에서 일어나는 다양한 리스크와 위기를 가리킨다. 이런 리스크와 위기의 핵심에는 '체제 전복'이 내재되어 있다. 파괴와 구조 해체, 재구성에 이르는 전복은 구조와 기능을 직접적으로 변화시켜 사회의 불확실성과 불가측성, 통제불가능성을 심화시킨다.

데이터 리스크를 초래하는 원인은 다양하지만 윤리적 원인에 대한 사람들의 걱정과 관심이 가장 크다. 데이터 리스크는 인성 부족, 도덕적 해이, 무질서한 행동에서 비롯된다. 데이터 보안 관리를 강화하려면 데이터 보안 입법 등 외부적 제약, 강제 메커니즘을 구축해야 한다. 그리고 개인과 사회에 대한 윤리적 영향에도 관심을 기울여야 한다. 개인과 집단, 조직, 국가가 공동으로 준수할 수 있는 데이터 가치관과 행동 규칙도 순차적으로 마련해야 한다. 또한 데이터 보안 관리는 더 체계적인 시스템을 필요로 한다. 기술, 법률 제도, 윤리 등 다양한 측면에서 우리는 머리를 맞대고 지혜를 구해야 한다.

# 오픈 데이터와
# 데이터 보안

## 데이터의 투명화

데이터 고립과 데이터 독점은 데이터의 개방을 가로막는 중요한 원인이다. 데이터 고립은 데이터 간 분열과 소통의 실패를 불러오고, 데이터 독점은 데이터에 대한 데이터 소유자의 배타적 점유를 불러온다. 데이터 고립과 데이터 독점 현상이 일어나는 원인을 데이터의 경계에서 찾을 수 있다. 그런 점에서 데이터의 투명화는 데이터 간 교류를 가로막는 데이터 경계를 허물고 데이터의 개방을 실현할 수 있는 중요한 해법이라고 할 수 있다.

데이터 고립 현상은 주변에서 흔히 찾아볼 수 있다. 네트워크 커뮤니티, 각 검색엔진과 전자상거래 등에서 생겨난 기업의 데이터, 기상예보 등의 과학적 데이터, 정부 각 부처에서 생성된 분야별 데이터는 서로 단절된 채 고립되어 있다. 그로 말미암아 응용 과정에서도 많은 잡음이 일고 있다.

데이터 고립의 이유는 다양하다. 데이터의 표준, 인터페이스가 일원화되지 않으면 각 부문과 계층에서 수집한 데이터가 중복되거나 내용이 정확하지 않아서 활용률이 크게 떨어진다. 각 데이터가 기능적으로 분산된 채 시너지 효과를 내지 못하는 것이다. 또 한편으로 단절된 데이터 환경은 데이터의 기록 방식에도 영향을 끼치는데 잉여 데이터, 정크 데이터가 대거 생성되면서 데이터, 업무, 응용을 한데 이어주는 모델이 제대로 작동하지 못한다. 그 밖에도 시스템 간 통합을 유도하는 매개체의 부재도 궁극적으로 데이터 고립 현상을 불러온다.

데이터 고립은 개방과 공유 비용 증가 및 데이터 가치 구현에 영향을 준다는 점에서 경제와 사회의 발전, 정부의 투명한 정무 시스템 구축을 심각하게 방해한다. 첫째, 개방과 공유 비용의 증가다. 각 부처와 영역은 각각의 데이터 시스템을 보유하고 있다. 부처와 영역을 아우르는 데이터 협력은 대량의 인력, 물력, 자원을 필요로 한다. 둘째, 데이터 가치 구현의 어려움이다. 부처별·계급별 소통이 부족하고 응집력이 부족한 경우 새로운 지식의 발견, 새로운 가치 창조, 새로운 능력 향상 등의 성과를 거두기가 쉽지 않다. 게다가 대량 데이터 속에 숨겨진 소중한 가치나 연관성을 찾아내는 것은 그야말로 모래사장에서 바늘 찾기와 같다. 결국 기존 데이터의 가치를 제대로 활용하지 못하는 것은 물론이고 이와 관련된 기타 자원을 낭비하게 된다.

데이터 독점 역시 데이터의 개방을 저해하는 또 다른 중요한 이유다. 결론적으로 말해 데이터 독점이 일어나는 것은 데이터 통제와 관련이 있다. 데이터 힘은 데이터에 대한 통제력에서 비롯된다. 데이터의 권리가 이전에 권리를 소유하지 않은 대상에게서 권리를 소유한 대상으로 이전되고, 디지털 기술의 발전에 따른 데이터의 '빈부 격차'가 커지면서 데이터의 쏠림 현상이 심화되고 있다. 실제로도 정부나 대기업 등 데이터를 독점하는 주체는 데이터 권리 격차를 이용해 우위를 차지하고 있다. 이런 이유로 데이터나 이익을 공유하는 호혜적 공생이 아닌, 데이터의 권리가 어느 한쪽으로 쏠리는 불균형 현상이 날로 심각해지고 있다. 빅데이터 시대의 산물인 데이터 권리를 놓고 '부익부, 빈익빈' 현상이 나타나면서 데이터 권리를 소유한 대상은 까다로운 등급제를 적용하는 기관이나 사회에 대한 지배력을 점차 강화해 가고 있다. 게다가 기득권을 유지하기 위해 데이터 권리의 불균형 현상을 개선하기는커녕 오히려 부추길 수도 있다.

데이터 권리의 격차가 불러오는 가장 심각한 문제가 바로 데이터 독점인데, 자신의 이익을 지키기 위해 데이터의 공개와 공유를 거부하거나 상업적 기밀이라는 핑계로 보호주의 정책을 펼치는 독점 주체가 많아지면서 이런 추세는 점점 심각해지고 있다. 다양한 데이터 주체가 데이터를 점유하고 빼앗기 위해 치열하게 경쟁하다 보니 '재산권'이라는 딱지를 붙이는 이기심을 드러내기도 한다. 데이터 독점을 그저 단순한 편 가르기나 숫자 놀음 정도로 생각해서는 안 된다. 정보 격차의 확대에 따른 데이터의 빈부 격차는 경제·사회 전체의 균형적 발전, 공평한 사회, 정의 실현, 공공복지와 직결되기 때문이다.

정부의 데이터 독점은 공공데이터의 낭비를 불러오고, 공공데이터에 대한 정부기관의 독점은 기업의 부담을 가중시킨다. 정부 부처와 관련

기관이 독점적으로 장악한 데이터 자원은 대부분의 기업이 절실히 원하는 소중한 자원이지만 그들의 절박한 마음과 달리 공공데이터를 얻는 일은 하늘에 있는 별 따기와 다름없다. 예를 들어 정부가 지리 데이터를 개방하지 않는 탓에 바이두 지도, 가오더 지도 등 위치 정보 서비스 업체들은 데이터 수집을 통해 지리적 위치를 확인하는 데 더 많은 비용을 지불해야 한다. 이런 상황은 심각한 자원 낭비와 효율성 저하로 이어진다. 그러므로 정부 데이터 가운데 공공데이터는 대중이 공공의 재화로 소유할 수 있어야 한다. 대중이 획득하고 사용한 데이터로써 사회의 혁신적 발전을 위해 사용되어야 하겠다.

상업적 데이터의 독점은 데이터 자원의 자유로운 흐름을 방해한다. 또한 데이터 고립 현상은 상당 부분 데이터 독점에서 비롯된다고 할 수 있다. 현재의 발전 추이를 볼 때 통신과 금융, 신흥 인터넷 업체들은 데이터 수집과 분석, 활용, 사용에서 기술적 우위를 통해 대량의 데이터를 차지하여 독점하고 있다. 바이두와 텐센트, 알리바바 등 대형 인터넷 업체들은 데이터의 공유와 개방을 적극 호소하지만, 이와 동시에 사용자를 '인질'로 삼아 데이터를 독점하고 있다. 데이터 독점은 데이터 자원의 원활한 흐름을 방해하고 사용자의 편의와 제품 선택에 부정적 영향을 미칠 수 있다. 다른 영역에서도 '개방'이라는 미명 아래 사용자를 인질로 삼고 영향력을 확대하는 사례를 어렵지 않게 발견할 수 있다.

최근 들어 데이터 고립과 데이터 독점 현상을 해소하기 위한 방편으로 데이터 경계 허물기를 하자는 움직임이 활발하게 전개되고 있다. 전통적 기업에 있어 '경계'는 수직적 경계, 수평적 경계, 외부적 경계, 지리적 경계 등 다양한 형태와 성질로 구분된다. 1981년 회사 곳곳에 파고든 관료주의를 뿌리 뽑기 위해 잭 웰치John F. Welch Jr.는 '벽 없는 조직'이 라는 개념을 제시했다. 당시 GE에 침투한 4가지 경계를 무너뜨림으로 써 '대기업병'을 완치하겠다고 선언한 잭 웰치는 보다 빠르고, 보다 유 연하며, 보다 완전하고, 보다 혁신적인 벽 없는 조직을 수립했다.

오늘날 전통적 기업의 '벽 없는 조직' 개념은 데이터 분야의 '벽 없는 통합'으로 그 영역을 넓혀 가고 있다. 데이터 고립과 데이터 독점으로 데이터의 경계가 생겨난 상황에서 기업, 정부 등 데이터 주체가 데이터 를 주고받기 위해선 과거 각 영역으로 구분되던 정보 시스템의 경계를 무너뜨려야 한다. 통합과 상호연관성을 통해 경계 없이 데이터를 자유 롭게 사용할 수 있을 때 더 큰 발전을 누릴 수 있다.

데이터의 투명화는 데이터 경계 허물기를 위한 노력의 일환이다. 사 회 발전을 이끄는 투명한 데이터는 더욱 빠르고 공개적으로 교류할 수 있는 가장 직접적인 방법이다. 빅데이터 시대에 수집되는 데이터의 양 은 점점 증가하고 있지만 데이터의 종류가 많다 보니 다양한 조직과 기 업, 부서가 획득하는 데이터는 일관성이 없고 수준 역시 제각각이다. 데 이터의 개방과 공유를 현실로 전환하려면 반드시 데이터의 투명성을 높이고 경계를 무너뜨려야 한다. 그래야 데이터는 진정한 가치를 발휘 할 수 있다.

데이터의 경계를 없앤다면 데이터 고립과 데이터 독점을 효과적으로 해결할 수 있다. 데이터의 개방과 공유를 통해 대중, 기업 등이 데이터 를 직접 접해야 데이터에 기반을 둔 새로운 의사결정이 이루어지고 복 잡한 문제를 해결할 수 있다. 무너진 경계 위로 데이터가 자유롭게 오갈 때 비로소 빅데이터의 가치는 그 빛을 발하게 된다.

## 오픈 데이터와 정부 데이터의 개방

좁은 의미에서 정부의 정보 공개는 정부의 제도적 측면에 해당하는 행정 사무를 공개해 달라는 것을 의미한다. 이에 반해 넓은 의미에서 정부의 정보 공개는 단순한 정무 공개 외에 해당 정보에서 확보한 기타 정보에 대한 공개도 포함된다.[1]

정부의 정보 공개는 정부의 역할을 보여주는 구체적 사례에 속한다. 정부는 개인과 사회, 기업 사이를 연결하는 교량 역할을 하며 각 조직으로부터 상당한 신뢰를 받고 있다. 정보화시대에 정부는 80% 넘는 정보를 확보하고 있으며 정무와 관련된 정보를 수집하고 관리, 점유하고 있다. 그러나 이보다 더 중요한 것은 정부가 대중에게 정보를 적극적으로 공개해야 한다는 점이다. 정부의 정보 공개는 법률에 의거한 행정 프로세스를 촉진할 뿐 아니라 정보를 확보할 수 있는 개인과 기업의 권리를 효과적으로 보장한다. 정부가 자발적으로 정보를 공개하고 정보의 공유를 추진한다면 대중의 참여 권리를 보장할 수 있을 뿐 아니라 공공정책 제정의 투명성 확대, 정부 정책에 대한 대중의 반응 속도 개선, 정부의 공신력 확대 등의 효과를 기대할 수 있다.[2]

스웨덴은 가장 먼저 정부의 정보 공개와 관련된 법률과 제도를 구축한 국가로, 1766년에 제정한 '출판자유법'은 세계 최초의 정보 공개 법안으로 평가받고 있다. 해당 규정에서는 정부 문건의 공개 원칙을 규정한 뒤 법원과 행정기관에 관련 공문을 공개할 것을 요구할 수 있는 권리를 일반 시민에게 부여했다. 1951년 핀란드 역시 '공문서 공개법'을 반포했다. 노르웨이와 덴마크는 1970년, 네덜란드는 1978년에 정보 공개 관련 법률을 연달아 공표했다. 20세기 중반 국가 보안과 개인정보를 제외한 미국 정부의 회의 기록(국회의원들의 토론 기록 포함)이 온라인을 통해 공개됐다. 세계 최초의 정보 공개라고 평가받는 조치를 통해 미국은 세계에서 정부 정보를 가장 많이 공개한 국가가 되었다.

중국의 경우 1985년부터 농촌 가정의 합동 하청 책임제에 대한 논의 과정을 공개하기 시작했다. 그 후 2008년 '중화인민공화국 정부 정보 공개 조례'가 실시되면서 정부의 정보 공개 범위, 방식과 프로세스, 감독·보호에 대한 조치를 확정했다. 중국 정부의 정보 공개가 제도화·규범화·프로세스화 단계에 접어들었음을 직접적으로 보여주는 사례에 속한다. 2016년 초 국무원 판공청辦公廳에서 '정무 공개 작업 전면화 추진에 관한 의견'을 발표하며, 정무 공개의 수위를 한 단계 끌어올렸다. 중국 정부의 정보 공개 과정을 쭉 살펴보면 정부 사이트는 이미 주요 플랫폼으로 활용되고 있으며, 정부의 정보 공개 공작연례보고 역시 정기적 활동으로 자리 잡았다는 사실을 확인할 수 있다. 정부의 사회 경영과 사회 서비스가 대중의 일상 깊숙이 파고들면서 정부의 정보 공개를 위한 노력도 꾸준히 확대되고 있다.

그러나 정부가 정보를 공개했다고 해서 정부의 데이터가 개방되었다는 뜻은 아니다. 일단 정부 정보 공개와 정부 데이터 개방은 그 뜻부터 다르다. 정부 정보 공개는 주로 정부의 법규, 프로세스, 권력 등에 대한 것으로 규장, 제도 등의 정보가 제공된다. 진정한 의미에서 정부 데이터의 개방은 오리지널 데이터의 개방을 의미한다. 2012년 독일 국무부에서 발표한 '독일 데이터 개방' 보고서에 따르면 정부 데이터의 개방은 공공 행정기구가 제3자를 통해 재사용할 수 있는 모든 데이터를 개방하는 것이라고 한다.[3] 같은 해에 영국 정부의 〈오픈 데이터 백서〉에서는 정부 데이터 개방을 공공 부문의 정보와 대중에게 개방해 사용해도 되는 데이터라고 정의했다. 미국 오바마 정부는 정부 데이터 개방에 대한 8대 원칙 가운데 제2조에서 '반드시 오리지널 데이터'라고 명시해놓기도 했다. 둘째, 정부 정보 공개와 정부 데이터 공개는 서로 지향하는 목표점이 다르다. 정부 정보 공개는 대중의 알 권리를 보장하는 데 집중한다. 그러나 알 권리가 곧 정보의 획득을 의미하지는 않는다. 정보를 얻었다고 해서 그것을 이용할 수 있다는 것도 아니다. 이에 반해 정부 데이터 공유와 개방은 알 권리를 보장받는 것은 물론이고 데이터를 획득하고 이용할 수 있음을 가리킨다.

정부 개방이 데이터 개방과 100% 일치하는 것은 아니다. 2009년 1월 미국 대통령에 취임한 버락 오바마는 '개방적이고 투명한 정부 각서'에 서명하며 '열린 정부'가 되기 위한 관련 솔루션을 제시했다. 구체적 내용을 살펴보면 데이터 시대에 정부 개방은 반드시 기술과 연계되어야 하며, 투명성 확보를 통해 열린 정부가 되기 위한 정부의 혁신, 협력, 참여를 독려해야 한다고 지적했다. 또한 대다수의 연방기관이 보유한 데이터 자원을 반드시 공개할 것을 강하게 요구하기도 했다. 같은 해에 미국은 세계 최초로 국가적 차원에서 열린 정부 데이터 플랫폼www.data.gov을 선보였다. 2011년 세계 각국이 '열린 정부 파트너십'을 구축한 이후로 현재까지 70여 국가가 가입했다. 현재 일부 정부에서 개방한 데이터는 주로 공무원 재산 내역, 재정 관련 데이터 등에 국한되어 있다.

정부 데이터 개방은 내부적으로 부처 간 공유를 실현함으로써 정부의 서비스 효율 강화, 공공경영과 관리 비용 절감 등에 유리하게 작용한다. 전통적이고 전문적인 기준에 따라 구분된 공공경영 모델에 비해 정부 부처 간 협의 달성, 관련 데이터 자원의 공유와 개방을 통한 부서 간의 정보 장벽 철폐, 고립된 모델이 아닌 긴밀히 연계된 공공서비스 체인 구축에 유리하다고 할 수 있다. 이런 환경에서 각 부처는 필요한 오리지널 데이터, 즉 처리되지 않은 데이터를 신속히 확보함으로써 연관성 분석을 통한 업무 효율을 한 단계 끌어올릴 수 있다. 이런 노력은 데이터 비용 절감, 자원 낭비 방지는 물론 데이터 가치를 최대한 발굴하고 활용하는 단계로 발전하면서 각 부분의 이익 최대화를 실현할 수 있다.

그 밖에 정부는 기업, 개인의 데이터 자원을 공유하고 개방해 정부에 대한 신뢰를 강화하고 시장의 활력과 사회의 창의력을 활성화시킬 수 있다. 사생활 보호, 대중의 이익과 국가 보안을 보장한다는 전제 하에 외부의 데이터 자원을 개방하고 공유해야 한다. 정부의 데이터 자원을 이용한 사회 구성원의 성장과 가치 확대를 독려하고, 산업 업그레이드와 경제 구조조정을 추진해야 한다. 또한 기술, 응용, 비즈니스 모델, 다양한 분야를 아우르는 기업의 아이디어를 이끌어내어 경제 성장의 동력으로 삼아야 한다. 대중의 수요를 적극적으로 받아들여 만족도를 높이고 사회적 혁신 추구, 정부 데이터 자원 공유와 개방을 위한 대중과 기업의 참여도도 끌어올려야 한다.

데이터의 개방과 공유 가치를 구현하려면 정부의 원스톱 개방을 추진해야 한다. 데이터 개방 플랫폼과 표준 시스템을 구축한 뒤 정부는 관련 법률과 법규에 따라 순차적으로 데이터를 개방하고 공유해야 한다. 또한 클라우드 컴퓨팅 기술의 발전을 통해 시장 데이터에 대한 모니터링 시스템을 개선해야 한다. 정부와 공공 부문의 데이터 자원을 취합하고 정리, 분석해 개방된 표준 규범을 마련하고 사회를 지향하는 원스톱식 개방 서비스 역시 빠질 수 없다.

　데이터 원스톱식 개방과 비교했을 때 공공데이터 자원의 계약식 개방 역시 무척 중요하다. 정부가 확보해서 개방 가능한 데이터를 바탕으로 공공데이터 개방 플랫폼을 구축해 국내 모든 법인 기업, 창업자에 대한 1대 1 개방을 추진해야 한다. 개방의 규모와 수준, 진행 형식, 사용 기한 등을 '계약'이라는 형식을 통해 사전 확정하고, 관련 법률과 계약서에 따라 개방 대상인 데이터의 사용 상황을 모니터링해야 한다. 계약식 개방을 통해 사회적 기업, 사회 법인의 참여를 유도함으로써 선순환을 형성하고 더 나아가 데이터 간 경쟁적 개방 촉진, 데이터 통합과 개방이라는 큰 틀을 마련해야 한다.

## 데이터의 개방과 교류, 응용 과정에서 발생하는 데이터 리스크

앞서 양날의 검이라고 설명한 데이터 개방 가운데서 데이터 리스크는 국가의 전략적 위협이 될 수 있다. 데이터 개방으로 말미암아 빅데이터 시대의 국가주권은 점차 상대성을 띠고 있다. 데이터의 개방성과 자유화로 데이터 행위에 대한 정부의 감독능력이 크게 약화되면서 각국 간의 소통과 교류, 협력에 영향을 줬다. 또 한편으로는 데이터 개방으로 데이터 주권 쟁탈이 국가의 전략적 목표로 설정되면서 국가 보안이 심각한 위험에 처해 있다. 실제로 세계 각국은 네트워크 공간의 주도권을 차지하기 위한 전략적 계획을 꾸준히 강화하고 있다.

　그 밖에도 데이터 개방 과정에서 제3자와의 협력을 포함한 데이터 사용은 취약한 보안, 개인정보 침해 등의 도전에 직면해 있다. 신분을 식별하는 데이터를 포함한 개인정보의 유출 가능성 확대, 실명화 기술을 통한 오리지널 데이터 보호 해법, 해커의 공격에 따른 사용자의 개인정보 유출 가능성 확대 등등 데이터의 개방과 보호는 마치 저울의 양 끝처럼 극과 극을 달린다. 데이터의 개방에만 치중하고 보안을 무시한다면 전 세계적으로 끔찍한 재앙이 일어날 수 있다. 그러므로 개방 속에서도 보호를 모색하고, 보호 속에서도 개방을 추구하는 균형점을 모색해야 한다.

데이터 자원은 데이터의 수집과 전송, 저장 과정에서 존재하는 보안 문제를 포함한다. 데이터를 수집하는 과정에서 데이터의 훼손이나 유실, 노출, 도난 등의 위협이 존재한다.[4] 현대 사회에서 인터넷 서비스 업체가 사이트 또는 클라이언트 소프트웨어를 통해 인터넷 사용자를 상대로 개인 데이터를 수집하는 행위가 나날이 증가하고 있다. 그러나 현행 데이터 수집 범위와 내용을 규제하는 구체적 규정이나 일원화된 기준이 없다 보니 데이터 보안이 수집 과정에서 제대로 보장받지 못하고 있다. 그 밖에도 대부분의 인터넷 애플리케이션이 네트워크를 이용해 데이터를 수집할 때 마구잡이로 데이터를 긁어모으다 보니 수집 행위의 적법성 여부, 사용자에 대한 사전 공지 여부에 무관심한 실정이다. 개인 데이터를 수집하는 애플리케이션 서비스 업체의 보안의식 부재로 필요한 보안 조치를 취하지 않거나 인력과 경비를 투입하지 않는다면 수집된 정보의 안전성을 보장할 수 없다.

데이터 전송 과정에서도 보안, 진위, 훼손 등을 포함하는 문제가 발생할 수 있다. 데이터가 전송되는 과정에서 도난당하거나 임의로 수정될 수도 있다. 특히 무선 네트워크 상태에서는 네트워크가 전송하는 데이터 보안 문제의 심각성이 두드러진다. 알리페이, 위챗페이, 애플 페이

Apple Pay 등을 위시한 모바일 기기를 통한 결제를 위해 사용자의 소비 데이터와 결제 비밀번호가 전송되고 작동하는 과정에서 해커의 공격을 받을 수도 있다. 또한 운영 업체가 충분한 대비책을 마련해놓지 않는다면 데이터 유출, 계정 도용 등 심각한 문제가 대두될 수 있다. 에드워드 스노든Edward Snowden 사건을 통해 네트워크 전송 과정에서 도청 등의 위협이 현실화될 수 있다는 사실이 이미 증명되었다. 도청 범위가 넓을수록 대중의 이익은 보장받을 수 없다.

데이터 저장을 위한 관리와 보안 문제는 데이터 권한 관리 소홀이나 방문 제한, 저장능력의 한계 등으로 구체화된다. 데이터 저장 설비의 소유권과 사용권이 분리된 상태에서 저장된 데이터에 대한 구체적 위치와 권한을 엄격히 관리해야 한다. 데이터의 소유권과 방문권에 대한 합법적 보호, 사생활 보호, 데이터 암호화, 백업과 복구 등의 문제는 데이터 저장 과정에서 서둘러 해결해야 하는 핫이슈로 떠올랐다.

사이트 등 네트워크 애플리케이션에 대한 공격과 유출이 빈번하게 일어나고 그 피해 역시 확대되고 있다. 이런 특징을 보여주는 데이터 애플리케이션 보안 문제는 사용자 계정에 대한 도용 시도, 버그 악용 사례 증가, 기업 정보와 사생활 보호 미흡 등의 사건으로 나타난다. 중국의 통계 데이터에 따르면 최근 몇 년 동안 인터넷 범죄가 빠르게 증가하고 있다. 전통적인 범죄 역시 인터넷을 대상으로 하는 다양한 형태로 진화하고 있다. 사용자의 개인정보를 불법적으로 획득하고 판매하거나 금융, 교육, 의료, 보험 등 중요 내용과 연관된 정보를 불법적 경로로 훔쳐내어 부당한 수익을 챙기기도 한다.

# 우리 일상으로 파고든
# 블록데이터 리스크

## 취약한 보안 리스크 의식

'보안'은 계속해서 언급되는 영원한 이슈로, 인류의 가장 중요한 기본적 요구다. 모든 신기술의 탄생은 항상 더 많은 형태와 더 진화한 형태의 보안 문제를 수반하고 있다. 블록데이터의 발전 역시 마찬가지다. 이른바 보안 리스크 의식은 발생 가능한 모든 위험한 상황에 대한 행위의 주체가 느끼는 경각심, 경계심 등 심리적 상태를 가리킨다. 행위의 주체가 의식적으로 특정 사건과 상태에 대해 경각심을 드러낼 때 자신의 행위를 조절해 리스크를 피할 수 있다.

데이터 보안 문제는 우리 일상과도 긴밀하게 연결되어 있다. 새로운 커뮤니티 플랫폼의 등장, 전자상거래 발전은 우리의 생활과 생산 방식을 크게 바꿔놓았다. 한층 빨라진 라이프 사이클과 인성을 강조한 라이

프스타일은 동시에 보안 리스크를 불러왔다. 개인적으로는 데이터 기술의 빠른 성장과 보안의식 사이의 심각한 불균형이 데이터 보안 문제를 불러왔다고 생각한다. 현재 대중의 데이터 보안의식은 여전히 취약한 상태다. 대부분의 사람은 자신의 네트워크 환경이 안전하다고 여긴 채 네트워크 공격이나 보안 위협을 대수롭지 않게 여기고 있다.

사람들의 데이터 보안의식을 강화하려면 데이터 보안 관점을 반드시 구축해야 한다. 보안의식을 강화하기 위해선 데이터와 사람의 관계를 변증법적 관계에서 파악하는 데서부터 출발해야 한다. 또한 데이터 공간에 새로운 보안 관점을 구축해 보안 리스크에 대한 이해를 높여야 한다. 인류의 인식부터 변화시키고 사고와 평가, 판단, 의사결정 방식의 재구성을 통해 데이터의 변화에 적응할 수 있는 인간의 자기적응력을 회복해야 한다. 그 밖에도 참여 메커니즘에 참가하는 사람들은 보안의식과 리스크에 대한 대비를 통해 데이터 보안을 꾸준히 유지해야 한다.

## 주요 정보 인프라 시설 보안에 대한 신뢰성

국가의 주요 정보 인프라 시설에는 고성능형 신규 하드웨어 기술, 빅데이터 애플리케이션에 기반을 둔 차세대 통신 기기, 일체형 데이터 저장·처리 서버 및 소프트/하드웨어 일체형 설비의 빅데이터 상품, 빅데이터 하드웨어 설비 등이 포함된다. 네트워크 정보 기술의 빠른 통합과 발전으로 국가의 주요 인프라 시설의 범위는 네트워크 보안 보장, 정보 기술을 사용한 중요 영역에서의 업무 정상화와 작동 여부, 국가 보안과 관련된 시설로 확대되었다.

주요 정보 인프라 시설 구축은 창업비용을 낮출 뿐 아니라 창업과 혁신을 위한 안정적 환경을 제공하고 공산품과 공공서비스 확대를 가져 온다. 정보 소비, 투자 유치 및 신규 산업화와 정보화 촉진에 중요한 의 미를 지닌다는 점에서 주요 정보 인프라 시설은 경제와 사회 발전을 이 끄는 촉매제라고 할 수 있다. 국가 정보 보안을 위한 전략적 측면에서 특정 인프라 시설 또는 부품이 지닌 의의는 수행 중인 역할이나 작동하 는 기능의 중요성에 따라 결정된다. 주요 인프라 시설에는 저장 또는 전 송된 정보 데이터가 대량으로 집중되어 있다. 특히 금융과 지리, 인구, 비즈니스 데이터 거래 플랫폼의 주요 데이터 자원은 무척 민감해서 일 단 해당 시설이 파괴되면 국가 보안과 사회 안정, 국민 안전에 심각한 영향을 줄 수 있다. 인프라 시설 보호를 위한 능력이 부족하면 데이터 자산을 제대로 통제할 수 없고, 인프라 통신 네트워크 상품에 탑재된 통 제 기능이 미비하면 궁극적으로 블록데이터의 보안에 위험을 불러올 수 있다.

## 해커와 유출

해커는 컴퓨터나 네트워크 등에 대해 탐구를 즐기는 사람으로, 다른 컴 퓨터에 불법으로 침입하여 자료를 불법적으로 열람하거나 바꿔버리거 나 파괴하는 등의 행위를 하는 크래커Cracker와 구별된다. 해커는 자신 의 지식과 기술을 이용해 네트워크 시스템에서 허점을 찾는 일에 적극 참가한다. 관리자가 버그를 수정해 시스템을 꾸준히 개선하도록 돕는 사람들 가운데서 애국심으로 뭉친 이들을 '레드해커Red Hacker'라고 부 르기도 한다. 해커는 각종 해킹 기술을 이용해 시스템에 숨어들어가 기 밀 정보를 빼내거나 시스템에 치명적 공격을 가한다. 데이터 기술의 발전과 응용이 확장되면서 해커는 점차 거대한 집단으로 발전했다. 해킹의 본질을 자세히 살펴보면 행위에 따라 기술 학습, 신분 위장, 버그 발견, 버그 이용으로 구분할 수 있다.

해커로부터의 위협은 상상할 수 없을 정도로 치명적이다. 모바일 시스템과 컴퓨터를 기반으로 하는 통신시설의 결합은 해커가 활동하는 데 유리한 환경을 제공하고 있다. 이들이 특정 시스템에 침입할 경우 도시 전체의 통신 시스템이 마비될 수도 있다. 주요 부서의 네트워크 시스템을 관리하는 담당자의 PC에 중요한 기밀이 담겨 있다면 해커는 그 정보를 빼낼 수 있다. 그 밖에도 무선통신, 모바일 통신 등을 통해서도 네트워크에 침투할 수 있다. 이는 개인정보는 물론이고 사회적 안정, 심지어 국가 보안에도 심각한 영향을 줄 수 있다.

해커는 주로 기술적으로 취약한 버그나 허점을 파고든다. 핵심 운영 시스템, 주요 기술 설비, 대형 데이터베이스 등 중요한 정보가 들어 있는 시설이 해외에서 들여온 것이라면 컴퓨터 바이러스가 안에 내장되어 있을 가능성이 높다. 또한 일부 기술업체는 설비의 '백도어Back Door'를 통해 국가 기밀을 훔치거나 네트워크 공격을 통해 국가의 주요 시설을 파괴하거나 국가 보안과 사회 안정에 직접적 위협을 가할 수 있다. 버그는 해커가 시스템에 침투할 수 있는 중요한 기반으로, 이를 이용하여 해커는 시스템 정보를 얻거나 시스템에 침투하거나 관련된 다음 목표를 탐색한다. 데이터 보안 기술의 발전과 눈부신 성장 속도에도 빅데이터의 폭발적 성장을 따라잡을 수 없다면 데이터 보안의 위험이 당장 현실로 나타나고, 그 결과는 치명적일 것이다.

## 데이터 테러리즘

데이터 테러리즘은 사이버 테러리즘과 전통적 테러리즘에서 시작됐다. 사이버 테러리즘은 1997년 미국 캘리포니아 정보보안연구소에서 처음 언급한 것으로, 인터넷과 테러리즘을 결합한 것이다. 사이버 테러리즘은 상위 개념인 테러리즘과 관련이 있으면서도 본질적으로 구별된다. 전통적 테러리즘에 비해 사이버 테러리즘은 직접적으로 폭력 행위를 가해 인명을 해치는 것이 아니라 인터넷 정보 기술을 통해 대상의 시스템에 잠입한 뒤 마음대로 조종하거나 공격하는 것을 선호한다. 그러므로 사이버 테러리즘과 전통적 테러리즘은 지식과 폭력이라는 전혀 다른 성향을 보여준다.

빅데이터 시대에 인터넷은 이미 국가 발전을 뒷받침하는 금융과 군사, 과학 기술, 교육 등에 파고들어 국가의 정상적 운영과 생존을 위한 기반으로 자리 잡았다. 테러리스트는 이 점을 감안해 인터넷 정보 기술을 이용한 테러 활동을 데이터화함으로써 은밀하지만 더욱 파괴적인 피해를 입힌다. 빅데이터는 테러리즘에 정보와 기술, 공간을 제공할 수 있다. 데이터가 국가의 전략적 자원으로 떠오르면서 테러리스트의 새로운 목표로 활용될 수도 있다. 실제로 기술 전문가가 꾸준히 개발한 데이터 기술이 도리어 테러리스트의 무기로 활용되기도 한다. 이처럼 빅데이터의 개방은 어마어마한 데이터 자원을 제공하는 동시에 데이터 테러리즘 활동의 파괴력과 정확도를 끌어올리는 측면도 가지고 있다.

빅데이터가 가져다주는 혜택을 고스란히 흡수한 사이버 테러리즘이 진화한 데이터 테러리즘은 사이버 테러리즘의 전형적 특징을 지녔지만 침투력과 파괴력 면에서 크게 업그레이드되었다. 데이터의 중요성이 날로 강조되면서 정부의 각 관련 부처와 기업은 데이터 자산에 대한 감시와 감독을 강조하고 있다. 그러나 위험하고 민감한 데이터가 상당 부분 국가의 보안, 경제 안정과 관련된 탓에 미래의 사이버 테러리즘은 정부기관과 주요 인프라 시설, 공공 보안을 관리하는 주요 데이터를 다음 목표로 삼을 가능성이 높다.

데이터에 대한 의존도가 날로 높아지면서 위험 역시 심각해지고 있다. 이런 위협을 효과적으로 막아내지 못한다면 데이터 테러리즘은 국가의 주체적 지위를 무너뜨리고, 국가의 이데올로기를 위협함으로써 정치적 불안을 불러올 수 있다. 심지어 중요한 재정 데이터를 무작위로 고쳐 금융 시스템을 혼란에 빠뜨리거나 잘못된 경제 정책을 도입해 국가 시스템의 붕괴를 유도할 수도 있다. 최악의 경우 국방 시스템에 침투해 살상용 무기를 파괴하거나 국방 시스템을 무력화시킬 수도 있다. 그러므로 세계 평화를 지키고 안정적 발전을 이어가려면 각 분야의 힘을 한데 모아 데이터 테러리즘에 공동으로 대처해야 한다.

## 법률의 부재와 낙후

데이터는 미래 사회의 발전을 뒷받침하는 꼭 필요한 자원으로 빠른 속도로 성장하고 있지만 성장의 뒷면에는 데이터와 관련된 정책, 법률 부재에서 비롯된 사각지대가 존재한다. 그렇다면 데이터 활용과 데이터 보안 사이에서 어떻게 균형을 잡아야 할까? 이는 데이터 활용과 데이터 자원 자체의 보안, 데이터 활용과 사생활 보호, 데이터 활용과 국가·사회·개인 간의 관계에 대한 문제로 확대될 수 있다. 또한 특정 국가에 국한된 것이 아니라 전 세계가 공동으로 고민하고 해결해야 할 문제이기도 하다.

빅데이터 시대의 빠른 변화로 말미암아 데이터 입법화의 낙후성이 두드러지게 나타나고 있다. 빅데이터 발전의 불확실성 때문에 입법적 관계에서 '주체 행위'에 대한 해석, 예측, 제어가 어렵다 보니 입법화되고 현실화되는 데 상당한 어려움이 따르고 있다. 또 한편으로 데이터 입법 이론에 대한 연구가 데이터 기술의 발전과 실현보다 크게 뒤처져 있어 입법과 사회적 수요가 어긋나는 사례가 늘고 있다. 빅데이터 네트워크의 영역을 전부 아우를 수 있는 법률적 시스템이 체계적으로 구축되

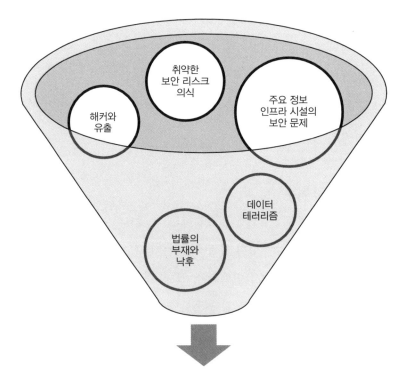

그림 10 −1 │ **블록데이터의 주요 리스크**

지 않아서 연구 성과가 현실에 반영되지 못한 채 '이론'에 그치는 경우가 많다.

그 밖에도 데이터 권리 확립, 데이터의 가치와 정당한 값을 가늠할 수 있는 기준, 데이터를 주요 자원으로 활용하는 보안 문제에 대한 법률적 범위 확립, 국경을 넘는 데이터 간 교류와 제한 문제, 데이터 독점 현상에 대한 법률적 제한, 빅데이터 시대 새로운 책임 주체의 권리와 의무 등 빅데이터 분야의 법률 부재와 낙후에 따른 문제가 계속해서 쌓여 가고 있다.

# 블록데이터 보안 강화를 위한 다양한 조치

## 주요 영역의 정보 보호

관련 업계와 영역에 속하는 주요 정보 시스템에 대한 보안을 강화하고 네트워크 보안을 보장해야 한다. 국가의 주요 시스템과 주요 부처의 네트워크 정보 시스템, 인프라 시설에 까다로운 보안 규정을 적용하고 감시와 감독 강화를 통해 엄격한 정보 보안 등급관리제도를 실시해야 한다. 또한 군대와 경찰, 금융 분야의 데이터는 물리적·기술적으로 외부와 완전히 격리된 채 외부로부터의 침입 가능성을 봉쇄해야 한다.

데이터 영역에서 일반 영역보다 더욱 엄격한 관리제도를 실시하고, 데이터 관련 분야 종사자에 대한 교육, 관리와 내부 방어를 강화해야 한다. 한층 규격화된 정보 보안에 대한 등급 관리 시스템을 실시하고, 다양한 작업자의 관리 권한을 명확하게 규정해야 한다. 또한 단계별·분야별 실시간 모니터링과 이슈 해결 등 철저한 관리 감독을 통해 네트워크 정보 보안을 강화해야 한다. 국가적 차원에서 데이터에 대한 통제를 강화해 데이터의 취합과 활용이 국가 보안에 미칠 수 있는 리스크를 최대한 낮추고, 법률적 측면에서 정보 자원에 대한 보호 조치를 마련해야 한다.

## 국가 보안과 관련된 상품과 서비스

인터넷은 데이터가 존재할 수 있는 가장 중요한 매개체로, 중국만의 특색을 살린 자주적인 차세대 인터넷 개발과 설계는 국가 데이터 보안을 보증하는 필수 조건 가운데 하나다. 이런 목표를 실현하려면 인터넷 인프라 시설과 주요 하드웨어 설비의 소유권과 지배력을 강화하고, 자체 기술을 활용한 기초적 소프트웨어 기술의 개발과 응용에 힘써야 한다. 또한 인터넷이 전파되는 영역에서 국가 의지와 주된 가치관을 대표하는 발언권을 강화하고, 전 세계 인터넷 통신 부문에서 국가, 조직, 개인의 자유와 정보 보안을 보장해야 한다.

차세대 인터넷 등 데이터 시스템 구축에 박차를 가하는 과정에서 구축과 응용, 관리, 보안에 이르는 영역에 대한 체계적 계획을 수립하고 위에서부터 아래로 이어지는 프로세스를 동시에 활성화시켜야 한다. 데이터 보안 문제는 데이터 시스템의 구축부터 응용과 관리, 유지, 개선에 이르는 전체 발전 과정에서 그 존재감을 드러낸다. 상황에 따른 시스템 구축은 데이터 전 과정에 걸쳐 작동하는 보안 시스템과 보안 플랫폼에 유리하게 작용할 것이다.

국가의 데이터 보안을 유지하려면 앞선 인터넷 핵심 기술을 반드시 확보해야 하지만 '사람'에게 발목이 잡혀 인터넷 영역에서 중국은 강력한 주도권을 쥐는 데 실패했다. 인터넷 기술의 소프트웨어, 하드웨어 기술을 국가 전략적 프로젝트의 명단에 올리고 인터넷 소프트웨어와 하드웨어에 대한 기초적 연구와 혁신적 연구를 거듭해 핵심 기술의 획기적인 발전과 함께 인터넷 분야에서 주도권을 잡아야 한다. 이와 함께 데이터 보안에 대한 기본 이론, 클라우드 서비스, 거래 서비스, 인공지능 등 주요 데이터 영역에서 핵심 기술과 발언권을 장악하는 데 더 많은 노력을 기울여야 할 것이다.

## 주요 정보 인프라 시설 보안에 대한 신뢰성

주요 정보 인프라 시설이 공격받거나 파괴되면 국가 보안과 경제 안정, 사회 보안에 심각한 피해를 입을 수 있다. 업무 연속성 능력과 자체 기술을 통한 설비 개발, 민감한 데이터Sensitive Data 보안 유지, 주요 정보 인프라 시설의 주체적 책임이라는 4개 분야에서 주요 정보 인프라 시설 보안에 대한 신뢰성을 반드시 보장해야 한다.

　업무 연속성 능력은 주요 정보 인프라 시설의 보안을 위해 반드시 해결해야 할 중요한 문제다. 1998년 미국 정부가 서명한 '미국 주요 인프라 시설 보호에 관한 63호 대통령령'에서는 다음과 같은 요구사항을 제시했다. "필요한 모든 조치를 취해 주요 인프라 시설을 신속하게 무력화시켜야 한다. 특히 정보 시스템이 물리·정보 공격을 받을 때 커다란 취약점이 노출된다." 2003년 2월 미국이 공표한 '네트워크 공간 보안 국가 전략'에 나열된 네트워크 공간의 보안 전략 목표에는 "국가는 네트워크 공격을 받기 전에 취약성을 낮춰야 한다" "네트워크 공격이 발생해 파괴된 경우 회복 시간을 단축해야 한다"라는 내용이 포함되기도 했다. '중화인민공화국 네트워크 보안법(초안)'은 구축 계획, 사용 관리, 인력 배치, 백업, 긴급처치 등 여러 분야에서 주요 정보 인프라 시설의 업무 연속성 능력을 테스트하기 위한 규정을 마련했다.

블록데이터의 보안 문제를 근본적으로 해결하려면 주요 정보 인프라 시설의 독립적 설계와 구축을 실현해야 한다. '프리즘PRISM 프로젝트' 는 미국 국가보안국이 여러 기술 업체의 상품이 제공하는 '뒷문'을 통해 각국의 정보 시스템에 침투해 관련 정보를 획득하는 방식으로 운영되었 다. 중국의 주요 정보 인프라 시설에 보안 인증을 거치지 않은 해외 설비 가 대량으로 사용되고 있다면 중국의 업무 시스템과 데이터 보안에 보 이지 않는 위기가 존재한다는 뜻으로, 국가 정보 보안에 잠재적 위험을 안겨줄 수 있다. 그러므로 국산화와 지적재산권을 통해 신뢰할 수 있는 안전한 정보 시스템을 구축해야 한다. 이를 위해서는 주요 정보 인프라 시설에 자체 기술력으로 개발된 설비를 설치해야 한다. 그래야 주요 정 보 상품과 설비, 기술을 국가에서 자유롭게 관리하고 사용할 수 있다.

민감한 데이터 보안을 유지하려면 해외 서버와 국내에서 자체 설계 된 서버에 저장한 데이터를 분류하는 작업이 반드시 선행되어야 한다. 그래야 주요 정보가 해외로 유출되는 위험을 최소화할 수 있다. 최근 러 시아가 공표한 법 규정에 따르면 러시아 국민의 정보를 수집한 모든 인 터넷 업체는 반드시 해당 데이터를 러시아 내에 저장해야 하며, 이는 2016년 9월 1일부터 공식 발효됐다. 중국의 주요 정보 인프라 시설의 운영자는 운영 과정에서 모으고 만든 주요 데이터를 중국 내에 저장함 으로써 국가와 국민의 개인정보 보호에 힘써야 한다.

주요 정보 인프라 시설을 책임지는 주체는 국가와 네트워크 운영자로, 주요 정보 인프라 시설에 대한 보안 가운데 국가는 감독과 지도를 담당한다. 실제 운영 과정에서 특정 정보 인프라 시설의 보안 문제를 네트워크 운영자가 자체적으로 해결할 수 없으므로 외부의 도움을 받아 문제를 해결해야 한다. 국가 관련 부문은 네트워크 운영자에게 기술적 지원을 제공함으로써 네트워크 보안 사건이 발생했을 때 즉각 대처하도록 해야 한다. 그 밖에 주요 정보 인프라 시설에 대한 긴급 백업 시스템, 재난 복구 시스템 구축도 국가의 책무에 속한다.

네트워크는 정보를 주로 획득하고 전파하는 경로로, 운영자는 남다른 책임의식으로 무장한 채 네트워크에 대한 사람들의 불안감을 철저히 불식시켜야 한다. 또한 사용자 개인의 정보 보안을 확보해 정보 유출을 막고, 네트워크 정보 보안 신고 플랫폼을 구축해 정보 유출을 실시간으로 모니터링해야 한다. 그 밖에 주요 정보 인프라 시설에 대한 사용자의 의무와 책임을 명확히 규정해 정보 인프라 시설의 보안성을 확보해야 한다.

## 데이터 보안 표준 시스템과 평가 시스템

데이터 보안 문제의 심각성이 날로 대두되면서 각 국가와 국제표준화 조직은 앞다투어 보안과 관련된 기준과 가이드를 내놓고 있다. 예를 들어 미국 국립표준기술연구소NIST는 사용자 신분 식별 가이드를 발표했고, 국가전기기술위원회IEC와 국제표준화기구ISO는 공공 클라우드 서비스의 데이터 보호 관리 규칙을 제정했다. 중국은 이제 막 데이터 보안 표준 구축에 대한 탐색에 나선 상태다. 빅데이터의 응용 범위가 광범위해 빅데이터의 보안 표준 시스템 역시 매우 복잡한데, 기본 표준과 기술 표준, 응용 표준, 관리 표준 등 공공 보안 표준 제정을 집중적으로 연구해야 한다. 사생활 보호, 전자상거래, 국가 보안 등 주요 영역과 보안 문제가 자주 발생하는 영역에 대한 적용 가능한 데이터 보안 표준을 우선적으로 연구해 국가 데이터의 보안성을 비롯해 국민, 법인과 기타 조직의 데이터 보안성을 철저히 보장해야 한다. 데이터 보안 문제는 안정적이고 효과적인 데이터 처리 작업에 없어서는 안 되는 필수 요소로 데이터 수집과 저장, 발굴, 공유, 공개, 사용, 관리 등 데이터 처리와 관련된 전 과정을 아우르는 보안 표준 시스템 구축을 연구해야 한다.

　데이터 보안 평가 시스템의 구축도 데이터의 보안을 확보하기 위한 중요한 조치다. 최근 들어서 미국과 EU 등은 데이터 보안 평가 작업을 추진하고 있다. 예를 들어 미국의 TRUSTe는 3,500여 개의 포털 사이트와 회사에 개인정보 보호를 위한 인증 서비스를 제공하고 있으며, EU의 데이터 플로 보안 평가도 데이터의 이전 여부를 결정하는 데 중요한 증거로 활용되고 있다. 데이터 플랫폼과 서비스 업체 등 주요 대상에 대한 신뢰성, 안정성 평가와 예측, 응용 보안 평가와 예측, 모니터링과 사전 경고, 리스크 평가 등에 대해서도 완벽한 대비책을 마련해야 한다. 이와 함께 네트워크 보안 평가 모니터링 시스템 개선, 네트워크 보안 위험에 대한 실시간 모니터링, 네트워크 공격 방어, 대규모 네트워크 공격 위협에 대한 인지와 대응력 강화 등의 조치도 취해져야 할 것이다. EU의 경우 국제 간 데이터 플로에 대한 보안 평가 강화를 비롯해 데이터 이전에 따른 보안 검사와 평가 실시를 통해 전 세계를 자유롭게 흘러다니는 데이터의 보안성을 확보하는 데 온 힘을 기울이고 있다.

## 데이터 보안 감독과 경고 시스템

네트워크 공격과 데이터 유출, 데이터 도난은 데이터 보안을 위협하는 주요 방식이다. 데이터의 보안성을 사전에 확보하려면 데이터 보안 문제를 유발하는 허점을 찾아내어 원천 봉쇄하고, 잠재적 위험성을 지닌 대상을 사전에 제거해야 한다.

**공격 방지** 네트워크 공격 방식과 공격 기술이 진화하면서 인터넷으로 업무를 처리하거나 운영하는 기관은 커다란 위험에 고스란히 노출되어 있다. 인터넷 공격은 인터넷에 존재하는 보안 허점과 결함을 이용해 인터넷 시스템의 소프트웨어, 하드웨어, 시스템 내의 데이터를 공격하는 행위를 총칭한다. 공격자가 응용 시스템과 데이터베이스를 악의적으로 공격하거나 마음대로 조작하려고 할 때, 관리자와 시스템은 효과적인 수단으로 이를 차단하고 데이터 유출 횟수를 최대한 줄여 기업과 정보 보안의 피해를 최소화해야 한다. 이런 노력을 일컬어 '공격 방지'라고 한다.

**유출 방지** 현재 데이터 유출은 업무와 기술적 측면에서 비롯된다.[5] 중국에서 일어나는 데이터 유출 사건의 주범으로 주목하고 있는 것은 수입산 설비다. 그 외에 중국 내에서 생산한 설비의 낙후성, 소극적 발언권 등도 데이터 유출을 부추긴다. 현재 중국 내에서 가장 중요한 업무를 담당하는 부문, 이를테면 군대와 군수공업, 정부, 금융업, 보험업, 통신업 등 약 80%에 달하는 곳이 수입산 데이터베이스를 사용하고 있다. 이들 부문은 공통적으로 중국 내에서 정보 유출이 가장 빈번히 일어나고 심각한 위협이 될 만한 정보가 가장 많이 빠져나가는 곳이라는 특징을 가진다.[6] 데이터 보안 경고 시스템에서는 응용 시스템과 데이터베이스의 리스크 평가를 통해 존재 가능한 허점을 발견하고 보안을 강화하는 유출 방지 작업에 나서야 한다. 응용 시스템과 데이터베이스가 꾸준히 업데이트되므로 관련 부처는 응용 시스템과 데이터베이스의 보안성을 실시간으로 확인해 외부에 허점을 노출하거나 데이터 유출에 따른 피해를 최소화하는 데 최선을 다해야 한다.

**도난 방지** 네트워크 도난은 데이터 정보가 암호화되지 않은 상태에서 일반 텍스트 형식으로 전송될 때 침입자가 게이트웨이나 라우터에서 정보를 훔치는 것을 가리킨다. 침입자는 데이터 패킷을 여러 번 훔치거나 분석해 정보의 규칙과 포맷을 알아낸 뒤 정보를 빼내거나 네트워크상에서 전송되는 정보를 유출시키기도 한다. 데이터 보안 사전 경고 시스템에서는 기업 정보에 대한 방문 행위, 즉 누가, 언제, 어디서, 무엇을 했는지 역추적하고, 정보 유출 사건을 위한 검색 툴을 제공함으로써 작업자와 관리자가 문제 해결에 나설 때 중요한 단서와 가이드를 제공한다.

일반적으로 공격, 유출, 도난 방지 정책은 동시다발적으로 이뤄진다. 네트워크 침입이나 공격으로 인한 피해가 심각하다 보니 원천적으로, 단계별로, 체계적으로 관리 시스템을 작동시켜 문제를 해결해야 한다. 네트워크 보안, 응용 보안, 조작 시스템 보안을 통해 보안 기술의 효과를 보장하는 것은 물론이고 입법 강화, 적절한 대응책 연구를 통해 이와 관련된 범죄의 싹을 뿌리 뽑아야 한다.

## 데이터 보안 기밀 보호 시스템

데이터 보안 기밀 보호 시스템 구축은 관리, 기술 수단의 결합을 통해 관리적·기술적 측면에서 규범화된 제도를 이용해 추진되어야 한다. 이를 통해 데이터 보안 기밀 유지와 보호를 위한 능력을 한 단계 끌어올려야 한다.

관리적 측면에서 데이터 보안 기밀 보호 시스템은 제도 관리와 자산 관리, 기술 관리, 리스크 관리 등으로 구분할 수 있다. 제도 관리는 데이터 보안 기밀 제도 제정과 심사, 감독, 실행을 가리킨다. 자산 관리는 기밀 담당자, 장소, 주요 데이터 자산에 대한 백업과 복구, 네트워크와 컴퓨터 관리 등을 뜻한다. 유출 가능성이 있는 기술에 대한 검사를 의미하는 기술 관리는 보안 제품과 보안 시스템에서 관련된 기술을 평가하고, 각종 유출 사건에서 증거를 수집한다. 마지막으로 리스크 관리는 보안 기밀 리스크에 대한 평가와 통제를 의미한다.

기술적 측면에서 데이터 보안 기밀 보호는 전자 방어 기술, 통신 보안 기술, 정보 단말기 방어 기술, 네트워크 보안 기술 등을 통해 실현될 수 있다. 기술 수단을 통해 다양한 측면에서 데이터 시스템과 데이터 네트워크를 보호하고, 데이터와 데이터 시스템의 보안성을 보장해야 한다. 또한 데이터 시스템과 데이터 네트워크의 보안 신뢰성, 공격 대처 능력을 강화해야 한다.

## 데이터 보안능력

블록데이터의 보안을 보장하고 강화하는 능력에는 상황 인지, 사건 파악, 보안 방어, 리스크 통제, 응급 대처가 포함된다.

**상황 인지** 네트워크와 빅데이터 상황 인지에 대한 능력 향상은 보안 요소에 대한 종합적 판단을 통해 네트워크와 정보 보안의 전반적 상황을 평가하고 변화의 추이를 예측하는 것을 가리킨다. 상황 인지의 강화는 네트워크 정보 보안 사건을 단독으로 연구하는 것이 아니라 다양한 출처에서 얻은 정보를 취합하고 연관성을 분석하고 통합한다. 여기서 얻은 정성 또는 정량화된 지표를 시스템으로 구축해 상황을 정확하게 인지한다는 목표를 달성해야 한다. 블록데이터 기술 특유의 방대한

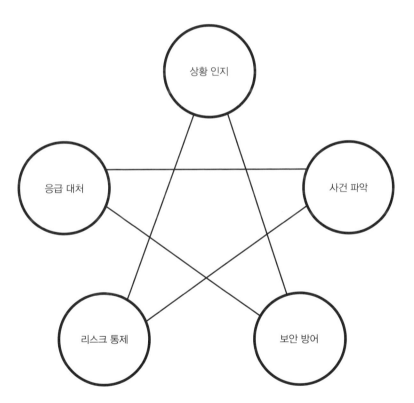

**그림 10 – 2 | 데이터 보안을 위한 5가지 능력**

저장량, 효과적 검색 등은 대규모 네트워크 보안 상황 인지에 관련된 기술 발전에 좋은 기회를 가져다주었다. 빅데이터 분석을 통해 수많은 네트워크 로그 등을 자동 분석해 처리하고 딥마이닝 처리함으로써 네트워크의 보안 상태를 전반적으로 분석하고 평가할 수 있다.

**사건 파악** 블록데이터의 핵심은 '정확한 예측'에 있다. 공격이 일어나기 전 네트워크 공격에 대한 방대한 데이터를 수집하고 분석하고 계산해 네트워크 공격과 관련된 이상 행동과 규칙을 찾아낸다. 공격의 근원지와 네트워크의 리스크를 파악해 사건의 추이를 정확히 예측해 네트워크 공격을 무력화시킨다. 그리고 공격이 일어난 후에는 데이터 역추적 기능과 위치 데이터 응용 애플리케이션 등을 통해 문제가 발생한 장소와 관련자를 즉시 파악한다.

**보안 방어** 데이터 관련 주체의 보안능력을 강화하려면 준비 작업과 보호 작업에 최선을 다하고, 침입자의 공격에 대비한 대응력을 높여야 한다. 그래야 데이터 주체가 위험한 상황에 노출되지 않도록 안전하게 보호할 수 있다. 그 밖에 모든 영역에 걸쳐 데이터 응용과 처리, 이를테면 수집과 저장, 발굴, 개방, 응용 등을 효과적으로 보호해줘야 한다. 데이터 보안을 보장하려면 보안 기술을 비롯해 전문적인 보안 관리가 필요하다. 이를 위해 빅데이터의 특징을 겨냥한 보안 관리, 보안 평가 모델을 구축하는 작업을 한다면 보안 방어능력을 강화하는 데 큰 보탬이 될 것이다.

**리스크 통제** 리스크의 파악과 확인, 정량화를 통해 처리 방안을 제정하고 선택하고 실시함으로써 리스크가 발생할 가능성을 원천적으로 봉쇄할 수도 있다. 리스크 제어는 사건 발생 전, 사건 발생 중, 사건 발생 후 3단계로 나눠 진행된다. 사건이 발생하기 전 잠재적 손실을 최소화하고, 사건 발생 도중과 발생한 후에는 실제 피해를 최소화하는 데 주력한다. 네트워크와 블록데이터 시스템의 리스크는 종종 눈에 띄지 않지만 파급 효과가 상당하다는 특징을 갖고 있다. 그러므로 리스크 통제의 핵심은 사건 발생 전에 이상 징후를 파악하고 방지하는 데 있다. 데이터의 수집과 전송, 저장, 활용, 개방 등 전 과정에서 발생하는 리스크를 정확하게 식별할 수 있는 능력을 연구해야 한다. 리스크에 대한 객관적이면서도 공정하고 전반적 사실을 반영해 리스크 감독과 솔루션을 제정해야 발생 가능한 리스크를 예상된 범위 안에서 통제할 수 있다.

**응급 대처** 데이터 보안능력을 구축하기 위한 마지막 방어선인 응급 대처능력은 응급 대처와 연계적 처리, 데이터 복구, 데이터 백업 등 하위 단계의 응급 대비책을 구축하고 개선을 강조한다. 응급 대처는 사건이 발생 가능한 상황에 대한 사전 준비로 데이터 보안 사건이 발생한 후의 대응과 처리, 복구, 추적 등의 방법도 포함된다. 데이터 보안 문제를 응급 처치하는 과정에서는 효과적인 협조와 협업이 뒷받침되어야 한다. 일원화된 지휘 체계, 지위에 따른 책임 소재, 전문적 처리 역시 빠질 수 없다. 데이터 복구는 기술적 수단을 통해 저장 설비에서 유실된 데이터를 복구하고 회생시키는 것을 가리킨다. 데이터 보안과 활용 가능성을 보장하는 최후의 방어선인 데이터 백업은 시스템이 무너졌을 때 신속하게 데이터를 복구하는 것을 가리킨다. 그러나 단순히 데이터를 되살리는 것만으로는 부족하다. 진정한 의미의 데이터 백업은 전통적 백업의 한계를 극복하고 재난이 발생했을 때 전체 시스템을 즉시 복구할 수 있는 능력 육성을 강조한다.

## 사생활, 개인정보의 관리와 보호

사생활, 개인정보의 관리와 보호는 데이터 수집과 처리, 거래, 응용 등 전 과정에서 반드시 준수되어야 조건으로 각 이익 관련 주체에게 행위 규범을 제공한다는 점에서 중요한 의미를 지닌다.

데이터 수집 단계의 주체는 개인과 정부, 기업을 가리킨다. 사생활과 개인정보에 대한 개인의 의식을 강화하는 작업은 무척 중요하다. 이를 위해 법률을 무기 삼아 자신의 권익을 보호하고 각종 불법 행위에 맞서야 한다. 또 한편으로는 개인의 법제의식을 강화해야 한다. 사생활 정보 보안에 대한 법률적 지식을 널리 알림으로써 온라인 공간에서 지켜야 할 법률 '넷티켓'을 이해하고 자신의 자유를 위해 타인의 권리를 침해하는 행동을 피해야 한다. 정부와 기업의 경우 공공 부문과 기업 데이터의 수집 방식을 규범화하고 개인의 사생활과 정보 보호에 관한 법률, 법규를 개선하는 데 주력해야 한다. 또한 공공 부문과 기업이 함께 준수하는 사생활 보호 조약을 제정한다. 특히 정부는 기업과 업계, 네티즌이 데이터 사회에서 짊어져야 할 법률과 사회적 책임을 명확히 밝히고 책임 소재를 분명히 가려내야 한다.

데이터 처리 단계의 주체는 정부와 기업, 상업 조직이다. 개인의 데이터 처리 심사 메커니즘을 신속하게 구축하고, 정부와 협회의 역할을 이끌어내야 한다. 정부는 기업 등 데이터 운영 주체에 대한 심사 책임을 지고 불법을 저지르는 부서나 기업을 엄하게 처벌해야 한다. 국가적 측면에서 익명 처리에 대한 기준을 제정하고, 각 데이터의 처리 부서와 기업이 공동으로 준수해야 하는 규칙으로 승화시켜야 한다. 전문적으로 개인의 사생활과 정보 보안 상태를 심사하는 협회를 만들어 제3자에 의한 객관적이고 공정한 의견을 최종 판정 부문이 참고하도록 독려해야 한다.

데이터 거래 단계에서 참여하는 주체가 다양하다 보니 개인의 사생활과 정보가 유출될 가능성이 가장 높다. 이를 방지하기 위해 신경 써야 할 것이 있다. 첫째로 개인의 데이터 정보 판매 허가제를 확립해야 한다. 양도 허가증 발급, 경매 방식, 판매 가능한 데이터 종류 확립 등을 통해 투명하면서도 공개적인 거래를 유도한다. 둘째, 개인 데이터 이전 등록 메커니즘을 구축함으로써 데이터 스트림을 통제하고, 질서정연한 거래 과정을 확립해야 한다. 셋째, 개인 데이터의 국가 간 이동에 대한 심사 메커니즘을 구축해야 한다. 국경을 넘나드는 데이터 거래에서 개인의 사생활과 정보가 필요 이상 유출되지 않도록 엄격하게 심사해야 한다.

마지막으로 데이터 응용 단계에서 다양한 주체가 참가하는 개인 데이터 사생활 유출 신고 시스템 구축, 네트워크 사회의 통합적 운영 강화, 기업과 개인, 미디어 등 다양한 주체를 동원한 데이터 사회의 감독 관리 추진을 통해 데이터 보안 운영에 공동으로 참가하도록 독려해야 한다. 또한 개인의 데이터 사생활 유출 역추적 메커니즘을 구축하여 책임의 주체를 분명히 밝혀 유출자에게 법률적·사회적 책임을 묻고 제도의 허술한 부분을 꾸준히 개선하고 보완해야 한다.

## 신중한 관리 감독과 혁신적 보호

관리 감독과 혁신의 관계는 흔히 동전의 양면으로 비유되곤 한다. 첫째, 관리 감독이 혁신의 탄생을 자극한다. 데이터 발전을 위한 관리 감독은 혁신을 억누르지만 동시에 혁신을 이끌어내기도 한다. 데이터 기업의 혁신적 발전을 위해 관리 감독은 공정하고 공평한 환경을 제공해줄 뿐 아니라 시장의 건전한 발전을 지원한다. 그러나 선을 넘어선 관리 감독은 혁신의 발전을 저해하기 때문에 데이터 기업의 운영비용을 늘리는 반면에 수익성은 떨어뜨린다. 지나친 관리 감독을 피해 경영 이익의 확대를 추구해야 하는 기업은 새로운 방법을 모색하면서 혁신의 동력을 손에 넣는다. 둘째, 혁신은 관리 감독의 지속적 변혁을 촉진한다. 혁신의 등장은 데이터 관리 감독 시스템에 새로운 도전을 유도하고 관리 감독 모델과 방식의 개선에 기여한다.

신중하게 관리 감독하되 혁신을 보호할 줄 아는 균형 감각을 갖춰야 한다. 그 균형점을 정확히 파악할 때 협력적이면서도 건전한 발전을 누릴 수 있다. 관리 감독과 혁신의 선순환을 도모하려면 다음과 같은 준비가 필요하다. 첫째, 데이터 발전에 대한 혁신의 수위를 꾸준히 끌어올려야 한다. 둘째, 데이터의 혁신적 발전 과정에 대한 관리 감독을 강화해야 한다. 셋째, 데이터 발전을 관리 감독할 협조적 메커니즘을 구축해야 한다. 넷째, 데이터 발전을 관리 감독할 국제적 협력과 지역적 협력을 강화해야 한다.


## 데이터 입법과 데이터 윤리

데이터 입법의 부재와 낙후로 세계 각국은 데이터 입법에 대한 연구와 탐색에 박차를 가하고 있다. 중국도 데이터 입법 부문에 대한 명확한 요구를 제시한 바 있다. 2015년 국무원이 발표한 '빅데이터 발전 촉진을 위한 행동 요강'에서는 법규, 제도를 세우는 데 힘을 기울여야 한다고 지적하며 데이터 개방과 보호 등에 관한 법률, 제도 제정에 대한 연구를 주문했다. 그리고 정보 자원 관리 방법 제정, 온라인에서 개인정보 보호를 위한 입법 추진, 네트워크 데이터 보안 보장, 데이터 자원 권익 관련 입법 연구 등도 요강에 포함되어 있다. 중국에서 최초로 지방정부에 의해 확립된 빅데이터 관련 법규 '구이저우성 빅데이터 발전과 응용, 촉진 조례'는 다른 지역에 좋은 본보기가 되었다.

빅데이터 거래와 데이터 권리 귀속 문제에 대해서는 여전히 관련 법규가 없는 상태다. 데이터는 중요한 자원이자 재산권의 또 다른 구현 방식으로 법률을 통해 소유권을 보장받아야 한다. 현재 데이터 입법에서는 국민의 권익 보호, 국가 이익 보호, 국가 보안과 공공의 이익 확보, 빅데이터 산업 발전 등 기본적 원칙을 확립하는 데 관심을 쏟고 있다. 이는 장기적으로 볼 때 미래 입법 실천을 위한 가이드를 제공할 것이다.

데이터 권리는 법적 권리로 데이터 자원이 재산으로서의 특성을 지녔느냐에 대한 연구는 데이터 권리의 소속을 평가하고, 권리를 보장하기 위한 중요한 전제조건이 된다. 시장에서 개인 데이터가 상품으로 간주된다는 점을 고려할 때 데이터 자원도 재산으로 간주할 수 있다. 법률적으로도 개인의 데이터 권리는 인격권에서 비롯된다. 현재 인격권과 재산 이익 사이의 관계에 대한 논쟁이 치열하게 벌어지고 있다.

물권과 데이터 권리 모두 저마다 소유권자가 있다. 개인 데이터를 거래 대상으로 하는 개인 데이터의 소유권자는 데이터 주체의 당사자가 된다. 개인 데이터를 바탕으로 데이터를 익명 처리해 데이터 집합을 형성하면 기업은 데이터에 대한 지배권을 갖는다. 익명화된 데이터 집합에 대한 제한된 소유권을 갖게 되는 것이다. 개인과 기업은 중요한 데이터 권리의 주체지만 모든 권리의 주체를 포함하는 것은 아니므로 데이터 소유권자를 어떻게 구분할 것인지에 대한 진지한 논의가 필요하다. 치후 360의 CEO 저우홍웨이周鴻禕는 2015년 구이양 데이터 엑스포에서 모든 빅데이터는 사용자에 의해 탄생하며, 각 인터넷 업체의 클라우드 서버나 정부의 클라우드로 전파된다고 했다.

"정부와 인터넷 기업 가운데 누구에게 빅데이터의 소유권이 있느냐 하는 것은 매우 중요한 법적 문제다. 참고로 빅데이터 시대의 3대 보안 원칙을 소개하겠다. 첫째, 정보는 사용자의 개인 자산이므로 사용자에게 소유권이 있다. 둘째, 인터넷 업체와 정부는 서비스를 통해 사용자의 데이터를 획득한다. 사용자의 데이터를 사용할 경우 반드시 사용자의 동의와 허가를 받아야 한다. 셋째, 사용자의 데이터를 저장하는 주체는 반드시 사용자의 데이터를 가장 안전하게 관리하겠다고 약속해야 한다."

"익명화된 데이터 집합에 대해 기업이 제한된 소유권을 가질 수 있는가?" 이는 데이터 입법의 중점 사항이자 난제이기도 하다. 권리의 우선순위, 개인정보 보호법의 원칙, 익명화 기술과 빅데이터 발전 추이에 대한 종합적 분석 등 다양한 관점에서 해답을 찾는 데 필요한 단서와 생각거리를 제공해준다. 이와 함께 입법적 측면에서 데이터 클리닝과 데이터 익명화가 전혀 다르다는 사실을 명확하게 구분할 필요가 있다. 데이터 클리닝의 결과가 반드시 데이터 익명화로 이어지는 것은 아니다.

소유권에 대한 문제에서는 충분히 익명화된 데이터에 대해서만 기업이 소유권을 행사할 수 있다는 점을 강조해야 한다.

마르크스에 따르면 인간에 의해 발명된 기술은 작용과 반작용의 원리에 따라 능동적으로 인간에게 영향력을 행사한다. 데이터 보안은 단순히 기술에 국한된 문제가 아니다. 블록데이터 역시 기술적 발전만을 추구하지 않는다. 블록데이터 시대에 인류사회가 직면한 가장 큰 도전은 데이터 윤리와 데이터 도덕에 대한 문제다. 데이터 세계의 불확실성, 예측 불가능성, 통제 불가능성은 데이터 세계에서 커다란 잠재적 위험으로 작용한다. 이런 위험에는 개인 사생활 정보 유출, 사이버 범죄 외에도 데이터 윤리와 데이터 인격, 데이터 인성 등도 포함된다. 게다가 인간과 인간 사이의 데이터 윤리 문제 외에도 인간과 로봇 사이의 데이터 윤리 문제도 반드시 짚고 넘어가야 한다. 이는 빅데이터 시대 인류의 발전에 직접적으로 영향을 주는 중요한 문제다. 복제 기술의 발전이 인류의 윤리적 금기와 도덕적 마지노선에 도전장을 내민 것처럼 '데이터 + 과학 기술'의 결합은 인류에게 더 큰 윤리적·도덕적 위기를 가져다줄 수 있다. 예를 들어 뉴질랜드 오클랜드생물공학연구소는 '베이비 X'라고 불리는 인공지능형 인간을 만들어냈다. 그녀의 '뇌'는 실제 유아의 신경 시스템을 모방한 컴퓨터 프로그램으로 학습능력과 인지능력을 갖췄다고 알려져 있다. 연구자들은 자신들의 최종 목표가 인간 아이처럼 생각하고 학습할 수 있는 기계를 만들어 어엿한 성인 인공지능으로 성장시키는 것이라고 밝혔다. 머지않은 미래에 인류의 사고, 감정을 갖춘 인공지능이 등장한다면 데이터 세계의 사이버 인간과 현실 속 인류 사이의 윤리적 관계를 어떻게 처리해야 하는지를 두고 윤리적 문제가 불거질 것이다.

　이런 점을 감안할 때 입법의 중요성은 물론이고 데이터 보안 영역에서 사회의 윤리와 도덕 시스템을 구축해야 한다는 주장은 큰 설득력을 얻게 된다. 법률과 법규, 윤리와 도덕은 사회를 선도하는 방향키다. 데이터 사회에서 법률은 윤리와 도덕의 마지노선이다. 데이터 입법 강화는 물론이고 적용 가능한 데이터 윤리와 데이터 도덕 시스템을 구축하는 데 더 많은 관심과 노력을 기울여야 한다.

　데이터 윤리와 데이터 도덕은 본질적으로 사람을 주체로 삼다 보니 필연적으로 인간 중심, 인간의 존엄과 가치 존중, 인간의 지위와 권리 보호, 인간의 발전과 인본주의적 가치관을 지닐 수밖에 없다. 중성에 해당하는 데이터가 제대로 작동하고 합리적인지 판단하는 것은 불가능하다. 이는 기술로 해결할 수 없는 문제이기 때문이다. 데이터 보안 문제는 윤리와 도덕을 통해 상당 부분 규범화될 수 있다. 이를 위해 우리가 해야 할 일은 인간 세계와 데이터 세계의 윤리적 관계를 정리하고, 빅데이터 시대의 인간 공동체를 향해 함께 나아가는 것이다.

# 블록데이터 시대의 새로운 변화

머지않은 미래! 50년, 20년, 어쩌면 10년 후에 블록데이터 이론을 발판 삼아 풍요로운 물질 생활과 상상하기 어려울 정도로 발전한 기술이 구현되면 인류사회의 생산과 생활, 사고 모델에 커다란 변화가 나타날 것이다. 그리고 세계는 장기적으로 거대한 데이터 혁명을 맞이할 것이다. 알려진 세계The Known World에 존재하는 척도 내에서 모든 사물은 계량화되고 기록되고 분석되며 사건과 과학 기술, 생산, 생활의 발전 추이는 연구를 통해 예측되고 판단될 것이다. 세계는 데이터라는 방식을 통해 새롭게 표현되며 새로운 관계를 맺고 해석되고 진화될 것이다. 언젠가 발전 추이를 사전에 판단할 수 있는 사회가 되면 우리는 다시 '계획' 시대로 복귀할 수도 있다. 정확성과 제도화, 개성화, 공정함이 시대를 대표하는 핵심 특징으로 자리 잡으면서 블록데이터는 사회 형태를 표현하는 형식으로, 혁신적 기업가 정신Innovative Entrepreneurship은 사람들이 살아가는 데 필요한 기본 조건이 될 것이다. 그때가 되면 다음과 같은 상황이 조용히 그 모습을 드러낼 수도⋯⋯.

**DNA 웨어러블 도시**  옷과 안경, 손목시계, 머리띠 등 신체에 직접 착용할 수 있는 물건에 미니어처 웨어러블 DNA 식별장치를 장착한다. 무척 간단해 보이지만 인체에 연결된 터치형 신분 식별장치로 1,000분의 1초라는 단위의 시간 안에 데이터를 통한 응답과 읽기, 전송이 가능하며 DNA 데이터베이스와 개인 데이터를 실시간 비교 대조하고 인증할 수 있다. 또한 DNA 데이터와 개인의 재무 상태, 건강 관리, 계좌 등을 한데 묶어 개인적인 업무와 삶에 편의를 제공하고 보안을 보장할 수 있다. 홍채, 입술 지문 등 전통적 식별장치와 달리 미니어처 웨어러블 DNA 식별장치는 주체성을 지닌다. 쉽게 말해 사용자의 장착 여부는 온전히 주관적 의사에 따라 결정된다는 점에서 개인의 프라이버시를 침해하지 않는다. 또한 칩처럼 인체에 이식할 필요가 없어 물리적 상해와 정신적 스트레스를 일으키지 않는다. 영화 〈매트릭스〉를 본 사람은 미니어처 웨어러블 DNA 식별장치가 무엇인지 쉽게 이해할 수 있을 것이다. 인체에 칩을 이식한다는 것은 인간이 이화Dissimilation된다는 뜻으로, 모든 개체는 이 사실을 받아들이기가 어려울 것이다. 그 밖에도 해당 설비는 보편성을 띠고 있다. 모든 인간은 고유 DNA를 보유하고 있는데다가 전 세계적으로 DNA를 감정하는 데 동원되는 표준 역시 통일되어 있어서 식별장치는 모든 장소, 즉 각 나라에서 통용될 수 있다. 신원 데이터Identity Data의 식별과 표준의 통일성을 위한 환경이 갖춰지면 인간은 블록데이터라는 환경에서 '오리지널 소스'가 될 수 있다. 식별장치의 작동 원리는 결코 복잡하지 않다. P2PPeer-to-Peer 조회 기능만 갖췄다면 모든 인간의 고유한 DNA를 확보할 수 있고 이와 연계한 계좌, 자물쇠 등의 보안 문제도 해결할 수 있다.

웨어러블 DNA 식별장치의 이런 특징으로 말미암아 다양한 상황에서 활용 가능할 뿐 아니라 고도의 보안성과 편의성, 정확성을 확보할 수 있다. 집에 있다가 외출할 때 더 이상 휴대폰, 지갑, 열쇠, 신분증, 은행 카드 등을 챙기지 않아도 된다. DNA 식별장치가 부착된 셔츠나 양말을 신고 DNA 식별장치를 장착한 손목시계를 찬 채 지하 주차장에 내려가면 자동으로 시동이 걸린 자동차가 차문을 열어둔 채 출구 근처에서 대기하고 있을 것이다. 출근할 때도 더 이상 지문인식기 앞에서 꾸물거릴 필요도 없고, 기밀 업무를 수행할 때 보안 통로를 사용할 필요도 없다. 입구에 발을 옮겨놓기도 전에 DNA 식별장치가 신원을 자동으로 확인해줄 것이다. 점심시간에 맛있는 식사를 즐기고 나서 계산하지 않고 그대로 식당 밖으로 나와도 된다. DNA 식별장치에 연동된 은행계좌에서 점심값을 자동으로 결제하기 때문에 별도의 시간이나 작업을 필요로 하지 않는다. 웨어러블 DNA 식별장치가 블록데이터 시대에 HCI의 핵심 설비 가운데 하나가 되리라고 말하는 데는 그만한 이유가 있다. 또한 웨어러블 DNA 식별장치는 기존의 신분증과 각종 가상결제 수단, 신용보증 등을 뒤집어엎을 것이다.

**클라우드 운송** 도시의 경제 데이터, 지리 데이터, 소비 데이터 등 각 유형의 스트립 데이터를 융합한 스마트 시티 관리 블록데이터 플랫폼을 빌려 무인 자동차, 무인 기계 등 디지털 설비를 통해 시민에게 전면 무료, 전면 디지털, 전면 개별화된 여행을 실현할 수 있다. 전통적 운송 방식과 비교해 클라우드 운송은 운송의 수요와 노선에 대해 실시간 관리를 실현할 수 있다. 한 명의 사람, 한 종류의 교통수단 등 도시의 일상 관리와 관련 있는 스트립 데이터가 모두 플랫폼 상에 수집될 것이다. 선진화된 계산 방법을 통해 한 사람이 어디로 가는지, 가서 무엇을 하는지, 어떻게 갈 것인지를 사전에 설계하고 계획하여 상응하는 도구, 노선, 시간 등의 자원을 모두 전체 도시의 범위 내에서 수요에 따라 배치하게 될 것이다. 클라우드 운송은 교통수단의 스마트 드라이브를 구현할 수 있다는 점에서 더욱 매력적이다. 기존의 자동차와 고속철도, 비행기 등이 소형화와 공유형, 스마트화된 무인용 '선실Cabin'로 대체될 것이다. 첨단 통신과 딥러닝 등의 방식을 통해 자율주행 차량은 노선과 속도를 자율적으로 선택하고 장애물을 알아서 피할 수 있다. 또한 다른 교통선실과 데이터를 공유하고 교류함으로써 통행 과정에서 보안성, 효율성, 정확성 등을 최대한 확보할 수 있다.

급한 일이 있어 외출해야 할 때 DNA 식별 설비와 도시 관리 블록데이터 센터에 직접 접속하면 현재 자신이 있는 장소 주변에 '선실'이 눈앞에 나타난다. 고층 건물이나 도로 조건이 좋지 않은 곳에 있더라도 비행 가능한 '선실'이 자동으로 방문해 실시간으로 서비스를 제공한다. '선실'은 우리의 목적지와 스케줄, 심지어 기분에 따라 최적화된 드라이빙 코스를 자동으로 계산한다. '선실'에만 탑승하면 아무것도 신경 쓰지 않아도 된다. 선실 내에서 자신이 원하는 대로 행동해도 되는데, 귀찮으면 핸들에서 손을 떼도 되고 가상의 장비를 통해 업무를 보거나 독서,

음악 감상, 게임 등 휴식을 취할 수도 있다. 한 마디로 말해 클라우드 운송에서 신호등과 운전자 등은 모두 사라지고, 교통체증도 더 이상 없을 것이다.

**장수 도시** 개별화된 적정 생태 환경에 기반하여 안전하고 풍부한 맞춤형 식품을 공급하게 될 것이다. 또한 진단이 필요 없는 만성질환이나 돌발적으로 발병하는 급성 질병에 대해 과학적이고 고효율로 지휘하고 관리하는 시스템을 갖출 뿐 아니라 업무량이나 생활 스트레스가 낮고 수입 수준이 비슷한 도시보다 평균 수명이 훨씬 앞서는 새로운 도시를 건설하고자 한다. 이런 장수 도시는 다음과 같은 요소를 통해 탄생한다.

첫째, 생태 환경에 대해 자세하면서도 인간이 중심이 되는 관리와 보호 조치다. 모든 길과 마을, 심지어 건물의 생태 환경 지표는 DNA 식별장치에 연동되어 개인의 주변 생태 미시 환경Microenvironment 지표에 따라 생태 상황을 알려주는 동시에 개인의 컨디션에 맞는 최적의 생태 환경을 지속적으로 누리도록 생태 환경을 조정한다.

둘째, 식품 모니터링과 스마트한 배송 시스템이다. 블록데이터를 통해 개인의 식품 선호도 데이터, DNA 데이터, 건강 데이터, 식품 안전 모니터링 데이터 등을 통합하고 분석해 차별화된 수요를 정확하게 파악한다. 이를 통해 맞춤형, 소분화된 생산, 공급과 배송 서비스를 제공함으로써 개인의 입맛과 영양 상태에 적합한 건강 정보 등을 최대한 객관적으로 통합시켜 식품의 부작용을 100% 없앨 수 있다.

셋째, 특수 DNA 그룹에 대한 진료 없는 만성질환 관리다. 의료 블록 데이터가 점차 안정화되고 다양화되면서 의사는 개인의 신체 건강에 나타나는 미세한 변화를 찾아낼 수 있다. 식이요법, 휴식, 운동 등 건강을 관리할 수 있는 확실한 해결책을 제시함으로써 건강이 나빠지기 전에 미리 건강을 체크해 본래 컨디션으로 복구하도록 안내할 수 있다. 이를 통해 "발병 전에 다스린다治未病"는 의학 이념을 구현할 수 있을 뿐 아니라 심근경색, 뇌출혈 등 돌발 상황에 따른 급사를 막을 수 있다.

넷째, 돌발 상황에 대한 자율적 프로세스를 통한 응급 처리다. 응급 관리 블록데이터 센터를 통해 교통사고, 화재 등 돌발적으로 일어날 수 있는 공공 안전 상황을 사전에 예측하고 예방한다. 돌발 상황이 일어난 상태에서 도시 전체, 심지어 보다 넓은 범위에서 자원을 실시간으로 배정해 가장 짧은 시간에 의료, 공공 안전, 소방, 방역 등의 역량을 현장에 집결시킨다. 돌발 상황이 종료되고 나면 블록데이터를 통해 수단을 분석함으로써 사망률을 최대한 낮추고 회복 속도를 끌어올릴 수 있다.

예를 들어 장수 도시에서 건강 관리는 질병 치료를 대신해 개인의 건강 관리를 위한 일상적 형태가 될 것이다. DNA 식별장치는 단말장치로 사용자의 건강 상태, 특히 건강 지표상의 미세한 차이에 따라 차별화된 정보를 제공할 것이다. 바쁜 업무 탓에 컨디션이 좋지 않다면 시스템에서 평소의 운동 습관, 주의해야 할 음식 등의 정보를 자동으로 제공한다. 또한 평소 업무, 일상생활에 대한 모니터링을 통해 컨디션 조절, 식이조절, 체계적 운동법을 소개해준다. 사용자가 최고의 컨디션을 되찾을 때까지 질병으로 병원에 갈 필요가 없거나 설사 직접 진료를 받더라도 아주 드물게 병원을 방문하도록 하는 등 항상 사용자의 컨디션을 확인한다. 특히 심리적 적응은 사용자의 필요에 따라 맞춤화된 중요한 건강 관리의 수단이 될 것이다. 업무 데이터, 건강 데이터, 생활 데이터, 사고 데이터 등의 통합을 통해 건강 관리 시스템은 적당한 수준의 스트레스를 유지할 수 있는 범위를 알려주고, 사용자의 상태에 맞는 심리 지도와 치료를 실시간으로 제공해 스트레스를 최소화하고 평정심을 유지할 수 있는 심리 상태를 유지시켜 준다.

**깜짝 여행** 소비자의 습관, 도시가 기존에 가진 기능에 따라 공급과 수요에 대해 정밀한 맞춤으로 휴양과 오락 활동의 기간을 예측하고 계획한다. 또 한 걸음 한 걸음 매 걸음마다 모두 엄격하게 보안을 유지하여 소비자가 놀람과 기쁨을 느낄 뿐 아니라 경탄을 자아내게 한다. 본질적으로 깜짝 여행의 관건은 바로 여행객에게 계속해서 놀람과 기쁨을 제공하는 데 있다. 이를 위해선 도시의 교통, 관광, 문화, 날씨, 산업 등 각 분야의 데이터를 한데 모아 도시의 인프라 데이터 뱅크를 구축해야 한다. 즉 도시의 분야별 특징을 구체적으로 정확하게 실시간 시각화된 방식으로 구현하고 언제든지 검색하고 연결할 수 있어야 한다. 이를 토대로 관광객의 신원 데이터, 행동 데이터, 사고 데이터를 구축해야 하는데, 그중 특히 선호도 데이터 등 연관성을 지닌 데이터 시스템을 구축해야 한다. 인위적으로 대상을 식별할 수 있는 기본 블록데이터 데이터베이스를 최대한 확장하고 관광객에 대한 정확한 데이터를 묘사함으로써 관광객이 선호하는 상품이나 서비스를 파악할 수 있다. 이를 바탕으로 소비자가 필요로 하는 정보와 도시가 제공할 수 있는 정보를 연결해 최근 해당 사용자가 받지 못한 상품이나 서비스를 선별해 다양한 즐거움을 실시간으로 제공할 수 있다.

예를 들어 한 사람에 대한 약력 데이터, 소비 데이터, 커뮤니케이션 데이터를 분석해 그가 고등학교를 졸업하기 전 친구들과 바비큐를 먹으며 보냈던 시간이 가장 즐거웠다는 것을 알아낼 수 있다. 그리고 그 시절의 친구들과 오랫동안 만나지 못했다는 사실을 찾아낼 것이다. 만약 그 사람이 어딘가로 여행을 떠났다면 블록데이터 센터에서는 그에게 현지 특선 바비큐를 맛볼 수 있는 기회를 제공해줄 것을 여행사에 추천할 수 있다. 특히 블록데이터 센터는 데이터에 대한 수집과 분석을 통해 그의 옛 친구가 여행 중인 도시에 산다는 정보를 알아낼 수도 있다. 여행사는 이 정보를 바탕으로 그 사람 몰래 친구를 만날 수 있는 깜짝 기회를 제공할 수도 있다.

**유비쿼터스 러닝** 각 학습자의 행동 데이터, 커뮤니케이션 데이터, 건강 데이터, DNA 데이터와 부모, 친구, 커뮤니케이션 등 다양한 종류의 스트립 데이터를 한데 합쳐 학습자의 수용능력, 흥미와 관심, 학습 진도와 학습 목표를 종합적으로 판단한 뒤 학습 계획과 방법을 과학적으로 세워 학습자 개인에 대한 개성화, 정규화, 스마트 교육을 구현할 수 있다. 전통적 교육 모델에 비해 스마트 교육은 정확한 교육 효과와 평가, 맞춤형 교육 방식을 구현할 수 있다. 학습 과정에서 모든 학습자의 미세한 변화를 전반적으로 기록한 뒤 학습자의 심리 상태나 가정 배경, 개성 등의 데이터를 접목시켜 통합과 분석 과정을 통해 맞춤형 학습 솔루션과 학습 진도 모니터링 메커니즘을 만들어내고, 이를 통해 눈높이 교육으로 맞춤형 인재를 육성할 수 있다. 또 한편으로 DNA 식별 장치 등 단말장치를 통해 일, 생활과 연계되고 통합된 학습장을 만들고, 학습자가 환경이나 시간에 상관없이 목적에 맞는 맞춤형 교육을 받을 수 있도록 한다. 그 밖에도 문제 주도형 학습 모델, 평생학습 이론이 현실화되도록 한다.

이런 상황을 감안했을 때 정규화된 교육 현장에서 학교는 앞으로 대형 놀이터가 될 것이다. 학교는 대규모 모임, 대회, 소질 개발 등의 커뮤니티와 오락 활동을 조직하고, 블록데이터를 통해 수단을 분석함으로써 구체적이면서도 예측 가능한 방식으로 사람이 눈치 채지 못하게 성격과 가정환경, IQ 등을 파악할 것이다. 그리고 나서 맞춤형 대안을 제시해 진정한 의미의 눈높이 교육을 실현한다.

**360도 홀로그래픽 미디어** 블록데이터와 딥러닝 기술을 활용해 로봇의 '눈'을 통해 세상을 들여다보고 뉴스 원고를 작성함으로써 뉴스에 대한 모든 것을 온전하게 거짓 없이 객관적으로 보여준다. 미디어의 발전은 크게 3단계를 통해 이루어진다. 1단계는 무조직을 통한 전파인데, 산업문명 이전에 존재하던 방식으로 전문화된 기관이 부족해 뉴스가 좁은 범위에서 느슨한 형태로 전파되는 특징을 보인다. 2단계는 조직을 통한 전파로, 산업화 시대에 진입하면서 미디어 여론이 조직화되고 집중된 형태로 빠르게 전파되는 특징을 지닌다. 3단계는 1인 미디어 시대로, 인터넷 시대가 등장하면서 인터넷 플랫폼을 통해 개개인이 자기 목소리를 내기 시작하면서 개인은 뉴스를 전파하는 단위로 자리 잡았다. 각종 데이터의 적극적 통합과 정확한 패턴이 속속 등장함에 따라, 특히 머신러닝 기술이 빠르게 발전하면서 우리는 현재 360도 홀로그래픽 미디어 시대에 접어들었다. 과거의 미디어에 비해 360도 홀로그래픽 미디어는 유례없는 객관성과 정확성을 실현하고 있다. 기계는 가치를 지닌 입장이나 이익을 추구하지 않기 때문에 블록데이터를 통해 현 사회의 이슈가 무엇인지, 사회가 주목하는 현상이 무엇인지 일반 통신사보다 훨씬 정확하게 파악할 수 있다. 이를 토대로 사회의 각종 현상을 제때 포착해 보도한다. 특히 전체 네트워크와 연동된 실시간 뉴스 데이터베이스를 통해 각종 위치 정보 데이터, 법인 데이터, 역사 파일 데이터, 개인생활 데이터 등과 '소통'함으로써 보다 정확하고 풍성한 내용의 신문 기사를 제때 작성할 수 있다. 여기서 한 발 더 나아가 생활 밀착형 뉴스를 제공하거나 기사를 발굴할 수도 있다. 그리고 가상현실 등의 기술수단과 블록데이터를 발판 삼아 사건 과정에 대한 정보를 3D로 재현함으로써 시민에게 뉴스에 대한 모든 과정을 사실적으로 제공한다.

'수이징치우SJQ IT Information Technology Co.,Ltd(1999년 설립된 스마트 교육 클라우드와 교육 소프트웨어 개발·서비스 전문기관 – 옮긴이)'라는 미디어를 통해 우리는 기존과 전혀 다른 입장의 뉴스 보도를 보다 쉽게 접할 수 있다. 이를테면 특정 국가에서 일어나는 혼란에 대해 로봇은 구체적이고 자세한 데이터와 사례를 대량으로 제공할 수 있지만 옳고 그름, 가치 판단은 독자의 몫으로 남겨둔다. 현재 우리가 목격하는 것처럼 독재 통치, 역사적 전통, 열등한 국민성 등으로 말미암아 지금과 같은 혼란이 일어났다는 집중적 보도는 더 이상 존재하지 않을 것이다.

**커머스 4.0** 커머스Commerce 4.0는 인더스트리Industry 4.0(2012년 제조업의 경쟁력 강화를 위해 독일 정부가 도입한 핵심 미래 프로젝트로 센서와 로봇 산업, 혁신 제조 공정, 물류, 정보통신기술ICT 분야로 구성되어 있음 – 옮긴이)에 상응하는 개념이다. 인더스트리 4.0은 사이버 물리 시스템Cyber Physical

Systems(CPS)을 이용해 생산 과정의 공급, 제조, 판매 정보를 데이터화하고 지능화시켜 맞춤형 상품을 빠르고 효과적으로 공급하는 것을 의미한다. 쉽게 말해 스마트형, 맞춤형, 소량 생산이라는 특징을 지닌 공산품을 생산한다는 것이다. 이에 반해 커머스 4.0은 블록데이터를 기반으로 소비자의 입장에서 소비자 인간 인터넷Internet of Humans(IoH), 인터넷 시스템을 이용해 예측 판단이 가능한 스마트화된 소비 활동을 수행한다. 여기서 한 발 더 나아가 양질의 상품과 서비스를 제공한다. 이처럼 커머스 4.0은 소비자 개인의 특징을 반영한 데이터와 행동 데이터, 커뮤니케이션 데이터, 인터넷 쇼핑 데이터, 신용 데이터, 온/오프라인 쇼핑몰 데이터 등 각종 데이터를 바탕으로 소비자의 습관과 선호도를 파악할 수 있다. 소비자의 니즈에서 출발한 덕분에 소비자의 니즈를 만족시켜 줄 수 있는 각종 상품과 서비스를 정확하게 제공할 수 있다. 또 다른 점에서 블록데이터의 통합과 분석을 기반으로 시장의 유행, 소비 경향, 업계 추이를 예측하고 판단함으로써 개인의 소비 내역을 정보로 전환하고 설정한다. 니즈 발굴에서 혁신적 공급으로 전환하려면 필요한 순간 분석 결과에 따라 공급을 생성해야 소비자의 예상을 훨씬 뛰어넘는 만족감을 제공할 수 있다.

예를 들면 소비자의 니즈에 대한 총체적 분석을 바탕으로 현재 시장의 모든 의료 서비스 애플리케이션에서 자료 부족, 느린 반응 속도, 불치병 등에 대한 사례가 부족하다는 사실을 발견했다고 하자. 그러면 스티브 잡스가 애플 휴대폰을 연구하고 개발한 것처럼 새로운 애플리케이션 '마이 닥터'는 스마트한 방법으로 건강 관리와 질병 진단 서비스를 구현한다. 애플리케이션을 활용해 신체를 진단하고 관리하는 새로운 모델은 기존의 제품과 서비스를 개선하는 데 그치지 않고 시장의 추이를 종합적으로 파악해 시장에 예상을 훌쩍 뛰어넘는 서비스를 제공해 시장의 흐름을 주도적으로 이끌어간다.

**초연결 조직**  재무 데이터, 커뮤니케이션 데이터, 신분 조직 데이터, 사회활동 데이터, 업무와 학습 데이터 등을 수집하고 분석해 사람과 사회 조직을 데이터화시키고 사람과 사람, 조직과 사람 사이의 장점과 니즈에 따라 정밀한 상호 맞춤, 연결을 진행한다. 초연결 조직Hyperlink Organization은 실제적으로 인력 자원을 관리하는 대형 플랫폼을 말하는데, 다음과 같은 기능적 특징을 지닌다. 첫째, 수집 기능으로 인력 자원을 필요로 하는 개체, 조직의 역대 기록, 구체적 정보, 진행 상황, 인력과 행동 데이터를 저장하고 묘사해 구직자의 구직 데이터, 교육 데이터, 행동 데이터, 커뮤니케이션 데이터 등의 관련 스트립 데이터를 확보한 뒤 분석한다. 둘째, 정확한 연결 기능으로 패턴과 모델을 활용해 다양한 기업과 조직에서 필요로 하는 인력 자원 정보와 시장에 존재하는 다양한 인력 자원의 특징을 연결함으로써 공급자-수요자가 원하는 바를 최대한 이끌어낸다.

예를 들면 일자리를 찾는 구직자 A씨의 경우 활달한 성격, 해외 유학 경험과 실무 경험, 성실한 근무 실적, 현지 장기 거주 경험, 그림과 농구를 좋아한다는 정보가 있다. 한편 금융계 회사인 C사에서는 현지 시장을 개척할 영업 쪽 관리자를 찾고 있다. 이때 공급자와 수요자의 니즈가 높은 수준으로 연결되면 인력 자원이 궁극적으로 최적화될 수 있다. 이보다 더 흥미로운 사실은 해당 시스템이 결혼, 연애 등에서 '다리' 역할을 수행할 수 있다는 점이다. 교제를 원하는 두 사람은 만나기 전 매칭률을 분석하고 정보의 신뢰성을 확인한다. 그리고 서로의 생활 습관, 학력, 재력 등의 배경을 파악해 두 사람이 보다 깊은 관계로 발전하기 위한 기본 조건을 제공함으로써 자신의 '반쪽'을 찾을 수 있는 확률을 끌어올리는 것이다.

# 인간이 중심이 되는 블록데이터 연구

2015년 12월 1일 중국 구이저우성 위원회 상무위원, 구이양시 위원회 서기 천강이 마이크로 소프트 리서치 아시아MSRA 상무부원장 마웨이잉馬維英과 대화 도중에 언급한 '활성 데이터학'은《블록데이터 혁명》연구를 위한 실마리를 제공해주었다. 활성 데이터학은 블록데이터 이후 등장한 새로운 관점과 학설로 다차원에 걸쳐 빅데이터를 분석할 수 있는 방법론이자 복잡계 이론에 기반을 둔 새로운 데이터 사회학 연구의 패러다임이다.

빅데이터 전략 연구소는 베이징시 과학기술위원회와 구이양시 인민정부가 공동으로 설립한 전문화·국제화를 위한 개방형 연구 플랫폼이다. 2015년 5월 빅데이터 전략 연구소는《블록데이터: 빅데이터 시대의 진정한 탄생의 상징》을 최초로 저술, 출판하면서 '블록데이터' 개념을 혁신적으로 제시했다. 이에 빅데이터 전략 연구소는 인간이 중심이 되는 데이터 사회학 분석 방법, 철학·사회학·정치학·도시학·수학·통계학·물리학·화학·경제학·경영학·생물학·신경심리학·천문학 등 다양한 과학 지식을 활용해 업그레이드 버전인《블록데이터 혁명》을 탄생시켰다. 블록데이터 연구를 통해 우리는 깊이 있게 고민할 만한 가치를 지닌 수많은 문제를 발견할 수 있었다. 이들 문제는 기술이나 개념의 차원을 넘어 무궁무진한 방향으로 통합되고 확대되었다. 예를 들면 데이터 중력파의 작용, 블록데이터 조직의 매력, '데이터 케이지'의 혁신적 개념, 데이터 힘과 데이터 관계의 변화, 데이터 권리 입법에 대한 기대 등은 사회관계의 변혁에 영향을 주고 앞으로의 발전 방향과 추이, 더 나아가 인류문명의 미래를 보여준다.

이 책은 천강이 소개한 활성 데이터학의 이론적 틀을 기반으로《블록데이터》에서 거둔 새로운 성과에 대한 빅데이터 전략 연구소의 빅데이터 전문가와 실천가, 정책 연구가 등의 의견을 한데 모은 것이다. 이 책의 연구와 집필 과정에서 천강은 전체적 사고의 방향과 핵심적 관점을 제시했으며, 렌위밍은 전체적 구성을 짰다. 주잉후이朱穎慧, 무젠중武建忠, 장타오張濤가 뼈대와 주제를 세분화한 틀에서 렌위밍, 주잉후이, 무젠중, 장타오, 왕첸王黔, 류춘후이劉春輝, 천둥陳棟, 쑹칭宋青. 친젠쑹秦堅松, 장준리張俊立, 왕신장王新江, 쑹시셴宋希賢, 주판판朱盼盼, 장칭張清, 허위賀羽, 천시陳曦, 천잉친陳盈瑾, 런즈징任祉靜, 룽룽위안龍榮遠, 장쑹췬張松群, 장훙양쑤張紅陽素, 하오우충郝無窮, 왕쿤王琨이 구체적 내용을 집필했다. 베이징 과학위원회 주임 옌아오솽閆傲霜, 구이양 인민정부 시장 류원신劉文新, 구이저우 과학기술청 청장 랴오페이廖飛, 구이저우 금융판공실

주임 리야오<sub>李瑶</sub>, 구이저우 경제통신위원회 부주임 캉커옌<sub>康克岩</sub>, 구이양 위원회 부서기 장핑<sub>張平</sub>, 구이양시 위원회 상무위원과 비서장인 니에쉐쑹<sub>聶雪松</sub>, 구이양시 위원회 상무위원과 부시장인 류춘청<sub>劉春成</sub>, 구이양 인민정부 부시장 쉬하오<sub>徐昊</sub>, 베이징대학교 수학·과학아카데미 쑹춘웨이<sub>宋春偉</sub> 교수, 중국 과학원 대학 경영아카데미 쉬옌메이<sub>徐艷梅</sub> 교수, 베이징 국가통계아카데미 루리핑<sub>盧力平</sub> 교수가 이 책의 사상 시스템과 이론 시스템에 많은 도움을 주었다. 이런 점에서 이 책은 집단지성의 결정체라고 말할 수 있다.

집필 과정에서 청두 수롄밍펀 테크놀로지BBD의 창업자 저우타오, CEO 쩡투<sub>曾途</sub> 등이 소중한 의견을 주었다. 특히 저우타오, 쩡투, 천둥<sub>陳東</sub> 등은 블록데이터 세미나에 자주 참석해 브레인스토밍을 통해 블록데이터, 페인-포인트 시커 프로젝트 등에 대한 획기적 관점과 이념을 제공해주었다. 그 밖에도 중신출판그룹의 왕빈<sub>王斌</sub> 사장은 이 책의 출판을 위해 큰 힘을 보탰다. 중신출판그룹 프론티어 경제사 사장 장융쥔<sub>蔣永軍</sub>의 남다른 배려와 열정 덕분에 이 책을 예정대로 출판할 수 있었다. 이 자리를 빌려 이 책의 탄생에 도움을 주신 모든 사람에게 감사의 뜻을 전한다.

《블록데이터 혁명》은 복잡계 이론을 바탕으로 블록데이터의 본질과 규칙을 이론적으로 탐색하고 있다. 이 책의 연구와 집필 과정에서 최신 자료와 최신 관점을 최대한 수집해 내용의 객관성과 다양성을 담고자 했다. 그럼에도 저자의 능력 부족으로 연구 내용과 전문 내용에서 부족한 점이 드러나고 말았다. 인용된 문헌 자료와 출처가 상대적 미흡한 점에 대해 독자 여러분의 평가와 가르침을 구한다.

빅데이터 전략 연구소
2016년 베이징에서

## CHAPTER 1

**1** 자오옌저우(趙言舟)·자오레이(趙磊), "지식은 사유 활동의 기본 구성물이다",《정공학간 (政工學刊)》, 1998년 1기.

**2** 왕주리(王竹立), "신구조주의-네트워크 시대의 학습 이론",《원거리교육》, 2011년 2기.

**3** 클로드 섀넌(Claude Shannon), "통신의 수학적 이론",《벨 실험실 기술》, 1948년 27권.

**4** 마크 버긴(Mark Burgin), 왕헝쥔(王恒軍)·지리안(嵇立安)·왕훙융(王宏勇) 옮김,《정보 이론》 (베이징: 지적재산권출판사, 2015).

**5** 장모난(張茉楠), "빅데이터 국가 전략이 '디지털 주도형 경제'를 이끈다",《남방도시보 (南方都市報)》, 2015년 11월 6일.

**6** 펑리즈(彭立志), "데이터 중력에 기반을 둔 분류법과 인터넷 에러 모니터링 모델의 연구", 지난대학교 석사 논문, 2006년 5월.

**7** 다음은 복잡성 과학의 구성이다. 초기 연구 단계인 일반체계 이론(General System Theory)과 인공두뇌학(Cybernetics), 인공지능 그리고 후기 연구 단계인 산일구조론(Dissipative Structure Theory)과 상승협동학(Synergetics Theory), 초순환 이론(Hypercycle Theory), 파국 이론(Catastrophe theory), 카오스 이론(Chaos Theory), 프랙털 이론(Fractal Theory), 세포자동자 이론(Cellular Automaton Theory).

**8** 맥킨지세계연구소, "빅데이터: 혁신과 경쟁, 생산력의 다음 목적지(Big Data: The next frontier for innovation, competition, and productivity)", 2011년 5월.

**9** 위키피디아, http://en.wikipedia.org/wiki/Big-data.

**10** 인포매티카(Informatica)는 세계 각 지역 조직의 중요한 '업무'를 위해 시의적절하고 연관성과 신뢰성을 모두 갖춘 데이터를 제공함으로써 각 조직이 정보화경제시대에 우위를 점하도록 돕고 있다.

**11** 빅토어 마이어 쇤베르거·케네스 쿠기어, 이지연 옮김,《빅데이터가 만드는 세상》(서울: 21세기북스, 2013).

**12** 리궈지에(李國杰), "빅데이터에 대한 재인식", 중국과학원 컴퓨팅기술연구원, 2015년 6월.

**13** 샤오펑(肖鋒), "정보기술시대의 3대 인지론의 역설에 관해",《혁신》, 2016년 1기.

**14** 판위에룽(樊月龍), 빅데이터의 기본 구조, http://blog.sina.com.cn/s/blog_933e5f350101 kuyk.html, 2013년 7월 30일.

**15** 가오수궈(高書國), "빅데이터 시대의 데이터 혼란: 교육을 통한 위기 탈출",《교육과학연구》, 2015년 1기.

**16** 얼 바비(Earl Babbie), 김광기 외 옮김,《사회조사방법론》(서울: 센게이지러닝, 2013).

**17** 빅토어 마이어 쇤베르거·케네스 쿠기어, 위의 책.

**18** 황신룽(黃欣榮), "빅데이터 시대의 철학 변혁",《광밍일보(光明日報)》, 2014년 12월 3일.

**19** 황신룽, 위의 책.

## CHAPTER 2

1 천린린(陳琳琳), 리젠린(李建林),《데이터 구조와 알고리즘 C언어 버전》(베이징: 칭화대학교 출판사, 2015).

2 완리펑(萬里鵬), "비정형 데이터에서 정형 데이터로의 전환 과정 연구 및 구현", 시난교통대학교, 2013년.

3 왕한화(王漢華)·류싱량(劉興亮)·장샤오핑(張小平),《지능의 폭발(智能爆炸, Omniscient Intelligence)》(베이징: 기계공업출판사, 2015).

4 제프 호킨스(Jeff Hawkins)·샌드라 블레이크슬리(Sandra Blakeslee), 이한음 옮김,《생각하는 뇌, 생각하는 기계(On Intelligence)》(서울: 멘토르, 2010).

5 황준지에(黃俊杰), "인간의 두뇌와 같은 인식",《제일재경주간(第一財經週刊)》, 2013년 9월 18일.

6 후루이민(胡瑞敏)·쉬정진(徐正金), "인공 신경망의 신경세포 모형",《전자학보(電子學報)》, 1996년 4기.

7 리빈(黎斌),《역경》속 '수상'과 '빅데이터'",《중국 빅데이터산업 관찰망》, 2016년 3월 18일.

8 여기서 말하는 '절대적'의 뜻은 상대적 개념으로, '정지(靜止)'라는 관점에서 이해할 수 있다. 인류 발전과 기술 진보에 발맞춰 식별할 수 없거나 아직 식별하지 못한 데이터도 클리어 데이터로 변할 수 있다.

9 조지 소로스(George Soros), 김국우 옮김,《금융의 연금술(The Alchemy of Finance)》(서울: 국일증권연구소, 1995).

10 리빈, 위의 책.

11 리빈, 위의 책.

12 이밍(佚名), "데이터의 어두운 면-다크 데이터는 무엇인가? 다크 데이터는 왜 중요한가?", 36 빅데이터 네트워크, 2015년 10월 22일.

## CHAPTER 3

1 빅데이터 전략 연구소,《블록데이터: 빅데이터 시대의 진정한 탄생의 상징》(베이징: 중신출판사, 2015).

2 천강(陳剛), "블록데이터의 혁신적 이론과 실천에 대한 탐색",《중국과학기술포럼》, 2015년 4기.

3 인치톈(尹啓天)·마리리(馬立麗), "교학 과정에서의 혼돈성",《오늘의 과학(今日科苑)》, 2008년 16기.

4 지즈웨이(吉志偉), "건축 설계에서의 카오스 이론 활용",《중외건축(中外建築)》, 2011년 6기.

5 예무(業茂), "팔랑거리는 나비의 날개",《과학24시(科學24小時)》, 2005년 2기.

6 프랭크 J. 오홀스트(Frank J. Ohlhorst), 왕웨이쥔(王偉軍)·류카이(劉凱)·양광(楊光) 옮김,《빅데이터 분석: 빅데이터를 빅머니로(Big Data Analytics: Turning Big Data into Big Money)》(베이징: 런민유디엔출판사, 2013).

7 왕빈(汪斌), "경영 전략 형태와 산업 가치사슬의 경영 전략 매트릭스 설계에 대한 고찰",《기업활력》, 2012년 9기.

**8** 빅데이터 전략 연구소, 위의 책.

**9** 에르빈 라즐로(Ervin Laszlo), 양푸빈(楊幅斌) 옮김, 《자아실현적 우주(The Self-Actualizing Cosmos: The Akasha Revolution in Science and Human Consciousness)》(항저우: 저장인민출판사, 2015).

## CHAPTER 4

**1** 데이비드 헤스테네스(David Hestenes), Modeling Games in the Newtonian World, Am. J. Phys, 1992, 60(8), 732 - 748쪽.

**2** 왕원칭(王文淸), "과학교육에서의 모델링 이론", 《과학기술정보》, 2011년 3월.

**3** 이브라힘 A. 할룬(I.A. Halloun), Schematic Concepts for Schematic Modeling of Real World: The Newtonian Concept fo Force, Sci. Ed, 1998, 82, 239 - 263쪽.

**4** 그래픽 모델, http://baike.so.com/doc/6531519 - 6745255.html.

**5** 천위(陳玉), "데이비드 허버트 로렌스(David Herbert Lawrence)의 미지에 대한 탐구", 쓰촨대학교, 2004년 4월.

**6** 니콜라스 카(Nicholas G. Carr), 최지향 옮김, 《생각하지 않는 사람들(The Shallows: What the Internet Is Doing to Our Brains)》(서울: 청림출판, 2015).

**7** 왕징원(王婧嫄), "데이터 이동의 일반 원칙", 《컴퓨터 개발과 응용》, 2000년 4월.

**8** 장샤오칭(張曉靑), "국제 인구 이동 이론 평가", 《인구학간(人口學刊)》, 2001년 3월.

**9** 장샤오칭, 위의 책.

**10** 장샤오칭, 위의 책.

**11** 자오용(趙勇), "빅데이터의 역동성, 유동성에 주목하라", 《재경망(財經網)》, 2015년 11월.

**12** 장샤오옌(張小彦), "데이터 통합: 빅데이터 분석의 난제", 《재신망(財新網)》, 2016년 3월 23일.

**13** 케빈 켈리(Kevin Kelly), 이한음 옮김, 《인에비터블: 미래의 정체(The Inevitable)》(서울: 청림출판, 2017).

**14** 롄위밍(連玉明) 엮음, 《DT 시대, '인터넷+'에서 '빅데이터×'로(Discretized deconstruction)》(베이징: 중신출판사, 2015).

**15** 클레이튼 M. 크리스텐슨(Clayton M. Christensen)은 미국 하버드대학교 비즈니스스쿨의 혁신 이론 대가로, 대표작 《혁신기업의 딜레마(The Innovator's Dilemma)》(서울: 세종서적, 2009)에서 조지프 슘페터(Joseph A. Schumpeter)의 혁신 이론을 수정한 파괴적 혁신(Disruptive Innovation) 이론을 제시했다.

**16** 데이터 공간은 앞서 이야기한 '데이터 중력장'에서 데이터 응집 후에 형성된 상태를 가리킨다.

**17** 케빈 켈리, 위의 책.

**18** 쉬진, 《빅데이터 경제학》(상하이: 상하이교통대학교 출판사, 2014).

**19** 케빈 켈리, 위의 책.

**20** 쉬진, 위의 책.

**21** 장징(張靜), "전문가가 바라본 블록데이터: 구조 해체부터 재구성으로, 다차원에서 공유로", 《중국과학기술망》, 2015년 4월 20일.

## CHAPTER 5

1  장샤오옌(張小彦), "데이터 통합: 빅데이터 분석의 난제", 《재신망(財新網)》, 2016년 3월.

2  쉬즈궈(徐志國), 《시스템 공학과 프로세스》(상하이: 상하이과학기술교육출판사, 2001).

3  반복은 피드백 과정을 중복하는 활동으로, 추구하는 목표나 결과에 접근하는 것을 목표로 두고 있다. 한 번의 과정이 중복될 때마다 '반복'이라고 부른다. 반복될 때마다 얻는 결과는 다음 반복의 초기값이 된다.

## CHAPTER 6

1  왕후이용(汪輝勇), "가치의 본질적 특징과 정의를 논하다", 《상탄(湘潭)대학교 사회과학 학보》, 1999년, 6기.

2  처핀쟈오(車品覺), 《결전, 빅데이터!》(항저우: 저장인민출판사, 2014).

3  마이클 포터(Michael E. Porter), 조동성 옮김, 《마이클 포터의 경쟁우위》(서울: 21세기북스, 2008).

4  리창링(李長玲) 등, "정보와 지식 가치사슬", 《책과 정보》, 2004년 3기.

5  리젠(李健), "지식 가치사슬 연구 현황 분석", 《정보》, 2012년 2기.

6  위안칭옌(袁青燕), "가치 네트워크의 경쟁우위 형성 메커니즘 연구", 장시재경대학교 논문, 2013년.

7  '중앙경제공작회의, 경제 발전의 9대 최신 동향에 대한 정확한 이해 요구', 《인민망(人民網)》, 2014년 12월 11일.

8  취저징(曲澤靜) 등, "새로운 가치사슬 업그레이드를 위한 혁신 중심의 시스템 연구", 《기술 경제와 관리 연구》, 2016년 1기.

9  후수이건(胡稅根) 등, "빅데이터를 기반으로 하는 스마트 공공정책의 특징 연구", 《저장대학교 학보》, 2015년 5월.

10  후수이건 등, 위의 책.

11  탕스스(唐斯斯) 등, "'데이터 공공경영'을 통한 정부의 혁신적 운영 추진", 《중국발전관찰(中國發展觀察)》, 2014년 5월.

## CHAPTER 7

1  장빙(張兵), "철학적 관점에서 본 경영학 속 인성 가설", 쑤저우대학교 석사 논문, 2006년 4월.

2  장젠윈(張建雲) · 마오원룽(毛文龍), "경제적 인간과 사회적 인간의 논리관계 및 현대적 의의", 《경제연구 가이드》, 2009년 2월.

3  에드워드 O. 윌슨(Edward O. Wilson), 《사회생물학: 새로운 합성(Sociology: The New Synthesis)》, (케임브리지: 하버드대학교 출판부, 1975).

4  공유 행동에는 참여 정도와 참여 수준이 포함된다. 2가지 변수는 개체의 공유 행동 차이를 직접적으로 반영한다. 공유를 통해 원원을 추구한다면 커뮤니티와 대중에 속하는 모든 개체는 이익을 획득하는 동시에 공헌할 수 있다. 그리고 공유와 원원을 통해 집단은 더욱 조화롭고 지속 가능한 상태로 발전할 수 있다.

**5** 쉬닝(許寧), "알리바바 비즈니스 모델의 '3단 도약'-마윈의 C2B 구상",《경영인》, 2012년 9월.

**6** 애덤 스미스, 박세일 옮김,《도덕감정론》(서울: 비봉출판사, 1996).

**7** 이른바 '유니콘 기업'은 시가 총액 10억 달러 이상인 스타트업 기업을 가리킨다.

**8** 양샤오지(楊少杰),《진화: 조직 형태 관리》(베이징: 중국발전출판사, 2014).

**9** 노버트 위너(Norbert Wiener), 이희은 외 옮김,《인간의 인간적 활용(The human use of human beings)》(서울: 텍스트, 2011).

**10** 진관타오(金觀濤) · 류칭펑(劉靑峰),《번영과 위기: 중국 사회의 초안정적 구조》(베이징: 법률출판사, 2011).

**11** 야오원젠(姚文建), "자기조직화 이론 하에서 대학교 커리큘럼 개방 시스템에 대한 구축 탐구",《중국 원거리교육》, 2013년 5월.

**12** 장루이민(張瑞敏), "VUCA 하에서의 0거리, 0에서부터 출발하라, 〈가벼운 발걸음 경영〉의 세 가지 가르침",《비즈니스스쿨》, 2014년 12월.

**13** 미국 경제학자이자 문명비평가 제러미 리프킨이《한계비용 제로 사회(The Zero Marginal Cost Society)》에서 다룬 중요한 주제 중 하나다. 아쉽게도 번역 과정에서 이 책의 부제 가운데 '자본주의(Capitalism)'라는 중요한 단어를 놓치고 말았다. 이 책은 '공유경제(sharing/ sharable)'라는 새로운 시대가 '서양의 길'과 같은 빅이슈와 연결되어 있다고 주장했다.

**14** 리훙메이(李紅梅), "데이터 처리능력의 함의",《수업 교재와 커리큘럼 연구》, 2014년.

## CHAPTER 8

**1** 슘페터는《경제발전의 이론》에서 혁신 이론을 소개한 이후《경기순환론(Business cycles)》과 《자본주의 · 사회주의 · 민주주의(Capitalism, Socialism and Democracy)》에서 운용과 작용에 대한 내용을 추가하며 혁신 이론을 기반으로 하는 독특한 이론 체계를 구축했다.

**2** 모우환선(牟煥森), "협력적 소비의 혁신적 산업 모델 연구",《탐구》, 2013년 1기.

**3** 웹 2.0은 웹 1.0에 상대되는 새로운 시대로, Web이라는 플랫폼을 이용해 사용자 중심으로 생성된 콘텐츠를 공유할 수 있는 모델을 가리킨다.

**4** 파레토 최적은 이상적인 자원 배분 상태로 효율성의 '이데아'라고 할 수 있다. 파레토 개선(Pareto Improvement)은 어느 한쪽의 이익이 감소하지 않는 상태에서 기존의 자원 배분을 개선함으로써 다른 한쪽의 이익을 향상시키는 것을 가리킨다.

**5** 데니스 굴렛(Denis Goulet), 가오셴(高銛) · 가오거(高戈) 옮김,《잔인한 선택: 발전 이론 속의 새로운 개념(The Cruel Choice: a New Concept in the Theory of Development)》(베이징: 사회과학문헌출판사, 2008).

**6** 보아오 포럼 2014년 폐막식에서 주제 연설에 나선 리커창 총리가 소개한 신경제의 주요 내용이다.

**7** 전국인민대표대회 제12기 4차 회의 폐막 후 리커창 총리의 인터뷰 내용이다.

**8** 멜라니 스완(Melanie Swan), 한펑(韓鋒) 옮김,《블록체인: 신경제의 블루맵과 가이드(Blockchain: Blueprint for a New Economy)》(베이징: 신싱출판사, 2016).

**9** 멜라니 스완, 위의 책.

10  UN은 공생금융을 사회의 모든 계층과 집단을 위한 효과적이고 전방위적 서비스를 제공하는 금융 시스템이라고 정의했다.

11  2014년 다보스 포럼에 참석한 국무원 총리 리커창의 연설문에서 발췌한 것이다.

12  왕젠우(王建武), "SMART 원칙으로 학습형 조직의 공통 비전 구축을 지도하기 위한 연구", 《과학교육 문집》, 2010년 7기.

13  미국 경제학자 프랭크 나이트(Frank H. Knight)는 평소 익숙한 동전을 던지는 것은 '이미 알고 있는 리스크'로 확률은 50대 50이지만 잘 모르는 동전을 던지는 것은 '미지의 리스크'라고 설명하며, 이를 '불확실성'이라고 설명했다.

14  톱니바퀴 효과는 소비 습관이 일단 형성되면 되돌릴 수 없는 현상을 말한다. 소득이 증가하면 소비자의 소비 행위가 증가하지만, 소득이 줄어들어도 소비 행위는 감소하지 않는다.

## CHAPTER 9

1  국무원, "빅데이터 발전 촉진을 위한 행동 요강", 중화인민공화국 중앙인민정부 포털 사이트, 2015년 9월 5일.

2  칼 마르크스·프리드리히 엥겔스, 《마르크스 엥겔스 선집(Karl Marx-Friedrich Engels-Werke)》 2권(베이징: 인민출판사, 1995).

3  윌리엄 D. 에드거(William D. Eggers), Government 2.0: Using Technology to Improve Education, Cut Red Tape, Reduce Gridlock and Enhance Democracy, Rowman & Littlefield Publishers, 2005.

4  허바오청(賀寶成), "빅데이터와 공공경영", 《광밍일보》, 2014년 3월 27일.

5  이밍(佚名), "바이두의 재해 지원 기술로 본 기업의 사회적 책임 실천에 대한 새로운 모델", 《사이디왕(賽迪網)》, 2014년 8월.

6  제러미 리프킨, 안진환 옮김, 《3차 산업혁명: 수평적 권력은 에너지와 경제, 그리고 세계를 어떻게 바꾸는가?(The third industrial revolution: How lateral power is transforming energy, the economy, and the world)》(서울: 민음사, 2012).

7  헤럴드 라스웰(Harold Lasswell)·아브라함 카플란(Abraham Kaplan), 왕페이이(王非易) 옮김, 《권력과 사회: 정치학 연구 프레임(Power and Society: A Framework for Political Inquiry)》(상하이: 상하이인민출판사, 2012).

8  1990년 앨빈 토플러는 《권력이동(Power shift)》(서울: 한국경제신문사, 1990)에서 권력에 대해 타인을 지배할 수 있는 힘이라고 정의했으며, 예로부터 지금까지 폭력과 돈, 지식을 통해 권력을 장악했다고 설명했다. 또한 《제3의 물결》에서 지식은 권력의 상징이 될 것이라고 주장했다. 즉 지식을 손에 넣은 자가 곧 권력을 쥘 수 있다는 것이다. 그러나 지식과 폭력, 돈은 각기 다른 성질을 지닌다. 이를테면 폭력과 돈은 배타성을 가지고 있다. 폭력 또는 돈이 개인이나 집단의 소유가 될 경우 타인이나 집단은 동시에 폭력과 돈을 소유할 수 없다. 배타성이 없는 지식은 동일한 지식에 한해 동시에 다양한 사람들에게 점유될 수 있다. 그러므로 '지식은 가장 민주적인 권력의 근원'이라고 할 수 있다. 지식에 대한 지배력과 전파할 수 있는 힘을 지닌 사람이 권력의 주도권을 쥐게 된다.

9  미국 백악관 홈페이지 참고, http://www.whitehouse.gov.

**10** 스티븐 P. 로빈스(Stephen P. Robbins), 《조직행동론(Organizational Behaviour)》(서울: 사이텍미디어, 2009).

**11** 권력의 유연곡선은 A, B 상황에서 권력의 유연성을 보여준다. A곡선의 유연성이 작으면 A가 보유한 자원의 불가역성이 크므로 상대방이 자원을 대체해 확장할 수 있는 권력의 크기가 작아지고(A′에서 A″로 전환) A가 보유한 권력은 커진다. B곡선의 유연성이 크면 B가 보유한 자원의 불가역성이 약하다는 뜻이므로 상대가 자원 대체를 통해 키울 수 있는 권력은 커지고(B′에서 B″으로 전환) B가 획득할 수 있는 권력의 크기는 줄어든다.

**12** 이 중에서 P는 권력 값, n은 권력 수용체의 수량, c는 권력의 종합적 영향력, r은 권력 영향의 강도(권력의 긍정적 피드백 속도 포함)를 표시한다.

**13** 지배도는 권력 주체의 자유 재량권으로, 권력은 강력한 통제, 약한 통제, 통제 없음이라는 여러 단계로 구성된다. 권력을 사용하는 방법은 감독권, 최종판결권, 의결권 등으로 세분화되며 일반적으로 지배도를 의미한다. 관리 범위의 경우 공무원 한 명이 5만 명을 관리하고, 다른 공무원이 50명을 관리할 경우 양적 차이가 존재한다. 공무원 한 명이 500억 위안의 예산을 지배하고, 다른 공무원이 50만 위안을 관리한다고 해도 양적 차이는 존재한다.

**14** 왕창화(王長華), "사법 중립과 권력의 경계", 《궁스왕(共識網)》, 2014년 9월 23일.


**CHAPTER 10**

**1** 푸지에(傅杰), "데이터 고립 해소, 곤경에 빠진 기업의 빅데이터를 구하라", 2015년 1월 13일, http:// server.51cto.com/BigData – 463827.htm.

**2** "새로운 인터넷 독점", 《재정국가주간》, 2011년 9월 19일, http://news.sina.com. cn/c/sd/2011 – 09 – 21/155523193713.shtml.

**3** "새로운 인터넷 독점", 《재정국가주간》, 2011년 9월 19일, http://news.sina.com. cn/c/sd/2011 – 09 – 21/155523193713.shtml.

**4** '벽 없는 조직'과 '정보의 흐름', 평황왕(鳳凰網), 2010년, http://www.rxyj.org/ articles/264331.html.

**5** 천탄(陳覃), 《빅데이터 시대의 공공경영》(베이징: 중국사회과학출판사, 2015).

**6** 디리야(迪莉婭), 《빅데이터 환경에서 정부 데이터의 개방 연구》(베이징: 지적재산권출판사, 2014).

# 참고문헌

## 1. 중국 외 국가

나심 니콜라스 탈레브(Nassim Nicholas Taleb), 완단(萬丹)·류닝(劉寧) 옮김,《블랙 스완(The Black Swan)》[M](베이징: 중신출판사, 2011).

노버트 위너(Norbert Wiener), 이희은 외 옮김,《인간의 인간적 활용(The human use of human beings)》(서울: 텍스트, 2011).

니콜라스 카(Nicholas Carr), 최지향 옮김,《생각하지 않는 사람들(The Shallows: What the Internet Is Doing to Our Brains)》(서울: 청림출판, 2015).

大栗博司, 이닝(逸寧) 옮김,《초끈 이론(Superstring Theory)》[M](베이징: 런민유디엔출판사, 2015).

데니스 굴렛(Denis Goulet), 가오센(高銛)·가오거(高戈) 옮김,《잔인한 선택: 발전 이론 속의 새로운 개념(The Cruel Choice: a New Concept in the Theory of Development)》[M](베이징: 사회과학문헌출판사, 2008).

레이첼 보츠먼(Rachel Botsman)·루 로저스(Lu Rogers), 당차오원(唐朝文) 옮김,《공유경제시대(Sharing Economy Time)》[M](상하이: 상하이교통대학교 출판사, 2015).

로빈 체이스(RobinChase), 왕루이(王芮) 옮김,《공유경제: 미래 비즈니스 모델 재구성(Peers Inc: How People and Platforms Are Inventing)》[M](항저우: 저장인민출판사, 2015).

리처드 스코트(W. Richard Scott)·제럴드 데이비스(Gerald F. Davis), 가오쿼산(高俊山) 옮김,《조직 이론: 이성, 자연과 개방 시스템의 시각(Organizations and Organizing (Rational, Natural and Open Systems Perspectives)》[M](베이징: 중국 런민대학교 출판사, 2011).

마크 버긴(Mark Burgin), 왕헝쥔(王恒軍)·지리안(稽立安)·왕훙용(王宏勇) 옮김,《정보 이론》[M](베이징: 지적재산권출판사, 2015).

멜라니 스완(Melanie Swan), 한펑(韓鋒) 옮김,《블록체인: 신경제의 블루맵과 가이드》[M](베이징: 신싱출판사, 2016).

몽테스키외(Charles-Louis de Secondat), 이재형 옮김,《법의 정신(The Spirit of Law])》(서울: 문예출판사, 2015).

미셸 푸코(Michel Foucault), 오생근 옮김,《감시와 처벌(Surveiller et punir)》(서울: 나남출판사, 2016).

빅토어 마이어 쇤베르거·케네스 쿠키어, 구본권 옮김,《잊혀질 권리》(서울: 지식의날개, 2011).

빅토어 마이어 쇤베르거·케네스 쿠키어, 이지연 옮김,《빅데이터가 만드는 세상》(서울: 21세기북스, 2013).

살림 이즈마일(Salim Ismail)·마이클 말론(Michael S. Malone), 이지연 옮김,《기하급수 시대가 온다(Exponential Organizations: Why new organizations are ten times better, faster, and cheaper than yours)》(서울: 청림출판, 2016).

샤를 에드와르 뷰(Charles-Edouard Bouée)·류원보(劉文波), 리야오광(李耀光) 옮김,《가벼운 발걸음 관리('Light Footprint Management')》[M](베이징: 중신출판사, 2014).

스티븐 P. 로빈스(Stephen P. Robbins), 《조직행동론(Organizational Behaviour)》(서울: 사이텍미디어, 2009).

애덤 스미스(Adam Smith), 박세일 옮김, 《도덕감정론(The Theory of Moral Sentiments)》(서울: 비봉출판사, 1996).

얼 바비(Earl Babble), 김광기 외 옮김, 《사회조사방법론》(서울: 센게이지러닝, 2013).

에르빈 라즐로(Ervin Laszlo), 양푸빈(楊福斌) 옮김, 《자아실현적인 우주('The Self-Actualizing Cosmos: The Akasha revolution in Science and Human Consciousness')》[M](항저우: 저장인민출판사, 2015).

엘우드 홀튼(ElwoodF.Holton), 셔야핑(沈亞萍) 등 옮김, 《조직 내 효율적 학습(Improving Learning Transfer in Organizations')》[M](베이징: 기계공업출판사, 2016).

제러미 리프킨(Jeremy Rifkin), 안진환 옮김, 《한계비용 제로 사회(The Zero Marginal Cost Society)》(서울: 민음사, 2014).

제러미 리프킨, 안진환 옮김, 《3차 산업혁명: 수평적 권력은 에너지, 경제, 그리고 세계를 어떻게 바꾸는가?(The third industrial revolution: How lateral power is transforming energy, the economy, and the world)》(서울: 민음사, 2012).

제프 호킨스(Jeff Hawkins)·샌드라 블레이크슬리(Sandra Blakeslee), 이한음 옮김, 《생각하는 뇌, 생각하는 기계》(서울: 멘토르, 2010).

조엘 거린(Joel Gurin), 장상쉬안(張尚軒) 옮김, 《오픈 데이터》[M](베이징: 중신출판사, 2015).

조지 소로스, 김국우 옮김, 《금융의 연금술(The Alchemy of Finance)》(서울: 국일증권연구소, 1995).

칼 마르크스·프리드리히 엥겔스, 《마르크스 엥겔스 선집(Karl Marx- Friedrich Engels-Werke)》 2권 [M](베이징: 인민출판사, 1995).

케빈 켈리(Kevin Kelly), 이한음 옮김, 《인에비터블: 미래의 정체(The Inevitable)》(서울: 청림출판, 2017).

토머스 쿤(Thomas Kuhn), 홍성욱 옮김, 《과학혁명의 구조(The Structure of Scientific Revolution)》(서울: 까치글방, 2013).

프랭크 J. 오홀스트(Frank J. Ohlhorst), 왕웨이쥔(王偉軍) 외 옮김, 《빅데이터 분석: 빅데이터를 빅머니로(Big Data Analytics(Turning Big Data into Big Money))》[M](베이징: 런민유디엔출판사, 2013).

헤럴드 라스웰(Harold Lasswell)·아브라함 카플란(Abraham Kaplan), 왕페이이(王菲易) 옮김, 《권력과 사회: 정치학 연구 프레임(Power and Society: A Framework for Political Inquiry)[M](상하이: 상하이 인민출판사, 2012).

D. Hestenes, Modeling games in the Newtonian world, American journal of Physics, 60(60):732-748. Tempe, U.S.: Physics Department Arizona State University, 1992).

E.O. Wilson(1976), Sociology: The new synthesis, Journal of Animal Ecology, 46(3):28-43. Cambridge, U.K.: Harvard University Press. DOI: 10. 2307/1297251.

I.A. Halloun(1998), Schematic concepts for schematic modeling of real world: The Newtonian concept of force, Science Education, 82(2), 239-263. U.S.: National Association for Research in Science Teaching. DOI: 10. 1002/sce. 3730380217Science.

S.J. Battiston & D. Farmer(2016, Feb 19). Complex systems complexity theory and financial regulation: Economic policy needs interdisciplinary network analysis and behavioral modeling, INSIGHTS: PERSPECTIVES, 351(6275). AAAS. Retrieved Februry 26, 2016, from 10. 1126/science. aad0299.

W.D. Eggers(2005), Government 2. 0: Using technology to improve education , cut red tape, reduce gridlock and enhance democracy, Future Survey, 310. Lanham, U.S.: Rowman & Littlefi eld Publishers. DOI: 10. 1007/978-1-4614-1448-3_16.

## 2. 중국

가오수귀(高書國), "빅데이터 시대의 데이터 혼란: 교육을 통한 위기 탈출"[J],《교육과학연구》, 2015(1).

가오원지에(高文傑), "복잡성 과학 영역에서의 교육 시스템 인지와 관리 전략"[J], 《중국직업기술교육》, 2011(27).

가오웨이화(高薇華), "가치사슬에서 가치 네트워크로: 애니메이션 산업의 내부 성장 모델"[J], 《현대방송(중국 촨메이대학교 학보)》, 2013(8).

가오젠(高健)·친룽(秦龍), "약소계층의 공정한 기회 제공에 관한 문제"[J],《중저우학간(中州學刊)》, 2014(2).

간장원(幹江澐)·양단(楊丹) 등, 2016년 데이터 엑스포 '페인-포인트 시커 프로젝트' 뉴스 브리핑[EB/OL],《중국 빅데이터산업 관찰망》, 2016-3-1.

궈칭광(郭慶光),《미디어학 커리큘럼》[M](베이징: 중국 런민대학교 출판사, 1999).

디리야(迪莉婭),《빅데이터 환경에서 정부 데이터의 개방 연구》[M](베이징: 지적재산권출판사, 2014).

루안야리(樂亞麗), "민주가치론"[D](베이징: 중국 공산당 중앙당교, 2007).

류녠(劉念)·위싱휘(餘星火), "네트워크 협동 공격: 우크라이나 정전사태의 진실과 교훈"[J], 《전력시스템자동화》, 2016(6).

류둥량(劉東亮), "중국 데이터베이스 산업 발전과 전략 연구"[D](정저우: 해방군 정보공정대학, 2012).

류따춘(劉大椿),《자연변증법》[M](베이징: 중국 런민대학교 출판사, 2006).

류청보(劉成波), "공공장소 CCTV에 관한 법률 및 규제: 사생활 보호의 관점에서"[D](창춘: 지린대학, 2013).

류훙(劉紅), "빅데이터의 본질론 탐구"[J],《자연변증법통신》, 2014(6).

류훙·후신허(胡新和), "데이터 혁명: 숫자에서 디지털로의 역사적 전환"[J],《자연변증법통신》, 2013(6).

리궈화(李国华)·우보(吳博),《공유경제 2.0: 개인, 상업과 사회의 획기적 변혁》[M](베이징: 기업관리출판사, 2015).

리명(李樑),《탈중심화: 모바일 인터넷 시대 전자상거래 승리 법칙》[M](베이징: 런민유디엔출판사, 2015).

리빈(黎斌),《《역경(易經)》 속 '수상'과 '빅데이터'"[EB/OL],《중국 빅데이터산업 관찰망》, 2016-3-18.

리야오둥(李曜東)·리쥔(李鈞),《핀테크 구조와 실천》[M](베이징: 전자공업출판사, 2014).

리웨이밍(李偉明) 등, "네트워크 프로토콜 자동화 테스트의 허점 찾아내기"[J],《컴퓨터 학보》, 2011(2).

리위젠(李玉劍)·쉬안궈량(宣國良), "기업 공급 사슬의 가치 네트워크 관리 모델과 현실적 구축"[J], 《경제관리》, 2004(8).

리융(李勇)·쉬룽(徐榮),《빅데이터 금융》[M](베이징: 전자공업출판사, 2016).

리젠쥔(李建軍), "네트워크 보안의 사각지대 분석 및 연구"[D](정저우: 해방군 정보공정대학, 2012).

리쥔(李軍),《빅데이터: 양에서 질로》[M](베이징: 청화대학교 출판사, 2015).

리징핑(李景平)·류쥔하이(劉軍海), "복잡계 과학의 연구대상: 비선형 복잡 시스템"[J],《시스템 변증학 학보》, 2005(3).

리창링(李長玲)·사오징(邵景), "정보와 지식 가치사슬"[J],《책과 정보》, 2004(3).

리톈주(李天柱)·왕성후이(王聖慧)·마자(馬佳), "개념 치환에 기반을 둔 빅데이터의 정의 연구"[J], 《과학기술 관리연구》, 2015(12).

리훙메이(李紅梅), "데이터 처리능력의 함의"[J],《수업 교재와 커리큘럼 연구》, 2014(Z6).

린위메이(林玉妹)·린산랑(林善浪), "중국 산업 구조조정 업그레이드 관련 요소와 노선 분석"[J], 《베이화대학교 학보(사회과학판)》, 2013(1).

먀오전칭(苗振青)·리량셴(李良賢), "시스템 진화 이론에 기반을 둔 기업 클러스터식 공생 발전 연구"[J],《학술포럼》, 2012(6).

멍정후이(孟增輝), "지식의 정의와 전환 연구"[J],《컴퓨터공학과 응용》, 2015(13).

모우환선(牟煥森), "협력적 소비의 혁신적 산업 모델 연구"[J],《탐구》, 2013(1).

모페이(墨非), "공격을 가장 받기 쉬운 설비는?"[J],《컴퓨터와 네트워크》, 2015(24).

무성(穆勝),《클라우드 조직》[M](베이징: 전자공업출판사, 2015).

빅데이터 전략 연구소 편집그룹,《빅데이터 지도간부 가이드》[M](베이징: 인민출판사, 2015).

빅데이터 전략 연구소,《블록데이터: 빅데이터 시대의 진정한 탄생의 상징》[M](베이징: 중신출판사, 2015).

빅데이터 전략 연구소, 롄위밍(連玉明) 편집,《DT 시대, '인터넷+'에서 '빅데이터×'로》[M](베이징: 중신출판사, 2015).

샤오펑(肖鋒), "정보기술시대의 3대 인지론의 역설에 관해"[J],《혁신》, 2016(1).

션팅팅(沈婷婷), "데이터 소양과 과학 데이터 관리에 대한 영향"[J],《디지털기술》, 2015(1).

손위샤(孫玉霞)·장샤오이(張筱薏), "소비주의 배경 하에서 생산과 소비의 역사적 침투"[J], 《학술연구》, 2008(6).

쉬닝(許寧), "알리바바 비즈니스 모델의 '3단 도약'-마윈의 C2B 구상"[J],《경영인》, 2012(9).

쉬샤오루(徐曉璐), "원형감옥" 빅데이터 시대의 불안[J],《청년기자》, 2014(1).

쉬정취안(許正權), "조직의 지혜와 복잡성 과학"[J],《과학과 관리》, 2003(1).

쉬진(徐晉),《빅데이터 경제학》[M](상하이: 상하이교통대학교 출판사, 2014).

신국가 보안법 해설: 법률 형식으로 통해 처음으로 '국가 네트워크 공간 주권보호'를 추진하다'[EB/OL],《앙광왕(央―网)》, 2015-7-2.

쏭저(宋哲)·왕수은(王樹恩), "공유형 조직 모델: 조직적 측면에서 바라본 관리 개선"[J], 《현대관리과학》, 2008(10).

쏭천광(宋晨光) 등, "스마트 워치에 기반을 둔 운동 센서의 신형 공격 및 방어"[J],《통신학보》, 2015(S1).

야오상전(姚相振)·저우루이캉(周睿康)·판커펑(範科峰), "네트워크 보안 표준 시스템 연구"[J],《정보 보안 및 통신 기밀》, 2015(6).

야오원젠(姚文建), "자기조직화 이론 하에서 대학교 커리큘럼 개방 시스템에 대한 구축 탐구"[J]. 《중국 원거리교육》, 2013(5).

양치(楊琪)·공난닝(龔南寧), "중국 빅데이터 거래의 주요 문제와 건의"[J],《빅데이터》, 2015(9).

양하이룬(楊海瀾), "컴퓨터 방화벽 보안 방어에 대한 사고"[J],《컴퓨터 지식과 지술》, 2016(2).

예무(業茂), "팔랑거리는 나비의 날개"[J],《과학24시(科學24小時)》, 2005(2).

완리펑(萬里鵬), "비정형 데이터에서 정형 데이터로의 전환 과정 연구 및 구현"[D](청두: 시난교통대학, 2013).

완젠화(萬建華),《금융 E시대》[M](베이징: 중신출판사, 2013).

왕나(王娜), "균형을 깨라: 조직 최적화를 통한 효율 향상 전략"[J],《과학기술 시계(視界)》, 2013(24).

왕리밍(王利明)·양리신(楊立新) 등,《민법학(4판)》[M](베이징: 법률출판사, 2015).

왕빈(汪斌), "경영 전략 형태와 산업 가치사슬의 경영 전략 매트릭스에 대한 고찰"[J],《기업활력》, 2012(9).

왕원칭(王文清), "과학교육에서의 모델링 이론"[J],《과학기술정보》, 2011(3).

왕젠우(王建武), "SMART 원칙으로 학습형 조직의 공통 비전 구축을 지도하기 위한 연구"[J], 《과학교육 문집》, 2010(7).

왕중(王忠),《빅데이터 시대의 개인 데이터 프라이버시 규제》[M](베이징: 사회과학문헌출판사, 2014).

왕쥔(王軍), "마르크스 경제학과 사회경제학의 비교 연구"[J],《경제종횡(經濟縱橫)》, 2011(1).

왕징윈(王婧韞), "데이터 이동의 일반 원칙"[J],《컴퓨터 개발과 응용》, 2000(4).

왕창화(王長華), "사법 중립과 권력의 경계"[EB/OL],《궁스왕(共識網)》, 2014-9-23.

왕청원(王成文), "데이터 힘: KO를 거둔 빅데이터"[J],《중국 미디어 테크놀로지》, 2013(19).

왕한화(王漢華)·류싱량(劉興亮)·장샤오핑(張小平),《지능의 폭발》[M](베이징: 기계공업출판사, 2015).

왕항웨이(王航偉), "데이터베이스 응용에서의 자주 보안 기술"[J],《컴퓨터 지식과 기술》, 2015(5).

위안칭옌(袁青燕), "가치 네트워크의 경쟁우위 형성 메커니즘 연구"[D](난창: 장시재경대학, 2013).

위안페이(袁斐)·주징(朱婧), "조직 구조 변혁의 원인, 영향과 경로"[J],《현대 기업》, 2008(8).

이밍(佚名), "바이두의 재해 지원 기술로 본 기업의 사회적 책임 실천에 대한 새로운 모델"[EB/

OL],《사이디왕(賽迪網)》, 2014-8-6.

인치텐(尹啻天)·마리리(馬立麗), "교학 과정에서의 혼돈성"[J],《오늘의 과학(今日科苑)》, 2008(16).

자오링리(趙伶俐), "양적 세계관과 방법론:《빅데이터 시대》의 호평과 비평"[D](충칭: 시난대학, 2013).

자오성후이(趙生輝)·탕즈웨이(湯志偉), "정부 전자화 공공서비스 수요 분석 모델 구조 연구"[D](청두: 전자과학기술대학, 2007).

자오양(趙陽), "빅데이터 시대 국가 보안에 대한 도전과 대책 연구"[D](지난: 산둥사범대학, 2015).

자오옌저우(趙言舟)·자오레이(趙磊), "지식은 사유 활동의 기본 구성물이다"[J],《정공학간(政工學刊)》, 1998(1).

자오융(趙勇), "빅데이터의 역동성, 유동성에 주목하라"[EB/OL],《재경망(財經網)》, 2015-11-19.

자오이헝(趙毅衡), "부호와 부호학 재정의"[J],《국제신문계》, 2013(6).

자오전성(趙戰生), "국내외 정보 보안 표준화 건설 현황 및 발전 추이"[J],《중국정보안전》, 2015(5).

자오창원(趙昌文), "공급은 문제를 주도하는 개혁이다"[N],《중화공상시보(中華工商時報)》, 2016-1-28.

장루이민(張瑞敏), "VUCA 하에서의 0거리, 0에서부터 출발하라,〈가벼운 발걸음 경영〉의 세 가지 가르침"[J],《비즈니스스쿨》, 2014(12).

장모난(張茉楠), "빅데이터 국가 전략이 '디지털 주도형 경제'를 이끈다"[N],《남방도시보(南方都市報)》, 2015-11-06.

장민안(張民安),《미국의 프라이버시 연구》[M](광저우: 중산대학교 출판사, 2013).

장민안,《프라이버시 비교 연구》[M](광저우: 중산대학교 출판사, 2013).

장밍위안(張明遠), "컴퓨터 네트워크에 가장 흔히 볼 수 있는 공격 수단과 방어조치 연구"[J],《전자 기술과 소프트웨어》, 2016(2).

장빙(張兵), "철학적 관점에서 본 경영학 속 인성 가설"[D](쑤저우: 쑤저우대학, 2006).

장샤오옌(張小彦), "데이터 통합: 빅데이터 분석의 난제"[EB/OL],《재신망(財新網)》, 2016-3-23.

장샤오칭(張曉青), "국제 인구 이동 이론 평가"[J],《인구학간(人口學刊)》, 2001(3).

장위지에(張玉潔), "통합 인큐베이터 시스템의 모방 모델과 네트워크 가상화 연구"[D](톈진: 톈진대학, 2012).

장젠윈(張建雲)·마오원룽(毛文龍), "경제적 인간과 사회적 인간의 논리관계 및 현대적 의의"[J],《경제연구 가이드》, 2009(6).

장즈링(張枝令), "정형 데이터와 비정형 데이터 데이터의 분류법"[J],《닝더스(寧德師) 전문학보》, 2007(4).

장징(張靜), "전문가가 바라본 블록데이터: 구조 해체에서 재구성으로, 다차원에서 공유로"[EB/OL],《중국과학기술망》, 2015-4-20.

장팡(張芳), "《사회학 상상력》해설"[D](베이징: 베이징공업대학, 2014).

장하이둥(姜海東), "'인터넷+'의 본질은 데이터 플로다. 데이터는 에너지다"[EB/OL],《후슈왕(虎嗅網)》, 2015-6-14.

저우수이겅(周水庚) 등, "데이터베이스 응용에 대한 사생활 보호 연구 통론"[J], 《컴퓨터 학보》, 2009(5).

저우위펑(周宇峰), "암흑물질의 속성과 탐측 연구 진전"[J], 《중국과학: 물리학역학천문학》, 2015(4).

정원판(鄭文範)·추이밍하오(崔明浩), "창업자 모델과 전력 변혁의 실천을 위한 노선 연구"[J], 《과학기술 발전과 대책》, 2015(17).

정항성(鄭杭生), "사회자원과 공정한 기회를 위한 맥을 짚어라: 당의 18대 보고 사회건설 논술 해독"[J], 《구시(求是)》, 2013(7).

주푸후이(朱福惠)·왕젠쉐(王建學), "약소계층의 사회권"[J], 《윈난대학교 학보》, 2012(6).

중국 통신 스마트 시티 연구팀, 《스마트 시티의 길: 과학적 운영과 도시의 개성》[M](베이징: 전자공업출판사, 2013).

중국공산당 제18기 중앙위원회, 중국 공산당 제18기 중앙위원회 제5차 전체회의 공보(公報)[R], 《신화망(新華網)》, 2015-10-29.

중앙경제공작회의, 경제 발전의 9대 최신 동향에 대한 정확한 이해 요구[EB/OL], 《인민망(人民網)》, 2014-12-11.

중화인민공화국 국무원, 빅데이터 발전 촉진을 위한 행동 요강[R], 중화인민공화국 중앙인민정부 포털사이트, 2015-9-5.

중화인민공화국 국무원, 중화인민공화국 국민경제와 사회 발전을 위한 13차 5개년 계획 요강[R], 《신화망》, 2016-3-17.

즈차오이(植草益)·주샤오원(朱紹文), 《경제학의 미시적 규범과 제도》[M](베이징: 중국발전출판사, 1992).

지즈웨이(吉志偉), "건축 설계에서의 카오스 이론 활용"[J], 《중외건축(中外建築)》, 2011(6).

진관타오(金觀濤)·류칭펑(劉青峰), 《번영과 위기: 중국 사회의 초안정적 구조》[M](베이징: 법률출판사, 2011).

진샹룽(金祥榮)·장리펑(張利風), "복잡성 과학과 복잡성 경제학"[J], 《경제학 동태》, 2003(12).

차오리란(曹莉蘭), "방화벽 기술에 기반을 둔 네트워크 보안 메커니즘 연구"[D](청두: 전자과학기술대학, 2007).

차이바오융(蔡報永), "'다크데이터'를 밝힐 수 있는 다섯 가지 방식"[N], 《중국 컴퓨터 신문》, 2015-1-12.

차이위지에(蔡余杰)·황뤼진(黃綠金), 《공유경제》[M](베이징: 기업관리출판사, 2015).

처핀쟈오(車品覺), 《결전, 빅데이터!》[M](항저우: 저장인민출판사, 2014).

천강(陳剛), "블록데이터의 혁신적 이론과 실천에 대한 탐색"[J], 《중국과학기술포럼》, 2015(4).

천린린(陳琳琳)·리젠린(李建林), 《데이터 구조와 알고리즘 C언어 버전》[M](베이징: 칭화대학교 출판사, 2015).

천위(陳玉), "데이비드 허버트 로렌스의 미지에 대한 탐구"[D](청두: 쓰촨대학교, 2004).

천춘화(陳春花), 《개체 활성화》[M](베이징: 기계공업출판사, 2015).

천탄(陳潭), 《빅데이터 시대의 공공경영》[M](베이징: 중국사회과학출판사, 2015).

청스웨이(成思危), "복잡계 과학과 조직 관리"[J], 《과학》, 2001(1).

추이징구이(崔景貴), "복잡성 과학의 관점에서 학교 심리 교육"[J], 《교육 가이드》, 2004(Z1).

취저징(曲澤靜) 등, "새로운 가치사슬 업그레이드를 위한 혁신 중심의 시스템 연구"[J], 《기술경제와 관리 연구》, 2016(1).

치레이레이(齊磊磊), "빅데이터 경험주의: 이론, 결과, 연구를 어떻게 볼 것인가?"[J], 《철학동태》, 2015(7).

친수성(秦書生), "복잡성 철학 평가와 분석"[J], 《철학동태》, 2004(5).

타오치엔(陶倩) · 쉬푸위안(徐福綠), "메커니즘에 기반을 둔 복잡적응 시스템 모델링"[J], 《컴퓨터 응용 연구》, 2008(5).

탕스스(唐斯斯) 등, "'데이터 공공경영'을 통한 정부의 혁신적 운영 추진"[J], 《중국발전관찰》, 2014(5).

투즈페이(塗子沛), 《빅데이터》[M](구이린: 광시사범대학교 출판사, 2013).

투즈페이, 《최고의 데이터: 빅데이터 혁명, 역사, 현실과 미래》[M](베이징: 중신출판사, 2014).

판궈루이(范國睿), "복잡계 과학과 교육조직 관리 연구"[J], 《교육연구》, 2004(2).

펑덩궈(馮登國) 등, "빅데이터 보안 및 사생활 보호"[J], 《컴퓨터 학보》, 2014(1).

펑리즈(彭立志), "데이터 중력에 기반을 둔 분류법과 인터넷 에러 모니터링 모델의 연구"[D](지난: 지난대학, 2006).

펑젠펑(彭劍鋒) · 원펑(雲鵬), 《하이얼의 부활: 사람과 조직 관계의 전복과 재구성》[M](항저우: 저장대학교 출판사, 2015).

허바오청(賀寶成), "빅데이터와 공공경영"[N], 《광밍일보(光明日報)》, 2014-3-27.

황신룽(黃欣榮), "빅데이터 시대의 철학 변혁"[N], 《광밍일보》, 2014-12-3.

황신룽, "빅데이터 철학 연구의 배경, 현황 및 앞으로의 방향"[J], 《철학동태(哲學動態)》, 2015(7).

황준지에(黃俊杰), "인간의 두뇌와 같은 인식"[J], 《제일재경주간(第一財經周刊)》, 2013(9).

후루이민(胡瑞敏) · 쉬정진(徐正金), "인공 신경망의 신경세포 모형"[J], 《전자학보(電子學報)》, 1996(4).

후수이건(胡稅根) 등, "빅데이터를 기반으로 하는 스마트 공공정책의 특징 연구"[J], 《저장대학교 학보》, 2015.

후슝웅웨이(胡雄偉) · 장바오린(張寶林) 등, "빅데이터 연구와 응용(상)"[J], 《표준과학》, 2013(9).

후융(胡泳), 《요란한 말소리》[M](구이린: 광시사범대학교 출판사, 2008).

# 그림, 표 목록

# 색인

옮긴이 **이지은**

중앙대학교 중국어과를 졸업하고, 중국 요녕사범대학교에서 수학했으며 이화여
자대학교 통번역대학원 한중과 석사를 졸업했다.
주요 역서로는《부자 중국, 가난한 중국인》,《벼랑 끝에 선 중국경제》,《누가 중국
경제를 죽이는가》,《뉴 노멀 중국》,《레드 머니》,《사람은 왜 도덕적이어야 하는
가》,《황제의 영혼을 훔친 금지문자》,《소설 월왕 구천》,《진시황》등 다수가 있다.

## 블록데이터 혁명

**초판 1쇄 발행** 2018년 12월 19일
**초판 2쇄 발행** 2019년  1월 18일

**지 은 이** 빅데이터 전략 연구소
**발 행 인** 강선영·조민정
**마 케 터** 이주리·강소연
**펴 낸 곳** ㈜앵글북스

**주    소** 서울시 종로구 사직로8길 34 경희궁의 아침 3단지 오피스텔 407호
**문의전화** 02-6261-2015 **팩스** 02-6367-2020
**메    일** contact.anglebooks@gmail.com

ISBN 979-11-87512-24-0 03320